해축탐

탁월한 적중률! 합격의 동반자!

채한태
명품공직선거법
기출·예상 OX문제집

머리말 PREFACE

그동안 헌법을 전공한 후 대학강단과 수험현장에서 강의를 시작한 지 20여 년이 넘게 수험계에서 가장 많은 합격생 배출과 최고의 전통이라는 금자탑을 이룩하였으며, 수험생 제위의 성원에 힘입어 『명품공직선거법 기출·예상 OX문제집』을 출간하는 바이다.

공직선거법은 헌법 과목의 일부에 포함되는 내용으로서, 수험생 여러분이 공직선거법에 쉽게 접근하여 단기간에 공직선거법을 정복할 수 있는 방법을 불철주야 연구하여, 미력하나마 수험생 여러분의 합격에 기여하고 싶은 마음이 간절하다.

『명품공직선거법 기출·예상 OX문제집』은 객관식 시험문제에 자주 등장하는 제시문 유형으로 구성하여 만든 OX 형태의 기출·예상 문제집으로, 공직선거법의 출제 흐름과 중요 논점을 효과적으로 정리할 수 있도록 심혈을 다하여 만든 교재이다.
또한 본서는 최근의 기출문제를 철저히 심도 있게 분석하여 시험 출제 경향에 맞추어 문제를 엄선하여 출제 가능성이 높은 예상문제와 함께 수록하였다.

본서의 특징은 아래와 같이 요약할 수 있다.

첫째 OX문제집 한권으로 완벽한 마무리 정리를 할 수 있도록 이론·판례·법조문의 중요 내용을 총정리 하였다.

둘째 혼동하기 쉽거나 정확한 표현을 요구하는 내용들을 총정리하여 정확하게 숙지할 수 있도록 하였다.

셋째 최근개정법률과 헌법재판소의 최신 주요판례를 반영하여 수록하였다.

그동안 많은 성원을 보내주신 Daum 카페 채한태헌법교실의 4만여 명의 회원, 채한태공법연구소의 연구원 김&장 및 메가공무원의 임직원 여러분께 감사드린다.

盡人事待天命

수험생 여러분의 합격을 기원하는 바입니다.

다산공무원시험 합격연구소
채한태 법학박사 배상

합격자 추천 후기 RECOMMENDATION

2024년 7급 국가직 합격
김○○

채한태 박사님께서 어려운 법과목을 쉽게 설명해주셔서 합격한 것 같아요. 감사합니다!!

2024년 7급 지방직 합격
박○○

교수님 명품헌법 수업을 듣고 많은 도움이 돼서 고맙다는 인사드려요. 방대한 판례를 도표로 정리해주셔서 시간 절감 되었어요.

2024년 비상계획관 합격
김○○

명품헌법 기본서와 헌법 종합 기출문제집으로 박사님 수업을 인강으로 반복적으로 수강하여 합격을 했습니다. 박사님 감사드립니다.

2024년 국회 8급 합격
김○○

메가공무원 국회 면접 과정까지 잘 지도해 주셔서 입법부 공무원이 되었습니다.

2024년 순경 합격
김○○

경찰헌법으로 인강으로 수업을 듣고 고득점으로 합격을 했어요.

2024년 9급 선관위직 합격
김○○

방대한 공직선거법 출제내용을 요약해주어 단기간에 총정리하여 합격했습니다. 감사드려요.

2024년 9급 선관위직 합격
이○○

공직선거법 최근기출문제를 쉽게 정리하여 고득점으로 합격하게 되어 감사해요.

2024 경정승진 합격
박○○

명품헌법 기본서와 헌법 종합 기출문제집으로 공부하여 좋은 결과를 이루었습니다. 채박사님 감사드려요.

2024 순경직 상반기 순경 공채 필기 합격
김○○

명품헌법으로 공부하여 단기간에 총정리하여 고득점 하였습니다. 적극적으로 추천해요.

탁월한 적중률! 합격의 동반자! 채한태 법학박사의 명품공직선거법

**2023년 경찰(순경직)
서울경찰청
김○○**

헌법을 처음 공부할 때는 기본강의 이후 기출문제만 반복하다 보니 일정 수준 이상의 점수를 벗어나기가 어려웠습니다.
단순 기출 반복이 아닌 적용된 법이나 원리의 이해를 바탕으로 지문 하나하나의 쟁점을 파악하며 문제 푸는 연습을 하였습니다. 그 결과 모의고사에서도 여러 차례 50점 만점을 받을 수 있었고 헌법이라는 과목에 자신감이 생겼습니다. 특히 앞서 말씀드린 것처럼 매일 전과목을 공부하고 기록하는 방법은 채한태 교수님께서 강조하여 말씀해 주신 방법이기에 반드시 지켜야겠다는 생각으로 매일매일 전과목을 공부했습니다. 채한태 교수님이 면접의 노하우를 지도해 주셔서 면접에서도 합격을 할 수 있습니다. 감사합니다.

**2023년 9급 선관위직 합격
이○○**

명품공직선거법 시리즈 강의를 통해서 고득점으로 합격하였습니다. 감사합니다.

**2023년 국회(속기직)
문○○**

헌법은 채한태 박사님 기본강의 들었습니다.
이해하면 외워지는 스타일이라 기출 풀 때 초반 문제 다지기에 집중했습니다. 저는 법 과목은 일단 기본서를 정독하고 판례에 저만의 코멘트를 달며 저의 언어로 법을 이해하며 학습했습니다. 법 과목은 해설도 난해한 용어로 적혀 있고, 두 번 꼬아서 말을 하기에 회독 시 이해 시간을 줄이기 위해 제가 이해한 내용대로 옆에 열심히 필기해 놓으며 저의 것으로 만들려고 노력했습니다. 처음엔 시간이 많이 걸리는 과목이지만 개인적으로 헌법이 제일 재밌는 것 같습니다. (박사님의 훌륭하신 강의 덕분에 95점 받았습니다)
공부는 입력도 중요하지만 출력은 더더욱 중요합니다. 꼭 하프, 모고 등 출력의 과정을 거치시고 자신의 학습수준을 점검하셔서 더욱 효율적으로 공부하시기 바랍니다. 자신이 공부할 때 어떤 스타일인지 메타인지를 키우셔서 적용하시면 빠르게 합격하실 거라 생각합니다.
헌법 시작부터 합격까지 면접도 채한태 박사님의 도움으로 합격을 할 수 있었습니다. 자소서는 채한태 박사님께 첨삭 지도받았습니다. 부족한 부분을 잘 캐치해 주셔서 더 완성도 높은 자소서와, 면접 마인드를 배울 수 있었습니다. 대단히 감사드립니다!
오직 국회만 바라보고 준비해서 많은 부담감이 있었으나 면접일 2일 전부터 이러한 마음을 내려놓고 마인드컨트롤에 집중하였습니다. 긴장을 많이 하는 편이라 인데놀 복용하였습니다. 면접 당일 준비한 답변들 마음속으로 중얼거리며 연습하였습니다. 저는 긴장을 조금이라도 낮추기 위해 면접장 문 열고 들어갔을 때 제가 면접 씬을 찍는 배우라 생각하고 현실의 압박을 내려놓으려 했습니다. 면접관님들께서 미소를 띠며 질문해 주셔서 저도 똑같이 미소를 띠고 답변했습니다.

합격자 추천 후기 RECOMMENDATION

(면접 때 안 웃으셔도 되지만, 전 인상이 안 웃으면 화나 보인다고 해서 미소를 신경썼습니다) 준비해 간 답변들이 채한태 박사님께서 지도해 주신 것과 같이 '국회사랑, 공직자 마인드, 나라사랑'에 중점을 둔 답변이라서 정말 제가 국회를 사랑하고, 합격한다면 정말 나라와 국민을 위해 헌신하여 일하겠다는 의지와 모습을 최대한 보여드렸습니다.

국회 면접은 제로베이스라고 알고 있었고, 면접장에서 만난 다른 면접자분들 인상이 훌륭하셔서 여기서 돋보이지 않으면 끝이겠구나 판단하였고 최선을 다해서 쉬운 질문이더라도 저라는 사람을 보여드릴 수 있는, 특히 평정표에서 점수를 얻을 수 있는 답변을 하였습니다. 또한 면접관님께서 질문하실 때 눈을 쳐다보고 살짝 고개를 끄덕이는 등 집중하는 시그널, 긍정적인 모습을 보여드리려 노력했습니다.

끝까지 포기하지 않고 왔더니 합격하게 되었습니다. 사실 아직도 실감은 안 나지만 괴로웠던 모든 과정이 끝났다는 게 너무 기쁘고 벅찹니다! 꿈을 이루기까지 많이 힘드시겠지만 조금만 더 힘내시고 꼭 합격하시길 바라겠습니다. 채한태 박사님께 다시 한번 존경과 감사의 말씀 올립니다. 박사님의 자소서 첨삭 지도가 면접 준비 방향을 잡는 데 정말 많은 도움이 되었습니다. 감사드립니다.

2023년 7급 국가직 김○○
명품헌법으로 공부하여 단기간에 고득점으로 합격하였습니다. 다양한 사례와 방대한 판례를 공식으로 만들어 주셔서 감사드립니다.

2023년 7급 대구시 지방직 이○○
명품헌법 시리즈를 구해서 반복적으로 공부하여 합격하게 되었습니다. 명품헌법은 정리가 잘 되어 있어 시간을 줄일 수 있습니다.

2023년 상반기 비상계획관 김○○ 대령
채한태 박사님께서 헌법재판소 판례비교 정리를 잘해주셔서 단기간에 총정리하여 좋은 결과가 왔습니다. 감사드려요.

2023년 국회8급 이○○
명품헌법 종합기출문제집 특강과 헌법 기출지문 OX 4700제로 헌법고득점을 하였습니다. 채한태교수님의 도표정리가 많은 도움이 되었습니다.

2023년 상반기 순경직 순경 공채필기 합격 최○○
명품헌법으로 공부하고 고득점하여 꿈을 이루었습니다. 최신판례와 시사적인 내용을 신속하게 정리하여 주어 많은 도움이 되었습니다.

탁월한 **적중률**! 합격의 **동반자**! 채한태 법학박사의 **명품공직선거법**

2023 사무관 승진합격
김○○

명품헌법 채한태 박사님의 강의는 전체적인 개요와 도표를 통한 설명은 자신감을 높일 수 있었습니다. 단기간에 고득점을 할 수 있습니다. 감사드립니다.

2023 경정승진 합격
이○○

방대한 헌법재판소의 판례를 체계적으로 정리해 주시고 판례공식을 알려주어 부담을 줄일 수 있었습니다. 채한태 박사님 강의를 통해서 목표를 이루었습니다.

2023 국가직 경찰행정
김○○

실제 면접과 질문이 똑같아서 놀랐어요. 저는 2023년 국가직 경찰행정에 합격했습니다. 작년에 지방직에서 면탈한 이후 (심지어 점수도 커트라인보다 무려 3점이나 높았습니다 ㅠㅠ) 잔뜩 면접에 겁을 먹은 상태였습니다. 직장도 다녀보고 말은 잘한다고 생각했는데 면접에서 떨어지니 낙오자 느낌이 있었지만 교수님 수업 듣고 합격을 하였습니다. 감사드립니다.

2023년 지방직 9급
강○○

제가 지원한 지역은 필기합격이 되었어도 선발인원보다 많이 뽑혀 면접에 엄청난 부담감과 압박감을 느껴 채한태 교수님의 면접강의를 수강하였습니다. 첫 수업 자기소개서 작성에 대한 수업에서 작성법과 공무원면접에서 가장 중요한 요소 5가지를 말해주신 것에 지도 해주신 것을 잘 적용하여 무난하게 합격을 하였습니다.

2023 서울시 지방직 9급
장○○

2023년 서울특별시 일반행정 9급 최종합격했습니다!! 필기 공부만 할 때는 면접은 식은 죽 먹기라고 생각했으나 필기 합격 후 마주한 면접은 저에겐 또 다른 난관이었습니다. 아무 것도 모르는 상태로 메가면접학원에 등록하였고 채한태 선생님을 만났습니다. 채한태 선생님 지도 덕분에 합격을 할 수 있었습니다.

2023 지방직 9급
○○○

면접관의 마음을 알 수 있는 수업이다. 면접 공부 혼자 2주간 기출 봐도 붙는다지만 요즘은 리스크를 안고 간다고 생각한다. 공무원에게 적극행정을 요구하는 이 시기에 혼자 준비는 어렵다고 생각해 메가면접센터에 등록했다. 채한태 교수님께서는 평정표에 나와있는 요소들을 하나하나 풀어주시면서 여기에 어떠한 답을 해야 하는지 정확하게 짚어주셨다.
단순히 '열심히 하겠습니다, 국가와 국민, 시민 위해 일하겠습니다.'가 아니라 5개의 평정요소를 만족하며 자신을 어필 할 수 있는 답을 공무원 행동강령과 이해충돌방지법 부정청탁금지법을 통해 알려주신다. 그러면서 지금까지 내가 돌아보지 못한 윤리관도 깨닫게 되었다. 그리고 공직자가 진정으로 갖추어야 할 덕목을 깨우쳐주셨다.

합격자 추천 후기 RECOMMENDATION

이 수업은 나에게 인생의 교훈까지 알려준 수업이었다. 그리고 교수님께서는 항상 학생들의 어려움을 들어주셨고 각 수강생들의 성향, 스펙을 보시며 그에 맞는 솔루션을 주셨다. 면접이란 것이 처음이고 자기 생각을 정리하는 게 서투신 분들이 합격을 원하시고 또한 참된 인재로서의 마인드까지 함양하시고자 한다면 채한태 교수님을 추천드립니다.

2023 서울시 7급
이○○

존경하는 채한태 교수님께. 안녕하세요. 저는 교수님의 면접 특강과 연천 봉사활동에 참여하여 많은 것을 배우고 감동 받았습니다. 면접 준비에 있어서 교수님의 세심한 피드백과 가르침 덕분에 많은 도움을 받았습니다. 이에 대해 깊은 감사의 말씀을 전하고 싶어 편지를 드립니다.
오늘 서울시 7급 필기 결과가 나왔는데 합격하지 못하여 매우 송구스럽게 생각하고 있습니다. 그러나 그 결과에 상관없이, 교수님의 지도와 가르침으로 얻은 것들은 저에게 큰 자산이 되었습니다. 자기소개서, 지원동기에 대해서 꼼꼼히 봐주시고 5분 스피치를 잘 할 수 있도록 도와주셔서 감사합니다. 뿐만 아니라 봉사활동과 공모전 등 다양한 기회를 알려주시고 참여할 수 있도록 독려해 주셔서 감사합니다.
지금은 필기 시험에 합격하지 못했지만 앞으로 이를 바탕으로 앞으로 더욱 열심히 노력하여 훌륭한 공무원이 되도록 노력하겠습니다. 교수님께서는 제게 멘토가 되어주셨고, 그 은혜에 저는 깊은 감사를 표합니다. 앞으로도 교수님의 가르침을 몸소 실천하며 발전하는 모습을 보여드리겠습니다.

2023년 창원시 지방직 9급
최○○

채한태 교수님 정말 감사합니다. 다 교수님 덕분입니다. 이번에 면접 준비하면서 헌법에서는 예전부터 유명하신 교수님 뵙게 되어서 굉장히 좋았습니다. 공무원 강의로 유명하신 교수님 직접 뵌 적은 처음입니다. 든든합니다. 대단히 감사합니다.

2023 서울시 일반행정직 지방직 9급
장○○

선생님 안녕하십니까!! 면접반 수강생 장○○입니다!! 선생님의 가르침 덕분에 많이 부족한 제가 감사하게도 이번 서울특별시 일행직 9급 공무원에 합격하였습니다 ㅎㅎ
면접이 다소 막막할 때도 있었지만 선생님의 가르침으로 합격할 수 있었습니다! 다시 한 번 진심으로 감사드리며 서울특별시에 선한 영향력을 미치는 공무원이 되도록 노력하겠습니다!! 감사합니다!!

2023 지방직 9급
이○○

교수님 이번 부산공○○에서 면접수업 들은 이○○입니다!!! 교수님께서 잘 가르쳐주셔서 덕분에 무사히 합격할 수 있어서 정말로 감사합니다!!!!!! 사실 저는 다른 분들보다 경력이나 자격증이 없어서 준비하면서 걱정이 많이 되었습니다. 하지만 교수님께서 공모전과 봉사활동들을 알려주셔서 면접을 볼때 이러한 것들을 위주로 많이 말할 수 있었습니다…!!!!! 다시 한 번 정말로 감사드립니다!!!

2023 경남교육청 전원 합격1조 조장 박○○

교수님 안녕하십니까. 경남 교육청 면접강의 수강한 박○○입니다. 교수님 덕택에 최종합격했습니다. 오늘 경남 교육청 결과 발표가 나왔고 전원합격 3조 모두 최종합격했습니다! 처음부터 끝까지 도와주셔서 감사합니다! 많은 도움을 주셔서 정말 감사드립니다!^^

2022 경기도 지방직 일반행정 9급 임○○

안녕하십니까. 교수님 덕분에 경기도 고양 일반행정 9급에 합격한 임○○입니다.
1. 강의 전 준비기간에 지역사랑을 실천하기
나는 지방직 시험일 약 7일후 채한태 선생님의 면접 설명회를 들었다. 채한태 선생님의 지방직 면접 설명회에서 '면접 준비기간을 주는 이유는 지역에 대한 사랑을 보여달라는 뜻이다' 선생님의 말씀을 들었다. 그리하여 지역 공공기관에서 봉사활동도 하고 지역 문화재 탐방을 하는 등 강의 한 달 전부터 면접 이야깃거리를 쌓아갔다.
2. 믿고 따라가는 면접 강의
국가직 면접위원이셨던 채한태 선생님의 노하우를 담아 면접의 A~Z까지 알려주셨다. 공직가치의 9개 요소부터 무엇을 중요시해야 하는지, 예를 들어 애국심을 표현하려면 어떻게 해야 하는지, 창의성을 기르려면 어떻게 해야 하는지 포인트 별로 알려주셨다. 또한 면접위원으로 지원자의 인상도 중요하게 생각하셔서 수업시간에 인사하는 방법, 남성 지원자라면 넥타이, 코로나 시국에 맞추어 마스크까지 세심하게 살펴 주셨다.
3. 신속한 피드백
면접강의가 끝나고, 지역별로 각 조를 나눠서 활동을 이어갔다. 조별로 활동을 하면서, 조별 활동을 통해 모의 면접을 한 후 피드백을 선생님께 요청하면 선생님께서는 신속하게 피드백을 해 주셨다. A4용지에 피드백을 해 주셨으며, 개선점을 말씀해주시는 모습은 지금도 잊을 수 없다.
또한 모의면접을 통해 통찰력 있는 질문을 해 주셔서 본 면접을 대비하는데 도움이 되었다. 신속한 피드백은 수험생 입장에서 매우 도움이 되며 채한태 선생님의 가장 큰 강점이다.

2022년 상반기 서울지방 경찰청 순경 공채 합격 서○○

순경준비하던 수험생으로서 시작이 가장 힘든 과목이었습니다. 채한태 교수님 명품 헌법을 들으면서 시작하였습니다. 적지 않은 시험 범위에 걱정이 많이 되었지만, 채한태교수님이 차근차근 명쾌하게 설명해 주시면서 출제예상 판례와 이론 위주의 수업은 시간을 절약해야 하는 저에게 큰 도

합격자 추천 후기 RECOMMENDATION

움이 되었습니다.
첫 2회전을 돌렸어도 여전히 기출을 바로 풀기에는 무리였으나, 올해 1월쯤 시작한 〈명품헌법 기출지문 4700제 OX〉를 풀고 나서 완전히 달라졌습니다. 문제가 이해가 되고 보이기 시작하였습니다. 그래서 짧은 기간 내 6회전을 바로 돌렸고, 그제서야 헌법 종합 기출문제가 쉽게 풀리기 시작하였습니다. 마지막 달에 해주신 예상 판례 특강을 통해서 마지막 복습 정리를 하여서 출제 예상 문제에 좀 더 집중할 수 있었습니다. 많은 수험생 여러분도 채한태 교수님 헌법 커리큘럼을 믿고 따라오시면 합격 점수는 보장해 주실 겁니다.

2022년 상반기 비상계획관 합격
김○○ 대령

채한태 박사님 명품헌법 기본심화 강의와 헌법재판소판례 특강을 통해서 방대한 헌법을 정복하였습니다.

2022년 국회 8급 합격
이○○

명품헌법 시리즈특강을 통해서 고득점을 할 수 있었습니다. 국회직 면접까지 박사님이 지도해 주셔서 최종합격할 수 있었습니다.

2022년 법원서기보 합격
박○○

법과목 중에서 헌법분량이 많지만 채한태 선생님이 요약정리해 주셔서 고득점하였습니다.

2022년 9급 선관위직 필기 합격
이○○

명품 공직선거법 교재와 채한태샘 강의 듣고 합격을 했습니다. 도표정리가 많은 도움이 되었어요.

2022년 9급 선관위직 필기 합격
김○○

방대한 공직선거법 조문을 잘 정리해 주셔서 단기간에 고득점했습니다.

2021년 7급 국가직 합격
김○○

국가공무원 7급 시험을 준비하고 있는 수험생입니다. 박사님의 명품헌법 기본강의, 기출강의, 최신판례 강의, 모의고사 강의 등을 통해서 헌법 만점을 얻었습니다. 이번 2차 시험에서 헌법 만점을 받을 수 있었습니다. 좋은 가르침에 진심으로 감사드립니다.

탁월한 **적중률!** 합격의 **동반자!** 채한태 법학박사의 **명품공직선거법**

2021년 비상계획관 합격
김○○

채한태 박사님 명품헌법 기본서·종합기출문제집·헌법재판소판례특강을 메가공무원 홈페이지에서 인터넷 강의를 통해 반복적으로 수강하였습니다. 독학으로 알아내기 어려웠던 명쾌한 부분들을 짚어주신 덕분에 고득점으로 합격을 했습니다.

2021 경찰승진 합격
최○○

박사님의 헌법재판소 판례강의와 기본이론 명품헌법강의는 주제별로 총정리가 잘 되어 있기에 단기간에 원하는 목표를 얻을 수 있었습니다.

2021 법원직 합격
이○○

비전공자에게 법적인 마인드 함양과 법해석의 방법을 선생님께서 쉽고 자세하게 설명해 주셔서 법원직 헌법 과목에서 좋은 점수를 득점할 수 있었습니다.

2021 국회직 합격
정○○

헌법이론과 시사적인 내용을 하나로 연결하여 이해하기 쉽게 설명을 해주신 덕분에 단기간에 헌법을 쉽게 이해할 수 있었습니다.

2020년 상반기 비상계획관 합격
조○○

사실 저는 현직에 근무하면서 학습시간의 부족으로 퇴근 후 학습시간은 주로 헌법과 법령 위주로 공부하여 면접에 많은 시간을 투자할 시간을 가지지는 못했습니다. 면접과 관련한 기본적 지식은 제가 다녔던 비상계획관 학원 강의를 통해 배운 내용을 주요 키워드 위주로 정리 암기하였으며 면접 PT 작성요령, 답변 방법, 자세, 기타 면접 노하우 등은 채한태 박사님께서 운영하는 면접 특강을 2회 수강하면서 가르쳐주신 방법을 전적으로 믿고 면접 당일 그대로 적용하려 노력하였으며 그 결과 첫 시험치고는 괜찮은 면접 성적을 얻었다고 생각합니다. 채한태 박사님께 문자로 질문하였고 박사님의 친절하신 답변이 많은 도움이 되었습니다. 박사님과의 면접 실습을 통한 저의 약점 보완은 제게 커다란 도움이 되었습니다. 박사님의 노하우 담긴 조언과 개별적인 눈높이 교육은 정말 큰 도움이 되리라 믿습니다. 박사님의 도움이 커다란 힘이 되었음에 깊은 감사를 드립니다.

2020년 국가직 7급 합격
이○○

경찰 간부후보생 시험 합격 후 경찰 승진 준비를 하면서 채한태 박사님 책을 보게 되었습니다. 기초가 부족하고 헌법을 처음 접해 보는 사람에게 무조건 추천해 드리고 싶습니다. 시간이 되신다면 박사님 강의를 병행하면서 짧은 시간에 큰 효과를 거둘 수 있습니다. 박사님 책을 보면서 더욱 수험생 혹은 승진 대상자들을 배려하는 세심한 설명과 자세한 자료를 보면서 매년 더욱 만족하고 있습니다.

합격자 추천 후기 RECOMMENDATION

2019년 선거직 9급 합격
박○○

저는 법학 전공이 아니지만 공직선거법을 채한태 박사님 강의를 듣고 고득점했어요. 중요 내용을 도표로 정리해 주는 최적화된 강의 감사해요.

2019년 선거직 7급 합격
김○○

명품 공직선거법의 기본서와 단원별 객관식 문제집으로 공부하여 합격의 영광을 얻게 되었어요. 면접까지도 채한태 박사님이 지도해 주셔서 최종 합격했어요. 감사드려요.

2019년 국가직 7급 합격
김○○

채한태 박사님의 명품헌법 강의를 듣고 헌법에 대한 이해와 자신감을 가지게 되었습니다. 헌법에 대해서 어려움을 가지고 계신 분들은 채한태 박사님의 강의를 통해서 해결할 수 있습니다.

2019년 국회직 8급 합격
이○○

어려운 헌법 과목을 가장 이해하기 쉽게 가르쳐 주십니다. 핵심정리와 암기 공식을 제시하여 헌법이 고득점 과목이 되었습니다.

2018년 비상계획관 합격
김○○

명품헌법 기본서와 채한태 박사님 강의로 방대한 헌법을 단기간에 해결하여 비상계획관 시험에서 합격의 영광을 얻게 되었어요. 질문할 때마다 친절하게 도와주셨던 채한태 박사님 고맙습니다.

2018년 소방간부후보생 합격
이○○

공대생이라 법 과목이 너무나 힘들었으나 쉽고 명쾌하게 강의하시는 채한태 교수님 명품헌법 덕분에 합격할 수 있었습니다.

2018년 법원직 합격
김○○

채한태닷컴에서 동영상으로 명품헌법 기본강의를 반복적으로 공부하여 합격했습니다. 명품헌법 교재는 중요 내용의 밑줄 처리와 색감 처리가 잘 되어 있어 가독성이 탁월합니다. 동영상으로 강의 듣기에도 편리합니다.

2018년 국회직 8급 합격
이○○

합격한 선배님의 추천으로 명품헌법 기본서로 강의를 듣고 합격하였습니다. 중요 내용의 도표 정리와 기출문제의 반복적인 설명 등을 채한태 교수님이 잘해주셔서 헌법에서 고득점을 하였습니다.

탁월한 **적중률!** 합격의 **동반자!** 채한태 법학박사의 **명품공직선거법**

2018년 서울시 7급 합격
박○○

명품헌법과 헌법 종합 기출문제집을 반복적으로 공부하여 단기간에 고득점을 하였습니다. 복잡한 헌법재판소 판례가 주제별로 잘 정리되어 보기에 편했습니다. 실전에서도 문제 푸는 데 많은 도움이 되었습니다.

2017년 국가직 7급 출입국관리직 합격
김○○

추상적이고 방대한 양의 헌법에 처음엔 힘이 들었지만 채교수님의 체계적인 강의 덕분에 어려운 헌법 용어 및 개념들을 쉽게 이해할 수 있게 되었으며 또한 핵심적인 부분만을 가르쳐주시는 수험적합적 강의 덕분에 짧은 시간에 무리 없이 고득점을 확보할 수 있었다고 생각합니다.

2017년 국가직 7급 외무영사직 합격
이○○

채한태 교수님 강의가 최고라고 생각합니다. 강의는 기본강의 들어보시면 판례도 비슷한 판례를 비교해서 정리도 잘해주시고, 체계도 잘 잡아주십니다. 저는 특히 강의에서 테마별·주제별로 정리해 주시는 부분이 가장 마음에 들었습니다. 그거 그대로 단권화할 때 써먹으시면 됩니다.

2017년 서울시 7급 합격
김○○

채한태 박사님의 명품헌법 강의를 통해 어디에서도 배울 수 없었던 남다른 팁과 정리표, 1 : 1 관리 등으로 실전 감각을 유지할 수 있었고 가벼운 마음으로 자신감 있게 합격할 수 있었습니다.

2015년 상반기 비상계획관 합격
오○

간결하고 명쾌하며 풍부한 시사 상식을 접목시키는 박사님의 명품 강의는 시간 가는 줄 모르고 헌법 공부에 몰입할 수 있게 해 주었습니다. 저는 헌법 용어와 개념이 취약했기 때문에 채한태 명품헌법 기본서를 충실하게 공부하며 기출문제집, 모의고사 문제집에 시간을 많이 투자했습니다. 저자가 다른 여러 헌법 서적을 보라는 조언들이 있었지만 저는 부화뇌동하지 않았습니다. 채한태 명품헌법의 강의가 가장 알차고, 기본서는 가장 충실하며, 언제든지 궁금한 점이 있으면 답변을 받을 수 있었기에, 저는 꾸준히 강의를 듣고 기본서를 중심으로 공부하면서 문제집을 공략하였습니다. 든든한 언덕이 되어 주신 채한태 박사님으로부터 헌법을 배울 수 있었던 것은 행운이었습니다.

2014년 서울시 7급 일반행정직 최연소(당시 21세) 합격
김○○

채한태 교수님 강의 덕분에 기본 개념부터 충분히 인지할 수 있었고 특히 채한태 교수님 카페에 가입하며 메일로 최신 판례를 받아볼 수 있었던 점이 도움이 됐습니다. 헌법은 최신판례가 많이 반영되기 때문에 수험생들이 최신판례 공부를 철저히 한 뒤 시험에 임하는 것이 좋을 것 같습니다. 또한 헌법은 비슷한 개념이 많이 나오는 편인만큼, 유사 개념들을 표로 정리해 특징을 정리하고 헷갈리는 부분들을 점검할 수 있어서 마무리까지 많은 도움이 됐습니다.

합격자 추천 후기 RECOMMENDATION

2014년 교정직 7급
최연장(당시 51세) 합격
조○○

성실한 강의, 헌법의 핵심과 출제경향을 꿰뚫는 강의, 채한태 박사님의 강의를 직접 확인하신다면 헌법에 대한 시야는 확 달라질 것입니다.

2014년 국가직 7급
세무직 차석 합격
박○○

법에 대해서 아무것도 몰랐던 저도 채한태 선생님의 명품헌법을 보고 헌법을 정복할 수 있었습니다. 채한태 선생님의 체계적인 강의와 더불어 이 책을 함께 보신다면 여러분 또한 합격의 길로 들어서실 수 있습니다.

2014년 국가직
우정사업본부 합격
조○○

말이 필요하겠습니까. 결과가 보여줍니다. 국가직 헌법 고득점의 1등 공신 역할은 명품헌법이었습니다.

2014년 국회사무처 8급 합격
박○○

헌법의 기본이론을 강의를 들으면서 총정리하고 반복하여 공부하여 정복했습니다. 최신판례특강과 모의고사 문제풀이를 통해서 마무리 정리하여 효과를 보았습니다.

2014년 비상계획관 합격
오○○

채한태 박사님의 헌법 강의를 듣지 않았으면, 앞으로 6개월은 더 학습을 해야 할 상황이었습니다. 무조건 특강이든, 수업이든 참석했습니다. 강의는 기본이지만 간간이 들려주시는 시사성 있는 멘트들은 웃음을 자아냈고, 봉사활동 등 말씀을 들으며 많이 배웠습니다. 공부야 시험 보고 나면 합격으로 끝나지만 인생은 오래가니까. 헌법 공부하시는 분들~ 명품을 믿고 그리고 추가 공부!

2013년 외무영사직
수강생

이번에 시험 보면서 교수님이 적중률이 정말 높다는 것을 새삼 실감했어요. 헌법이 어려웠다고 한 학생들은 처음 보는 게 많아서 그랬다고 하는데 저는 교수님 덕분에 처음 보는 문제는 하나도 없었던 거 같아요. 봤던 문제, 중요하다고 하셨던 문제가 다 나와서 시간 절약이 많이 된 과목이었어요. 정말 감사드립니다!

탁월한 **적중률!** 합격의 **동반자!** 채한태 법학박사의 **명품공직선거법**

2013년 국가직 7급 일반행정직 합격 홍○○

2013년 외무영사직 수강생법 과목을 처음 접해본 저에게 채한태 박사님의 명품헌법은 그야말로 명쾌한 해답으로 다가왔습니다. 정확하고 깔끔한 강의! 합격생으로서 감히 여러분께 추천드립니다.

2013년 국가직 7급 일반행정직 합격 소○○

헌법은 당연히 100점을 맞고 합격했습니다. 합격하고 나서 생각해보니 헌법이란 과목을 채한태 박사님께 배운 것은 큰 행운이었습니다. 헌법은 화학과를 나온 저에게도 합격할 때까지 항상 효자 과목이었습니다. 박사님 감사합니다!

2013년 국가직 회계직 합격 김○○

제가 수험 2년차에 명품헌법을 처음 접하고 나서 "헌법이 쉽다"라고 감히 생각할 수 있었습니다. 풍부한 사례를 통해 추상적인 헌법을 생활 속에 숨쉬게 해줍니다. 믿고 따라가신다면 합격의 전략과목 중 하나가 헌법이 될 것입니다. 꼭 합격하시길 바랍니다.

2013년 외무영사직 합격 신○○

법 공부를 처음 접했던 저에게 헌법은 굉장히 낯선 과목이었습니다. 채한태 쌤 수업을 들으면서 시사를 예로 들면서 명료하게 진행하시는 것을 느꼈고 헌법 공부를 재밌게 할 수 있었습니다. 더하여 언제나 합격할 수 있다는 자신감을 심어주신 쌤께 진심으로 감사드립니다. 명품헌법 + 채한태 쌤 강의를 통해 훌륭한 공무원이 되기 위한 첫걸음을 시작하시길 바라며, 합격을 기원합니다.

2013년 외무영사직 합격 임○○

수험공부를 하면서 가장 좋았던 책을 꼽으라면 고민 없이 명품헌법을 꼽을 수가 있습니다. 정리와 요약이 잘 되어 있고, 기출문제 표기도 들어 있어서 다른 책을 볼 필요가 없었습니다. 명품헌법 한 권에 단권화를 하여 시험 당일까지 들고 다니시면 무적의 파트너를 만난 기분이실 것입니다. 헌법 공부는 시작부터 마무리까지 명품헌법 한 권으로 잡아낼 수 있으니 걱정 마시고 명품헌법을 나만의 책으로 만들어 보세요.

합격자 추천 후기 RECOMMENDATION

2013년 국가직 7급 일반행정직 합격 심○○

명품헌법은 헌법을 처음 접하는 수험생도 체계적이고 효율적으로 공부할 수 있도록 합니다. 강의만 믿고 따라가시면 헌법 고득점은 보장되어 있습니다. 믿고 따라가십시오! 합격의 문이 열립니다!

2012년 7급년 국가직 일반행정직 합격 이○○

헌법은 단연 만점으로 합격했습니다. 비(非)법대생인 저도 이해하기 쉽고 체계적으로 공부할 수 있게 해준 명서입니다. 특히 기출 표시는 2회독부터 그 진가를 발휘하더군요. 정말 유용했습니다. 명품헌법에 있던 문장들을 그대로 시험장에서 봤을 때의 그 희열을 잊지 못할 것입니다. 명품헌법! 경험한 만큼 자신 있게 추천드립니다.

2012년 국가직 7급 세무직 합격 권○○

명품헌법 덕분에 저의 전략 과목이었던 헌법은 당연하게 100점 맞고 최종 합격하였습니다. 이해를 시켜주는 교재였기 때문에 처음 공부하는 헌법이 막막하지 않았고, 뜬구름 잡는 듯한 느낌이 없었습니다. 법 과목은 기본기가 중요하다는 것이 공부를 할수록 무슨 말인지 알겠더군요. 앞으로도 계속 예비 공무원들의 합격 길라잡이로서 명성을 이어나갈 것을 확신합니다.

2012년 서울시 7급 일반행정직 합격 박○○

9급 합격 후 이제 그만 현실에 안주하고 싶던 즈음에 친구의 권유로 박사님께 상담받고 조금 더 도전하자 스스로를 다독이며, 주저 없이 명품헌법을 선택하여 최종 합격까지 무난히 올 수 있었습니다. 돌이켜 생각해 보아도 정말 다행입니다. 처음 공부할 때와는 달리 목표의식이 다소 희박해졌을 때인데 명품헌법을 선택하고 시행착오 없이, 더불어 헌법 공부도 짧지만 강렬하게 할 수 있었습니다. 남들보다 빨리 헌법 고득점을 원하신다면 명품헌법 추천해 드립니다.

2010년 국가직 7급 세무직 합격 이○○

명품헌법은 헌법의 사용설명서다!! 헌법을 어디서부터 어떻게 시작해야 할지 모를 때 나의 지침서가 되어 주었기 때문에~ 기본서 위주로 공부한 나한테 꼭 맞는 맞춤서였습니다~ 쉽지만 속이 꽉 찬~ 단권화를 위한 필수 기본서!! 강추합니다~~^^

2010년 국가직 7급 세무직 합격
김○○

저는 처음부터 헌법은 시행착오 없이 바로 명품헌법으로 공부하였습니다. 기본서를 선택하기 위해 여러 가지 책을 살펴보고 강의도 청취해 보았습니다. 그중에서 명품헌법의 틀이 체계적으로 잡혀있었고, 헛갈리기 쉬운 것들이나 같이 묶어서 외우면 편리할 것들이 잘 정리되어 좋았습니다. 이 점에서는 명품헌법을 공부하신 분들은 누구나 인정하더군요. 그리고 다른 책들과는 달리 불필요하다고 생각되는 내용이 없더군요. 명품헌법 보시고 고득점 하세요.

2010년 국가직 7급 세무직 합격
권○○

시간이 부족한 7급 수험생에게 헌법은 특히 효율적으로 공부할 필요성이 있는 과목입니다. 명품헌법은 난해한 법 이론과 법조문 및 판례가 보기 쉽게 집필되어 있으며, 사이사이에 핵심요약 정리가 되어 있어 공부하기 편리합니다. 명품헌법 교재와 함께 교수님의 명품 강의는 합격을 위한 필수죠! 간명하게 이해시켜 주신 뒤에 핵심정리 및 암기 공식을 제공. 그리고 매시간마다 치러지는 쪽지시험, 매주 있는 모의시험을 통해 헌법이 효자 과목이 되었던 것 같습니다.

2010년 비상계획관 합격
정○○

명품헌법 교재는 법 공부를 처음 공부하는 초학자도 단기간에 쉽게 이해할 수 있도록 정리가 잘 되어 있습니다. 시험 합격하는 데 큰 힘이 되어 준 명품 교재입니다.

2010년 비상계획관 합격
강○○

채한태 박사님 헌법 강의의 가장 큰 특징은 헌법을 처음 접한 사람도 박사님의 강의를 한 번만 들으면 자신감을 가지고 공부를 할 수 있도록 과목의 구성이 체계적이며, 단계적으로 헌법을 공부할 수 있도록 지도해 주시며, 무엇보다 어렵고 낯선 헌법 과목을 가장 이해하기 쉽게 가르치시며, 혼신의 불타는 열정을 가지고 한 가지라도 더 알려주고자 하는 대한민국 최고의 명품 강사이십니다. 박사님의 명품헌법 책자 발간을 다시 한번 축하드립니다.

신구조문대조표

최신 개정 주요 내용 총정리

공직선거법 [법률 제17981호, 2021. 3. 26., 일부개정]	공직선거법 [법률 제18465호, 2021. 9. 24., 타법개정]
제269조 【재판의 관할】 선거법과 그 공법에 관한 제1심재판은 「법원조직법」 제32조(合議部의 審判權)제1항의 규정에 의한 지방법원합의부 또는 그 지원의 합의부의 관할로 한다. 다만, 군사법원이 재판권을 갖는 선거법과 그 공법에 관한 제1심재판은 「군사법원법」 제11조(普通軍事法院의 審判事項)의 규정에 의한 보통군사법원의 관할로 한다.	제269조 【재판의 관할】 선거법과 그 공법에 관한 제1심재판은 「법원조직법」 제32조(合議部의 審判權)제1항의 규정에 의한 지방법원합의부 또는 그 지원의 합의부의 관할로 한다. 다만, 군사법원이 재판권을 갖는 선거법과 그 공법에 관한 제1심재판은 「군사법원법」 제11조에 따른 군사법원의 관할로 한다.

공직선거법 [법률 제18465호, 2021. 9. 24., 타법개정]	공직선거법 [법률 제18790호, 2022. 1. 18., 일부개정]
제16조 【피선거권】 ① (생 략) ② 25세 이상의 국민은 국회의원의 피선거권이 있다. ③ 선거일 현재 계속하여 60일 이상(公務로 外國에 派遣되어 選擧日전 60日후에 귀국한 者는 選擧人名簿作成基準日부터 계속하여 選擧日까지) 해당 지방자치단체의 관할 구역에 주민등록이 되어 있는 주민으로서 25세 이상의 국민은 그 지방의회의원 및 지방자치단체의 장의 피선거권이 있다. 이 경우 60일의 기간은 그 지방자치단체의 설치·폐지·분할·합병 또는 구역변경(제28조 각 호의 어느 하나에 따른 구역변경을 포함한다)에 의하여 중단되지 아니한다.	제16조 【피선거권】 ① (현행과 같음) ② 18세 이상의 국민은 국회의원의 피선거권이 있다. ③ 선거일 현재 계속하여 60일 이상(公務로 外國에 派遣되어 選擧日전 60日후에 귀국한 者는 選擧人名簿作成基準日부터 계속하여 選擧日까지) 해당 지방자치단체의 관할 구역에 주민등록이 되어 있는 주민으로서 18세 이상의 국민은 그 지방의회의원 및 지방자치단체의 장의 피선거권이 있다. 이 경우 60일의 기간은 그 지방자치단체의 설치·폐지·분할·합병 또는 구역변경(제28조 각 호의 어느 하나에 따른 구역변경을 포함한다)에 의하여 중단되지 아니한다.
제79조 【공개장소에서의 연설·대담】 ① ~ ⑦ (생 략) 〈신 설〉	제79조 【공개장소에서의 연설·대담】 ① ~ ⑦ (현행과 같음) ⑧ 제3항에 따른 확성장치는 다음 각 호의 구분에 따른 소음기준을 초과할 수 없다. 1. 자동차에 부착된 확성장치 정격출력 3킬로와트 및 음압수준 127데시벨. 다만, 제3항제1호에 따른 대통령선거 후보자용 또는 같은 항 제2호에 따른 시·도지사선거 후보자용의 경우에는 정격출력 40킬로와트 및 음압수준 150데시벨 2. 휴대용 확성장치 정격출력 30와트. 다만, 제3항제1호에 따른 대통령선거 후보자용 또는 같은 항 제2호에 따른 시·도지사선거 후보자용의 경우에는 정격출력 3킬로와트
제102조 【야간연설 등의 제한】 ① 이 법의 규정에 의한 연설·대담과 대담·토론회(放送施設을 이용하는 경우를 제외한다)는 오후 11시부터 다음날 오전 6시까지는 개최할 수 없으며, 공개장소에서의 연설·대담은 오후 10시부터 다음날 오전 7시까지는 이를 할 수 없다. 다만, 공개장소에서의 연설·대담에 있어서 휴대용 확성장치만을 사용하는 경우에는 오전 6시부터 오후 11시까지 할 수 있다.	제102조 【야간연설 등의 제한】 ① 이 법의 규정에 의한 연설·대담과 대담·토론회(放送施設을 이용하는 경우를 제외한다)는 오후 11시부터 다음날 오전 6시까지는 개최할 수 없으며, 공개장소에서의 연설·대담은 오후 11시부터 다음날 오전 7시까지는 이를 할 수 없다. 다만, 공개장소에서의 연설·대담을 하는 경우 자동차에 부착된 확성장치 또는 휴대용 확성장치는 오전 7시부터 오후 9시까지 사용할 수 있다.

공직선거법 [법률 제18465호, 2021. 9. 24., 타법개정]	공직선거법 [법률 제18790호, 2022. 1. 18., 일부개정]
② 제79조에 따른 공개장소에서의 연설·대담을 하는 경우 오후 9시부터 다음 날 오전 7시까지 같은 조 제10항에 따른 녹음기와 녹화기(비디오 및 오디오 기기를 포함한다)를 사용할 수 없다. 〈단서 신설〉	② 제79조에 따른 공개장소에서의 연설·대담을 하는 경우 오후 9시부터 다음 날 오전 7시까지 같은 조 제10항에 따른 녹음기와 녹화기(비디오 및 오디오 기기를 포함한다. 이하 이 항에서 같다)를 사용할 수 없다. 다만, 녹화기는 소리의 출력 없이 화면만을 표출하는 경우에 한정하여 오후 11시까지 사용할 수 있다.
제216조【4개 이상 선거의 동시실시에 관한 특례】 ① 4개 이상 동시선거에 있어 지역구자치구·시·군 의원 선거의 후보자는 제79조(公開場所에서의 演說·對談)의 연설·대담을 위하여 자동차 1대와 휴대용 확성장치 1조를 사용할 수 있다. 〈후단 신설〉	제216조【4개 이상 선거의 동시실시에 관한 특례】 ① 4개 이상 동시선거에 있어 지역구자치구·시·군의원 선거의 후보자는 제79조(公開場所에서의 演說·對談)의 연설·대담을 위하여 자동차 1대와 휴대용 확성장치 1조를 사용할 수 있다. 이 경우 휴대용 확성장치는 제79조제8항제2호 본문에 따른 소음기준을 초과할 수 없다.
제255조【부정선거운동죄】① (생 략)	제255조【부정선거운동죄】① (현행과 같음)
② 다음 각 호의 어느 하나에 해당하는 자는 2년 이하의 징역 또는 400만원 이하의 벌금에 처한다.	② 다음 각 호의 어느 하나에 해당하는 자는 2년 이하의 징역 또는 400만원 이하의 벌금에 처한다.
4. 제91조(擴聲裝置와 自動車 등의 사용제한)제1항·제3항 또는 제216조(4개 이상 選擧의 同時實施에 관한 特例)제1항의 규정에 위반하여 확성장치나 자동차를 사용하여 선거운동을 하거나 하게 한 자	4. 제91조(擴聲裝置와 自動車 등의 사용제한)제1항·제3항 또는 제216조(4개 이상 選擧의 同時實施에 관한 特例) 제1항 전단의 규정에 위반하여 확성장치나 자동차를 사용하여 선거운동을 하거나 하게 한 자
제256조【각종제한규정위반죄】① ~ ④ (생 략)	제256조【각종제한규정위반죄】① ~ ④ (현행과 같음)
⑤ 다음 각 호의 어느 하나에 해당하는 자는 1년 이하의 징역 또는 200만원 이하의 벌금에 처한다.	⑤ 다음 각 호의 어느 하나에 해당하는 자는 1년 이하의 징역 또는 200만원 이하의 벌금에 처한다.
10. 제102조제2항을 위반하여 녹음기 또는 녹화기를 사용한 자 〈단서 신설〉	10. 제102조제2항을 위반하여 녹음기 또는 녹화기를 사용한 자. 다만, 오후 9시부터 오후 11시까지의 사이에 소리를 출력하여 녹화기를 사용한 자는 제외한다.
제261조【과태료의 부과·징수 등】①·② (생 략)	제261조【과태료의 부과·징수 등】①·② (현행과 같음)
③ 다음 각 호의 어느 하나에 해당하는 행위를 한 자에게는 1천만원 이하의 과태료를 부과한다.	③ 다음 각 호의 어느 하나에 해당하는 행위를 한 자에게는 1천만원 이하의 과태료를 부과한다.
3의2. 제82조의2제4항 각 호 외의 부분 후단을 위반하여 정당한 사유 없이 대담·토론회에 참석하지 아니한 사람	3의2. 제79조제8항 또는 제216조제1항 후단을 위반하여 소음기준을 초과한 확성장치를 사용하거나 사용하게 한 자
〈신 설〉	3의3. 제82조의2제4항 각 호 외의 부분 후단을 위반하여 정당한 사유 없이 대담·토론회에 참석하지 아니한 사람
〈신 설〉	4의2. 제102조제2항 단서를 위반하여 오후 9시부터 오후 11시까지의 사이에 소리를 출력하여 녹화기를 사용한 자

신구조문대조표 최신 개정 주요 내용 총정리

공직선거법 [법률 제18790호, 2022. 1. 18., 일부개정]	공직선거법 [법률 제18791호, 2022. 1. 21., 일부개정]
제8조의7【선거방송토론위원회】① (생 략)	제8조의7【선거방송토론위원회】① (현행과 같음)
② 각급선거방송토론위원회는 다음 각 호에 따라 구성하며, 위원의 임기는 제2호 후단의 경우를 제외하고는 3년으로 한다. 이 경우 위원정수에 관하여는 제8조의2제2항 후단을 준용한다.	② 각급선거방송토론위원회는 다음 각 호에 따라 구성하며, 위원의 임기는 제2호 후단의 경우를 제외하고는 3년으로 한다. 이 경우 위원정수에 관하여는 제8조의2제2항 후단을 준용한다.
1. 중앙선거관리위원회에 설치하는 중앙선거방송토론위원회(이하 "중앙선거방송토론위원회"라 한다) 및 특별시·광역시·특별자치시·도·특별자치도(이하 "시·도"라 한다)선거관리위원회에 설치하는 시·도선거방송토론위원회(이하 "시·도선거방송토론위원회"라 한다) 국회에 교섭단체를 구성한 정당과 공영방송사(한국방송공사와 「방송문화진흥회법」에 따른 방송문화진흥회가 최다출자자인 방송사업자를 말한다. 이하 같다)가 추천하는 각 1명, 방송통신심의위원회·학계·법조계·시민단체가 추천하는 사람 등 학식과 덕망이 있는 사람 중에서 중앙선거관리위원회 또는 시·도선거관리위원회가 각각 위촉하는 사람을 포함하여 중앙선거방송토론위원회는 11명 이내, 시·도선거방송토론위원회는 9명 이내의 위원	1. 중앙선거관리위원회에 설치하는 중앙선거방송토론위원회(이하 "중앙선거방송토론위원회"라 한다) 국회에 교섭단체를 구성한 정당, 공영방송사(한국 방송공사와 「방송문화진흥회법」에 따른 방송문화진흥회가 최다출자자인 방송사업자를 말한다. 이하 같다), 지상파방송사(공영방송사가 아닌 지상파방송사업자로서 중앙선거관리위원회규칙으로 정하는 방송사업자를 말한다. 이하 같다)가 포함된 단체로서 중앙선거관리위원회규칙으로 정하는 단체가 추천하는 각 1명, 방송통신심의위원회·학계·법조계·시민단체가 추천하는 사람 등 학식과 덕망이 있는 사람 중에서 중앙선거관리위원회가 위촉하는 사람을 포함하여 11명 이내의 위원
〈신 설〉	1의2. 특별시·광역시·특별자치시·도·특별자치도(이하 "시·도"라 한다)선거관리위원회에 설치하는 시·도 선거방송토론위원회(이하 "시·도선거방송토론위원회"라 한다) 국회에 교섭단체를 구성한 정당, 공영방송사, 지상파방송사가 추천하는 각 1명, 방송통신심의위원회·학계·법조계·시민단체가 추천하는 사람 등 학식과 덕망이 있는 사람 중에서 시·도선거관리위원회가 위촉하는 사람을 포함하여 9명 이내의 위원
제37조【명부작성】① ~ ⑥ (생 략)	제37조【명부작성】① ~ ⑥ (현행과 같음)
⑦ 선거인명부의 서식 기타 필요한 사항은 중앙선거관리위원회규칙으로 정한다.	⑦ 행정안전부장관은 제1항에 따른 선거인명부의 작성을 지원하기 위하여 「주민등록법」 제7조의2제1항에 따른 주민등록번호, 「출입국관리법」 제31조제5항에 따른 외국인등록번호 및 「재외동포의 출입국과 법적 지위에 관한 법률」 제7조제1항에 따른 국내거소신고번호를 처리할 수 있고, 처리한 사항을 구·시·군의 장 등에게 제공할 수 있다. 이 경우 행정안전부 장관은 관계 행정기관의 장 또는 그 밖의 공공기관의 장에게 필요한 자료를 요청할 수 있고, 요청을 받은 자는 특별한 사유가 없으면 이에 따라야 한다.
〈신 설〉	⑧ 선거인명부의 서식 기타 필요한 사항은 중앙선거관리위원회규칙으로 정한다.

공직선거법 [법률 제18790호, 2022. 1. 18., 일부개정]	공직선거법 [법률 제18791호, 2022. 1. 21., 일부개정]
제62조【선거사무관계자의 선임】① (생 략) ② 선거사무장 또는 선거연락소장은 선거에 관한 사무를 처리하기 위하여 선거운동을 할 수 있는 자중에서 다음 각호에 의하여 선거사무원(제135조제1항 본문에 따른 수당과 실비를 지급받는 선거사무원을 말한다. 이하 같다)을 둘 수 있다. 1. 대통령선거 선거사무소에 시·도의 6배수 이내와 시·도선거연락소에 당해 시·도안의 구·시·군 (하나의 區·市·郡이 2 이상의 國會議員地域區로 된 경우에는 國會議員地域區를 말한다. 이하 이 項에서 같다)수(그 區·市·郡數가 10 미만인때에는 10人)이내 및 구·시·군선거연락소에 당해 구·시·군안의 읍·면·동수 이내	제62조【선거사무관계자의 선임】① (현행과 같음) ② 선거사무장 또는 선거연락소장은 선거에 관한 사무를 처리하기 위하여 선거운동을 할 수 있는 자중에서 다음 각호에 의하여 선거사무원(제135조제1항 본문에 따른 수당과 실비를 지급받는 선거사무원을 말한다. 이하 같다)을 둘 수 있다. 1. 대통령선거 선거사무소에 시·도의 6배수 이내와 시·도선거연락소에 당해 시·도안의 구·시·군 (하나의 區·市·郡이 2 이상의 國會議員地域區로 된 경우에는 國會議員地域區를 말한다. 이하 이 項에서 같다)수(그 區·市·郡數가 10 미만인때에는 10人)이내 및 구·시·군선거연락소에 당해 구·시·군안의 읍·면·동(제148조제1항제2호에 해당하는 경우에는 설치·폐지·분할·합병 직전의 읍·면·동을 말한다. 이하 이 조, 제67조제1항, 제118조 제5호 및 제121조제1항에서 같다)수 이내
제70조【방송광고】① 선거운동을 위한 방송광고는 후보자(대통령선거에 있어서 정당추천후보자와 비례대표국회의원선거의 경우에는 후보자를 추천한 정당을 말한다. 이하 이 조에서 같다)가 다음 각 호에 따라 선거운동기간중 소속정당의 정강·정책이나 후보자의 정견 그 밖의 홍보에 필요한 사항을 텔레비전 및 라디오 방송시설「방송법」에 의한 방송사업자가 관리·운영하는 무선국 및 종합유선방송국(報道 專門編成의 放送채널사용事業者의 채널을 포함한다)을 말한다. 이하 이 조에서 같다)을 이용하여 실시할 수 있되, 광고시간은 1회 1분을 초과할 수 없다. 이 경우 광고회수의 계산에 있어서는 재방송을 포함하되, 하나의 텔레비전 또는 라디오 방송시설을 선정하여 당해 방송망을 동시에 이용하는 것은 1회로 본다.	제70조【방송광고】① 선거운동을 위한 방송광고는 후보자(대통령선거에 있어서 정당추천후보자와 비례대표국회의원선거의 경우에는 후보자를 추천한 정당을 말한다. 이하 이 조에서 같다)가 다음 각 호에 따라 선거운동기간중 소속정당의 정강·정책이나 후보자의 정견 그 밖의 홍보에 필요한 사항을 텔레비전 및 라디오 방송시설「방송법」에 의한 방송사업자가 관리·운영하는 무선국 및 종합유선방송국(종합편성 또는 보도전문편성의 放送 채널사용事業者의 채널을 포함한다)을 말한다. 이하 이 조에서 같다)을 이용하여 실시할 수 있되, 광고시간은 1회 1분을 초과할 수 없다. 이 경우 광고회수의 계산에 있어서는 재방송을 포함하되, 하나의 텔레비전 또는 라디오 방송시설을 선정하여 당해 방송망을 동시에 이용하는 것은 1회로 본다.
제71조【후보자 등의 방송연설】① ~ ⑪ (생 략) ⑫「방송법」에 따른 종합유선방송사업자(보도전문편성의 방송채널사용사업자를 포함한다)·중계유선방송사업자 및 인터넷언론사는 후보자 등의 방송연설을 중계방송할 수 있다. 이 경우 방송연설을 행한 모든 후보자에게 공평하게 하여야 한다.	제71조【후보자 등의 방송연설】① ~ ⑪ (현행과 같음) ⑫「방송법」에 따른 종합유선방송사업자(종합편성 또는 보도전문편성의 방송채널사용사업자를 포함한다)·중계유선방송사업자 및 인터넷언론사는 후보자 등의 방송연설을 중계방송할 수 있다. 이 경우 방송연설을 행한 모든 후보자에게 공평하게 하여야 한다.
제82조의2【선거방송토론위원회 주관 대담·토론회】 ① ~ ⑨ (생 략) ⑩ 공영방송사는 그의 부담으로 대담·토론회를 텔레비전 방송을 통하여 중계방송하여야 하되, 대통령선거에 있어서 중앙선거방송토론위원회가 주관하는 대담·토론회는 오후 8시부터 당일 오후 11시까지의 사이에 중계방송하여야 한다. 다만, 지역구 국회의원선거 및 자치구·시·군의 장선거에 있어서 전국을 방송 권역으로 하는 등 정당한 사유가 있는 경우에는 그러 하지 아니하다.	제82조의2【선거방송토론위원회 주관 대담·토론회】 ① ~ ⑨ (현행과 같음) ⑩ 공영방송사와 지상파방송사는 그의 부담으로 대담·토론회를 텔레비전방송을 통하여 중계방송하여야 하되, 대통령선거에 있어서 중앙선거방송토론위원회가 주관하는 대담·토론회는 오후 8시부터 당일 오후 11시까지의 사이에 중계방송하여야 한다. 다만, 지역구국회 의원선거 및 자치구·시·군의 장선거에 있어서 전국을 방송권역으로 하는 등 정당한 사유가 있는 경우에는 그러 하지 아니하다.

신구조문대조표
최신 개정 주요 내용 총정리

공직선거법 [법률 제18790호, 2022. 1. 18., 일부개정]	공직선거법 [법률 제18791호, 2022. 1. 21., 일부개정]
⑪ 구·시·군선거방송토론위원회는 지역구국회의원선거 및 자치구·시·군의 장선거에 있어서 제10항 단서의 규정에 의하여 **공영방송사**가 중계방송을 할 수 없는 때에는 **다른 지상파방송사업자나** 종합유선방송사업자의 방송시설을 이용하여 대담·토론회를 텔레비전방송을 통하여 중계방송하게 할 수 있다. 이 경우 그 방송시설 이용료는 국가 또는 당해 지방자치단체가 부담한다.	⑪ 구·시·군선거방송토론위원회는 지역구국회의원선거 및 자치구·시·군의 장선거에 있어서 제10항 단서의 규정에 의하여 **공영방송사 또는 지상파방송사**가 중계방송을 할 수 없는 때에는 **다른** 종합유선방송사업자의 방송시설을 이용하여 대담·토론회를 텔레비전방송을 통하여 중계방송하게 할 수 있다. 이 경우 그 방송시설이용료는 국가 또는 당해 지방자치단체가 부담한다.
제148조【사전투표소의 설치】① 구·시·군선거관리위원회는 선거일전 5일부터 2일 동안(이하 "사전투표 기간"이라 한다) 관할구역(선거구가 해당 구·시·군의 관할구역보다 작은 경우에는 해당 선거구를 말한다)의 읍·면·동마다 1개소씩 사전투표소를 설치·운영하여야 한다. 다만, **읍·면·동 관할구역에 군부대 밀집지역 등이 있는 경우**에는 해당 지역에 사전투표소를 추가로 설치·운영할 수 있다. 〈신 설〉 〈신 설〉	제148조【사전투표소의 설치】① 구·시·군선거관리위원회는 선거일 전 5일부터 2일 동안(이하 "사전투표기간"이라 한다) 관할구역(선거구가 해당 구·시·군의 관할구역보다 작은 경우에는 해당 선거구를 말한다)의 읍·면·동마다 1개소씩 사전투표소를 설치·운영하여야 한다. 다만, **다음 각 호의 어느 하나에 해당하는** 경우에는 해당 지역에 사전투표소를 추가로 설치·운영할 수 있다. 1. **읍·면·동 관할구역에 군부대 밀집지역 등이 있는 경우** 2. **읍·면·동이 설치·폐지·분할·합병되어 관할구역의 총 읍·면·동의 수가 줄어든 경우**
제218조의8【재외선거인명부의 작성】① (생 략)	제218조의8【재외선거인명부의 작성】① (현행과 같음)
② 중앙선거관리위원회는 해당 선거의 선거일 전 60일까지 해당 선거 직전에 실시한 대통령선거 또는 임기만료에 따른 비례대표국회의원선거에서 확정된 재외선거인명부에 올라 있는 선거인의 선거권 유무 등을 확인하여 그 재외선거인명부를 정비하여야 한다. 이 경우 재외선거인명부에 올라 있는 선거인 중 2회 이상 계속하여 재외선거에 투표하지 아니한 선거인은 그 재외선거인명부에서 삭제하여야 한다.	② 중앙선거관리위원회는 해당 선거의 선거일 전 60일까지 해당 선거 직전에 실시한 대통령선거 또는 임기만료에 따른 비례대표국회의원선거에서 확정된 재외선거인명부에 올라 있는 선거인의 선거권 유무 등을 확인하여 그 재외선거인명부를 정비하여야 한다. 〈**후단 삭제**〉
제218조의17【재외투표소의 설치·운영】① (생 략)	제218조의17【재외투표소의 설치·운영】① (현행과 같음)
② 재외선거관리위원회는 제1항에도 불구하고 다음 각 호의 어느 하나에 해당하는 사유가 있는 경우에는 재외투표기간 중 기간을 정하여 제1항에 따른 공관 또는 공관의 대체시설 외의 시설·병영 등에 추가로 재외투표소를 설치·운영할 수 있다. 다만, 제1호에 따른 사유로 추가하여 설치하는 재외투표소의 경우에는 재외국민수가 **4만명**을 넘으면 이후 매 **4만명까지**마다 1개소씩 추가로 설치·운영하되, 추가되는 재외투표소의 총 수는 **2개소**를 초과할 수 없다. 1. 관할구역의 재외국민수가 **4만명** 이상인 것으로 추정되는 경우	② 재외선거관리위원회는 제1항에도 불구하고 다음 각 호의 어느 하나에 해당하는 사유가 있는 경우에는 재외투표기간 중 기간을 정하여 제1항에 따른 공관 또는 공관의 대체시설 외의 시설·병영 등에 추가로 재외투표소를 설치·운영할 수 있다. 다만, 제1호에 따른 사유로 추가하여 설치하는 재외투표소의 경우에는 재외국민수가 **3만명**을 넘으면 이후 매 **3만명까지**마다 1개소씩 추가로 설치·운영하되, 추가되는 재외투표소의 총 수는 **3개소**를 초과할 수 없다. 1. 관할구역의 재외국민수가 **3만명** 이상인 것으로 추정되는 경우

공직선거법 [법률 제18790호, 2022. 1. 18., 일부개정]	공직선거법 [법률 제18791호, 2022. 1. 21., 일부개정]
⑦ 재외투표소는 재외투표기간 중 공휴일에도 불구하고 매일 오전 8시에 열고 오후 5시에 닫는다. 다만, 제2항에 따른 재외투표소의 경우에는 해당 재외선거관리위원회가 예상 투표자 수 등을 고려하여 투표시간을 조정할 수 있다. 〈신 설〉 〈신 설〉	⑦ 재외투표소는 재외투표기간 중 공휴일에도 불구하고 매일 오전 8시에 열고 오후 5시에 닫는다. 다만, 다음 각 호의 어느 하나에 해당하는 경우 재외선거관리위원회는 예상 투표자 수 등을 고려하여 투표시간을 조정할 수 있되, 중앙선거관리위원회와 협의하여야 한다. 1. 천재지변 또는 전쟁·폭동, 그 밖에 부득이한 사유가 있는 경우 2. 제2항제2호에 따라 추가로 설치·운영하는 재외투표소의 경우

공직선거법 [법률 제18791호, 2022. 1. 21., 일부개정]	공직선거법 [법률 제18837호, 2022. 2. 16., 일부개정]
〈신 설〉	제6조의3【감염병환자 등의 선거권 보장】① 「감염병의 예방 및 관리에 관한 법률」제41조제1항 또는 제2항에 따라 입원 치료, 자가(自家)치료 또는 시설치료 중이거나 같은 법 제42조 제2항 제1호에 따라 자가 또는 시설에 격리 중인 사람(이하 "격리자 등"이라 한다)은 선거권 행사를 위하여 활동할 수 있다. ② 국가와 지방자치단체는 격리자등의 선거권 행사가 원활하게 이루어질 수 있도록 교통편의 제공 및 그 밖에 필요한 방안을 마련하여야 한다.
제38조【거소·선상투표신고】① 선거인명부에 오를 자격이 있는 국내에 거주하는 사람으로서 제4항제1호부터 제5호까지에 해당하는 사람(제15조제2항제3호에 따른 외국인은 제외한다)은 선거인명부작성기간 중 구·시·군의 장에게 서면으로 신고(이하 "거소투표 신고"라 한다)를 할 수 있다. 이 경우 우편에 의한 거소 투표신고는 등기우편으로 처리하되, 그 우편요금은 국가 또는 해당 지방자치단체가 부담한다 ② 대통령선거와 임기만료에 따른 국회의원선거에서 선거인명부에 오를 자격이 있는 사람으로서 다음 각 호의 어느 하나에 해당하는 선박에 승선할 예정이거나 승선하고 있는 선원이 사전투표소 및 투표소에서 투표할 수 없는 경우 선거인명부작성기간 중 구·시·군의 장에게 서면[승선하고 있는 선원이 해당 선박에 설치된 팩시밀리(전자적 방식을 포함한다. 이하 같다)로 신고하는 경우를 포함한다]으로 신고(이하 "선상투표신고"라 한다)를 할 수 있다. 이 경우 우편에 의한 방법으로 선상투표신고를 하는 경우에는 제1항 후단을 준용한다.	제38조【거소·선상투표신고】① 선거인명부에 오를 자격이 있는 국내에 거주하는 사람으로서 제4항제1호부터 제5호까지 또는 제5호의2에 해당하는 사람(제15조제2항제3호에 따른 외국인은 제외한다)은 선거인명부작성기간 중 구·시·군의 장에게 서면이나 해당 구·시·군이 개설·운영하는 인터넷 홈페이지를 통하여 신고(이하 "거소투표신고"라 한다)를 할 수 있다. 이 경우 우편에 의한 거소투표신고는 등기우편으로 처리하되, 그 우편요금은 국가 또는 해당 지방자치 단체가 부담한다. ② 대통령선거와 임기만료에 따른 국회의원선거에서 선거인명부에 오를 자격이 있는 사람으로서 다음 각 호의 어느 하나에 해당하는 선박에 승선할 예정이거나 승선하고 있는 선원이 사전투표소 및 투표소에서 투표할 수 없는 경우 선거인명부작성기간 중 구·시·군의 장에게 서면[승선하고 있는 선원이 해당 선박에 설치된 팩시밀리(전자적 방식을 포함한다. 이하 같다)로 신고하는 경우를 포함한다]이나 제1항에 따른 인터넷 홈페이지를 통하여 신고(이하 "선상투표신고"라 한다)를 할 수 있다. 이 경우 우편에 의한 방법으로 선상투표신고를 하는 경우에는 제1항 후단을 준용한다.

신구조문대조표 <small>최신 개정 주요 내용 총정리</small>

공직선거법 [법률 제18791호, 2022. 1. 21., 일부개정]	공직선거법 [법률 제18837호, 2022. 2. 16., 일부개정]
③ 거소투표신고 또는 선상투표신고를 하려는 사람은 해당 신고서에 다음 각 호의 사항을 적어야 하고, 제4항제1호 및 제2호에 해당하는 사람은 소속기관이나 시설의 장의, 제4항제3호에 해당하는 사람(「장애인복지법」 제32조에 따라 등록된 장애인은 제외한다)은 통·리 또는 반의 장의, 제4항제6호에 해당하는 선원은 해당 선박 소유자(제2항제2호에 따른 선박의 경우에는 선박관리업을 경영하는 자를 말한다) 또는 해당 선박 선장의 확인을 받아야 한다. 이 경우 구·시·군의 장은 선거인명부작성기준일 전 10일까지 제4항제3호에 해당하는 사람 중에서 「장애인복지법」 제32조에 따라 등록된 장애인에게 거소투표신고에 관한 안내문과 거소투표신고서를 발송하여야 한다.	③ 거소투표신고 또는 선상투표신고를 하려는 사람은 해당 신고서에 다음 각 호의 사항을 적어야 하고, 제4항제1호 및 제2호에 해당하는 사람은 소속기관이나 시설의 장의, 제4항제3호에 해당하는 사람(「장애인복지법」 제32조에 따라 등록된 장애인은 제외한다)은 통·리 또는 반의 장의, 제4항제5호의2에 해당하는 사람으로서 입원치료, 시설치료 또는 시설격리 중인 사람은 해당 시설의 장의, 제4항제6호에 해당하는 선원은 해당 선박 소유자(제2항제2호에 따른 선박의 경우에는 선박관리업을 경영하는 자를 말한다) 또는 해당 선박 선장의 확인을 받아야 한다. 이 경우 구·시·군의 장은 선거인명부작성기준일 전 10일까지 제4항제3호에 해당하는 사람 중에서 「장애인복지법」 제32조에 따라 등록된 장애인에게 거소투표신고에 관한 안내문과 거소투표신고서를 발송하여야 한다.
④ 다음 각 호의 어느 하나에 해당하는 사람은 거소(제6호에 해당하는 선원의 경우 선상을 말한다)에서 투표할 수 있다.	④ 다음 각 호의 어느 하나에 해당하는 사람은 거소(제6호에 해당하는 선원의 경우 선상을 말한다)에서 투표할 수 있다.
〈신 설〉	5의2. 격리자등
제147조 【투표소의 설치】 ① ~ ⑩ (생 략)	제147조 【투표소의 설치】 ① ~ ⑩ (현행과 같음)
⑪ 투표소의 설비, 고령자·장애인·임산부 등 교통약자의 투표소 접근 편의를 보장하기 위한 제반 시설의 설치, 적절한 투표소 위치 확보 등의 조치, 그 밖에 필요한 사항은 중앙선거관리위원회규칙으로 정한다.	⑪ 투표소의 설비, 고령자·장애인·임산부 등 교통약자와 격리자등의 투표소 접근 편의를 보장하기 위한 제반 시설의 설치, 적절한 투표소 위치 확보 등의 조치, 그 밖에 필요한 사항은 중앙선거관리위원회규칙으로 정한다.
제148조 【사전투표소의 설치】 ① 구·시·군선거관리위원회는 선거일 전 5일부터 2일 동안(이하 "사전투표 기간"이라 한다) 관할구역(선거구가 해당 구·시·군의 관할구역보다 작은 경우에는 해당 선거구를 말한다)의 읍·면·동마다 1개소씩 사전투표소를 설치·운영 하여야 한다. 다만, 다음 각 호의 어느 하나에 해당하는 경우에는 해당 지역에 사전투표소를 추가로 설치·운영 할 수 있다.	제148조 【사전투표소의 설치】 ① 구·시·군선거관리위원회는 선거일 전 5일부터 2일 동안(이하 "사전투표 기간"이라 한다) 관할구역(선거구가 해당 구·시·군의 관할구역보다 작은 경우에는 해당 선거구를 말한다)의 읍·면·동마다 1개소씩 사전투표소를 설치·운영 하여야 한다. 다만, 다음 각 호의 어느 하나에 해당하는 경우에는 해당 지역에 사전투표소를 추가로 설치·운영 할 수 있다.
〈신 설〉	3. 읍·면·동 관할구역에 「감염병의 예방 및 관리에 관한 법률」 제36조제3항에 따른 감염병관리시설 또는 같은 법 제39조의3제1항에 따른 감염병의심자 격리시설이 있는 경우
〈신 설〉	4. 천재지변 또는 전쟁·폭동, 그 밖에 부득이한 사유로 인하여 사전 투표소를 추가로 설치·운영할 필요가 있다고 관할 구·시·군선거관리위원회가 인정하는 경우

공직선거법 [법률 제18791호, 2022. 1. 21., 일부개정]	공직선거법 [법률 제18837호, 2022. 2. 16., 일부개정]
제149조【기관·시설 안의 기표소】① 다음 각 호의 어느 하나에 해당하는 기관·시설(이하 이 조에서 "기관·시설"이라 한다)로서 제38조제1항의 거소투표신고인을 수용하고 있는 기관·시설의 장은 그 명칭과 소재지 및 거소투표신고인수 등을 선거인명부작성기간만료일 후 3일까지 관할 구·시·군선거관리위원회에 신고하여야 한다.	제149조【기관·시설 안의 기표소】① 다음 각 호의 어느 하나에 해당하는 기관·시설(이하 이 조에서 "기관·시설"이라 한다)로서 제38조제1항의 거소투표신고인을 수용하고 있는 기관·시설의 장은 그 명칭과 소재지 및 거소투표신고인수 등을 선거인명부작성기간만료일 후 3일까지 관할 구·시·군선거관리위원회에 신고하여야 한다.
〈신 설〉	3. 「감염병의 예방 및 관리에 관한 법률」 제36조제3항에 따른 감염병관리시설 또는 같은 법 제39조의3제1항에 따른 감염병의심자 격리시설
제154조【거소투표자에 대한 투표용지의 발송】① (생 략)	제154조【거소투표자에 대한 투표용지의 발송】① (현행과 같음)
② 제1항의 규정에 불구하고 허위로 신고한 자 및 자신의 의사에 의하여 신고된 것으로 인정되지 아니한 거소투표자에게는 당해 구·시·군선거관리위원회의 의결로 거소투표용지를 발송하지 아니할 수 있다. 이 경우 거소투표발송록에 그 사실을 기재하여야 한다.	② 제1항의 규정에 불구하고 거소투표자가 다음 각 호의 어느 하나에 해당하는 경우 해당 거소투표자에게는 당해 구·시·군선거관리위원회의 의결로 거소투표용지를 발송하지 아니할 수 있다. 이 경우 거소투표발송록에 그 사실을 기재하여야 한다.
〈신 설〉	1. 허위로 신고한 경우
〈신 설〉	2. 자신의 의사에 의하여 신고된 것으로 인정되지 아니한 경우
〈신 설〉	3. 격리자등이 제38조제1항 전단에 따라 신고한 후 거소투표용지 발송 전에 치료가 완료되거나 격리가 해제된 경우
제155조【투표시간】① ~ ⑤ (생 략)	제155조【투표시간】① ~ ⑤ (현행과 같음)
〈신 설〉	⑥ 제1항 본문에도 불구하고 격리자등이 선거권을 행사할 수 있도록 격리자등에 한정하여서는 투표소를 오후 6시에 열고 오후 7시 30분에 닫는다. 다만, 농산어촌 지역에 거주하는 고령자·장애인·임산부 등 교통약자인 격리자등은 관할 보건소로부터 일시적 외출의 필요성을 인정받은 경우 오후 6시 전에도 투표소에서 투표할 수 있다.
〈신 설〉	⑦ 제6항 본문에 따라 투표하는 경우 제5항, 제176조제4항, 제218조의16제2항 및 제218조의24제2항부터 제4항까지의 규정 중 "선거일 오후 6시"를 각각 "선거일 오후 7시 30분"으로 본다.

신구조문대조표
최신 개정 주요 내용 총정리

공직선거법 [법률 제18837호, 2022. 2. 16., 일부개정]	공직선거법 [법률 제18841호, 2022. 4. 20., 일부개정]
제22조【시·도의회의 의원정수】① 시·도별 지역구시·도 의원의 총 정수는 그 관할구역 안의 자치구·시·군(하나의 자치구·시·군이 2 이상의 국회의원지역구로 된 경우에는 국회의원지역구를 말하며, 행정구역의 변경으로 국회의원지역구와 행정구역이 합치되지 아니하게 된 때에는 행정구역을 말한다)수의 2배수로 하되, 인구·행정구역·지세·교통, 그 밖의 조건을 고려하여 100분의 14의 범위에서 조정할 수 있다. 다만, 자치구·시·군의 지역구시·도의원정수는 최소 1명으로 한다.	제22조【시·도의회의 의원정수】① 시·도별 지역구시·도 의원의 총 정수는 그 관할구역 안의 자치구·시·군(하나의 자치구·시·군이 2 이상의 국회의원지역구로 된 경우에는 국회의원지역구를 말하며, 행정구역의 변경으로 국회의원지역구와 행정구역이 합치되지 아니하게 된 때에는 행정구역을 말한다)수의 2배수로 하되, 인구·행정구역·지세·교통, 그 밖의 조건을 고려하여 100분의 20의 범위에서 조정할 수 있다. 다만, 인구가 5만명 미만인 자치구·시·군의 지역 구시·도의원정수는 최소 1명으로 하고, 인구가 5만명 이상인 자치구·시·군의 지역구 시·도의원정수는 최소 2명으로 한다.
제26조【지방의회의원선거구의 획정】① ~ ③ (생 략)	제26조【지방의회의원선거구의 획정】① ~ ③ (현행과 같음)
④ 자치구·시·군의원지역구는 하나의 시·도의원지역구 내에서 획정하여야 하며, 하나의 시·도의원지역구에서 지역구자치구·시·군의원을 4인 이상 선출하는 때에는 2개 이상의 지역선거구로 분할할 수 있다.	④ 자치구·시·군의원지역구는 하나의 시·도의원지역구 내에서 획정하여야 한다.
제56조【기탁금】① 후보자등록을 신청하는 자는 등록신청 시에 후보자 1명마다 다음 각 호의 기탁금을 중앙선거관리위원회규칙으로 정하는 바에 따라 관할 선거구선거관리위원회에 납부하여야 한다. 이 경우 예비후보자가 해당 선거의 같은 선거구에 후보자등록을 신청하는 때에는 제60조의2제2항에 따라 납부한 기탁금을 제외한 나머지 금액을 납부하여야 한다.	제56조【기탁금】① 후보자등록을 신청하는 자는 등록신청 시에 후보자 1명마다 다음 각 호의 기탁금(후보자등록을 신청하는 사람이 「장애인복지법」 제32조에 따라 등록한 장애인이거나 선거일 현재 29세 이하인 경우에는 다음 각 호에 따른 기탁금의 100분의 50에 해당하는 금액을 말하고, 30세 이상 39세 이하인 경우에는 다음 각 호에 따른 기탁금의 100분의 70에 해당하는 금액을 말한다)을 중앙선거관리위원회규칙으로 정하는 바에 따라 관할선거구선거관리위원회에 납부하여야 한다. 이 경우 예비후보자가 해당 선거의 같은 선거구에 후보자등록을 신청하는 때에는 제60조의2제2항에 따라 납부한 기탁금을 제외한 나머지 금액을 납부하여야 한다.
〈신 설〉	④ 제1항에 따라 장애인 또는 39세 이하의 사람이 납부하는 기탁금의 감액비율은 중복하여 적용하지 아니한다.
제57조【기탁금의 반환 등】① 관할선거구선거관리위원회는 다음 각 호의 구분에 따른 금액을 선거일 후 30일 이내에 기탁자에게 반환한다. 이 경우 반환하지 아니하는 기탁금은 국가 또는 지방자치단체에 귀속한다.	제57조【기탁금의 반환 등】① 관할선거구선거관리위원회는 다음 각 호의 구분에 따른 금액을 선거일 후 30일 이내에 기탁자에게 반환한다. 이 경우 반환하지 아니하는 기탁금은 국가 또는 지방자치단체에 귀속한다.
1. 대통령선거, 지역구국회의원선거, 지역구지방의회의원선거 및 지방자치단체의 장선거	1. 대통령선거, 지역구국회의원선거, 지역구지방의회의원선거 및 지방자치단체의 장선거
가. 후보자가 당선되거나 사망한 경우와 유효투표총수의 100분의 15 이상을 득표한 경우에는 기탁금 전액	가. 후보자가 당선되거나 사망한 경우와 유효투표총수의 100분의 15 이상(후보자가 「장애인복지법」 제32조에 따라 등록한 장애인이거나 선거일 현재 39세 이하인 경우에는 유효투표총수의 100분의 10 이상을 말한다)을 득표한 경우에는 기탁금 전액

공직선거법 [법률 제18837호, 2022. 2. 16., 일부개정]	공직선거법 [법률 제18841호, 2022. 4. 20., 일부개정]
나. 후보자가 유효투표총수의 100분의 10 이상 100분의 15 미만을 득표한 경우에는 기탁금의 100분의 50에 해당하는 금액	나. 후보자가 유효투표총수의 100분의 10 이상 100분의 15 미만(후보자가 「장애인복지법」 제32조에 따라 등록한 장애인이거나 선거일 현재 39세 이하인 경우에는 유효 투표총수의 100분의 5 이상 100분의 10 미만을 말한다)을 득표한 경우에는 기탁금의 100분의 50에 해당하는 금액
제60조의2【예비후보자등록】① (생 략)	제60조의2【예비후보자등록】① (현행과 같음)
② 제1항에 따라 예비후보자등록을 신청하는 사람은 다음 각 호의 서류를 제출하여야 하며, 제56조제1항 각 호에 따른 해당 선거 기탁금의 100분의 20에 해당하는 금액을 중앙선거관리위원회규칙으로 정하는 바에 따라 관할선거구선거관리위원회에 기탁금으로 납부하여야 한다.	② 제1항에 따라 예비후보자등록을 신청하는 사람은 다음 각 호의 서류를 제출하여야 하며, 제56조제1항에 따른 해당 선거 기탁금의 100분의 20에 해당하는 금액을 중앙선거관리위원회규칙으로 정하는 바에 따라 관할 선거구선거관리위원회에 기탁금으로 납부하여야 한다.
제62조【선거사무관계자의 선임】① ~ ④ (생 략)	제62조【선거사무관계자의 선임】① ~ ④ (현행과 같음)
⑤ 제135조제1항 단서의 규정에 의하여 수당을 지급받을 수 없는 정당의 유급사무직원, 국회의원과 그 보좌관·비서관·비서 또는 지방의회의원은 선거사무원이 된 경우에도 제2항의 선거사무원수에는 산입하지 아니한다.	⑤ 제135조제1항 단서의 규정에 의하여 수당을 지급받을 수 없는 정당의 유급사무직원, 국회의원과 그 보좌관·선임비서관·비서관 또는 지방의회의원은 선거사무원이 된 경우에도 제2항의 선거사무원수에는 산입하지 아니한다.
제86조【공무원 등의 선거에 영향을 미치는 행위금지】 ① 공무원(國會議員과 그 補佐官·秘書官·秘書 및 地方議會議員을 제외한다), 선상투표신고를 한 선원이 승선하고 있는 선박의 선장, 제53조 제1항제4호에 규정된 기관 등의 상근 임원과 같은 항 제6호에 규정된 기관 등의 상근 임직원, 통·리·반의 장, 주민자치위원회위원과 예비군 중대장급 이상의 간부, 특별법에 의하여 설립된 국민운동단체로서 국가나 지방자치단체의 출연 또는 보조를 받는 단체(바르게 살기 運動協議會·새마을 運動協議會·韓國自由總聯盟을 말한다)의 상근 임·직원 및 이들 단체 등(市·道組織 및 區·市·郡組織을 포함한다)의 대표자는 다음 각 호의 어느 하나에 해당하는 행위를 하여서는 아니된다.	제86조【공무원 등의 선거에 영향을 미치는 행위금지】 ① 공무원(國會議員과 그 보좌관선임비서관·비서관 및 地方議會議員을 제외한다), 선상투표신고를 한 선원이 승선하고 있는 선박의 선장, 제53조 제1항 제4호에 규정된 기관 등의 상근 임원과 같은 항 제6호에 규정된 기관 등의 상근 임직원, 통·리·반의 장, 주민자치위원회위원과 예비군 중대장급 이상의 간부, 특별법에 의하여 설립된 국민운동단체로서 국가나 지방자치단체의 출연 또는 보조를 받는 단체(바르게 살기 運動協議會·새마을 運動協議會·韓國自由總聯盟을 말한다)의 상근 임·직원 및 이들 단체 등(市·道組織 및 區·市·郡組織을 포함한다)의 대표자는 다음 각 호의 어느 하나에 해당하는 행위를 하여서는 아니된다.
제121조【선거비용제한액의 산정】①·② (생 략)	제121조【선거비용제한액의 산정】①·② (현행과 같음)
③ 선거비용제한액 산정을 위한 인구수의 기준일, 제한액산정비율의 결정 기타 필요한 사항은 중앙선거관리위원회규칙으로 정한다.	③ 제135조제2항에 따른 선거사무장등(활동보조인은 제외한다. 이하 이 항에서 같다)에게 지급할 수 있는 수당의 금액이 인상된 경우 총 수당 인상액과 선거사무장 등의 「산업재해보상보험법」에 따른 산재보험 가입에 소요되는 총 산재보험료를 다음 각 호에 따라 산정하여 제1항 및 제2항에 따라 산정한 선거비용제한액에 각각 가산하여야 한다.

신구조문대조표
최신 개정 주요 내용 총정리

공직선거법 [법률 제18837호, 2022. 2. 16., 일부개정]	공직선거법 [법률 제18841호, 2022. 4. 20., 일부개정]
〈신 설〉	1. 총 수당 인상액 선거사무장등에게 지급할 수 있는 수당의 인상 차액 ×선거사무장등의 수(선거사무원의 경우에는 제62조제2항에 따라 선거별로 선거사무장 또는 선거연락소장이 둘 수 있는 선거사무원의 최대 수를 말한다. 이하 이 항에서 같다) ×해당 선거의 선거 운동기간 2. 총 산재보험료 선거사무장등의 수 ×제135조제2항에 따라 선거사무장등에게 지급할 수 있는 수당의 금액 ×해당 선거의 선거운동기간 ×산재보험료율 ④ 선거비용제한액 산정을 위한 인구수의 기준일, 제한액산정비율의 결정 기타 필요한 사항은 중앙선거관리위원회규칙으로 정한다.
제122조의2【선거비용의 보전 등】① · ② (생 략) ③ 다음 각 호의 어느 하나에 해당하는 비용은 국가 또는 지방자치단체가 후보자를 위하여 부담한다. 이 경우 제3호의2 및 제5호의 비용은 국가가 부담한다. 3의2. 활동보조인(예비후보자로서 선임하였던 활동보조인을 포함한다)의 수당과 실비 ④ 제1항 내지 제3항의 규정에 따른 비용의 산정 및 보전청구 그 밖에 필요한 사항은 중앙선거관리위원회규칙으로 정한다. 〈신 설〉	제122조의2【선거비용의 보전 등】① · ② (현행과 같음) ③ 다음 각 호의 어느 하나에 해당하는 비용은 국가 또는 지방자치단체가 후보자를 위하여 부담한다. 이 경우 제3호의2 및 제5호의 비용은 국가가 부담한다. 3의2. 활동보조인(예비후보자로서 선임하였던 활동보조인을 포함한다)의 수당, 실비 및 산재보험료 ④ 제3항제6호에 따른 투표참관인 및 사전투표참관인 수당은 10만원으로 하고, 같은 항 제7호에 따른 개표 참관인 수당은 10만원으로 한다. 이 경우 투표참관인 및 사전투표참관인의 수당과 개표참관 도중 개표참관인을 교체하는 경우의 수당은 6시간 이상 출석한 사람에게만 지급한다. ⑤ 제1항 내지 제3항의 규정에 따른 비용의 산정 및 보전 청구 그 밖에 필요한 사항은 중앙선거관리위원회규칙으로 정한다.
제135조【선거사무관계자에 대한 수당과 실비보상】 ① 선거사무장 · 선거연락소장 · 선거사무원 · 활동보조인 및 회계책임자(이하 이 조에서 "선거사무장등"이라 한다)에 대하여는 수당과 실비를 지급할 수 있다. 다만, 정당의 유급사무직원, 국회의원과 그 보좌관 · 비서관 · 비서 또는 지방의회의원이 선거사무장등을 겸한 때에는 실비만을 보상할 수 있으며, 후보자등록신청개시일부터 선거기간개시일 전일까지는 후보자로서 신고한 선거사무장등에게 수당과 실비를 지급할 수 없다. ② 제1항의 수당과 실비의 종류와 금액은 중앙선거관리위원회가 정한다.	제135조【선거사무관계자에 대한 수당과 실비보상】 ① 선거사무장 · 선거연락소장 · 선거사무원 · 활동보조인 및 회계책임자(이하 이 조에서 "선거사무장등"이라 한다)에 대하여는 수당과 실비를 지급할 수 있다. 다만, 정당의 유급사무직원, 국회의원과 그 보좌관 · 선임 비서관 · 비서관 또는 지방의회의원이 선거사무장등을 겸한 때에는 실비만을 보상할 수 있으며, 후보자등록신청개시일부터 선거기간개시일 전일까지는 후보자로서 신고한 선거사무장등에게 수당과 실비를 지급할 수 없다. ② 제1항에 따라 선거사무장등에게 지급할 수 있는 수당의 금액은 다음 각 호와 같다. 다만, 같은 사람이 회계책임자 · 선거사무장 · 선거연락소장 또는 선거사무원 · 활동보조인을 함께 맡은 때에는 다음 각 호의 금액 중 많은 금액으로 한다.

탁월한 **적중률!** 합격의 **동반자!** 채한태 법학박사의 **명품공직선거법**

공직선거법 [법률 제18837호, 2022. 2. 16., 일부개정]	공직선거법 [법률 제18841호, 2022. 4. 20., 일부개정]
	1. 대통령선거 및 비례대표국회의원선거의 선거사무장: 14만원 이내 2. 비례대표시·도의원선거와 시·도지사선거의 선거사무장, 대통령선거의 시·도선거연락소장: 14만원 이내 3. 지역구국회의원선거 및 자치구·시·군의 장선거의 선거사무장, 대통령선거 및 시·도지사선거의 구·시·군선거연락소장: 10만원 이내 4. 지역구시·도의원선거 및 자치구·시·군의원 선거의 선거사무장, 지역구국회의원선거 및 자치구·시·군의 장선거의 선거연락소장: 10만원 이내 5. 선거사무원·활동보조인: 6만원 이내 6. 회계책임자: 해당 회계책임자가 소속된 선거사무소 또는 선거연락소의 선거사무장 또는 선거연락소장의 수당과 같은 금액
③ (생 략)	③ (현행과 같음)
〈신 설〉	④ 제1항에 따른 수당의 지급에 있어서 같은 정당의 추천을 받은 둘 이상의 후보자가 선거사무장등(회계책임자는 제외한다. 이하 이 항에서 같다)을 공동으로 선임한 경우 후보자별로 선거사무장등에게 지급하여야 하는 수당의 금액은 해당 후보자 사이의 약정에 따라 한 후보자의 선거사무장등에 대한 수당만을 지급하여야 한다.
〈신 설〉	⑤ 제1항에 따라 선거사무장등에게 지급할 수 있는 실비의 종류와 금액은 중앙선거관리위원회규칙으로 정한다.
제155조【투표시간】① (생 략)	제155조【투표시간】① (현행과 같음)
② 사전투표소는 사전투표기간 중 매일 오전 6시에 열고 오후 6시에 닫는다. 이 경우 제1항 단서의 규정은 사전투표소에 이를 준용한다.	② 사전투표소는 사전투표기간 중 매일 오전 6시에 열고 오후 6시에 닫되, 제148조제1항제3호에 따라 설치하는 사전투표소는 관할 구·시·군선거관리위원회가 예상 투표자수 등을 고려하여 투표시간을 조정할 수 있다. 이 경우 제1항 단서의 규정은 사전투표소에 이를 준용한다.
③ ~ ⑤ (생 략)	③ ~ ⑤ (현행과 같음)
⑥ 제1항 본문에도 불구하고 격리자등이 선거권을 행사할 수 있도록 격리자등에 한정하여서는 투표소를 오후 6시에 열고 오후 7시 30분에 닫는다. 다만, 농산어촌 지역에 거주하는 고령자·장애인·임산부 등 교통약자인 격리자등은 관할 보건소로부터 일시적 외출의 필요성을 인정받은 경우 오후 6시 전에도 투표소에서 투표할 수 있다.	⑥ 제1항 본문 및 제2항 전단에도 불구하고 격리자등이 선거권을 행사할 수 있도록 격리자등에 한정하여서는 투표소를 오후 6시 30분에 열고 오후 7시 30분에 닫으며, 사전투표소(제148조제1항제3호에 따라 설치하는 사전투표소를 제외하고 사전투표기간 중 둘째 날의 사전투표소에 한정한다. 이하 이 항에서 같다)는 오후 6시 30분에 열고 오후 8시에 닫는다. 다만, 농산어촌 지역에 거주하는 고령자·장애인·임산부 등 교통약자인 격리자등은 관할 보건소로부터 일시적 외출의 필요성을 인정받은 경우 오후 6시 전에도 투표소 또는 사전투표소에서 투표할 수 있다.

신구조문대조표 최신 개정 주요 내용 총정리

공직선거법 [시행 2022. 4. 20.] [법률 제18841호, 2022. 4. 20., 일부개정]	공직선거법 [시행 2023. 6. 5.] [법률 제19228호, 2023. 3. 4., 타법개정]
제218조의14【국외선거운동 방법에 관한 특례】① ~ ③ (생 략)	제218조의14【국외선거운동 방법에 관한 특례】① ~ ③ (현행과 같음)
④ 중앙선거관리위원회는 대통령선거 및 임기만료에 따른 비례대표국회의원선거에서 정당·후보자에 대한 정보를 재외선거인등에게 알리기 위하여 중앙선거관리위원회규칙으로 정하는 바에 따라 정당·후보자 정보자료를 작성하여 다음 각 호에 따른 방법으로 재외선거인등에게 제공하여야 한다.	④ 중앙선거관리위원회는 대통령선거 및 임기만료에 따른 비례대표국회의원선거에서 정당·후보자에 대한 정보를 재외선거인등에게 알리기 위하여 중앙선거관리위원회규칙으로 정하는 바에 따라 정당·후보자 정보자료를 작성하여 다음 각 호에 따른 방법으로 재외선거인등에게 제공하여야 한다.
1. (생 략)	1. (현행과 같음)
2. 중앙선거관리위원회, 외교부 및 공관의 인터넷 홈페이지 게시	2. 중앙선거관리위원회, 외교부, 재외동포청 및 공관의 인터넷 홈페이지 게시
3. (생 략)	3. (현행과 같음)
⑤ (생 략)	⑤ (현행과 같음)
⑥ 다음 각 호의 어느 하나에 해당하는 단체의 상근 임직원 및 이들 단체의 대표자는 재외선거권자를 대상으로 선거운동을 할 수 없다.	⑥ 다음 각 호의 어느 하나에 해당하는 단체의 상근 임직원 및 이들 단체의 대표자는 재외선거권자를 대상으로 선거운동을 할 수 없다.
1.·2. (생 략)	1.·2. (현행과 같음)
3.「재외동포재단법」에 따라 설립된 재외동포재단	〈삭 제〉
⑦ (생 략)	⑦ (현행과 같음)

공직선거법 [시행 2023. 6. 5.] [법률 제19228호, 2023. 3. 4., 타법개정]	공직선거법 [시행 2023. 9. 15] [법률 제19234호, 2023. 3. 14., 타법개정]
제176조【사전투표·거소투표 및 선상투표의 접수·개표】	제176조【사전투표·거소투표 및 선상투표의 접수·개표】
①·② (생 략)	①·② (현행과 같음)
③ 구·시·군선거관리위원회는 제1항에 따른 우편투표함과 제2항에 따른 사전투표함을 「개인정보 보호법」 제2조제7호에 따른 영상정보처리기기가 설치된 장소에 보관하여야 하고, 해당 영상정보는 해당 선거의 선거일 후 6개월까지 보관하여야 한다.	③ 구·시·군선거관리위원회는 제1항에 따른 우편투표함과 제2항에 따른 사전투표함을 「개인정보 보호법」 제2조제7호에 따른 고정형 영상정보처리기기가 설치된 장소에 보관하여야 하고, 해당 영상정보는 해당 선거의 선거일 후 6개월까지 보관하여야 한다.
④·⑤ (생 략)	④·⑤ (현행과 같음)

탁월한 **적중률!** 합격의 **동반자!** 채한태 법학박사의 **명품공직선거법**

공직선거법 [시행 2023. 9. 15.] [법률 제19234호, 2023. 3. 14., 타법개정]	공직선거법 [시행 2023. 3. 29.] [법률 제19325호, 2023. 3. 29., 일부개정]
제155조【투표시간】 ① ~ ⑤ (생 략)	제155조【투표시간】 ① ~ ⑤ (생 략)
⑥ 제1항 본문 및 제2항 전단에도 불구하고 격리자등이 선거권을 행사할 수 있도록 격리자등에 한정하여서는 투표소를 오후 6시 30분에 열고 오후 7시 30분에 닫으며, 사전투표소(제148조제1항제3호에 따라 설치하는 사전투표소를 제외하고 사전투표기간 중 둘째 날의 사전투표소에 한정한다. 이하 이 항에서 같다)는 오후 6시 30분에 열고 오후 8시에 닫는다. 다만, 농산어촌 지역에 거주하는 고령자·장애인·임산부 등 교통약자인 격리자등은 관할 보건소로부터 일시적 외출의 필요성을 인정받은 경우 오후 6시 전에도 투표소 또는 사전투표소에서 투표할 수 있다.	⑥ 제1항 본문 및 제2항 전단에도 불구하고 격리자등이 선거권을 행사할 수 있도록 격리자등에 한정하여서는 투표소를 오후 6시 30분(보궐선거등에 있어서는 오후 8시 30분)에 열고 오후 7시 30분(보궐선거등에 있어서는 오후 9시 30분)에 닫으며, 사전투표소(제148조제1항제3호에 따라 설치하는 사전투표소를 제외하고 사전투표기간 중 둘째 날의 사전투표소에 한정한다. 이하 이 항에서 같다)는 오후 6시 30분에 열고 오후 8시에 닫는다. 다만, 농산어촌 지역에 거주하는 고령자·장애인·임산부 등 교통약자인 격리자등은 관할 보건소로부터 일시적 외출의 필요성을 인정받은 경우 투표소 또는 사전투표소에서 오후 6시(보궐선거등에 있어서는 투표소에서 오후 8시) 전에도 투표할 수 있다.
⑦ 제6항 본문에 따라 투표하는 경우 제5항, 제176조제4항, 제218조의16제2항 및 제218조의24제2항부터 제4항까지의 규정 중 "선거일 오후 6시"를 각각 "선거일 오후 7시 30분"으로 본다.	⑦ 제6항 본문에 따라 투표하는 경우 제5항, 제176조제4항, 제218조의16제2항 및 제218조의24제2항부터 제4항까지의 규정 중 "선거일 오후 6시"는 각각 "선거일 오후 7시 30분"으로, "오후 8시"는 각각 "오후 9시 30분"으로 본다.
제218조의16【재외선거의 투표방법】 ① · ② (생 략)	제218조의16【재외선거의 투표방법】 ① · ② (현행과 같음)
③ 제218조의17제1항에 따른 재외투표기간 개시일 전에 귀국한 재외선거인등은 재외투표기간 개시일 전에 귀국한 사실을 증명할 수 있는 서류를 첨부하여 주소지 또는 최종 주소지(최종 주소지가 없는 사람은 등록기준지를 말한다)를 관할하는 구·시·군선거관리위원회에 신고한 후 선거일에 해당 선거관리위원회가 지정하는 투표소에서 투표할 수 있다.	③ 제218조의13제1항에 따라 재외선거인명부등에 등재된 사람이 재외투표소에서 투표를 하지 아니하고 귀국한 때에는 선거일 전 8일부터 선거일까지 주소지 또는 최종 주소지(최종 주소지가 없는 사람은 등록기준지를 말한다)를 관할하는 구·시·군선거관리위원회에 신고한 후 선거일에 해당 선거관리위원회가 지정하는 투표소에서 투표할 수 있다.
④ (생 략)	④ (현행과 같음)
제57조의6【공무원 등의 당내경선운동 금지】 ① 제60조제1항에 따라 선거운동을 할 수 없는 사람은 당내경선에서 경선운동을 할 수 없다. 다만, 소속 당원만을 대상으로 하는 당내경선에서 당원이 될 수 있는 사람이 경선운동을 하는 경우에는 그러하지 아니하다.	제57조의6【공무원 등의 당내경선운동 금지】 ① 제60조제1항에 따라 선거운동을 할 수 없는 사람(제60조제1항제5호의 경우에는 「지방공기업법」 제2조에 규정된 지방공사와 지방공단의 상근직원은 제외한다)은 당내경선에서 경선운동을 할 수 없다. 다만, 소속 당원만을 대상으로 하는 당내경선에서 당원이 될 수 있는 사람이 경선운동을 하는 경우에는 그러하지 아니하다.
② (생 략)	② (현행과 같음)

신구조문대조표
최신 개정 주요 내용 총정리

공직선거법 [법률 제19325호, 2023. 3. 29., 일부개정]	공직선거법 [법률 제19696호, 2023. 8. 30., 일부개정]
제68조【어깨띠 등 소품】 ① 후보자와 그 배우자(배우자 대신 후보자가 그의 직계존비속 중에서 신고한 1인을 포함한다), 선거사무장, 선거연락소장, 선거사무원, 후보자와 함께 다니는 활동보조인 및 회계책임자는 선거운동기간 중 후보자의 사진·성명·기호 및 소속 정당명, 그 밖의 홍보에 필요한 사항을 게재한 어깨띠나 중앙선거관리위원회규칙으로 정하는 규격 또는 금액 범위의 윗옷(上衣)·표찰(標札)·수기(手旗)·마스코트, 그 밖의 소품을 붙이거나 입거나 지니고 선거운동을 할 수 있다. ② 누구든지 제1항의 경우를 제외하고는 선거운동기간 중 어깨띠, 모양과 색상이 동일한 모자나 옷, 표찰·수기·마스코트·소품, 그 밖의 표시물을 사용하여 선거운동을 할 수 없다. ③ 제1항에 따른 어깨띠의 규격 또는 그 밖에 필요한 사항은 중앙선거관리위원회규칙으로 정한다.	**제68조【어깨띠 등 소품】** ① 후보자와 그 배우자(배우자 대신 후보자가 그의 직계존비속 중에서 신고한 1인을 포함한다), 선거사무장, 선거연락소장, 선거사무원, 후보자와 함께 다니는 활동보조인 및 회계책임자는 선거운동기간 중 후보자의 사진·성명·기호 및 소속 정당명, 그 밖의 홍보에 필요한 사항을 게재한 어깨띠나 중앙선거관리위원회규칙으로 정하는 규격 또는 금액 범위의 윗옷(上衣)·표찰(標札)·수기(手旗)·마스코트, 그 밖의 소품(이하 "소품등"이라 한다)을 붙이거나 입거나 지니고 선거운동을 할 수 있다. ② 선거운동을 할 수 있는 사람은 선거운동기간 중 중앙선거관리위원회규칙으로 정하는 규격 범위의 소형의 소품등을 본인의 부담으로 제작 또는 구입하여 몸에 붙이거나 지니고 선거운동을 할 수 있다. ③ 제1항 및 제2항에 따른 소품등의 규격과 그 밖에 필요한 사항은 중앙선거관리위원회규칙으로 정한다.
제82조의6【인터넷언론사 게시판·대화방 등의 실명확인】 ① 인터넷언론사는 선거운동기간 중 당해 인터넷홈페이지의 게시판·대화방 등에 정당·후보자에 대한 지지·반대의 문자·음성·화상 또는 동영상 등의 정보(이하 이 조에서 "정보등"이라 한다)를 게시할 수 있도록 하는 경우에는 행정안전부장관 또는 「신용정보의 이용 및 보호에 관한 법률」 제2조제5호가목에 따른 개인신용평가회사(이하 이 조에서 "개인신용평가회사"라 한다)가 제공하는 실명인증방법으로 실명을 확인받도록 하는 기술적 조치를 하여야 한다. 다만, 인터넷언론사가 「정보통신망 이용촉진 및 정보보호 등에 관한 법률」 제44조의5에 따른 본인확인조치를 한 경우에는 그 실명을 확인받도록 하는 기술적 조치를 한 것으로 본다. ② 정당이나 후보자는 자신의 명의로 개설·운영하는 인터넷홈페이지의 게시판·대화방 등에 정당·후보자에 대한 지지·반대의 정보등을 게시할 수 있도록 하는 경우에는 제1항의 규정에 따른 기술적 조치를 할 수 있다. ③ 행정안전부장관 및 개인신용평가회사는 제1항 및 제2항의 규정에 따라 제공한 실명인증자료를 실명인증을 받은 자 및 인터넷홈페이지별로 관리하여야 하며, 중앙선거관리위원회가 그 실명인증자료의 제출을 요구하는 경우에는 지체 없이 이에 따라야 한다.	〈삭 제〉

공직선거법 [법률 제19325호, 2023. 3. 29., 일부개정]	공직선거법 [법률 제19696호, 2023. 8. 30., 일부개정]
④ 인터넷언론사는 제1항의 규정에 따라 실명인증을 받은 자가 정보등을 게시한 경우 당해 인터넷홈페이지의 게시판·대화방 등에 "실명인증" 표시가 나타나도록 하는 기술적 조치를 하여야 한다. ⑤ 인터넷언론사는 당해 인터넷홈페이지의 게시판·대화방 등에서 정보등을 게시하고자 하는 자에게 주민등록번호를 기재할 것을 요구하여서는 아니된다. ⑥ 인터넷언론사는 당해 인터넷홈페이지의 게시판·대화방 등에 "실명인증"의 표시가 없는 정당이나 후보자에 대한 지지·반대의 정보등이 게시된 경우에는 지체 없이 이를 삭제하여야 한다. ⑦ 인터넷언론사는 정당·후보자 및 각급선거관리위원회가 제6항의 규정에 따른 정보등을 삭제하도록 요구하는 경우에는 지체 없이 이에 따라야 한다.	
제90조 【시설물설치 등의 금지】 ① 누구든지 선거일 전 180일(보궐선거등에서는 그 선거의 실시사유가 확정된 때)부터 선거일까지 선거에 영향을 미치게 하기 위하여 이 법의 규정에 의한 것을 제외하고는 다음 각 호의 어느 하나에 해당하는 행위를 할 수 없다. 이 경우 정당(창당준비위원회를 포함한다)의 명칭이나 후보자(후보자가 되려는 사람을 포함한다. 이하 이 조에서 같다)의 성명·사진 또는 그 명칭·성명을 유추할 수 있는 내용을 명시한 것은 선거에 영향을 미치게 하기 위한 것으로 본다. 1. ~ 3. (생 략) ② (생 략)	**제90조 【시설물설치 등의 금지】** ① 누구든지 선거일 전 120일(보궐선거등에서는 그 선거의 실시사유가 확정된 때)부터 선거일까지 선거에 영향을 미치게 하기 위하여 이 법의 규정에 의한 것을 제외하고는 다음 각 호의 어느 하나에 해당하는 행위를 할 수 없다. 이 경우 정당(창당준비위원회를 포함한다)의 명칭이나 후보자(후보자가 되려는 사람을 포함한다. 이하 이 조에서 같다)의 성명·사진 또는 그 명칭·성명을 유추할 수 있는 내용을 명시한 것은 선거에 영향을 미치게 하기 위한 것으로 본다. 1. ~ 3. (현행과 같음) ② (현행과 같음)
제93조 【탈법방법에 의한 문서·도화의 배부·게시 등 금지】 ① 누구든지 선거일전 180일(補闕選擧 등에 있어서는 그 選擧의 실시사유가 확정된 때)부터 선거일까지 선거에 영향을 미치게 하기 위하여 이 법의 규정에 의하지 아니하고는 정당(創黨準備委員會와 政黨의 政綱·정책을 포함한다. 이하 이 條에서 같다) 또는 후보자(候補者가 되고자 하는 者를 포함한다. 이하 이 條에서 같다)를 지지·추천하거나 반대하는 내용이 포함되어 있거나 정당의 명칭 또는 후보자의 성명을 나타내는 광고, 인사장, 벽보, 사진, 문서·도화, 인쇄물이나 녹음·녹화테이프 그 밖에 이와 유사한 것을 배부·첩부·살포·상영 또는 게시할 수 없다. 다만, 다음 각 호의 어느 하나에 해당하는 행위는 그러하지 아니하다. 1.·2. (생 략) ②·③ (생 략)	**제93조 【탈법방법에 의한 문서·도화의 배부·게시 등 금지】** ① 누구든지 선거일 전 120일(補闕選擧 등에 있어서는 그 選擧의 실시사유가 확정된 때)부터 선거일까지 선거에 영향을 미치게 하기 위하여 이 법의 규정에 의하지 아니하고는 정당(創黨準備委員會와 政黨의 政綱·정책을 포함한다. 이하 이 條에서 같다) 또는 후보자(候補者가 되고자 하는 者를 포함한다. 이하 이 條에서 같다)를 지지·추천하거나 반대하는 내용이 포함되어 있거나 정당의 명칭 또는 후보자의 성명을 나타내는 광고, 인사장, 벽보, 사진, 문서·도화, 인쇄물이나 녹음·녹화테이프 그 밖에 이와 유사한 것을 배부·첩부·살포·상영 또는 게시할 수 없다. 다만, 다음 각 호의 어느 하나에 해당하는 행위는 그러하지 아니하다. 1.·2. (현행과 같음) ②·③ (현행과 같음)

신구조문대조표
최신 개정 주요 내용 총정리

공직선거법 [법률 제19325호, 2023. 3. 29., 일부개정]	공직선거법 [법률 제19696호, 2023. 8. 30., 일부개정]
제103조 【각종집회 등의 제한】 〈신 설〉	제103조 【각종집회 등의 제한】 ① 누구든지 선거기간 중 선거운동을 위하여 이 법에 규정된 것을 제외하고는 명칭 여하를 불문하고 집회나 모임을 개최할 수 없다.
② (생 략)	② (현행과 같음)
③ 누구든지 선거기간 중 선거에 영향을 미치게 하기 위하여 향우회·종친회·동창회·단합대회 또는 야유회, 그 밖의 집회나 모임을 개최할 수 없다.	③ 누구든지 선거기간 중 선거에 영향을 미치게 하기 위하여 향우회·종친회·동창회·단합대회·야유회 또는 참가인원이 25명을 초과하는 그 밖의 집회나 모임을 개최할 수 없다.
④·⑤ (생 략)	④·⑤ (현행과 같음)
제255조 【부정선거운동죄】 ① 다음 각 호의 어느 하나에 해당하는 자는 3년 이하의 징역 또는 600만원 이하의 벌금에 처한다.	제255조 【부정선거운동죄】 ① 다음 각 호의 어느 하나에 해당하는 자는 3년 이하의 징역 또는 600만원 이하의 벌금에 처한다.
1. ~ 4. (생 략)	1. ~ 4. (현행과 같음)
5. 제68조제2항 또는 제3항(어깨띠의 규격을 말한다)을 위반하여 어깨띠, 모자나 옷, 표찰·수기·마스코트·소품, 그 밖의 표시물을 사용하여 선거운동을 한 사람	5. 제68조제2항 또는 제3항(소품등의 규격을 말한다)을 위반하여 소품등을 사용한 선거운동을 한 사람
6. ~ 20. (생 략)	6. ~ 20. (현행과 같음)
② ~ ⑤ (생 략)	② ~ ⑤ (현행과 같음)
제256조 【각종제한규정위반죄】 ①·② (생 략)	제256조 【각종제한규정위반죄】 ①·② (현행과 같음)
③ 다음 각 호의 어느 하나에 해당하는 자는 2년 이하의 징역 또는 400만원 이하의 벌금에 처한다.	③ 다음 각 호의 어느 하나에 해당하는 자는 2년 이하의 징역 또는 400만원 이하의 벌금에 처한다.
1. 선거운동과 관련하여 다음 각 목의 어느 하나에 해당하는 자	1. 선거운동과 관련하여 다음 각 목의 어느 하나에 해당하는 자
가. ~ 차. (생 략)	가. ~ 차. (현행과 같음)
카. 제103조(各種集會등의 制限)제3항 내지 제5항의 규정에 위반하여 각종집회등을 개최하거나 하게 한 자	카. 제103조(各種集會등의 制限)제1항 및 제3항 내지 제5항의 규정에 위반하여 각종집회등을 개최하거나 하게 한 자
타. ~ 너. (생 략)	타. ~ 너. (현행과 같음)
2. ~ 4. (생 략)	2. ~ 4. (현행과 같음)
④·⑤ (생 략)	④·⑤ (현행과 같음)
제261조 【과태료의 부과·징수 등】 ①·② (생 략)	제261조 【과태료의 부과·징수 등】 ①·② (현행과 같음)
③ 다음 각 호의 어느 하나에 해당하는 행위를 한 자에게는 1천만원 이하의 과태료를 부과한다.	③ 다음 각 호의 어느 하나에 해당하는 행위를 한 자에게는 1천만원 이하의 과태료를 부과한다.
1. ~ 3의3. (생 략)	1. ~ 3의3. (현행과 같음)

공직선거법 [법률 제19325호, 2023. 3. 29., 일부개정]	공직선거법 [법률 제19696호, 2023. 8. 30., 일부개정]
4. 제82조의6제1항을 위반하여 기술적 조치를 하지 아니한 자	<삭 제>
4의2.·5. (생 략)	4의2.·5. (현행과 같음)
④·⑤ (생 략)	④·⑤ (현행과 같음)
⑥ 다음 각 호의 어느 하나에 해당하는 행위를 한 자는 300만원 이하의 과태료를 부과한다.	⑥ 다음 각 호의 어느 하나에 해당하는 행위를 한 자는 300만원 이하의 과태료를 부과한다.
1.·2. (생 략)	1.·2. (현행과 같음)
3. 제82조의6제6항을 위반하여 실명인증의 표시가 없는 문자·음성·화상 또는 동영상 등의 정보를 삭제하지 아니한 자	<삭 제>
4. (생 략)	4. (현행과 같음)
⑦~⑫ (생 략)	⑦~⑫ (현행과 같음)

공직선거법 [법률 제19839호, 2023. 12. 26., 타법개정]	공직선거법 [법률 제19855호, 2023. 12. 28., 일부개정]
제60조의3【예비후보자 등의 선거운동】① 예비후보자는 다음 각호의 어느 하나에 해당하는 방법으로 선거운동을 할 수 있다.	제60조의3【예비후보자 등의 선거운동】① 예비후보자는 다음 각호의 어느 하나에 해당하는 방법으로 선거운동을 할 수 있다.
1.~4. (생 략)	1.~4. (현행과 같음)
5. 선거운동을 위하여 어깨띠 또는 예비후보자임을 나타내는 표지물을 착용하는 행위	5. 선거운동을 위하여 어깨띠 또는 예비후보자임을 나타내는 표지물을 착용하거나 소지하여 내보이는 행위
6.·7. (생 략)	6.·7. (현행과 같음)
②~⑥ (생 략)	②~⑥ (현행과 같음)
제82조의4【정보통신망을 이용한 선거운동】①·② (생 략) ③ 각급선거관리위원회(읍·면·동선거관리위원회를 제외한다) 또는 후보자는 이 법의 규정에 위반되는 정보가 인터넷 홈페이지 또는 그 게시판·대화방 등에 게시되거나, 정보통신망을 통하여 전송되는 사실을 발견한 때에는 당해 정보가 게시된 인터넷 홈페이지를 관리·운영하는 자에게 해당 정보의 삭제를 요청하거나, 전송되는 정보를 취급하는 인터넷 홈페이지의 관리·운영자 또는 「정보통신망 이용촉진 및 정보보호 등에 관한 법률」 제2조제1항제3호의 규정에 의한 정보통신서비스제공자(이하 "정보통신서비스제공자"라 한다)에게 그 취급의 거부·정지·제한을 요청할 수 있다. 이 경우 인터넷 홈페이지 관리·운영자 또는 정보통신서비스 제공자가 후보자의 요청에 따르지 아니하는 때에는 해당 후보자는 관할 선거구선거관리위원회에	제82조의4【정보통신망을 이용한 선거운동】①·②(현행과 같음) ③ 각급선거관리위원회(읍·면·동선거관리위원회를 제외한다) 또는 후보자는 이 법의 규정에 위반되는 정보가 인터넷 홈페이지 또는 그 게시판·대화방 등에 게시되거나, 정보통신망을 통하여 전송되는 사실을 발견한 때에는 해당 정보를 게시한 자 또는 해당 정보가 게시된 인터넷 홈페이지를 관리·운영하는 자에게 해당 정보의 삭제를 요청하거나, 전송되는 정보를 취급하는 인터넷 홈페이지의 관리·운영자 또는 「정보통신망 이용촉진 및 정보보호 등에 관한 법률」 제2조제1항제3호의 규정에 의한 정보통신서비스제공자(이하 "정보통신서비스제공자"라 한다)에게 그 취급의 거부·정지·제한을 요청할 수 있다. 이 경우 인터넷 홈페이지 관리·운영자 또는 정보통신서비스 제공자가 후보자의 요청에 따르지 아니하는 때에는 해당 후보자는 관할 선거구선거관

신구조문대조표
최신 개정 주요 내용 총정리

공직선거법 [법률 제19839호, 2023. 12. 26., 타법개정]	공직선거법 [법률 제19855호, 2023. 12. 28., 일부개정]
서면으로 그 사실을 통보할 수 있으며, 관할 선거구선거관리위원회는 후보자가 삭제요청 또는 취급의 거부·정지·제한을 요청한 정보가 이 법의 규정에 위반된다고 인정되는 때에는 해당 인터넷 홈페이지 관리·운영자 또는 정보통신서비스 제공자에게 삭제요청 또는 취급의 거부·정지·제한을 요청할 수 있다. ④ 제3항에 따라 선거관리위원회로부터 요청을 받은 인터넷 홈페이지 관리·운영자 또는 정보통신서비스제공자는 지체없이 이에 따라야 한다. ⑤ ~ ⑦ (생 략)	리위원회에 서면으로 그 사실을 통보할 수 있으며, 관할 선거구선거관리위원회는 후보자가 삭제요청 또는 취급의 거부·정지·제한을 요청한 정보가 이 법의 규정에 위반된다고 인정되는 때에는 해당 인터넷 홈페이지 관리·운영자 또는 정보통신서비스 제공자에게 삭제요청 또는 취급의 거부·정지·제한을 요청할 수 있다. ④ 제3항에 따라 선거관리위원회로부터 요청을 받은 해당 정보의 게시자, 인터넷 홈페이지 관리·운영자 또는 정보통신서비스제공자는 지체없이 이에 따라야 한다. ⑤ ~ ⑦ (현행과 같음)
〈신 설〉	제82조의8 【딥페이크영상등을 이용한 선거운동】 ① 누구든지 선거일 전 90일부터 선거일까지 선거운동을 위하여 인공지능 기술 등을 이용하여 만든 실제와 구분하기 어려운 가상의 음향, 이미지 또는 영상 등(이하 "딥페이크영상등"이라 한다)을 제작·편집·유포·상영 또는 게시하는 행위를 하여서는 아니 된다. ② 누구든지 제1항의 기간이 아닌 때에 선거운동을 위하여 딥페이크영상등을 제작·편집·유포·상영 또는 게시하는 경우에는 해당 정보가 인공지능 기술 등을 이용하여 만든 가상의 정보라는 사실을 명확하게 인식할 수 있도록 중앙선거관리위원회규칙으로 정하는 바에 따라 해당 사항을 딥페이크영상등에 표시하여야 한다.
제250조 【허위사실공표죄】 ① ~ ③ (생 략) 〈신 설〉	제250조 【허위사실공표죄】 ① ~ ③ (현행과 같음) ④ 제82조의8제2항을 위반하여 중앙선거관리위원회규칙으로 정하는 사항을 딥페이크영상등에 표시하지 아니하고 제1항에 규정된 행위를 한 자는 5년 이하의 징역 또는 5천만원 이하의 벌금에, 제2항에 규정된 행위를 한 자는 7년 이하의 징역 또는 1천만원 이상 5천만원 이하의 벌금에 처한다.
제255조 【부정선거운동죄】 ① ~ ④ (생 략) ⑤ 제85조제1항을 위반한 자는 5년 이하의 징역 또는 2천만원 이하의 벌금에 처한다. 〈신 설〉	제255조 【부정선거운동죄】 ① ~ ④ (현행과 같음) ⑤ 제82조의8제1항을 위반한 자는 7년 이하의 징역 또는 1천만원 이상 5천만원 이하의 벌금에 처한다. ⑥ 제85조제1항을 위반한 자는 5년 이하의 징역 또는 2천만원 이하의 벌금에 처한다.

공직선거법 [법률 제19839호, 2023. 12. 26., 타법개정]	공직선거법 [법률 제19855호, 2023. 12. 28., 일부개정]
제260조【양벌규정】① 정당·회사, 그 밖의 법인·단체(이하 이 조에서 "단체등"이라 한다)의 대표자, 그 대리인·사용인, 그 밖의 종업원과 정당의 간부인 당원이 그 단체등의 업무에 관하여 제230조제1항부터 제4항까지·제6항부터 제8항까지, 제231조, 제232조제1항·제2항, 제235조, 제237조제1항·제5항, 제240조제1항, 제241조제1항, 제244조, 제245조제2항, 제246조제2항, 제247조제1항, 제248조제1항, 제250조부터 제254조까지, 제255조제1항·제2항·제4항·제5항, 제256조, 제257조제1항부터 제3항까지, 제258조, 제259조의 어느 하나에 해당하는 위반행위를 하면 그 행위자를 벌하는 외에 그 단체등에도 해당 조문의 벌금형을 과(科)한다. 다만, 단체등이 그 위반행위를 방지하기 위하여 해당 업무에 관하여 상당한 주의와 감독을 게을리하지 아니한 경우에는 그러하지 아니하다. ② (생 략)	제260조【양벌규정】① 정당·회사, 그 밖의 법인·단체(이하 이 조에서 "단체등"이라 한다)의 대표자, 그 대리인·사용인, 그 밖의 종업원과 정당의 간부인 당원이 그 단체등의 업무에 관하여 제230조제1항부터 제4항까지·제6항부터 제8항까지, 제231조, 제232조제1항·제2항, 제235조, 제237조제1항·제5항, 제240조제1항, 제241조제1항, 제244조, 제245조제2항, 제246조제2항, 제247조제1항, 제248조제1항, 제250조부터 제254조까지, 제255조제1항·제2항, 같은 조 제4항부터 제6항까지, 제256조, 제257조제1항부터 제3항까지, 제258조, 제259조의 어느 하나에 해당하는 위반행위를 하면 그 행위자를 벌하는 외에 그 단체등에도 해당 조문의 벌금형을 과(科)한다. 다만, 단체등이 그 위반행위를 방지하기 위하여 해당 업무에 관하여 상당한 주의와 감독을 게을리하지 아니한 경우에는 그러하지 아니하다. ② (현행과 같음)
제261조【과태료의 부과·징수 등】①·② (생 략) ③ 다음 각 호의 어느 하나에 해당하는 행위를 한 자에게는 1천만원 이하의 과태료를 부과한다. 1. ~ 3의3. (생 략) 4. 삭제 4의2.·5. (생 략) ④ ~ ⑫ (생 략)	제261조【과태료의 부과·징수 등】①·② (현행과 같음) ③ 다음 각 호의 어느 하나에 해당하는 행위를 한 자에게는 1천만원 이하의 과태료를 부과한다. 1. ~ 3의3. (현행과 같음) 4. 제82조의8제2항을 위반하여 중앙선거관리위원회규칙으로 정하는 사항을 딥페이크영상등에 표시하지 아니한 자 4의2.·5. (현행과 같음) ④ ~ ⑫ (현행과 같음)
제273조【재정신청】① 제230조부터 제234조까지, 제237조부터 제239조까지, 제248조부터 제250조까지, 제255조제1항제1호·제2호·제10호·제11호 및 제3항·제5항, 제257조 또는 제258조의 죄에 대하여 고발을 한 후보자와 정당(중앙당에 한한다) 및 해당 선거관리위원회는 그 검사 소속의 지방검찰청 소재지를 관할하는 고등법원에 그 당부에 관한 재정을 신청할 수 있다. ② ~ ④ (생 략)	제273조【재정신청】① 제230조부터 제234조까지, 제237조부터 제239조까지, 제248조부터 제250조까지, 제255조제1항제1호·제2호·제10호·제11호 및 제3항·제5항·제6항, 제257조 또는 제258조의 죄에 대하여 고발을 한 후보자와 정당(중앙당에 한한다) 및 해당 선거관리위원회는 그 검사 소속의 지방검찰청 소재지를 관할하는 고등법원에 그 당부에 관한 재정을 신청할 수 있다. ② ~ ④ (현행과 같음)

차례
CONTENTS

제01장	총칙	40
제02장	선거권과 피선거권	71
제03장	선거구역과 의원정수	80
제04장	선거기간과 선거일	95
제05장	선거인명부	100
제06장	후보자	110
제07장	정당의 후보자추천을 위한 당내경선	128
제08장	선거운동	138
제09장	선거비용	206
제10장	선거와 관련 있는 정당활동의 규제	215

제11장	투표	223
제12장	개표	246
제13장	당선인의 결정 및 공고	257
제14장	재선거와 보궐선거	267
제15장	동시선거에 관한 특례	273
제16장	재외선거에 관한 특례	276
제17장	선거에 관한 쟁송	289
제18장	보칙	298

제01장 총칙

001

01. 선거인이란 선거권이 있는 사람으로서 선거인명부 또는 재외선거인명부에 오를 자격이 있는 사람을 말한다. | 2013년 9급 |

> **해설**
> 01. "선거인"이란 선거권이 있는 사람으로서 선거인명부 또는 재외선거인명부에 **올라 있는 사람**을 말한다(공직선거법 제3조).
>
> 정답 01 ×

002

01. 읍·면·동선거관리위원회는 선거인의 투표참여를 촉진하기 위하여 교통이 불편한 지역에 거주하는 선거인 또는 노약자·장애인 등 거동이 불편한 선거인에게 교통편의를 제공할 수 없다. | 2020년 7급 |

02. 읍·면·동선거관리위원회는 투표참여를 촉진하기 위하여 투표를 마친 선거인에게 국공립 유료시설 이용요금 면제·할인 등의 필요한 대책을 수립·시행하여야 하며, 이 경우 공정한 실시방법 등을 정당·후보자와 미리 협의할 수 있다. | 2020년 9급 |

03. 구·시·군선거관리위원회는 투표를 마친 선거인에게 국공립 유료시설의 이용요금을 면제·할인하는 등의 필요한 대책을 수립·시행할 수 있다. | 2020년 7급 |

04. 읍·면·동선거관리위원회는 선거인의 투표참여를 촉진하기 위하여 교통이 불편한 지역에 거주하는 선거인 또는 노약자·장애인 등 거동이 불편한 선거인에게 교통편의를 제공할 수 있다. | 2015년 9급 |

05. 공무원·학생 또는 다른 사람에게 고용된 자가 선거인명부를 열람하거나 투표하기 위하여 필요한 시간은 보장되어야 하며, 이를 휴무 또는 휴업으로 보지 아니한다. | 2020년 7급, 2020·2015년 9급 |

06. 피고용인이 선거인명부를 열람하기 위하여 일정한 시간을 업무에 종사하지 못한 경우에는 이를 휴무로 본다. | 2017년 9급 |

07. 구·시·군선거관리위원회는 공명선거 추진활동을 하는 기관 또는 단체 등과 함께 유권자의 날 의식과 그에 부수되는 행사를 개최할 수 있다. | 2017·2015년 9급 |

08. 선거의 중요성과 의미를 되새기고 주권의식을 높이기 위하여 매년 5월 10일을 유권자의 날로, 유권자의 날부터 1주간을 유권자 주간으로 한다. | 2020년 9급 | ☐O ☐X

해설

01. 읍·면·동선거관리위원회는 제외한다(공직선거법 제6조 제2항).
02. 03. 읍·면·동선거관리위원회는 제외한다. 투표를 마친 선거인에게 **국공립 유료시설의 이용요금을 면제·할인**하는 등의 필요한 대책을 수립·시행**할 수 있다. 재량행위이다**(공직선거법 제6조 제2항).
04. 읍·면·동선거관리위원회는 제외한다. 교통이 불편한 지역에 거주하는 선거인 또는 노약자·장애인 등 거동이 불편한 선거인에 대한 **교통편의 제공**에 필요한 대책을 수립·시행**하여야 하고, 기속행위이다**(공직선거법 제6조 제2항). 〈개정 2020.12.29.〉
05. 공무원·학생 또는 다른 사람에게 **고용된 자가 선거인명부를 열람**하거나 **투표**하기 위하여 필요한 **시간**은 보장되어야 하며, 이를 **휴무 또는 휴업으로 보지 아니한다**(공직선거법 제6조 제3항).
06. 선거인 명부를 열람하기 위한 시간은 휴무 또는 휴업으로 보지 아니한다(공직선거법 제6조 제3항).
07. 각급선거관리위원회(**읍·면·동선거관리위원회는 제외한다**)는 공명선거 추진활동을 하는 기관 또는 단체 등과 함께 유권자의 날 의식과 그에 부수되는 **행사를 개최할 수 있다**(공직선거법 제6조 제5항).
08. 선거의 중요성과 의미를 되새기고 주권의식을 높이기 위하여 **매년 5월 10일을 유권자의 날로, 유권자의 날부터 1주간**을 유권자 주간으로 하고, …… (공직선거법 제6조 제5항).

✓ **정답** 01 ○ 02 × 03 ○ 04 × 05 ○ 06 × 07 ○ 08 ○

관련 예상문제

01. 중앙선거관리위원회는 투표참여를 촉진하기 위하여 투표를 마친 선거인에게 국공립 유료시설 이용요금 면제·할인 등의 필요한 대책을 수립·시행할 수 있다. 이 경우 공정한 실시방법 등을 정당·후보자와 미리 협의할 수 있다. ☐O ☐X

02. 다른 사람에게 고용된 자에게 고용된 자가 선거인명부를 열람하기 위해 필요한 시간을 보장해 줄 수 있으며, 이를 휴무 또는 휴업으로 보지 아니한다. ☐O ☐X

03. 중앙선거관리위원회는 공명선거 추진활동을 하는 기관 또는 단체 등과 함께 유권자의 날 의식과 그에 부수되는 행사를 개최할 수 있다. ☐O ☐X

04. 선거의 중요성과 의미를 되새기고 주권의식을 높이기 위하여 매년 5월 10일을 유권자의 날로, 유권자의 날부터 10일 동안 유권자 주간으로 한다. ☐O ☐X

해설

01. 중앙선거관리위원회 → 각급선거관리위원회 (공직선거법 제6조 제2항)
02. 선거인명부를 열람하기 위한 시간은 보장해 주어야 한다. 의무사항이다(공직선거법 제6조 제3항).
03. 중앙선거관리위원회 → 각급선거관리위원회 (공직선거법 제6조 제5항)
04. 10일 → 1주일 (공직선거법 제6조 제5항)

✓ **정답** 01 × 02 × 03 × 04 ×

003

01. 피고용인이 사전투표기간 및 선거일에 모두 근무를 하는 경우에는 투표하기 위하여 필요한 시간을 고용주에게 청구할 수 있다. |2017년 9급| ◯☒

02. 다른 자에게 고용된 사람이 사전투표기간에 근무를 하는 경우에는 투표하기 위하여 필요한 시간을 고용주에게 청구할 수 없으나, 선거일에 근무를 하는 경우에는 투표하기 위하여 필요한 시간을 고용주에게 청구할 수 있다. |2020년 7급| ◯☒

03. 다른 사람에게 고용된 자가 선거인명부를 열람하거나 투표하기 위하여 필요한 시간은 보장되어야 하며, 사전투표기간 및 선거일에 모두 근무하는 경우 고용주는 고용된 사람의 요청에 관계없이 고용된 사람에게 투표에 필요한 시간을 보장해 주어야 한다. |2015년 7급| ◯☒

04. 고용주는 피고용인이 투표하기 위하여 필요한 시간을 청구할 수 있다는 사실을 선거일 전 7일부터 선거일 전 3일까지 인터넷 홈페이지, 사보, 사내게시판 등을 통하여 알려야 한다. |2020·2017년 9급| ◯☒

05. 다른 자에게 고용된 사람이 사전투표기간 및 선거일에 모두 근무를 하는 경우에는 투표하기 위하여 필요한 시간을 고용주에게 청구할 수 있고, 고용주는 고용된 사람이 투표하기 위하여 필요한 시간을 청구할 수 있다는 사실을 선거일 공고일부터 선거일 전 3일까지 인터넷 홈페이지, 사보, 사내게시판 등을 통하여 알려야 한다. |2018년 7급| ◯☒

해설

01. 다른 자에게 고용된 사람이 **사전투표기간 및 선거일**에 모두 근무를 하는 경우에는 투표하기 위하여 필요한 시간을 고용주에게 **청구할 수 있다**(공직선거법 제6조의2 제1항).

02. 사전투표기간 및 선거일 모두 청구할 수 있다(공직선거법 제6조의2 제1항).

03. 고용주는 제1항에 따른 **청구가 있으면** 고용된 사람이 투표하기 위하여 **필요한 시간을 보장하여 주어야 한다**(공직선거법 제6조의2 제2항).

04. 고용주는 고용된 사람이 투표하기 위하여 **필요한 시간을 청구할 수 있다는 사실을 선거일 전 7일부터 선거일 전 3일까**지 인터넷 홈페이지, 사보, 사내게시판 등을 통하여 알려야 한다(공직선거법 제6조의2 제3항).

05. 선거일 공고일부터 → 선거일 7일부터 (공직선거법 제6조의2 제3항)

✓ 정답 01 ◯ 02 ☒ 03 ☒ 04 ◯ 05 ☒

| 관련 예상문제 |

01. 공직선거법상 다른 자에게 고용된 사람이 선거일에만 근무하는 경우에도 투표하기 위하여 필요한 시간을 고용주에게 청구할 수 있으며, 고용주는 필요한 시간을 보장하여 주어야 한다. ○ ×

02. 고용주는 피고용인이 투표하기 위하여 필요한 시간을 청구할 수 있다는 사실을 선거일 전 7일부터 선거일 전까지 인터넷 홈페이지, 사보, 사내게시판 등을 통하여 알려야 한다. ○ ×

해설
01. 사전선거일과 선거일 모두 근무하여야 청구할 수 있다(공직선거법 제6조의2 제1항).
02. 선거일 전 → 선거일 3일 전 (공직선거법 제6조의2 제3항)

정답 01 × 02 ×

004

01. 공직선거법상 중앙선거관리위원회는 정책선거의 촉진을 위하여 필요한 사항을 적극적으로 홍보하여야 하며, 중립적으로 정책선거 촉진 활동을 추진하는 단체에 그 활동에 필요한 경비를 지원할 수 있다. ○ ×

02. 각급선거관리위원회는 중립적으로 정책선거 촉진 활동을 추진하는 단체에 그 활동에 필요한 경비를 지원할 수 있다. ○ ×

해설
01. **각급선거관리위원회(읍·면·동선거관리위원회는 제외한다)**는 정책선거의 촉진을 위하여 필요한 사항을 적극적으로 홍보하여야 하며, 중립적으로 정책선거 촉진활동을 추진하는 단체에 그 활동에 필요한 경비를 지원할 수 있다(공직선거법 제7조).
02. (공직선거법 제7조)

정답 01 × 02 ○

005

01. 중앙선거관리위원회에 설치하는 선거방송심의위원회는 선거방송의 정치적 중립성·형평성·객관성 및 제작기술상의 균형유지와 권리구제 기타 선거방송의 공정을 보장하기 위하여 필요한 사항을 정하여 이를 공표하여야 한다. | 2020년 7급 | ○ ×

02. 선거방송심의위원회는 국회에 교섭단체를 구성한 정당과 중앙선거관리위원회가 추천하는 각 1명, 방송사·방송학계·대한변호사협회·언론인단체 및 시민단체 등이 추천하는 사람을 포함하여 9명 이내의 위원으로 구성한다. | 2018년 7급 | ○ ×

03. 선거방송심의위원회가 조사결과 선거방송의 내용이 공정하지 아니하다고 인정하여 방송법에 따른 제재조치 등을 정하여 방송통신위원회에 통보한 경우, 방송통신위원회는 불공정한 선거방송을 한 방송사에 대하여 통보받은 제재조치 등을 지체 없이 명하여야 한다. | 2014년 7급 | ○ ×

해설

01. 「방송통신위원회의 설치 및 운영에 관한 법률」 제18조 제1항에 따른 **방송통신심의위원회**(이하 "방송통신심의위원회"라 한다)는 선거방송의 공정성을 유지하기 위하여 다음 각 호의 구분에 따른 기간 동안 **선거방송심의위원회를 설치·운영하여야 한다**(공직선거법 제8조의2 제1항).

02. (공직선거법 제8조의2 제2항)

03. (공직선거법 제8조의2 제5항)

✓ 정답 01 × 02 ○ 03 ○

관련 예상문제

01. 방송통신심의위원회는 선거방송의 공정성을 유지하기 위하여 임기만료에 의한 선거에 있어서 예비후보자 등록신청개시일 전부터 선거일 후 30일까지 선거방송심의위원회를 운영하여야 한다. ○ ×

02. 방송통신심의위원회는 선거방송의 공정성을 유지하기 위하여 임기만료에 의한 선거에 있어서 선거일 전 60일부터 선거일 후 30일까지 선거방송심의위원회를 운영하여야 한다. ○ ×

03. 선거방송심의위원회는 국회의원 의석을 가진 정당과 중앙선거관리위원회가 추천하는 각 1명, 방송사·방송학계·대한변호사협회·언론인단체 및 시민단체 등이 추천하는 사람을 포함하여 9명 이내의 위원으로 구성한다. ○ ×

04. 후보자 및 후보자가 되려는 사람은 선거방송심의위원회가 설치된 때부터 선거방송의 내용이 불공정하다고 인정되는 경우에는 선거방송심의위원회에 그 시정을 요구할 수 있고, 선거방송심의위원회는 지체없이 이를 심의·의결하여야 한다. ○ ×

05. 선거방송심의위원회는 선거방송 내용이 공정하지 않다고 인정되는 경우 불공정한 선거방송을 한 방송사에 대하여 통보받은 제재조치 등을 지체 없이 명하여야 한다. ○ ✕

> 해설

01. (공직선거법 제8조의2 제1항 제1호)
02. 선거일 전 60일부터 → 예비후보자 등록신청개시일 전부터. 선거일 전 60일부터는 보궐선거 등이다(공직선거법 제8조의2 제1항 제1호).
03. 국회의원 의석을 가진 정당 → 국회에 교섭단체를 구성한 정당 (공직선거법 제8조의2 제2항)
04. (공직선거법 제8조의2 제6항)
05. 선거방송위원회는 조사권만 있고 조치 등의 명령은 방송통신위원회가 한다(공직선거법 제8조의2 제5항).

✓ 정답 01 ○ 02 ✕ 03 ✕ 04 ○ 05 ✕

006

01. 선거기사심의위원회의 결정을 통하여 불공정한 선거기사를 게재한 언론사에 사과문을 게재 하도록 하고, 사과문 게재를 지체 없이 이행하지 않을 경우 발행인 등을 형사처벌하는 것은 언론사의 인격권을 침해한다. | 2015년 7급 | ○ ✕

02. 헌법재판소는 선거기사심의위원회가 불공정한 선거기사를 보도하였다고 인정한 언론사에 대하여 언론중재위원회를 통하여 사과문을 게재할 것을 명하도록 하는 공직선거법 제8조의3 제3항 중 '사과문 게재' 부분에 대하여 위헌결정하였다. | 2016년 7급 | ○ ✕

> 해설

01. 02. 헌법재판소는 2015.7.30, 2013헌가8 결정에서 선거기사심의위원회가 불공정한 선거기사를 보도하였다고 인정한 언론사에 대하여 언론중재위원회를 통하여 사과문을 게재할 것을 명하도록 하는 공직선거법 제8조의3 제3항 중 '사과문 게재' 부분에 대하여 위헌결정하였다.

✓ 정답 01 ○ 02 ○

007

01. 중앙선거관리위원회는 사설 논평 광고 그밖에 선거에 관한 내용을 포함하는 선거기사의 공정성을 유지하기 위하여 선거기사심의위원회를 설치·운영하여야 한다. | 2016년 7급 | ○ ×

02. 임기만료에 의한 선거에서 선거방송심의위원회의 설치·운영 기간보다 선거기사심의위원회의 설치·운영 기간이 길다. | 2018년 7급 | ○ ×

03. 임기만료에 의한 국회의원선거의 경우에 선거기사심의위원회는 선거일 전 60일부터 선거일 후 30일까지 설치·운영되어야 한다. | 2020년 7급 | ○ ×

04. 선거기사심의위원회는 9명 이내의 위원으로 구성하되, 선거기사심의위원회를 구성한 후에 국회에 교섭단체를 구성하는 정당의 수가 증가하여 위원정수를 초과하게 되는 경우에는 현원을 위원정수로 본다. | 2016년 7급 | ○ ×

05. 선거여론조사심의위원회는 전국 일간지에 게재된 선거기사의 공정 여부를 조사하고 보도된 선거에 관한 여론조사가 선거여론조사기준을 위반하였는지 심의한다. | 2016년 9급 | ○ ×

06. 선거기사심의위원회는 정기간행물에 게재된 선거기사가 공정하지 아니하다고 인정되는 경우 정기간행물을 발행한 자에 대하여 정정보도문, 반론보도문 또는 사과문 게재를 명할 수 있다. | 2018년 7급 | ○ ×

07. 선거방송심의위원회와 선거기사심의위원회의 구성과 운영 그밖에 필요한 사항은 방송통신심의위원회 규칙으로 정한다. | 2018년 7급 | ○ ×

해설

01. 중앙선거관리위원회 → 언론중재위원회 (공직선거법 제8조의3 제1항)

02. 제8조의2 제1항 각 호의 구분에 따른 기간 동안 선거기사심의위원회를 설치·운영하여야 한다. (공직선거법 제8조의3 제1항). 선거방송심의위원회와 동일하다.

03. (공직선거법 제8조의3 제1항)
   1. 임기만료에 의한 선거 : 제60조의2 제1항에 따른 예비후보자 등록신청개시일 전일부터 선거일 후 30일까지
   2. 보궐선거 등 : 선거일 전 60일(선거일 전 60일 후에 실시사유가 확정된 보궐선거 등의 경우에는 그 선거의 실시사유가 확정된 후 10일)부터 선거일 후 30일까지 (공직선거법 제8조의2 제1항)

04. (공직선거법 제8조의2 제2항)

05. 선거기사의 공정 여부 조사는 선거기사심의위원회가 한다(공직선거법 제8조의2 제3항).

06. 선거기사심의위원회는 게재된 선거기사의 공정 여부를 조사하여야 하고, 조사결과 선거기사의 내용이 공정하지 아니하다고 인정되는 경우에는 해당 기사의 내용에 대하여 다음 각 호의 어느 하나에 해당하는 제재조치를 결정하여 이를 언론중재위원회에 통보하여야 하며, **언론중재위원회는** 불공정한 선거기사를 게재한 정기간행물 등을 발행한 자에 대하여 통보받은 **제재조치를 지체 없이 명하여야 한다**(공직선거법 제8조의2 제3항).

07. 선거기사심의위원회의 구성과 운영에 관하여 필요한 사항은 언론중재위원회가 정한다(공직선거법 제8조의2 제3항).

정답 01 × 02 × 03 × 04 ○ 05 × 06 × 07 ×

| 관련 예상문제 |

01. 선거기사심의위원회는 선거기사의 공정 여부를 조사하여야 하고, 조사결과 선거기사의 내용이 공정하지 아니하다고 인정되는 경우에는 언론중재위원회에 통보하여야 하며, 언론중재위원회는 불공정한 선거기사를 게재한 정기간행물 등을 발행한 자에 대하여 정정보도문 또는 반론보도문, 경고결정문 게재 등을 결정한 후 지체 없이 명하여야 한다. ◯ ✕

02. 정기간행물 등을 발행하는 자가 선거기사심의위원회의 운영기간 중에 「신문 등의 진흥에 관한 법률」 제2조 제1호 가목 또는 다목의 규정에 따른 일반일간신문 또는 일반주간신문 외의 정기간행물 등을 발행하는 때에는 1부를 지체 없이 선거기사심의위원회에 제출하여야 한다. ◯ ✕

03. 선거기사심의위원회는 국회에 교섭단체를 구성한 정당과 중앙선거관리위원회가 추천하는 각 1명, 언론학계·대한변호사협회·언론인단체 및 시민단체 등이 추천하는 사람을 포함하여 9명 이내의 위원으로 구성하고, 이 경우 선거기사심의위원회를 구성한 후에 국회에 교섭단체를 구성한 정당의 수가 증가하여 위원정수를 초과하게 되는 경우에는 현원을 위원정수로 본다. ◯ ✕

해설

01. 정정보도문 또는 반론보도문, 경고결정문 게재 등의 결정은 선거기사심의위원회가 한다(공직선거법 제8조의3 제3항).
02. 정기간행물 등을 발행하는 자가 제1항에 규정된 선거기사심의위원회의 운영기간 중에 「신문 등의 진흥에 관한 법률」 제2조 제1호 가목 또는 다목의 규정에 따른 일반일간신문 또는 일반주간신문을 발행하는 때에는 그 정기간행물 등 1부를, 그 외의 정기간행물 등을 발행하는 때에는 선거기사심의위원회의 요청이 있는 경우 1부를 지체없이 선거기사심의위원회에 제출하여야 한다(공직선거법 제8조의2 제4항).
03. (공직선거법 제8조의2 제2항)

⊘ 정답 01 ✕ 02 ✕ 03 ◯

008

01. 인신공격, 정책의 왜곡선전 등으로 피해를 받은 후보자는 그 방송 또는 기사 게재가 있은 날부터 30일 이내에, 이를 안 날부터 10일 이내에 반론보도를 청구할 수 있다. ｜2014년 9급｜ ◯ ✕

02. 선거방송심의위원회 또는 선거기사심의위원회가 설치된 때부터 선거일까지 방송 또는 정기간행물 등에 공표된 인신공격, 정책의 왜곡선전 등으로 피해를 받은 정당 또는 후보자는 그 방송 또는 기사게재가 있음을 안 날부터 10일 이내에 서면으로 당해 방송사 또는 언론사에 반론보도를 청구할 수 있는데, 지방선거의 경우 중앙당뿐만 아니라 시·도당도 반론보도를 청구할 수 있다. ｜2014년 7급｜ ◯ ✕

03. 선거방송심의위원회가 설치된 때부터 선거일까지 방송에 공표된 인신공격, 정책의 왜곡선전 등으로 피해를 받은 경우 그 방송이 있음을 안 날부터 10일 이내에 서면으로 당해 방송을 한 방송사에 반론보도의 방송을 청구할 수 있으나, 방송이 있은 날부터 30일이 경과한 때에는 그러하지 아니하다. ｜2015년 7급｜ ◯ ✕

04. 반론보도의 청구는 중앙당, 후보자, 후보자가 되고자 하는 자가 할 수 있다. ｜2015년 7급｜ ◯ ✕

05. 후보자와 중앙당 또는 시·도당은 선거보도에 대한 반론보도의 방송 또는 반론보도문의 게재를 청구할 수 있다. ｜2020년 9급｜ ◯ ✕

06. 방송 또는 기사게재로 인해 피해를 받은 '후보자가 되고자 하는 자'가 이를 알지 못 한 채 그 방송 또는 기사게재가 있는 날부터 20일이 경과한 경우 선거보도에 대한 반론보도를 청구할 수 없다. ｜2020년 9급｜ ◯ ✕

07. 후보자는 선거기간뿐만 아니라 선거일 이후 10일 이내에 방송 또는 기사로부터 인신공격이나 정책의 왜곡선전으로 피해를 받은 경우에도 선거보도에 대한 반론보도를 청구할 수 있다. ｜2020년 9급｜ ◯ ✕

08. 정기간행물을 발행하는 언론사는 정당(중앙당에 한함)·후보자 또는 그 대리인과 반론보도에 관한 협의 후, 선거일까지 발행·배부되는 같은 정기간행물의 다음 발행호에 무료로 반론보도문을 게재하여야 한다. ｜2014년 9급｜ ◯ ✕

09. 방송사는 정당(중앙당에 한함)·후보자 또는 그 대리인과 협의 후, 반론보도의 청구를 받은 때부터 48시간 이내에 무료로 반론보도의 방송을 하여야 한다. ｜2014년 9급｜ ◯ ✕

10. 방송사는 반론보도의 청구를 받은 때에는 지체 없이 당해 정당, 후보자 또는 그 대리인과 반론보도의 내용·크기·횟수 등에 관하여 협의한 후, 이를 청구 받은 때부터 48시간 이내에 반론보도의 방송을 하여야 하나, 그 비용은 반론보도 청구자가 부담하여야 한다. ｜2015년 7급｜ ◯ ✕

11. 방송사는 반론보도의 청구를 받은 때에는 지체없이 당해 중앙당, 후보자 또는 그 대리인과 반론보도의 내용·크기·횟수 등에 관하여 협의한 후, 반론보도의 청구를 받은 때부터 48시간 이내에 무료로 반론보도의 방송을 하여야 한다. | 2020년 9급 | ○ ×

12. 반론보도에 관한 협의가 이루어지지 아니한 때에는 후보자에 한하여 선거방송심의위원회 또는 선거기사심의위원회에 반론보도청구를 회부할 수 있다. | 2014년 9급 | ○ ×

13. 선거방송심의위원회는 반론보도청구를 회부 받은 때부터 48시간 이내에 심의하여 각하 기각 또는 인용결정을 하여야 한다. | 2015년 7급 | ○ ×

해설

01. 선거방송심의위원회 또는 선거기사심의위원회가 설치된 때부터 선거일까지 방송 또는 정기간행물 등에 공표된 인신공격, 정책의 왜곡선전 등으로 피해를 받은 정당(중앙당에 한한다. 이하 이 조에서 같다) 또는 **후보자**(후보자가 되고자 하는 자를 포함한다. 이하 이 조에서 같다)는 그 방송 또는 기사게재가 있음을 **안 날부터 10일** 이내에 서면으로 당해 방송을 한 방송사에 반론보도의 방송을, 당해 기사를 게재한 언론사에 반론보도문의 게재를 각각 청구할 수 있다. 다만, 그 방송 또는 기사게재가 **있은 날부터 30일**이 경과한 때에는 그러하지 아니하다(공직선거법 제8조의4 제1항).

02. 중앙당에 한한다(공직선거법 제8조의4 제1항).

03. 04. (공직선거법 제8조의4 제1항)

05. 중앙당에 한한다(공직선거법 제8조의4 제1항).

06. 다만, 그 방송 또는 기사게재가 **있은 날부터 30일**이 경과한 때에는 그러하지 아니하다(공직선거법 제8조의4 제1항).

07. 그 방송 또는 기사게재가 있음을 안 날부터 10일 이내에 서면으로 (공직선거법 제8조의4 제1항)

08. 방송사 또는 언론사는 제1항의 청구를 받은 때에는 지체없이 당해 정당, 후보자 또는 그 대리인과 반론보도의 내용·크기·횟수 등에 관하여 협의한 후, 방송에 있어서는 이를 청구받은 때부터 48시간 이내에 무료로 반론보도의 방송을 하여야 하며, **정기간행물 등에 있어서는 편집이 완료되지 아니한 같은 정기간행물 등의 다음 발행호에 무료로 반론보도문의 게재를 하여야 한다.** 이 경우 정기간행물 등에 있어서 다음 발행호가 선거일후에 발행·배부되는 경우에는 반론보도의 청구를 받은 때부터 48시간 이내에 당해 정기간행물 등이 배부된 지역에 배부되는 「신문 등의 진흥에 관한 법률」 제2조(정의) 제1호 가목에 따른 일반일간신문에 이를 게재하여야 하며, 그 비용은 당해 언론사의 부담으로 한다(공직선거법 제8조의4 제2항).

09. (공직선거법 제8조의4 제2항)

10. 그 비용은 당해 언론사의 부담으로 한다(공직선거법 제8조의4 제2항).

11. (공직선거법 제8조의4 제2항)

12. 제2항의 규정에 의한 협의가 이루어지지 아니한 때에는 **당해 정당, 후보자, 방송사 또는 언론사는** 선거방송심의위원회 또는 선거기사심의위원회에 지체없이 이를 회부하고, 선거방송심의위원회 또는 선거기사심의위원회는 회부받은 때부터 48시간 이내에 심의하여 각하·기각 또는 인용결정을 한 후 지체없이 이를 당해 정당 또는 후보자와 방송사 또는 언론사에 통지하여야 한다. 이 경우 반론보도의 인용결정을 하는 때에는 반론방송 또는 반론보도문의 내용·크기·횟수 기타 반론보도에 필요한 사항을 함께 결정하여야 한다(공직선거법 제8조의4 제3항).

13. (공직선거법 제8조의4 제3항)

⊘ 정답 01 ○ 02 × 03 ○ 04 ○ 05 × 06 × 07 ○ 08 ○ 09 ○ 10 × 11 ○ 12 × 13 ○

| 관련 예상문제 |

01. 방송 또는 정기간행물 등에 공표된 인신공격, 정책의 왜곡선전 등으로 피해를 받은 정당(중앙당에 한한다. 이하 이 조에서 같다) 또는 후보자(후보자가 되고자 하는 자를 포함한다. 이하 이 조에서 같다)는 선거일 이후에도 그 방송 또는 기사게재가 있음을 안 날부터 10일 이내에 서면으로 당해 방송을 한 방송사에 반론보도의 방송을, 당해 기사를 게재한 언론사에 반론보도문의 게재를 각각 청구할 수 있다. 다만, 그 방송 또는 기사게재가 있은 날부터 30일이 경과한 때에는 그러하지 아니하다. ○ ☒

02. 선거보도의 반론보도청구에 대한 협의는 정당 및 후보자만 할 수 있다. ○ ☒

03. 방송사 또는 언론사는 제1항의 청구를 받은 때에는 지체없이 당해 정당, 후보자 또는 그 대리인과 반론보도의 내용·크기·횟수 등에 관하여 협의한 후, 정기간행물 등에 있어서 다음 발행호가 선거일후에 발행·배부되는 경우에는 반론보도의 청구를 받은 때부터 48시간 이내에 당해 정기간행물 등이 배부된 지역에 배부되는 「신문 등의 진흥에 관한 법률」 제2조(정의)제1호 가목에 따른 일반일간신문에 이를 게재하여야 하며, 그 비용은 당해 언론사의 부담으로 한다. ○ ☒

🔎 해설

01. 선거방송심의위원회 또는 선거기사심의위원회가 설치된 때부터 선거일까지(공직선거법 제8조의4 제1항), 반론보도청구는 선거일까지이다.
02. 방송사 또는 언론사는 제1항의 청구를 받은 때에는 지체없이 당해 정당, 후보자 또는 그 대리인과 반론보도의 내용·크기·횟수 등에 관하여 협의한 후, 방송에 있어서는 이를 청구받은 때부터 48시간 이내에 무료로 반론보도의 방송을 하여야 한다(공직선거법 제8조의4 제2항).
03. (공직선거법 제8조의4 제3항)

✓ 정답 01 ✕ 02 ✕ 03 ○

009

01. 국회에 교섭단체를 구성한 정당은 인터넷선거보도심의위원회 위원으로 각 1인을 추천할 수 있다.
| 2013년 7급 | ○ ☒

02. 인터넷선거보도심의위원회는 국회에 교섭단체를 구성한 정당이 추천하는 각 1인과 방송통신심의위원회, 언론중재위원회, 학계, 법조계, 인터넷 언론단체 및 시민단체 등이 추천하는 자를 포함하여 중앙선거관리위원회가 위촉하는 11인 이내의 위원으로 구성한다. | 2018년 7급, 2024년 9급 | ○ ☒

03. 인터넷선거보도심의위원회는 국회에 교섭단체를 구성한 정당이 추천하는 각 1인과 방송통신심의위원회, 언론중재위원회, 학계, 법조계, 인터넷 언론단체 및 시민단체 등이 추천하는 자를 포함하여 중앙선거관리위원회가 위촉하는 11인 이내의 위원으로 구성하며, 위원의 임기는 3년으로 한다. | 2020년 7급 |
○ ☒

04. 인터넷선거보도심의위원회는 선거방송심의위원회나 선거기사심의위원회와 달리 상임위원 1인을 두어야 한다. | 2014년 7급, 2024년 9급 | ○⊠

05. 인터넷선거보도심의위원회에 상임위원 1인을 두되, 중앙선거관리위원회가 인터넷선거보도심의위원회의 위원 중에서 지명한다. | 2019년 7급 | ○⊠

해설

01. 인터넷선거보도심의위원회는 국회에 교섭단체를 구성한 정당이 추천하는 각 1인과 방송통신심의위원회, 언론중재위원회, 학계, 법조계, 인터넷 언론단체 및 시민단체 등이 추천하는 자를 포함하여 중앙선거관리위원회가 위촉하는 11인 이내의 위원으로 구성하며, 위원의 임기는 3년으로 한다. 이 경우 위원정수에 관하여는 제8조의2 제2항 후단을 준용한다(공직선거법 제8조의5 제2항).
02. 03. (공직선거법 제8조의5 제2항)
04. 인터넷선거보도심의위원회에 위원장 1인을 두되, 위원장은 위원 중에서 호선한다(공직선거법 제8조의5 제3항). 선거방송심의위원회나 선거기사심의위원회는 상임위원에 관한 규정이 없다.
05. 인터넷선거보도심의위원회에 상임위원 1인을 두되, 중앙선거관리위원회가 인터넷선거보도심의위원회의 위원 중에서 지명한다(공직선거법 제8조의5 제4항).

☑ 정답 01 ○ 02 ○ 03 ○ 04 ○ 05 ○

관련 예상문제

01. 언론중재위원회는 인터넷언론사의 인터넷홈페이지에 게재된 선거보도[사설·논평·사진·방송·동영상 기타 선거에 관한 내용을 포함한다]의 공정성을 유지하기 위하여 인터넷선거보도심의위원회를 설치·운영하여야 한다. ○⊠

02. 인터넷선거보도심의위원회는 국회에 교섭단체를 구성한 정당이 추천하는 각 1인과 방송통신심의위원회, 언론중재위원회, 학계, 법조계, 인터넷 언론단체 및 시민단체 등이 추천하는 자를 포함하여 11인 이내의 위원으로 구성하며, 위원의 임기는 3년으로 한다. ○⊠

03. 선거방송심의위원회와 선거기사심의위원회, 인터넷선거보도심의위원회의 위원의 임기 및 설치·운영 기간이 동일하다. ○⊠

04. 인터넷선거보도심의위원회에 상임위원 1인을 두되, 언론중재위원회가 인터넷선거보도심의위원회의 위원 중에서 지명한다. ○⊠

05. 인터넷선거보도심의위원회의 사무를 처리하기 위하여 선거관리위원회 소속 공무원으로 구성하는 사무국을 둔다. ○⊠

06. 인터넷선거보도심의위원회의 구성·운영, 위원 및 상임위원의 대우, 사무국의 조직·직무범위 기타 필요한 사항은 중앙선거관리위원회규칙으로 정한다. ○⊠

> **해설**
> 01. 언론중재위원회 → 중앙선거관리위원회 (공직선거법 제8조의5 제1항)
> 02. 중앙선거관리위원회가 위촉하는 11인 이내의 위원으로 구성한다(공직선거법 제8조의5 제2항).
> 03. 선거방송심의위원회와 선거기사심의위원회는 설치·운영 기간이 동일하며, 위원 임기 규정은 없다. 반면, 인터넷선거보도심의위원회는 상설기관이며 위원 임기는 3년이다.
> 04. 언론중재위원회 → 중앙선거관리위원회 (공직선거법 제8조의5 제4항)
> 05. (공직선거법 제8조의5 제8항)
> 06. (공직선거법 제8조의5 제9항)
>
> ⊙ 정답 01 × 02 × 03 × 04 × 05 ○ 06 ○

010

01. 인터넷선거보도심의위원회는 인터넷언론사의 인터넷홈페이지에 게재된 선거보도의 공정 여부를 조사하여야 하며, 조사결과 선거보도의 내용이 공정하지 아니하다고 인정되는 때에는 당해 인터넷 언론사에 대하여 해당 선거보도의 내용에 관한 정정보도문의 게재 등 필요한 조치를 명하여야 한다. | 2015년 7급 |

02. 정당 또는 후보자는 인터넷언론사의 선거보도가 불공정하다고 인정되는 때에는 그 보도가 있은 날부터 10일 이내에 인터넷선거보도심의위원회에 서면으로 이의신청을 할 수 있다. | 2018년 9급 |

해설

01. (공직선거법 제8조의6 제1항)
02. 정당 또는 후보자(후보자가 되고자 하는 자를 포함한다. 이하 이 조에서 같다)는 인터넷언론사의 선거보도가 불공정하다고 인정되는 때에는 그 보도가 **있음을 안 날부터 10일 이내**에 인터넷선거보도심의위원회에 서면으로 이의신청을 할 수 있다(공직선거법 제8조의6 제2항).

정답 01 ○ 02 ✕

관련 예상문제

01. 정당 또는 후보자(후보자가 되고자 하는 자를 포함한다. 이하 이 조에서 같다)는 인터넷언론사의 선거보도가 불공정하다고 인정되는 때에는 그 보도가 있은 날부터 30일 이내에 인터넷선거보도심의위원회에 서면으로 이의신청을 할 수 있다. ○ ✕

02. 정당 또는 후보자는 인터넷언론사의 선거보도가 불공정하다고 인정되는 때에는 인터넷 언론사에 반론보도의 방송 또는 반론보도문의 게재를 청구할 수 있다. ○ ✕

03. 인터넷언론사의 왜곡된 선거보도로 인하여 피해를 받은 정당 또는 후보자는 그 보도의 공표가 있은 날부터 30일 내에는 인터넷 언론사에 반론보도를 청구할 수 있다. ○ ✕

04. 인터넷언론사는 반론보도의 방송 또는 반론보도문의 게재에 관한 청구를 받은 때에는 지체 없이 당해 정당이나 후보자 또는 그 대리인과 반론보도의 형식·내용·크기 및 횟수 등에 관하여 협의한 후, 이를 청구받은 때부터 48시간 이내에 당해 인터넷언론사의 부담으로 반론보도를 하여야 한다. ○ ✕

해설

01. 그 보도가 있은 날부터 30일 이내 → 그 보도가 있음을 안 날부터 10일 이내 (공직선거법 제8조의6 제2항)
02. 정당 또는 후보자는 인터넷언론사의 선거보도가 불공정하다고 인정되는 때에는 인터넷선거보도심의위원회에 서면으로 이의신청을 할 수 있다(공직선거법 제8조의6 제2항), 인터넷 언론사에 대한 반론보도청구권은 인터넷언론사의 왜곡된 선거보도로 인하여 피해를 받은 정당 또는 후보자가 할 수 있다.
03. 인터넷언론사의 왜곡된 선거보도로 인하여 피해를 받은 정당 또는 후보자는 그 보도의 **공표가 있음을 안 날부터 10일 이내**에 서면으로 당해 인터넷언론사에 반론보도의 방송 또는 반론보도문의 게재(이하 이 조에서 "반론보도"라 한다)를 청구할 수 있다. 이 경우 그 보도의 **공표가 있은 날부터 30일이 경과한 때에는 반론보도를 청구할 수 없다**(공직선거법 제8조의6 제4항).
04. 인터넷언론사는 제4항의 청구를 받은 때에는 지체없이 당해 정당이나 후보자 또는 그 대리인과 반론보도의 형식·내용·크기 및 횟수 등에 관하여 협의한 후, 이를 청구받은 때부터 **12시간 이내에** 당해 인터넷언론사의 부담으로 반론보도를 하여야 한다(공직선거법 제8조의6 제5항).

정답 01 ✕ 02 ✕ 03 ✕ 04 ✕

011

01. 구·시·군선거방송토론위원회에 위원장 1인을 두되, 위원장은 위원 중에서 호선한다. | 2019년 7급 |
O X

해설

01. 각급선거방송토론위원회에 위원장 1인을 두되, 위원장은 위원 중에서 호선한다. 다만, 구·시·군선거방송토론위원회 위원장은 해당 구·시·군선거관리위원회 위원장이 겸한다(공직선거법 제8조의7 제3항).

✓ **정답 01** ✗

관련 예상문제

01. 읍·면·동선거관리위원회는 공직선거법상의 선거방송토론위원회 주관 대담·토론회와 선거방송토론위원회 주관 정책토론회를 공정하게 주관·진행하기 위하여 각각 선거방송토론위원회를 설치·운영하여야 한다. O X

02. 중앙선거방송토론위원회는 국회에 교섭단체를 구성한 정당과 중앙선거관리위원회가 추천하는 각 1명, 방송통신심의위원회·학계·법조계·시민단체가 추천하는 사람 등 학식과 덕망이 있는 사람 중에서 중앙선거관리위원회가 위촉하는 사람을 포함하여 11명 이내로 구성한다. O X

03. 시·도선거방송토론위원회는 국회에 교섭단체를 구성한 정당과 공영방송사가 추천하는 각 1명, 방송통신심의위원회·학계·법조계·시민단체가 추천하는 사람 등 학식과 덕망이 있는 사람 중에서 시·도선거관리위원회가 위촉하는 사람을 포함하여 11명 이내로 구성한다. O X

04. 구·시·군선거방송토론위원회는 구·시·군선거관리위원회의 위원장 및 정당추천위원을 포함한 위원 3명(정당추천위원의 수가 3명 이상인 경우에는 그 위원을 모두 포함한 수를 말한다), 학계·법조계·시민단체·전문언론인 중에서 해당 구·시·군선거관리위원회가 위촉하는 사람을 포함하여 9명 이내의 위원으로 구성한다. O X

05. 구·시·군선거관리위원회 위원은 구·시·군선거방송토론위원회 위원을 겸임할 수 없다. O X

06. 각급선거방송토론위원회에 상임위원 1인을 둔다. O X

07. 각급선거방송토론위원회는 대담·토론회 등의 주관·진행 기타 공정성을 보장하기 위하여 필요한 사항을 정하여 공표하여야 한다. O X

08. 구·시·군선거관리위원회에 그 사무를 처리하게 하기 위하여 선거관리위원회 소속 공무원으로 구성하는 사무국을 둔다. O X

09. 각급선거방송토론위원회의 구성·운영, 위원 및 상임위원의 대우, 사무국의 조직·직무범위 기타 필요한 사항은 중앙선거관리위원회규칙으로 정한다. ◯☒

10. 육군훈련소에서 군사교육을 받던 중 ○○○ 훈련병이 2017. 4. 23, 2017. 4. 27 중앙선거방송토론위원회가 개최한 제19대 대통령선거 대담·토론회의 시청을 요청하였으나 해당 지휘관이 이를 금지한 행위는 ○○○ 훈련병의 선거권 및 평등권을 침해한다. ◯☒

해설

01. 읍·면·동선거관리위원회 → 각급선거관리위원회 (공직선거법 제8조의7 제1항)
02. 중앙선거관리위원회가 추천하는 → 공영방송사가 추천하는 (공직선거법 제8조의7 제2항 제1호)
03. 11명 이내로 → 9명 이내로 (공직선거법 제8조의7 제2항 제1호)
04. (공직선거법 제8조의7 제2항 제2호)
05. 구·시·군선거관리위원회 위원을 겸하는 위원의 임기는 선거관리위원회법 제8조에 따른 재임기간으로 한다(공직선거법 제8조의7 제2항 제2호).
06. 각급선거방송토론위원회 → 중앙선거방송토론위원회 (공직선거법 제8조의7 제4항)
07. 각급선거방송토론위원회 → 중앙선거방송토론위원회 (공직선거법 제8조의7 제6항)
08. 구·시·군선거관리위원회 → 중앙선거방송토론위원회 또는 시·도선거방송토론위원회 (공직선거법 제8조의7 제8항)
09. (공직선거법 제8조의7 제10항)
10. 이 사건 시청금지행위는 보충역을 병력자원으로 육성하고 병영생활에 적응시키기 위한 군사교육의 일환으로 이루어졌다. 대담·토론회가 이루어진 시각을 고려하면 육군훈련소에서 군사교육을 받고 있는 ○○○ 훈련병이 대담·토론회를 시청할 경우 교육훈련에 지장을 초래할 가능성이 높았던 점, 육군훈련소 내 훈련병 생활관에는 텔레비전이 설치되어 있지 않았던 점, ○○○ 훈련병은 다른 수단들을 통해서 선거정보를 취득할 수 있었던 점 등을 고려하면, 이 사건 시청금지행위가 청구인 ○○○ 훈련병의 선거권을 침해한다고 보기 어렵다(헌재 2020.8.28. 2017헌마813).

정답 01 ☒ 02 ☒ 03 ☒ 04 ◯ 05 ☒ 06 ☒ 07 ☒ 08 ☒ 09 ◯ 10 ☒

012

01. 각급 선거관리위원회는 선거에 관한 여론조사의 객관성·신뢰성을 확보하기 위하여 선거여론조사심의위원회를 각각 설치·운영하여야 한다. | 2020년 9급 | ○ ×

02. 중앙선거관리위원회에 설치하는 선거여론조사심의위원회는 총 9명 이내의 위원으로 구성하며 위원 중에는 국회에 교섭단체를 구성한 정당이 추천하는 각 1명이 포함되어야 하므로, 정당의 당원도 위원이 될 수 있다. | 2016년 9급 | ○ ×

03. 전국 또는 2 이상 시·도의 선거구민을 대상으로 하는 여론조사는 중앙선거여론조사심의위원회가 심의한다. | 2019년 7급 | ○ ×

04. 선거여론조사심의위원회는 선거에 관한 여론조사가 선거여론조사기준을 위반하여 선거의 공정성을 현저하게 해치는 것으로 인정된 때에는 시정명령이나 경고는 할 수 있으나 정정보도문의 게재명령은 할 수 없다. | 2020년 7급 | ○ ×

05. 시·도선거관리위원회가 설치하는 선거여론조사심의위원회는 선거에 관한 여론조사가 공직선거법을 위반한 혐의가 있다고 인정되는 경우에는 중앙선거관리위원회에 통보하여야 한다. | 2016년 9급 | ○ ×

06. 선거여론조사심의위원회에 그 사무를 처리하기 위하여 선거관리위원회 소속 공무원으로 구성하는 사무국을 둘 수 있다. | 2016년 9급 | ○ ×

해설

01. **중앙선거관리위원회와 시·도선거관리위원회**는 선거에 관한 여론조사의 객관성·신뢰성을 확보하기 위하여 선거여론조사심의위원회를 각각 설치·운영하여야 한다(공직선거법 제8조의8 제1항).

02. 정당의 당원은 선거여론조사심의위원회의 위원이 될 수 없다(공직선거법 제8조의8 제5항).

03. 선거여론조사심의위원회가 심의하는 관할 여론조사는 다음 각 호와 같다(공직선거법 제8조의8 제9항 제1호).
   1. 중앙선거여론조사심의위원회 : 전국 또는 2 이상 시·도의 선거구민을 대상으로 하는 여론조사

04. 선거여론조사심의위원회는 선거에 관한 여론조사가 이 법 또는 선거여론조사기준을 위반하였다고 인정되는 때에는 그 위반행위를 한 자에게 시정명령·경고·**정정보도문의 게재명령** 등 필요한 조치를 하되 (공직선거법 제8조의8 제10항)

05. 위반행위가 선거의 공정성을 현저하게 해치는 것으로 인정되거나 시정명령·정정보도문의 게재명령을 불이행한 때에는 고발 등 필요한 조치를 하여야 하고 이를 **관할 선거구선거관리위원회**에 통보하여야 한다(공직선거법 제8조의8 제10항).

06. 선거여론조사심의위원회에 그 사무를 처리하기 위하여 선거관리위원회 소속 공무원으로 구성하는 사무국을 둘 수 있다(공직선거법 제8조의8 제13항).

✓ 정답 01 × 02 × 03 ○ 04 × 05 × 06 ○

| 관련 예상문제 |

01. 중앙선거여론조사심의위원회는 국회에 교섭단체를 구성한 정당이 추천하는 각 1명과 학계, 법조계, 여론조사 관련 기관·단체의 전문가 등을 포함하여 중립적이고 공정한 사람 중에서 중앙선거관리위원회가 위촉하는 사람으로 11명 이내의 위원으로 구성하며, 위원의 임기는 3년으로 한다. ○ ×

02. 시·도선거관리위원회에 상임위원 1명을 둔다. ○ ×

03. 선거여론조사심의위원회는 선거에 관한 여론조사가 공직선거법 또는 선거여론조사기준을 위반하였는지 여부에 대한 심의 및 조치를 한다. ○ ×

04. 정당이 그 대표자 등 당직자를 선출하기 위하여 실시하는 여론조사는 공직선거법상의 여론조사로 보지 아니 한다. ○ ×

05. 국회의원 및 지방의회의원이 의정활동과 관련하여 실시하는 여론조사는 공직선거법상의 여론조사로 본다. ○ ×

06. 2 이상 시·도의 선거구민을 대상으로 하는 여론조사는 각각의 시·도선거여론조사심의위원회가 심의한다. ○ ×

07. 선거여론조사심의위원회가 이 법 또는 선거여론조사기준을 위반한 여론조사에 대하여 조사 등을 하는 경우에는 장소에 출입하여 관계인에 대하여 질문·조사를 하거나 관련서류 기타 조사에 필요한 자료의 제출을 요구할 수 있다. ○ ×

08. 선거여론조사심의위원회의 구성·운영, 위원 및 상임위원의 대우, 사무국의 조직·직무범위, 선거여론조사기준의 공표방법, 그밖에 필요한 사항은 중앙선거관리위원회규칙으로 정한다. ○ ×

해설

01. 11명 → 9명 (공직선거법 제8조의8 제2항)
02. 시·도선거관리위원회 → 중앙선거관리위원회 (공직선거법 제8조의8 제4항)
03. (공직선거법 제8조의8 제7항 제2호)
04. (공직선거법 제8조의8 제8항 제1호)
05. 국회의원 및 지방의회의원이 의정활동과 관련하여 실시하는 여론조사는 포함되지 않는다(공직선거법 제8조의8 제8항 제3호).
06. 2 이상 시·도의 선거구민을 대상으로 하는 여론조사는 중앙선거여론조사심의위원회가 한다(공직선거법 제8조의8 제9항 제1호).
07. (공직선거법 제8조의8 제11항)
08. (공직선거법 제8조의8 제14항)

✓ 정답 01 × 02 × 03 ○ 04 ○ 05 × 06 × 07 ○ 08 ○

013

01. 선거여론조사기관이 거짓이나 그 밖의 부정한 방법으로 등록하여 선거여론조사심의위원회에 의해 등록이 취소된 경우 그 취소된 날부터 1년 이내에는 등록을 신청할 수 없다. | 2020년 9급 |

해설

01. 선거여론조사기관(그 대표자 및 구성원을 포함한다)이 다음 각 호의 어느 하나에 해당하는 경우 관할 선거여론조사심의위원회는 해당 선거여론조사기관의 등록을 취소한다. 이 경우 **제3호에 해당하여 등록이 취소된 선거여론조사기관은 그 등록이 취소된 날부터 1년 이내에는 등록을 신청할 수 없다**(공직선거법 제8조의9 5항).
1. 거짓이나 그 밖의 부정한 방법으로 등록한 경우
2. 제1항에 따른 등록 요건을 갖추지 못하게 된 경우
3. 선거에 관한 여론조사와 관련된 죄를 범하여 징역형 또는 100만원 이상의 벌금형의 선고를 받은 경우

✅ **정답 01** ○

관련 예상문제

01. 여론조사 기관·단체가 공표 또는 보도를 목적으로 선거에 관한 여론조사를 실시하려는 때에는 조사시스템, 분석전문인력, 그밖에 중앙선거관리위원회규칙으로 정하는 요건을 갖추어 방송통신위원회에 서면으로 그 등록을 신청하여야 한다.

02. 여론조사 기관 또는 단체가 공표 또는 보도를 목적으로 선거에 관한 여론조사를 실시하려고 등록 신청을 할 때 받은 관할 선거여론조사심의위원회는 신청을 접수한 날부터 10일 이내에 등록을 수리하고 등록증을 교부하여야 한다.

03. 선거여론조사심의위원회는 등록증을 교부한 여론조사 기관·단체(이하 "선거여론조사기관"이라 한다)에 관한 정보로서 중앙선거관리위원회규칙으로 정하는 정보를 지체 없이 중앙선거관리위원회 홈페이지에 공개하여야 한다.

04. 선거여론조사기관이 선거에 관한 여론조사와 관련된 죄를 범하여 100만원 이상의 벌금형의 선고를 받은 경우 관할 선거여론조사심의위원회에 의해 등록이 취소되고, 취소된 날부터 1년 이내에는 등록 신청을 할 수 없다.

해설
01. 관할 선거여론조사심의위원회에 서면으로 그 등록을 신청하여야 한다(공직선거법 제8조의9 제1항).
02. 7일 이내에 등록을 수리하고 등록증을 교부하여야 한다(공직선거법 제8조의9 제2항).
03. 중앙선거여론조사심의위원회 홈페이지에 공개하여야 한다(공직선거법 제8조의9 제3항).
04. (공직선거법 제8조의9 제5항)

✅ **정답 01** × **02** × **03** × **04** ○

014

01. 공직선거법 제9조(공무원의 중립의무 등)의 공무원은 모든 공무원을 포함하는 포괄적인 개념이나, 국회의원과 지방의회의원은 이에 포함되지 않는다. | 2016년 9급 |

02. 대통령은 행정부의 수반으로서 공정한 선거가 실시될 수 있도록 총괄·감독해야 할 의무가 있으므로, 당연히 선거에서의 중립의무를 지는 공직자에 해당하는 것이고, 공직선거법 제9조 제1항의 '공무원'에 포함된다. | 2017년 7급 |

03. 정당의 대표자이자 선거운동의 주체로서의 지위로 말미암아, 선거에서의 정치적 중립성이 요구될 수 없는 국회의원과 지방의회의원은 공직선거법 제9조 제1항의 '공무원'에 해당하지 않는다. | 2017년 7급 |

해설

01. 02. 03. 선거에 있어서의 정치적 중립성은 행정부와 사법부의 모든 공직자에게 해당하는 공무원의 기본적 의무이다. 더욱이, 대통령은 행정부의 수반으로서 공정한 선거가 실시될 수 있도록 총괄 감독해야 할 의무가 있으므로, 당연히 선거에서의 중립의무를 지는 공직자에 해당하는 것이고, 이로써 공직선거법 제9조의 '공무원'에 포함된다. 정당의 대표자이자 선거운동의 주체로서의 지위로 말미암아, 선거에서의 정치적 중립성이 요구될 수 없는 국회의원과 지방의회의원은 공직선거법 제9조의 '공무원'에 해당하지 않는다(헌재 2004.5.14. 2004헌나1).

정답 01 ○ 02 ○ 03 ○

015

01. 공직선거법상 선거중립의무를 부담하는 공무원에는 대통령, 국무총리, 국무위원, 도지사, 시장, 군수, 구청장 등 지방자치단체의 장이 포함되나 국회의원과 지방의회의원은 포함되지 않는다. | 2019년 7급 |

02. 공직선거법 제9조 제1항은 단순한 선언적·주의적 규정이기 때문에 일반 공무원이 동 조항을 위반한 경우라도 구체적 법률효과를 발생시키지 않는다. | 2017년 7급 |

03. 「국가공무원법」은 정무직 공무원들의 일반적인 정치활동을 허용하는 데 반하여, 공직선거법 제9조 제1항은 그들로 하여금 정치활동 중 '선거에 영향을 미치는 행위'만을 금지하고 있으므로, 이 법률조항은 선거영역에서의 특별법으로서 일반법인 「국가공무원법」 조항에 우선하여 적용된다. | 2017년 7급 |

해설

01. 02. 03. 일반 공무원이 공직선거법 제9조 제1항을 위반한 경우에는 직무상의 의무(다른 법령에서 공무원의 신분으로 인하여 부과된 의무 포함) 위반이나 직무태만으로 징계사유가 되고(국가공무원법 제78조 제1항 제2호), 대통령의 경우 탄핵사유가 될 수 있으므로 위 법률조항의 위반에 대한제재가 전혀 없다고 볼 수도 없다. 따라서 이 사건 법률조항이 구체적 법률효과를 발생시키지 않는 **단순한 선언적 주의적 규정이라고 볼 수 없다**. 국가공무원법 조항은 정무직 공무원들의 일반적 정치활동을 허용하는 데 반하여, 이 사건 법률조항은 그들로 하여금 정치활동 중 '선거에 영향을 미치는 행위'만을 금지하고 있으므로, 위 법률조항은 선거영역에서의 특별법으로서 일반법인 국가공무원법 조항에 우선하여 적용된다고 할 것이다(헌재 2008.1.17. 2007헌마700).

정답 01 ○ 02 × 03 ○

016

01. 한국자유총연맹은 단체의 명의로 선거부정을 감시하는 등 공명선거추진활동을 할 수 없으나, 바르게 살기운동협의회는 단체의 명의로 공명선거추진활동을 할 수 있다. |2014년 7급| ○ ✕

02. 바르게살기운동협의회·새마을운동협의회·한국자유총연맹은 그 명의 또는 그 대표의 명의로 공명선거추진활동을 할 수 없다. |2018년 9급| ○ ✕

03. 특별법에 의하여 설립된 국민운동단체로서 국가 또는 지방자치단체의 출연 또는 보조를 받는 단체는 단체의 공적 성격으로 인하여 그 명의 또는 그 대표의 명의로 공명선거 추진 활동을 할 수 있다. |2019년 7급| ○ ✕

04. 후보자가 되고자 하는 자의 배우자의 형제자매의 배우자는 공직선거법상의 "후보자의 가족"에 해당하지 아니한다. |2014년 7급| ○ ✕

05. 후보자의 삼촌이 설립하거나 운영하고 있는 사회단체는 그 명의 또는 그 대표의 명의로 공명선거추진 활동을 할 수 있다. |2018년 9급| ○ ✕

06. 선거운동을 하거나 할 것을 표방한 노동조합은 그 명의로는 공명선거추진활동을 할 수 없으나, 그 대표의 명의로는 가능하다. |2014년 7급| ○ ✕

07. 읍·면·동선거관리위원회는 사회단체 등이 불공정한 활동을 하는 때에는 경고·중지 또는 시정명령을 하여야 하며, 그 행위가 선거운동에 이른 경우에는 고발 등 필요한 조치를 하여야 한다. |2014년 7급| ○ ✕

해설

01. 사회단체 등은 선거부정을 감시하는 등 공명선거추진활동을 할 수 있다. 다만, 다음 각 호의 어느 하나에 해당하는 단체는 그 명의 또는 그 대표의 명의로 공명선거추진활동을 할 수 없다(공직선거법 제10조 제1항 제1호).
　1. 특별법에 의하여 설립된 국민운동단체로서 국가 또는 지방자치단체의 출연 또는 보조를 받는 단체(바르게살기운동협의회·새마을운동협의회·한국자유총연맹을 말한다)

02. (공직선거법 제10조 제1항 제1호)

03. 특별법에 의하여 설립된 국민운동단체로서 국가 또는 지방자치단체의 출연 또는 보조를 받는 단체는 할 수 없다(공직선거법 제10조 제1항 제1호).

04. 후보자(후보자가 되고자 하는 자를 포함한다. 이하 이 조에서 같다), 후보자의 배우자와 후보자 또는 그 배우자의 직계존·비속과 형제자매나 **후보자의 직계비속 및 형제자매의 배우자**(이하 "후보자의 가족"이라 한다)가 설립하거나 운영하고 있는 단체. 후보자의 형제자매의 배우자가 포함되고 배우자의 형제자매의 배우자는 포함되지 않는다(공직선거법 제10조 제1항 제3호).

05. 후보자의 직계비속이 설립하거나 운영하고 있는 단체는 그 명의 또는 그 대표의 명의로 공명선거추진 활동을 할 수 없다(공직선거법 제10조 제1항 제3호).

06. 선거운동을 하거나 할 것을 표방한 노동조합 또는 단체는 그 명의 또는 그 대표의 명의로 공명선거추진 활동을 할 수 없다(공직선거법 제10조 제1항 제6호).

07. 각급선거관리위원회(읍·면·동선거관리위원회를 제외한다)는 사회단체 등이 불공정한 활동을 하는 때에는 경고·중지 또는 시정명령을 하여야 하며, 그 행위가 선거운동에 이르거나 선거관리위원회의 중지 또는 시정명령을 이행하지 아니하는 때에는 고발 등 필요한 조치를 하여야 한다(공직선거법 제10조 제3항).

정답 01 × 02 ○ 03 × 04 ○ 05 ○ 06 × 07 ×

관련 예상문제

01. 국가 또는 지방자치단체의 출연 또는 보조를 받는 단체는 그 명의 또는 그 대표의 명의로 공명선거추진 활동을 할 수 없다. ○ ×

02. 후보자의 배우자와 후보자 또는 그 배우자의 직계존·비속과 형제자매의 배우자가 설립하거나 운영하고 있는 단체는 공직선거법상 공명선거추진 활동을 할 수 있다. ○ ×

03. 후보자(후보자가 되고자 하는 자를 포함한다), 후보자의 직계존·비속과 형제자매, 후보자의 직계비속 및 형제자매의 배우자, 후보자의 배우자, 배우자의 직계존·비속과 형제자매가 설립하거나 운영하고 있는 단체는 그 명의 또는 그 대표의 명의로 공명선거추진 활동을 할 수 있다. ○ ×

04. 공직선거법상 중앙선거관리위원회는 사회단체 등이 불공정한 활동을 하는 때에는 경고·중지 또는 시정명령을 하여야 하며, 그 행위가 선거운동에 이르거나 선거관리위원회의 중지 또는 시정명령을 이행하지 아니하는 때에는 고발 등 필요한 조치를 하여야 한다. ○ ×

해설

01. **특별법에 의하여 설립된 국민운동단체로서** 국가 또는 지방자치단체의 출연 또는 보조를 받는 단체 (공직선거법 제10조 제1항 제1호)
02. 그 배우자의 형제자매의 배우자가 설립하거나 운영하고 있는 단체는 공명선거추진 활동을 할 수 없다(공직선거법 제10조 제1항 제3호).
03. (공직선거법 제10조 제1항 제3호)
04. 중앙선거관리위원회 → 각급선거관리위원회 (공직선거법 제10조 제3항)

정답 01 ○ 02 × 03 × 04 ×

017

01. 읍·면·동선거관리위원회를 제외한 각급선거관리위원회는 선거부정을 감시하기 위하여 공정선거지원단을 둔다. |2013년 9급| ◯✕

02. 읍·면·동선거관리위원회는 선거부정을 감시하기 위하여 공정선거지원단을 둔다. |2021년 9급| ◯✕

03. 공정선거지원단과 사이버선거부정감시단은 관할 선거관리위원회의 지휘를 받아 공직선거법에 위반되는 행위에 대하여 증거자료를 수집할 수 있다. |2013년 9급| ◯✕

04. 공정선거지원단은 관할선거관리위원회의 지휘를 받아서 공직선거법 위반행위에 대하여 증거자료를 수집하거나 조사활동을 할 수 있다. |2014년 9급| ◯✕

05. 공정선거지원단의 소속원에 대하여는 수당 또는 실비를 지급할 수 없다. |2021년 9급| ◯✕

해설

01. 각급선거관리위원회(**읍·면·동선거관리위원회는 제외한다**)는 선거부정을 감시하고 공정선거를 지원하기 위하여 공정선거지원단을 둔다(공직선거법 제10조의2 제1항).

02. (공직선거법 제10조의2 제1항)

03. 공정선거지원단은 관할 선거관리위원회의 지휘를 받아 이 법에 위반되는 행위에 대하여 증거자료를 수집하거나 조사활동을 할 수 있다(공직선거법 제10조의2 제6항). 제10조의2 제6항부터 제8항까지의 규정은 사이버공정선거지원단에 준용한다. 이 경우 "공정선거지원단"은 "사이버공정선거지원단"으로 본다(공직선거법 제10조의3 제4항).

04. (공직선거법 제10조의2 제6항)

05. 공정선거지원단의 소속원에 대하여는 예산의 범위 안에서 수당 또는 실비를 지급할 수 있다(공직선거법 제10조의2 제7항).

✓ 정답 01 ◯ 02 ✕ 03 ◯ 04 ◯ 05 ✕

관련 예상문제

01. 읍·면·동선거관리위원회는 선거부정을 감시하고 공정선거를 지원하기 위하여 공정선거지원단을 둔다. ◯✕

02. 공정선거지원단은 중앙선거관리위원회규칙으로 정하는 바에 따라 10명 이내로 구성한다. 다만, 선거일 전 60일부터 선거일까지는 중앙선거관리위원회 및 시·도선거관리위원회는 10인 이내의, 구·시·군선거관리위원회는 20인 이내의 인원을 추가하여 구성할 수 있다. ◯✕

03. 공정선거지원단은 10명 이내로 구성하되, 시·도선거관리위원회 및 구·시·군선거관리위원회는 20인 이내의 인원을 추가하여 구성할 수 있다. ◯✕

04. 공정선거지원단은 직권으로 공직선거법에 위반되는 행위에 대하여 증거자료를 수집하거나 조사활동을 할 수 있다. ◯✕

05. 공정선거지원단의 소속원에 대하여는 예산의 범위 안에서 수당 또는 실비를 지급할 수 있다. ◯✕

> **해설**
01. 읍·면·동선거관리위원회는 제외 (공직선거법 제10조의2 제1항)
02. 선거일까지 → 선거일 후 10일까지 (공직선거법 제10조의2 제2항)
03. 선거일 전 60일(선거일 전 60일 후에 실시사유가 확정된 보궐선거 등의 경우 그 선거의 실시사유가 확정된 때)부터 선거일 후 10일까지는 **중앙선거관리위원회 및 시·도선거관리위원회는 10인 이내의**, 구·시·군선거관리위원회는 20인 이내의 인원을 추가하여 구성할 수 있다(공직선거법 제10조의2 제2항).
04. 공정선거지원단은 관할 선거관리위원회의 지휘를 받아 이 법에 위반되는 행위에 대하여 증거자료를 수집하거나 조사활동을 할 수 있다(공직선거법 제10조의2 제6항).
05. (공직선거법 제10조의2 제7항)

⊙ 정답 01 ✕ 02 ✕ 03 ✕ 04 ✕ 05 ◯

018

01. 중앙선거관리위원회는 원칙적으로 5인 이상 10인 이하로 구성된 사이버공정선거지원단을 설치·운영하여야 한다. | 2013년 9급 |

02. 중앙선거관리위원회와 시·도선거관리위원회는 사이버공정선거지원단을 각각 최대 30명으로 구성할 수 있다. | 2020년 9급 |

03. 중앙선거관리위원회와 시·도선거관리위원회는 사이버공정선거지원단을 각각 상시 설치·운영하여야 한다. | 2020년 9급 |

04. 시·도선거관리위원회는 인터넷을 이용한 선거부정을 감시하고 공정선거를 지원하기 위하여 선거일 전 120일부터 선거일까지 30인 이내로 구성된 사이버공정선거지원단을 설치·운영하여야 한다.
| 2018년 9급, 2024년 9급 |

05. 시·도선거관리위원회는 선거일 전 120일(선거일 전 120일 후에 실시사유가 확정된 보궐선거 등에 있어서는 그 선거의 실시사유가 확정된 후 5일)부터 선거일까지 30인 이내로 구성된 사이버공정선거지원단을 설치·운영하여야 한다. | 2021년 9급 |

06. 구·시·군선거관리위원회는 인터넷을 이용한 선거부정을 감시하고 공정선거를 지원하기 위하여 사이버공정선거지원단을 설치·운영하여야 한다. | 2021년 9급 |

07. 사이버선거부정감시단은 선거운동을 할 수 있는 자로서 정당의 당원이 아닌 중립적인 사람으로 구성한다. | 2013년 9급 |

08. 정당의 당원이라 하더라도 중립적이고 공정한 자로 판단되면 사이버공정선거지원단의 구성원이 될 수 있다. | 2013년 9급 |

09. 사이버공정선거지원단은 관할선거관리위원회의 지휘를 받아 공직선거법에 위반되는 행위에 대하여 증거자료를 수집하거나 조사활동을 할 수 있다. | 2020년 9급 |

01. 중앙선거관리위원회는 인터넷을 이용한 선거부정을 감시하고 공정선거를 지원하기 위하여 중앙선거관리위원회규칙으로 정하는 바에 따라 5인 이상 10인 이하로 구성된 사이버공정선거지원단을 설치·운영하여야 한다. 다만, 선거일 전 60일(선거일 전 60일 후에 실시사유가 확정된 보궐선거 등의 경우 그 선거의 실시사유가 확정된 때)부터 선거일 후 10일까지는 10인 이내의 인원을 추가하여 구성할 수 있다(공직선거법 제10조의3 제1항).
02. 중앙선거관리위원회의 사이버공정선거지원단은 최대 20명으로 구성할 수 있다(공직선거법 제10조의3 제1항).
03. 시·도선거관리위원회는 인터넷을 이용한 선거부정을 감시하고 공정선거를 지원하기 위하여 선거일 전 120일(선거일 전 120일 후에 실시사유가 확정된 보궐선거 등에 있어서는 그 선거의 실시사유가 확정된 후 5일)부터 선거일까지 30인 이내로 구성된 사이버공정선거지원단을 설치·운영하여야 한다(공직선거법 제10조의3 제2항). 중앙선거관리위원회의 사이버공정선거지원단은 상시 운영이지만 시·도선거관리위원회의 사이버공정선거지원단은 시기가 정해져 있다.
04. 05. (공직선거법 제10조의3 제2항)
06. 시·도선거관리위원회가 운영한다(공직선거법 제10조의3 제2항).
07. 사이버공정선거지원단은 정당의 당원이 아닌 중립적이고 공정한 자로 구성한다(공직선거법 제10조의3 제3항).
08. (공직선거법 제10조의3 제3항)
09. (공직선거법 제10조의3 제4항)

✓ 정답 01 ○ 02 × 03 × 04 ○ 05 ○ 06 × 07 × 08 × 09 ○

관련 예상문제

01. 사이버공정선거지원단은 선거운동을 할 수 있는 자로서 정당의 당원이 아닌 중립적이고 공정한 자 중에서 중앙선거관리위원회규칙으로 정하는 바에 따라 5인 이상 10인 이하로 구성된 사이버공정선거지원단을 설치·운영하여야 한다. ○/×

02. 사이버공정선거지원단은 선거일 전 60일(선거일 전 60일 후에 실시사유가 확정된 보궐선거 등의 경우 그 선거의 실시사유가 확정된 때)부터 선거일 전 10일까지 10인 이내의 인원을 추가하여 구성할 수 있다. ○/×

03. 시·도선거관리위원회는 인터넷을 이용한 선거부정을 감시하고 공정선거를 지원하기 위하여 선거일 전 120일(선거일 전 120일 후에 실시사유가 확정된 보궐선거 등에 있어서는 그 선거의 실시사유가 확정된 후 5일)부터 선거일 후 10일까지 30인 이내로 구성된 사이버공정선거지원단을 설치·운영하여야 한다. ○/×

해설

01. 중앙선거관리위원회는 인터넷을 이용한 선거부정을 감시하고 공정선거를 지원하기 위하여 중앙선거관리위원회규칙으로 정하는 바에 따라 5인 이상 10인 이하로 구성된 사이버공정선거지원단을 설치·운영하여야 한다(공직선거법 제10조의3 제1항).
02. 선거일 전 → 선거일 후 (공직선거법 제10조의3 제1항)
03. 선거일 후 10일 → 선거일 (공직선거법 제10조의3 제2항)

✓ 정답 01 × 02 × 03 ×

019

01. 대통령선거의 후보자는 후보자의 등록이 끝난 때부터 개표종료 시까지 1,000만원 이하 벌금에 해당하는 범죄를 범하고 있는 현장에서 체포될 수 있다. |2018년 7급|

02. 대통령선거의 후보자는 후보자의 등록이 끝난 때부터 개표종료시까지 사형·무기 또는 장기 5년 이상의 징역이나 금고에 해당하는 죄를 범한 경우를 제외하고는 현행범인이 아니면 체포 또는 구속되지 않는다. |2021년 9급|

03. 국회의원선거의 후보자는 후보자의 등록이 끝난 때부터 개표종료 시까지 사형·무기 또는 장기 7년 이상의 징역이나 금고에 해당하는 죄를 범한 경우를 제외하고는 현행범인이 아니면 체포 또는 구속되지 아니하며 병역소집의 유예를 받는다. |2019년 7급|

04. 국회의원선거의 예비후보자는 예비후보자의 등록이 끝난 때부터 개표종료시까지 병역소집의 유예를 받는다. |2021년 9급|

05. 국회의원선거, 지방의회의원 및 지방자치단체의 장의 선거의 후보자는 후보자의 등록이 끝난 때부터 개표 종료 시까지 사형·무기 또는 장기 5년 이상의 징역이나 금고에 해당하는 죄를 범하였거나 공직선거법 제16장 벌칙에 규정된 죄를 범한 경우를 제외하고는 현행범인이 아니면 체포 또는 구속되지 아니하며, 병역소집의 유예를 받는다. |2020년 9급|

06. 개표참관인은 해당 신분을 취득한 때부터 개표종료 시까지 사형·무기 또는 장기 3년 이상의 징역이나 금고에 해당하는 죄를 범한 경우 현행범인이 아니더라도 체포 또는 구속될 수 있다. |2018년 7급|

07. 투표참관인과 개표참관인은 해당 신분을 취득한 때부터 개표종료시까지 사형·무기 또는 장기 3년 이상의 징역이나 금고에 해당하는 죄를 범하였거나 공직선거법 제230조부터 제235조까지 및 제237조부터 제259조까지의 죄를 범한 경우를 제외하고는 현행범인이 아니면 체포 또는 구속이 되지 않는다. |2021년 9급|

해설

01. 대통령선거의 후보자는 후보자의 등록이 끝난 때부터 개표종료시까지 사형·무기 또는 장기 7년 이상의 징역이나 금고에 해당하는 죄를 범한 경우를 제외하고는 **현행범인이 아니면** 체포 또는 구속되지 아니하며, 병역소집의 유예를 받는다(공직선거법 제11 제1항).
02. **장기 7년 이상의** 징역이다(공직선거법 제11조 제1항).
03. **국회의원선거, 지방의회의원 및 지방자치단체의 장의 선거의 후보자는** 후보자의 등록이 끝난 때부터 개표종료시까지 사형·무기 또는 **장기 5년 이상의** 징역이나 금고에 해당하는 죄를 범하였거나 **제16장 벌칙에 규정된 죄를 범한 경우를 제외하고는** 현행범인이 아니면 체포 또는 구속되지 아니하며, 병역소집의 유예를 받는다(공직선거법 제11조 제2항).
04. 국회의원선거의 예비후보자는 후보자의 등록이 끝난 때부터 개표 종료 시까지 병역소집의 유예를 받지 아니한다(예비후보자는 공직선거법 제11조 제2항의 신분보장규정이 적용되지 아니한다).
05. (공직선거법 제11조 제2항)
06. 선거사무장·선거연락소장·선거사무원·회계책임자·투표참관인·사전투표참관인과 개표참관인(예비후보자가 선임한 선거사무장·선거사무원 및 회계책임자는 제외한다)은 해당 신분을 취득한 때부터 개표종료시까지 사형·무기 또는 **장기 3년 이상의** 징역이나 금고에 해당하는 죄를 범하였거나 **제230조부터 제235조까지 및 제237조부터 제259조까지의 죄를 범한 경우를 제외하고는** 현행범인이 아니면 체포 또는 구속되지 아니하며, 병역소집의 유예를 받는다(공직선거법 제11조 제3항).
07. (공직선거법 제11조 제3항)

✓ 정답 01 ○ 02 × 03 × 04 × 05 ○ 06 × 07 ○

관련 예상문제

01. 대통령선거의 후보자가 공직선거법 제255조의 부정선거운동죄를 범하여 벌금형에 처한 경우에는 체포 또는 구속되지 아니하며, 병역소집의 유예를 받는다. ○ ×

02. 국회의원선거, 지방의회의원 및 지방자치단체의 장의 선거의 후보자는 후보자의 등록이 끝난 때부터 개표종료시까지 사형·무기 또는 장기 5년 이상의 징역이나 금고에 해당하는 죄를 범하였거나 제230조부터 제235조까지 및 제237조부터 제259조까지의 죄를 범한 경우를 제외하고는 현행범인이 아니면 체포 또는 구속되지 아니하며, 병역소집의 유예를 받는다. ○ ×

03. 개표참관인이 해당 신분을 취득한 때부터 개표종료시까지 2년 이상의 징역에 해당하는 죄를 범하였다면 체포 또는 구속이 될 수 있다. ○ ×

04. 예비후보자가 선임한 선거사무장은 해당 신분을 취득한 때부터 개표종료시까지 병역소집의 유예를 받는다. ○ ×

해설

01. 대통령선거의 후보자는 후보자의 등록이 끝난 때부터 개표종료시까지 사형·무기 또는 장기 7년 이상의 징역이나 금고에 해당하는 죄를 범한 경우를 제외하고는 현행범인이 아니면 체포 또는 구속되지 아니하며, 병역소집의 유예를 받는다(공직선거법 제11조 제1항).
02. 국회의원선거, 지방의회의원 및 지방자치단체의 장의 선거의 후보자는 후보자의 등록이 끝난 때부터 개표종료시까지 사형·무기 또는 장기 5년 이상의 징역이나 금고에 해당하는 죄를 범하였거나 **제16장 벌칙에 규정된 죄를 범한 경우를 제외하고는** 현행범인이 아니면 체포 또는 구속되지 아니하며, 병역소집의 유예를 받는다(공직선거법 제11조 제2항).

03. 선거사무장·선거연락소장·선거사무원·회계책임자·투표참관인·사전투표참관인과 개표참관인(예비후보자가 선임한 선거사무장·선거사무원 및 회계책임자는 제외한다)은 해당 신분을 취득한 때부터 개표종료시까지 사형·무기 또는 **장기 3년 이상의 징역이**나 금고에 해당하는 죄를 범하였거나 제230조부터 제235조까지 및 제237조부터 제259조까지의 죄를 범한 경우를 제외하고는 현행범인이 아니면 체포 또는 구속되지 아니하며, 병역소집의 유예를 받는다(공직선거법 제11조 제3항).
04. 예비후보자가 선임한 선거사무장·선거사무원 및 회계책임자는 제외한다(공직선거법 제11조 제3항).

정답 01 × 02 × 03 × 04 ×

020

01. 중앙선거관리위원회는 공직선거법에 특별한 규정이 있는 경우를 제외하고 선거사무를 통할 관리하며, 하급선거관리위원회와 재외선거관리위원회 및 재외투표관리관의 위법·부당한 처분을 취소하거나 변경할 수 있다. | 2015년 7급 |

02. 구·시·군선거관리위원회는 당해 선거에 관한 하급선거관리위원회의 위법·부당한 처분에 대하여 이를 취소하거나 변경할 수 있다. | 2018년 7급 |

해설

01. (공직선거법 제12조 제1항)
02. (공직선거법 제12조 제3항)

정답 01 ○ 02 ○

관련 예상문제

01. 중앙선거관리위원회는 공직선거법에 특별한 규정이 있는 경우를 제외하고 시·도선거관리위원회의 부당한 처분에 대하여 취소할 수 있지만 변경할 수는 없다.

02. 시·도선거관리위원회는 임기만료에 의한 지역구 국회의원선거에 관한 하급선거관리위원회의 위법·부당한 처분에 대하여 이를 취소하거나 변경할 수 있다.

03. 구·시·군선거관리위원회는 당해 선거에 관한 하급선거관리위원회의 위법·부당한 처분에 대하여 이를 취소하거나 변경할 수 있다.

04. 구·시·군선거관리위원회에는 그 성질에 반하지 아니하는 범위에서 세종특별자치시선거관리위원회가 포함된 것으로 본다.

> **해설**
>
> 01. 취소 또는 변경할 수 있다(공직선거법 제12조 제1항).
> 02. 시·도선거관리위원회는 **지방의회의원 및 지방자치단체의 장의 선거에 관한** 하급선거관리위원회의 위법·부당한 처분에 대하여 이를 취소하거나 변경할 수 있다(공직선거법 제12조 제2항).
> 03. (공직선거법 제12조 제3항)
> 04. (공직선거법 제12조 제4항)
>
> ✓ 정답 01 ✗ 02 ✗ 03 ○ 04 ○

021

01. 대통령선거, 비례대표국회의원선거의 선거구선거사무는 중앙선거관리위원회가 행한다. | 2015년 7급 |

02. 특별시장·광역시장·도지사선거와 지역선거구국회의원선거의 선거구선거사무는 시·도선거관리위원회가 행한다. | 2019년 7급 |

> **해설**
>
> 01. 선거구선거사무를 행할 선거관리위원회는 다음 각 호와 같다(공직선거법 제13조 제1항 제1호).
>   1. 대통령선거 및 비례대표전국선거구국회의원선거의 선거구선거사무는 중앙선거관리위원회
> 02. 지역선거구국회의원선거의 선거구선거사무는 구·시·군선거관리위원회가 한다(공직선거법 제13조 제1항 제3호).
>
> ✓ 정답 01 ○ 02 ✗

> **관련 예상문제**
>
> 01. 자치구의 구청장·시장·군수·특별자치시장 선거의 선거구선거사무는 그 선거구역을 관할하는 구·시·군선거관리위원회가 행한다.
>
> 02. 비례대표 및 지역 선거구 시·도의회의원선거는 시·도선거관리위원회가 행한다.
>
> 03. 선거구선거관리위원회 또는 직근 상급선거관리위원회는 선거관리를 위하여 특히 필요하다고 인정하는 때에는 하급선거관리위원회로 하여금 선거구선거관리위원회의 직무를 행하게 할 수 있으며, 선거구선거사무를 행하는 하급선거관리위원회의 위원은 선거구선거관리위원회위원의 정수에 포함되고 의결에 참가할 수 있다.
>
> 04. 구·시·군선거관리위원회 또는 읍·면·동선거관리위원회가 천재·지변 기타 부득이한 사유로 그 기능을 수행할 수 없는 때에는 다른 선거관리위원회로 하여금 당해 선거관리위원회의 기능이 회복될 때까지 그 선거사무를 대행하거나 대행하게 할 수 있다. 이 경우 대행할 선거관리위원회와 그 업무의 범위를 지체 없이 공고하고, 중앙선거관리위원회에 보고하여야 한다.

> **해설**
> 01. 특별자치시장의 선거의 선거구선거사무는 시·도선거관리위원회가 행한다(공직선거법 제13조 제1항 제2호).
> 02. 지역 선거구 시·도의회의원선거는 구·시·군선거관리위원회가 행한다(공직선거법 제13조 제1항 제3호).
> 03. 하급선거관리위원회의 위원은 선거구선거관리위원회위원의 정수에 산입되지 않고 의결에 참가할 수 없다(공직선거법 제13조 제4항).
> 04. 중앙선거관리위원회가 아니라 상급선거관리위원회에 보고하여야 한다(공직선거법 제13조 제6항).
>
> ✓ **정답** 01 × 02 × 03 × 04 ×

022

01. 전임자의 임기가 만료된 후에 실시하는 선거와 궐위로 인한 선거에 의한 대통령의 임기는 당선이 결정된 때부터 개시된다. | 2013년 7급, 2017년 9급 | ⓞ ⓧ

02. 총선거에 의한 국회의원의 임기는 당선이 결정된 날의 다음 날부터 개시된다. | 2013년 7급 | ⓞ ⓧ

03. 지방의회의원의 증원선거에 의한 의원의 임기는 당선이 결정된 때부터 개시되며 같은 종류의 의원의 잔임기간으로 한다. | 2013년 7급, 2015년 9급 | ⓞ ⓧ

04. 전임지방자치단체장의 임기가 만료되기 전에 선거가 실시된 경우에 지방자치단체의 장의 임기는 전임 지방 자치단체장의 임기만료일부터 개시된다. | 2013년 7급 | ⓞ ⓧ

> **해설**
> 01. (공직선거법 제14조 제1항)
> 02. 국회의원과 지방의회의원의 임기는 **총선거에 의한 전임의원의 임기만료일의 다음 날부터** 개시된다. 다만, 의원의 임기가 개시된 후에 실시하는 선거와 지방의회의원의 증원선거에 의한 의원의 임기는 당선이 결정된 때부터 개시되며 전임자 또는 같은 종류의 의원의 잔임기간으로 한다(공직선거법 제14조 제2항).
> 03. (공직선거법 제14조 제2항)
> 04. (공직선거법 제14조 제3항)
>
> ✓ **정답** 01 ○ 02 × 03 ○ 04 ×

관련 예상문제

01. 국회의원과 지방의회의원의 임기는 당선이 결정된 때부터 개시된다. ○ ×

02. 시·자치구 또는 광역시가 새로 설치된 때에는 당해 지방자치단체의 장은 새로 선거를 실시하며 그 지방자치단체의 장의 임기는 당선이 결정된 때부터 개시되며 전임자 또는 같은 종류의 지방자치단체의 장의 잔임기간으로 한다. ○ ×

03. 2 이상의 같은 종류의 지방자치단체가 합하여 새로운 지방자치단체가 설치된 때에는 종전의 지방자치단체의 장은 그 직을 상실하고, 새로운 지방자치단체의 장에 대해서는 새로 선거를 실시하며, 그 지방자치단체의 장의 임기는 당선이 결정된 때부터 개시되며 전임자 또는 같은 종류의 지방자치단체의 장의 잔임기간으로 한다. ○ ×

해설

01. 의원의 임기가 개시된 후에 실시하는 선거와 지방의회의원의 증원선거에 의한 의원의 임기는 당선이 결정된 때부터 개시되며 전임자 또는 같은 종류의 의원의 잔임기간으로 한다(공직선거법 제14조 제2항).
02. 03. (공직선거법 제14조 제3항)

⊙ 정답 01 × 02 ○ 03 ○

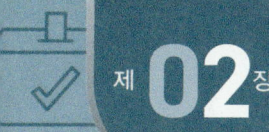

제 02 장 선거권과 피선거권

023

01. 지역구국회의원선거 후보자인 甲은 한국국적을 가지고 있고, 甲의 배우자인 乙은 일본국적을 가진 외국인이다. 乙은 일정한 요건이 갖추어지면 지방자치단체의 의회의원 및 장의 선거권을 가진다. |2013년 9급|

02. 출입국관리법에 따라 5년 이상 국내에 체류하여 영주자격(F-5)을 취득한 날 후 3년이 경과한 외국인으로서 해당 지방자치단체의 외국인등록대장에 올라 있는 사람에게 지방자치단체의 의회의원 및 장의 선거권이 인정된다. |2015년 7급|

03. 출입국관리법에 따른 영주의 체류자격 취득일 후 3년이 경과한 18세 이상의 외국인으로서 선거인명부 작성 기준일 현재 해당 지방자치단체의 외국인등록대장에 올라 있는 사람은 지방자치단체의 의회의원 및 장 선거의 선거인명부에 포함된다. |2018년 7급, 2023년 9급|

해설

01. 출입국관리법 제10조에 따른 **영주의 체류자격 취득일 후 3년**이 경과한 외국인으로서 같은 법 제34조에 따라 해당 지방자치단체의 **외국인등록대장**에 올라 있는 사람은 지방자치단체의 의회의원 및 장의 선거권을 가진다(공직선거법 제15조 제2항 3호).

02. 03. (공직선거법 제15조 제2항 제3호)

✓ 정답 01 ○ 02 ○ 03 ○

관련 예상문제

01. 출입국관리법 제10조에 따른 영주의 체류자격 취득일 후 3년이 경과한 외국인으로서 같은 법 제34조에 따라 해당 지방자치단체의 외국인등록대장에 올라 있는 18세 이상의 사람이라면 해당 지역구 국회의원의 선거권을 가진다.

02. 해당 국회의원지역선거구 안에 주민등록이 되어 있는 18세 이상의 재외국민은 대통령 및 지역구 국회의원 선거권이 있다.

03. 출입국관리법 제10조에 따른 영주의 체류자격 취득일 후 3년이 경과한 외국인은 대통령선거의 선거권이 인정된다.

> **해설**
>
> 01. 외국인은 대통령 및 국회의원 선거권이 없다(공직선거법 제15조 제1항).
> 02. 지역구 국회의원 선거권은 **주민등록표에 3개월 이상 계속하여 올라있고** 해당 국회의원지역선거구 안에 주민등록이 되어 있는 사람이어야 한다(공직선거법 제15조 제2항 제2호).
> 03. (공직선거법 제15조 제2항 3호)
>
> ✓ 정답 01 ✕ 02 ✕ 03 ✕

024

01. 국회의원의 피선거권 행사연령을 설정함에 있어서도 평균적인 국민이 독자적인 경제생활의 주체로서 경제활동을 영위할 수 있고, 남자의 경우 자신의 신체적 능력에 부합하는 병역의무를 성실히 수행할 수 있는 연령과 기간이 고려되어야 한다. |2013년 9급| ⊙ ✕

02. 국회의원 및 지방의회의원 선거에서 피선거권의 연령을 25세(현행 18세 이상) 이상으로 정한 공직선거법 규정은 25세 미만인 자의 공무 담임권 및 평등권을 침해한다. |2015년 9급| ⊙ ✕

03. 지방의회의원 및 지방자치단체의 장의 대의기관으로서의 지위와 권한, 복잡화되고 전문화되어 가는 지방자치단체의 사무 등을 고려할 때, 그 피선거권 연령도 반드시 국회의원의 피선거권 연령보다 낮아야 한다고 보기 어렵다. |2019년 7급| ⊙ ✕

> **해설**
>
> 01. 국회의원의 피선거권 행사연령을 설정함에 있어서도 평균적인 국민이 독자적인 경제생활의 주체로서 경제활동을 영위할 수 있고, 남자의 경우 자신의 신체적 능력에 부합하는 병역의무를 성실히 수행할 수 있는 연령과 기간이 고려되어야 한다(헌재 2005.4.28, 2004헌마219).
> 02. 법 제25조 및 제118조 제2항에 따라 입법자는 국회의원 및 지방의회의원 선거 피선거권 행사연령을 정함에 있어 선거의 의미와 기능, 국회의원 및 지방의회의원의 지위와 직무 등을 고려하여 재량에 따라 결정할 수 있다. 그러한 재량에는 피선거권 연령 설정을 통하여 달성하려는 공익과 그로 인한 공무담임권 등에 대한 제한 사이에 균형과 조화를 이루어야 하는 헌법적 한계가 존재하지만, 입법자가 정한 구체적인 연령기준이 입법형성권의 범위와 한계 내의 것으로 그 기준이 현저히 높거나 불합리하지 않다면 헌법에 위반되지 않는다. 입법자가 국회의원 및 지방의회의원에게 요구되는 능력 및 이러한 능력을 갖추기 위하여 요구되는 교육과정 등에 소요되는 최소한의 기간, 선출직공무원에게 납세 및 병역의무의 이행을 요구하는 국민의 기대와 요청을 고려하여 국회의원 및 지방의회의원의 피선거권 행사연령을 25세 이상으로 정한 것은 합리적이고 입법형성권의 한계 내에 있으므로 25세 미만인 사람의 공무담임권 및 평등권을 침해한다고 볼 수 없다(헌재 2013.8.29, 2012헌마288). 〈현행 18세 이상으로 개정〉
> 03. (헌재 2013.8.29, 2012헌마288)
>
> ✓ 정답 01 ○ 02 ✕ 03 ○

025

01. 지역구국회의원선거 후보자인 甲은 한국국적을 가지고 있고, 甲의 배우자인 乙은 일본국적을 가진 외국인이다. 乙은 대통령 및 국회의원의 피선거권뿐만 아니라, 지방의회의원 및 지방자치단체의 장의 피선거권이 없다. | 2013년 9급 |

02. 선거일 현재 5년 이상 국내에 거주하고 있는 40세 이상의 국민은 대통령의 피선거권이 있으며, 이 경우 공무로 외국에 파견된 기간과 국내에 주소를 두고 일정기간 외국에 체류한 기간은 국내거주기간으로 본다. | 2015년 9급 |

03. 선거일 현재 계속하여 90일 이상 당해 지방자치단체의 관할구역 안에 주민등록이 되어 있는 주민으로서 18세 이상의 국민은 그 지방의회의원 및 지방자치단체의 장의 피선거권이 있다. | 2013년 9급 |

해설

01. (공직선거법 제16조 제1~3항)
02. (공직선거법 제16조 제1항)
03. 90일 → 60일 (공직선거법 제16조 제3항)

정답 01 ○ 02 ○ 03 ×

관련 예상문제

01. 선거일 현재 5년 이상 국내에 거주하고 있는 40세 이상의 국민은 대통령의 피선거권이 있다. 이 경우 공무로 외국에 파견된 기간과 국내에 주소를 두고 일정기간 외국에 체류한 기간은 국내거주기간에 산입하지 않는다.

02. 선거일 현재 계속하여 60일 이상 해당 지방자치단체의 관할구역에 주민등록이 되어 있는 주민으로서 18세 이상의 국민은 지역구 국회의원 및 지방의회의원, 지방자치단체의 장의 피선거권이 있다.

03. 지방자치단체의 사무소 소재지가 다른 지방자치단체의 관할 구역에 있어 해당 지방자치단체의 장의 주민등록이 다른 지방자치단체의 관할 구역에 있게 된 때에는 해당 지방자치단체의 관할 구역에 주민등록이 되어 있는 것으로 본다.

해설

01. 공무로 외국에 파견된 기간과 국내에 주소를 두고 일정기간 외국에 체류한 기간은 국내거주기간으로 본다(공직선거법 제16조 제1항).
02. 18세 이상의 국민은 국회의원의 피선거권이 있다. 국회의원은 주소지 제한은 없다(공직선거법 제16조 제2항).
03. (공직선거법 제16조 제4항)

정답 01 × 02 × 03 ○

026

01. 1년 이상의 징역형을 선고받고 그 집행이 종료되지 않은 사람의 선거권을 제한하는 것은 해당 수형자의 선거권을 침해한 것이다. | 2017년 7급, 2023년 9급 | ○ ×

02. 실정법을 위반하여 1년 이상의 징역형의 선고를 받고 집행 중에 있는 사람이라고 하여 선거권을 제한하는 것은 수형자를 정상적이고 자유로운 사회생활에 복귀시키기 위한 목적에 부응하거나 수반하는 것이라고 볼 수 없어 이와 같은 선거권 제한조치는 헌법적으로 허용될 수 없다. | 2019년 7급 | ○ ×

03. 수형자의 선거권 제한은 범죄자가 범죄의 대가로 선고받은 자유형의 본질에서 당연히 도출되는 것이 아니다. | 2018년 9급 | ○ ×

04. 선거권이 제한되는 수형자의 범위를 범죄의 종류나 침해된 법익을 기준으로 일반적으로 정하는 것은 실질적으로 곤란하다. | 2018년 9급 | ○ ×

05. 수형자의 선거권을 박탈하는 것은 수형자가 출소 후 선거절차에 복귀하였을 때 수형자를 재사회화 시키려는 목적과 조화되기 어렵다. | 2018년 9급 | ○ ×

06. 선거권이 제한되는 수형자의 범위를 정함에 있어서 선고형이 중대한 범죄 여부를 결정하는 합리적인 기준이 될 수 있다. | 2018년 9급 | ○ ×

해설

01. 1년 이상의 징역의 형의 선고를 받고 그 집행이 종료되지 아니한 사람의 선거권을 제한하는 것은 과잉금지원칙을 위반하여 선거권을 침해하지 아니한다(헌재 2017.5.25, 2016헌마292).

02. (헌재 2017.5.25, 2016헌마292)

03. **일반적으로 선거권이 제한되는 수형자의 범위를 정함에 있어서는, 선고형이 중대한 범죄를 나누는 합리적인 기준이 될 수 있다.** 따라서 입법자는 범죄의 중대성과 선고형의 관계, 선거의 주기 등을 종합적으로 고려하여 선거권 제한의 기준이 되는 선고형을 정하고, 일정한 형기 이상의 실형을 선고받아 그 형의 집행 중에 있는 수형자의 경우에만 선거권을 제한하는 방식으로 입법하는 것이 바람직하다. 이와 같이 수형자에게 선거권을 부여하는 구체적인 방안은 입법자의 입법형성의 범위 내에 있으므로, 헌법불합치 결정을 선고한다. 보통선거원칙 및 그에 기초한 선거권을 법률로써 제한하는 것은 필요 최소한에 그쳐야 한다. **집행유예자와 수형자의 선거권 제한은 범죄자가 범죄의 대가로 선고받은 자유형의 본질에서 당연히 도출되는 것이 아니므로**, 범죄자의 선거권 제한 역시 보통선거원칙에 기초하여 필요 최소한의 정도에 그쳐야 한다(헌재 2009.10.29, 2007헌마1462의 위헌의견).

04. 05. (헌재 2009.10.29, 2007헌마1462의 위헌의견)

06. **선거권이 제한되는 수형자의 범위를 범죄의 종류나 침해된 법익을 기준으로 일반적으로 정하는 것은 실질적으로 곤란하다.** 공직선거법이 선거범의 경우 선거권 제한을 구체적·개별적으로 정하고 있는 것과 같이, 개별적인 범죄 유형별로 선거권을 제한하는 것은 해당 법률에서 별도로 마련하는 방법이 현실적이다(헌재 2014.2.28, 2012헌마409).

정답 01 × 02 × 03 ○ 04 ○ 05 × 06 ○

027

01. 乙은 절도죄로 2015년 4월 13일 대구지방법원에서 징역 1년, 집행유예 2년을 선고받았다. 乙은 형의 선고를 받고 그 집행이 종료되지 아니하였기 때문에 제20대 국회의원선거(2016.4.13. 실시)에서 선거권을 갖지 못한다. |2016년 7급| ○ ×

02. 甲은 국회법상 국회회의방해죄로 체포되어 재판을 받았고, 벌금 300만원이 확정되어 이를 납부하였다. 벌금형 확정으로부터 1년 1개월이 지났으나, 6개월 후에 실시되는 지역구 국회의원 선거에는 투표를 할 수 없다. |2015년 7급| ○ ×

03. 乙은 국회법상 국회회의방해죄로 체포되어 재판을 받았고, 징역 6월이 확정되어 복역 후 출소하였다. 출소로부터는 7개월이 지난 현재, 6개월 후에 실시되는 지역구 국회의원의 선거권과 피선거권이 제한된다. |2015년 7급| ○ ×

04. 익산시장 丙은 2010년 재임 중 직무와 관련하여 형법 제129조의 수뢰죄를 범하여 1년의 징역형을 선고받고 그 집행을 받지 아니하기로 확정되었다. 丙은 제20대 국회의원선거(2016.4.13. 실시)에서 선거권을 갖는다. |2016년 7급| ○ ×

05. 丁이 2013년 4월 14일에 정치자금법 제45조 위반으로 100만원의 벌금형을 선고받고 그 형이 확정되었다면 제20대 국회의원선거(2016.4.13. 실시)에서 선거권을 갖지 못한다. |2016년 7급| ○ ×

06. 지방의회의원으로서 그 재임 중의 직무와 관련하여 「특정범죄 가중처벌 등에 관한 법률」상의 알선수재죄를 범한 자로서 징역형의 선고를 받고 그 집행을 받지 아니하기로 확정된 후 10년을 경과하지 아니한 자는 선거권이 없다. |2017년 9급| ○ ×

해설

01. 1년 이상의 징역 또는 금고의 형의 선고를 받고 그 집행이 종료되지 아니하거나 그 집행을 받지 아니하기로 확정되지 아니한 사람. **다만, 그 형의 집행유예를 선고받고 유예기간 중에 있는 사람은 제외한다**(공직선거법 제18조 제1항 제2호).
02. 국회법상 국회회의방해죄는 선거권 제한 조항에 없다(공직선거법 제18조 제1항 제3호).
03. 국회법상 국회회의방해죄는 선거권 제한 조항에 없으며(공직선거법 제18조 제1항 제3호), 피선거권은 제한된다(공직선거법 제19조 4호 다목).
04. 재임 중 직무와 관련하여 형법 제129조의 수뢰죄를 범하여 징역형의 선고를 받고 그 집행을 받지 아니하기로 확정된 후 10년을 경과하지 아니한 자는 선거권 없다(공직선거법 제18조 제1항 제3호).
05. 06. (공직선거법 제18조 제1항 제3호)

⊘ **정답** 01 × 02 × 03 × 04 × 05 ○ 06 ○

｜관련 예상문제 ｜

01. 금고 이상의 형의 선고를 받고 그 형이 실효되지 아니한 자는 공직선거법상의 선거권이 없다.
□○□×

02. 선거범 또는 정치자금법 제45조 및 제49조에 규정된 죄를 범한 자로서, 100만원 이상의 벌금형의 선고를 받고 그 형이 확정된 후 5년 또는 형의 집행유예의 선고를 받고 그 형이 확정된 후 10년을 경과하지 아니하거나 징역형의 선고를 받고 그 집행을 받지 아니하기로 확정된 후 또는 그 형의 집행이 종료되거나 면제된 후 10년을 경과하지 아니한 자는 공직선거법상의 선거권이 없다.
□○□×

03. 대통령·국회의원·지방의회의원·지방자치단체의 장으로서 형법(「특정범죄가중처벌 등에 관한 법률」 제2조에 의하여 가중처벌되는 경우를 포함한다) 제129조(수뢰, 사전수뢰) 내지 제132조(알선수뢰)·「특정범죄가중처벌 등에 관한 법률」 제3조(알선수재)에 규정된 죄를 범하여 100만원 이상의 벌금형의 선고를 받고 그 형이 확정된 후 5년 동안은 공직선거법상의 선거권이 없다.
□○□×

04. 국민투표법 위반의 죄를 범한 자가 집행유예의 선고를 받고 그 형이 확정된 후 10년을 경과하지 아니하면 공직선거법상의 선거권이 없다.
□○□×

해설

01. 금고의 형의 선고를 받고 그 집행이 종료되지 아니하거나 그 집행을 받지 아니하기로 확정되지 아니한 사람 (공직선거법 제18조 제1항 제2호)
02. (공직선거법 제18조 제1항 제3호)
03. **그 재임 중의 직무와 관련하여** 형법(「특정범죄가중처벌 등에 관한 법률」 제2조에 의하여 가중처벌되는 경우를 포함한다) 제129조(수뢰, 사전수뢰) 내지 제132조(알선수뢰)·「특정범죄가중처벌 등에 관한 법률」 제3조(알선수재)에 규정된 죄 (공직선거법 제18조 제1항 제3호)
04. (공직선거법 제18조 제1항 제3호)

✓ 정답 01 × 02 ○ 03 × 04 ○

028

01. 정치자금법 제45조의 정치자금부정수수죄로 1천만원 벌금형의 선고를 받고 2010년 1월 19일에 그 형이 확정되었던 A는 2015년 4월 29일에 실시되는 국회의원 재보궐선거에 무소속후보자로 출마할 수 없다. | 2016년 9급 | ◯ ✕

02. 법원의 판결에 의하여 선거권이 정지된 자는 피선거권이 없다. | 2017년 9급 | ◯ ✕

03. 甲은 국회법상 국회회의방해죄로 체포되어 재판을 받게 되었고 벌금 300만원이 확정되어 이를 납부하였다. 甲은 500만원 미만의 벌금형을 선고 받았으므로 피선거권이 있다. | 2017년 9급 | ◯ ✕

04. 국회법상의 국회 회의 방해죄의 죄를 범한 자로서 500만원 이상의 벌금형의 선고를 받고 그 형이 확정된 후 10년이 경과되지 아니한 자는 피선거권이 없다. | 2017년 9급 | ◯ ✕

05. 국회법상 국회 회의 방해죄를 범하여 형의 집행유예를 선고받고 그 형이 확정된 후 선거일 현재 5년 1개월째인 40세의 丁은 피선거권이 없다. | 2018년 9급 | ◯ ✕

06. 국회법 제166조(국회 회의 방해죄)의 죄를 범한 자로서 금고형의 선고를 받고 그 집행을 받지 아니하기로 확정된 후 또는 그 형의 집행이 종료되거나 면제된 후 10년이 경과되지 아니한 자는 피선거권이 없다. | 2015년 9급 | ◯ ✕

해설

01. 100만원 이상의 벌금형의 선고를 받고 그 형이 확정된 후 5년이 지나면 출마할 수 있다(공직선거법 제19조 제1호).
02. (공직선거법 제19조 제1호)
03. (공직선거법 제19조 제4호 가목)
04. 500만원 이상의 벌금형의 선고를 받고 그 형이 확정된 후 5년이 경과되지 아니한 자는 피선거권이 없다(공직선거법 제19조 제4호 가목).
05. (공직선거법 제19조 제4호 나목)
06. **징역형의** 선고를 받고 그 집행을 받지 아니하기로 확정된 후 또는 그 형의 집행이 종료되거나 면제된 후 10년이 경과되지 아니한 자 (공직선거법 제19조 제4호 다목)

✓ 정답 01 ✕ 02 ◯ 03 ◯ 04 ✕ 05 ◯ 06 ✕

| 관련 예상문제 |

01. 선거일 현재 1년 이상의 징역 또는 금고의 형의 선고를 받고 그 집행이 종료되지 아니하거나 그 집행을 받지 아니하기로 확정되지 아니한 사람은 피선거권이 없다. ○ ✕

02. 정당의 추천을 받으려고 하는 후보자가 정당에 금품이나 그 밖의 재산상의 이익을 제공하여 벌금형의 선고를 받고 그 형이 확정되어 10년이 경과하지 아니하면 피선거권이 없다. ○ ✕

해설

01. 선거일 현재 1년 이상의 징역 또는 금고의 형의 선고를 받고 그 집행이 종료되지 아니하거나 그 집행을 받지 아니하기로 확정되지 아니한 사람은 **선거권이 없다.**
02. (공직선거법 제19조 5호)

✓ 정답 01 ✕ 02 ○

029

01. 선거구획정에 있어서 인구비례원칙에 의한 투표가치의 평등은 헌법적 요청으로서 다른 요소에 비하여 기본적이고 일차적인 기준이다. | 2013년 7급 | ○ ✕

02. 선거구구역표는 전체가 불가분의 일체를 이루는 것으로서 일부 선거구의 선거구획정에 위헌성이 있다면, 선거구구역표의 전부에 관하여 위헌선언을 하는 것이 상당하다. | 2013년 7급 | ○ ✕

03. 국회의원 선거구획정에 있어서 전국 선거구의 평균 인구수를 기준으로 상하 50%의 편차(이 경우 상한 인구수와 하한 인구수의 비율은 3 : 1)에 대하여 헌법불합치 결정을 하였다. | 2013년 9급 | ○ ✕

04. 헌법재판소는 국회의원 지역선거구획정에서 선거구 간의 인구편차를 평균인구수 기준 상하 50%의 편차를 기준으로 하는 것이 헌법에 합치되지 않는다고 판시하였다. | 2014년 9급 | ○ ✕

05. 헌법재판소는 시·도의회의원 지역선거구획정에서 인구 외에 행정구역·지세·교통 등 여러 가지 조건을 고려하여야 하므로 선거구 간의 인구편차는 평균인구수 기준 상하 50%의 편차를 기준으로 위헌 여부를 판단한다. | 2014년 9급 | ○ ✕

06. 헌법재판소는 자치구·시·군의원지역선거구의 획정에 있어서 자치구·시·군의회의원 1인당 평균 인구수 대비 상하 60%의 인구편차를 헌법상 허용되는 기준으로 삼고 있다. | 2016년 9급 | ○ ✕

07. 자치구·시·군의원 선거구 획정과 관련하여 헌법이 허용하는 인구편차의 기준은 인구편차 상하 60%이다. | 2019년 9급 | ○ ✕

> 해설

01. 선거구획정에 있어서 인구비례원칙에 의한 투표가치의 평등은 헌법적 요청으로서 다른 요소에 비하여 기본적이고 일차적인 기준 (헌재 2001.10.25, 2000헌마92)

02. 우리 재판소는 95헌마224등 결정에서 선거구구역표는 전체가 불가분의 일체를 이루는 것으로서 일부 선거구의 선거구획정에 위헌성이 있다면, 선거구구역표의 전부에 관하여 위헌선언을 하는 것이 상당하다는 취지의 판시를 함으로써 불가분설을 취하였는바, 이는 객관적 헌법질서의 보장이라는 측면이나 적극적인 기본권 보장의 측면에서 보더라도 타당한 것으로 보이므로 이러한 입장을 계속 유지하기로 한다(헌재 2001.10.25, 2000헌마92).

03. 헌법재판소는 2014.10.30, 2012헌마192 결정에서, 인구편차 ±50%를 기준으로 국회의원지역선거구를 정하고 있는 공직선거법상 국회의원지역선거구구역표는 그 전체가 헌법에 합치되지 않는다고 판시하며, 인구편차 ±33%, 인구비례 2 : 1의 기준을 제시하였다.

05. 헌법재판소는 2018.06.28, 2014헌마189에서, 시 도의원 지역선거구의 획정에는 인구 외에 행정구역 지세 교통 등 여러 가지 조건을 고려하여야 하므로, 그 기준은 선거구 획정에 있어서 투표가치의 평등으로서 가장 중요한 요소인 인구비례의 원칙과 우리나라의 특수사정으로서 시 도의원의 지역대표성 및 인구의 도시집중으로 인한 도시와 농어촌 간의 극심한 인구편차 등 3개의 요소를 합리적으로 참작하여 결정되어야 할 것이며, 현시점에서는 상하 50%의 인구편차(상한 인구수와 하한 인구수의 비율은 3 : 1) 기준을 시 도의원 지역선거구 획정에서 헌법상 허용되는 인구편차기준으로 삼는 것이 가장 적절하다고 판시하였다.

06. 자치구·시·군의원은 주로 지역적 사안을 다루는 지방의회의 특성상 지역대표성도 겸하고 있고, 우리나라는 도시와 농어촌 간의 인구 격차가 크고 각 분야에 있어서의 개발불균형이 현저하므로, 자치구·시·군의원 선거구 획정에 있어서는 행정구역, 지역대표성 등 2차적 요소도 인구비례의 원칙 못지않게 함께 고려해야 할 필요성이 크다. 인구편차 상하 33⅓%(인구비례 2 : 1)의 기준을 적용할 경우 자치구·시·군의원의 지역대표성과 각 분야에 있어 서의 지역 간 불균형 등 2차적 요소를 충분히 고려하기 어려운 반면, 인구편차 상하 50%(인구비례 3 : 1)를 기준으로 하는 방안은 2차적 요소를 보다 폭넓게 고려할 수 있다. 인구편차 상하 60%의 기준에서 곧바로 인구편차 상하 33⅓%의 기준을 채택하는 경우 선거구를 조정하는 과정에서 예기치 않은 어려움에 봉착할 가능성이 크므로, 현재의 시점에서 자치구·시·군의원 선거구 획정과 관련하여 헌법이 허용하는 인구편차의 기준을 인구편차 상하 50%(인구비례 3 : 1)로 변경하는 것이 타당하다(헌재 2018.6.28, 2014헌마166).

07. (헌재 2018.6.28, 2014헌마166)

✓ 정답 01 ○ 02 ○ 03 ○ 04 ○ 05 ○ 06 × 07 ×

제 02 장 선거권과 피선거권

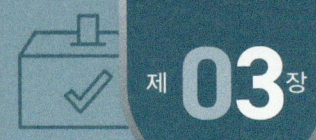

제03장 선거구역과 의원정수

030

01. 비례대표국회의원 및 비례대표시·도의원은 전국을 단위로 하여 선거한다. | 2014년 9급 |

해설

01. 비례대표시·도의원은 당해 시·도를 단위로 선거하며, 비례대표자치구·시·군의원은 당해 자치구·시·군을 단위로 선거한다(공직선거법 제20조 제2항).

✓ 정답 01 ✗

031

01. 공직선거법상 국회의 의원정수는 지역구국회의원과 비례대표국회의원을 합하여 299명으로 하나, 부칙 제3조에 따라 한시적으로 300인으로 구성되어 있다. | 2018년 7급 |

02. 국회의 의원정수는 지역구국회의원과 비례대표국회의원을 합하여 299인으로 하되, 각 시·도의 지역구 국회의원 정수는 최소 3인으로 한다. | 2019년 9급 |

해설

01. 국회의 의원정수는 지역구국회의원 254명과 비례대표국회의원 46명을 합하여 300명으로 한다(공직선거법 제21조 제1항).
02. (공직선거법 제21조 제1항), 하나의 국회의원지역선거구(이하 "국회의원지역구"라 한다)에서 선출할 국회의원의 정수는 1인으로 한다(공직선거법 제21조 제2항).

✓ 정답 01 ✗ 02 ✗

032

01. 자치구·시·군의 지역구 시·도의원정수는 최소 1명으로 한다. | 2018년 9급 | ○ ×

02. 시·도별 지역구시·도의원의 총 정수는 그 관할구역 안의 자치구·시·군(하나의 자치구·시·군이 2 이상의 국회의원지역구로 된 경우에는 행정구역을 말하며, 행정구역의 변경으로 국회의원지역구와 행정구역이 합치되지 아니하게 된 때에는 국회의원지역구를 말한다)수의 3배수로 하되, 인구·행정구역·지세·교통, 그 밖의 조건을 고려하여 100분의 14의 범위에서 조정할 수 있으며, 다만 자치구·시·군의 지역구시·도의원정수는 최소 1명으로 한다. | 2019년 7급 | ○ ×

03. 시·도별 지역구 시·도의원의 총 정수는 그 관할구역 안의 자치구 시·군(하나의 자치구·시·군이 2 이상의 국회의원지역구로 된 경우에는 국회의원지역구를 말하며, 행정구역의 변경으로 국회의원지역구와 행정구역이 합치되지 아니하게 된 때에는 행정구역을 말한다) 수의 2배수로 하되, 100분의 14의 범위에서만 조정할 수 있으므로, 의원정수는 19명 미만이 될 수 있다. | 2016년 7급 | ○ ×

04. 시·도별 지역구 시·도의회의 의원정수 규정에 의해 산정된 의원정수가 19명 미만이 되는 광역시 및 도는 그 정수를 19명으로 한다. | 2019년 9급 | ○ ×

05. 공직선거법 제22조 제1항 및 제2항의 기준에 의하여 산정된 의원정수가 19명 미만이 되는 광역시 및 도는 그 정수를 19명으로 한다. | 2019년 9급 | ○ ×

해설

01. (공직선거법 제22조 제1항)
02. 시·도별 지역구시·도의원의 총 정수는 그 관할구역 안의 자치구·시·군(하나의 자치구·시·군이 2 이상의 국회의원지역구로 된 경우에는 국회의원지역구를 말하며, 행정구역의 변경으로 국회의원지역구와 행정구역이 합치되지 아니하게 된 때에는 **행정구역을 말한다**)수의 **2배수**로 하되, 인구·행정구역·지세·교통, 그 밖의 조건을 고려하여 100분의 14의 범위에서 조정할 수 있다. 다만, 인구가 5만명 미만인 자치구·시·군의 지역구시·도의원정수는 최소 1명으로 하고, 인구가 20만명 이상인 자치구·시·군의 지역구시·도의원정수는 최소 2명으로 한다(공직선거법 제22조 제1항).
03. 공직선거법 제22조 제1항 및 제2항의 기준에 의하여 산정된 의원정수가 19명 미만이 되는 광역시 및 도는 그 정수를 19명으로 한다(공직선거법 제22조 제3항).
04. 05. (공직선거법 제22조 제3항)

정답 01 ○ 02 × 03 × 04 ○ 05 ○

| 관련 예상문제 |

01. 시·도별 지역구시·도의원의 총 정수는 그 관할구역 안의 자치구·시·군(하나의 자치구·시·군이 2 이상의 국회의원지역구로 된 경우에는 국회의원지역구를 말하며, 행정구역의 변경으로 국회의원지역구와 행정구역이 합치되지 아니하게 된 때에는 행정구역을 말한다)수의 2배수로 하되, 인구·행정구역·지세·교통, 그 밖의 조건을 고려하여 100분의 10의 범위에서 조정할 수 있다. ○ ×

02. 지방자치법 제10조 제2항에 따라 시와 군을 통합하여 도농복합형태의 시로 한 경우에는 시·군 통합 후 최초로 실시하는 임기만료에 의한 시·도의회의원선거에 한하여 해당 시를 관할하는 도의회의원의 정수 및 해당 시의 도의회의원의 정수는 통합 전의 수를 고려하여 이를 정한다. ○ ×

03. 비례대표시·도의원정수는 공직선거법에 의하여 산정된 지역구시·도의원정수의 100분의 14으로 한다. 이 경우 단수는 1로 본다. 다만, 산정된 비례대표시·도의원정수가 3인 미만인 때에는 3인으로 한다. ○ ×

해설

01. 100분의 10 → 100분의 20 (공직선거법 제22조 제1항)
02. (공직선거법 제22조 제2항)
03. 100분의 14 → 100분의 10 (공직선거법 제22조 제4항)

정답 01 × 02 ○ 03 ×

033

01. 자치구·시·군의회의 의원정수는 당해 시·도의 총정수 범위 내에서 당해 시·도의 조례로 정한다. | 2018년 9급 | ◯ ✕

02. 자치구·시·군의회의 최소정수는 7인으로 하며, 비례대표자치구·시·군의원정수는 자치구·시·군 의원정수의 100분의 10으로 하되 이 경우 단수는 1로 본다. | 2018년 9급 | ◯ ✕

03. 자치구·시·군의회의 최소정수는 7인으로 한다. | 2019년 7급 | ◯ ✕

04. 비례대표자치구·시·군의원정수는 자치구·시·군의원 정수의 100분의 10으로 하고, 이 경우 단수는 1로 본다. | 2019년 7급 | ◯ ✕

해설

01. 시·도별 자치구·시·군의회 의원의 총정수는 별표 3과 같이 하며, 자치구·시·군의회의 의원정수는 당해 시·도의 총정수 범위 내에서 제24조의3의 규정에 따른 당해 시·도의 **자치구·시·군의원선거구획정위원회**가 자치구·시·군의 인구와 지역대표성을 고려하여 **중앙선거관리위원회규칙이 정하는 기준에 따라 정한다**(공직선거법 제23조 제2항).

02. (공직선거법 제23조 제2, 3항)

03. (공직선거법 제23조 제3항)

04. (공직선거법 제22조 제4항)

✓ 정답 01 ✕ 02 ◯ 03 ◯ 04 ◯

관련 예상문제

01. 서울특별시 자치구 의회 의원의 총 정수는 423명이며, 이 범위 내에서 서울특별시의 자치구선거구획정위원회가 인구와 지역대표성을 고려하여 중앙선거관리위원회규칙이 정하는 기준에 따라 의원 정수를 정한다. ◯ ✕

해설

01. (공직선거법 제23조 제1항)

✓ 정답 01 ◯

034

01. 임기만료에 따른 국회의원선거의 선거일 전 18개월부터 해당 국회의원선거에 적용되는 국회의원지역구의 명칭과 그 구역이 확정되어 효력을 발생하는 날까지 국회의원선거구획정위원회를 설치·운영한다.
| 2019·2016년 9급 | ○ ✕

02. 국회의원지역구의 공정한 획정을 위하여 임기만료에 따른 국회의원선거의 선거일 전 18개월부터 해당 국회의원선거에 적용되는 국회의원지역구의 명칭과 그 구역이 확정되어 효력이 발생된 후 실시한 첫 선거의 선거일까지 국회의원 선거구획정위원회를 설치·운영한다. | 2017년 7급 | ○ ✕

03. 국회의원지역선거구와 자치구 시·군의원지역선거구의 공정한 획정을 위하여 국회에 국회의원선거구획정위원회를 시·도에 자치구·시·군의원선거구획정위원회를 각각 둔다. | 2014년 7급 | ○ ✕

04. 국회의 소관 상임위원회 또는 선거구획정에 관한 사항을 심사하는 특별위원회는 중앙선거관리위원회위원장이 지명하는 1명과 학계·법조계·언론계·시민단체·정당 등으로부터 추천 받은 사람 중 8명을 의결로 선정하여 국회의원선거구획정위원회 설치일 전 10일까지 중앙선거관리위원회위원장에게 통보하여야 한다. | 2017년 9급 | ○ ✕

05. 국회의원 및 정당의 당원과 국회의원 선거구획정위원회의 설치일부터 과거 1년 동안 정당의 당원이었던 사람은 국회의원 선거구획정위원회의 위원이 될 수 없다. | 2017년 7급 | ○ ✕

06. 국회의원선거구획정위원회의 설치일부터 과거 1년 동안 정당의 당원이었던 사람은 국회의원선거구획정위원회의 위원이 될 수 없다. | 2019년 9급 | ○ ✕

07. 국회의원선거구획정위원회 위원은 명예직으로 하되, 위원에게 일비·여비 그 밖의 실비를 지급할 수 있다. | 2020년 9급 | ○ ✕

08. 국회의원선거구획정위원회는 선거구획정안을 마련함에 있어서 등록된 정당에게 선거구획정에 대한 의견진술의 기회를 부여하여야 한다. | 2015년 9급 | ○ ✕

09. 국회의원선거구획정위원회는 국회의원지역구를 획정함에 있어서 국회에 의석을 갖지 못한 정당에게도 선거구획정에 대한 의견진술의 기회를 부여하여야 한다. | 2019년 9급 | ○ ✕

10. 국회의원선거구획정위원회는 재적위원 과반수의 찬성으로 의결한 선거구획정안과 그 이유 및 그밖에 필요한 사항을 기재한 보고서를 임기만료에 따른 국회의원선거의 선거일 전 13개월까지 국회의장에게 제출하여야 한다. | 2019년 7급 | ○ ✕

해설

01. (공직선거법 제24조 제1항)
02. 국회의원지역구의 공정한 획정을 위하여 임기만료에 따른 국회의원선거의 선거일 전 18개월부터 해당 국회의원선거에 적용되는 국회의원지역구의 명칭과 그 구역이 확정되어 **효력을 발생하는 날까지** 국회의원선거구획정위원회를 설치·운영한다(공직선거법 제24조 제1항).
03. 국회의원선거구획정위원회는 **중앙선거관리위원회**에 두되, 직무에 관하여 독립의 지위를 가진다(공직선거법 제24조 제2항).
04. (공직선거법 제24조 제4항)
05. 06. (공직선거법 제24조 제7항)
07. (공직선거법 제24조 제8항)
08. 국회의원선거구획정위원회는 국회의원지역구를 획정함에 있어서 국회에 의석을 가진 정당에게 선거구획정에 대한 의견진술의 기회를 부여하여야 한다(공직선거법 제24조 제10항).
09. (공직선거법 제24조 제10항)
10. 국회의원선거구획정위원회는 제25조 제1항에 규정된 기준에 따라 작성되고 **재적위원 3분의 2 이상의 찬성**으로 의결한 선거구획정안과 그 이유 및 그밖에 필요한 사항을 기재한 보고서를 임기만료에 따른 국회의원선거의 선거일 전 13개월까지 국회의장에게 제출하여야 한다(공직선거법 제24조 제11항).

✓ 정답 01 ○ 02 × 03 × 04 ○ 05 ○ 06 ○ 07 ○ 08 × 09 × 10 ×

관련 예상문제

01. 국회의 소관 상임위원회 또는 선거구획정에 관한 사항을 심사하는 특별위원회(이하 이 조 및 제24조의2에서 "위원회"라 한다)는 중앙선거관리위원회위원장이 지명하는 1명과 학계·법조계·언론계·시민단체·정당 등으로부터 추천받은 사람 중 8명을 의결로 선정하여 국회의원선거구획정위원회 설치일까지 중앙선거관리위원회위원장에게 통보하여야 한다. ○ ×

02. 국회의원선거구획정위원회는 제25조 제1항에 규정된 기준에 따라 작성되고 재적위원 3분의 2 이상의 찬성으로 의결한 선거구획정안과 그 이유 및 그밖에 필요한 사항을 기재한 보고서를 임기만료에 따른 국회의원선거의 선거일 전 18개월까지 중앙선거관리위원장에게 제출하여야 한다. ○ ×

03. 국회의원선거구획정위원회에 그 사무를 지원하기 위한 지원 조직을 국회의원선거구획정위원회 설치일부터 둘 수 있으며, 중앙선거관리위원회 소속 공무원으로 구성한다. ○ ×

04. 국회의원선거구획정위원회는 국회의장이 국회에 의석을 가진 정당의 대표의원과 협의하여 11인 이내의 위원으로 구성한다. ○ ×

해설

01. 설치일까지 → 설치일 전 10일까지 (공직선거법 제24조 제4항)
02. 선거일 전 13개월까지 국회의장에게 제출하여야 한다(공직선거법 제24조 제11항).
03. 설치일부터 → 설치일 전 30일부터
04. 국회의원선거구획정위원회는 **중앙선거관리위원회위원장**이 위촉하는 9명의 위원으로 구성하되, 위원장은 위원 중에서 호선한다(공직선거법 제24조 제3항).

✓ 정답 01 × 02 × 03 × 04 ×

035

01. 국회는 국회의원지역구를 선거일 전 1년까지 확정하여야 한다. | 2019년 9급 | ◯ ✕

02. 국회는 국회의원지역구를 선거일 전 15개월까지 확정하여야 한다. | 2020년 7급 | ◯ ✕

03. 법제사법위원회는 선거구법률안 중 국회의원지역구의 명칭과 그 구역에 한하여 국회법 제86조에 따라 체계와 자구에 대한 심사를 하여야 한다. | 2019년 7급 | ◯ ✕

04. 선거구법률안 중 국회의원지역구의 명칭과 그 구역에 한해서는 국회법에 따른 법제사법위원회의 체계와 자구에 대한 심사 대상에서 제외한다. | 2020년 7·9급 | ◯ ✕

05. 국회의장은 선거구법률안 또는 선거구법률안이 포함된 법률안이 제안된 후 처음 개의하는 본회의에 이를 부의하여야 한다. | 2019년 9급 | ◯ ✕

해설

01. (공직선거법 제24조의2 제1항)
02. 선거일 전 1년까지 (공직선거법 제24조의2 제1항)
03. 선거구법률안 중 국회의원지역구의 명칭과 그 구역에 한해서는 국회법 제86조에 따른 법제사법위원회의 체계와 자구에 대한 심사 대상에서 제외한다(공직선거법 제24조의2 제5항).
04. (공직선거법 제24조의2 제5항)
05. (공직선거법 제24조의2 제6항)

정답 01 ◯ 02 ✕ 03 ✕ 04 ◯ 05 ◯

| 관련 예상문제 |

01. 국회의장으로부터 선거구획정안을 회부받은 국회의 소관 상임위원회 또는 선거구획정에 관한 사항을 심사하는 특별위원회는 국회의원선거구획정위원회가 제출한 선거구획정안을 수정 의결할 수 없다. ⃞O ⃞X

02. 국회의원선거구획정위원회가 제출한 선거구획정안이 제25조 제1항의 기준에 명백하게 위반된다고 판단하는 경우에는 그 이유를 붙여 재적위원 과반수 찬성으로 국회의원선거구획정위원회에 선거구획정안을 다시 제출하여 줄 것을 한 차례만 요구할 수 있다. ⃞O ⃞X

03. 국회의 소관 상임위원회 또는 선거구획정에 관한 사항을 심사하는 특별위원회로부터 선거구획정안을 다시 제출하여 줄 것을 요청 받은 국회의원선거구획정위원회는 그 요구 받은 날부터 10일 이내에 새로이 선거구획정안을 마련하여 국회의장에게 제출하여야 한다. ⃞O ⃞X

04. 선거구법률안은 국회법에 따른 법제사법위원회의 체계와 자구에 대한 심사 대상에서 제외된다. ⃞O ⃞X

05. 선거구법률안이 포함된 법률안은 수정 없이 바로 표결해야 하지만 선거구법률안이 포함된 법률안을 수정 표결이 가능하다. ⃞O ⃞X

▶ 해설

01. (공직선거법 제24조의2 제1항)
02. 재적위원 과반수 → 재적위원 3분의 2 이상 (공직선거법 제24조의2 제3항)
03. (공직선거법 제24조의2 제4항)
04. 선거구법률안 중 국회의원지역구의 명칭과 그 구역에 한해서는 국회법 제86조에 따른 법제사법위원회의 체계와 자구에 대한 심사 대상에서 제외한다(공직선거법 제24조의2 제5항).
05. 본회의는 국회법 제95조 제1항 및 제96조에도 불구하고 선거구법률안 또는 선거구법률안이 포함된 법률안을 수정 없이 바로 표결한다(공직선거법 제24조의2 제6항).

✓ 정답 01 O 02 X 03 O 04 X 05 X

036

01. 국회의원지역선거구와 자치구·시·군의원지역선거구의 공정한 획정을 위하여 국회에 국회의원선거구획정위원회를, 자치구·시·군에 자치구·시·군의원선거구획정위원회를 각각 둔다. | 2015년 9급 |
○ ☒

02. 자치구·시·군의원선거구획정위원회는 11인 이내의 위원으로 구성하되, 학계 법조계 언론계 시민단체와 시·도의회 및 시·도선거관리위원회가 추천하는 자 중에서 시·도지사가 위촉하여야 한다.
| 2019·2014년 7급, 2016년 9급, 2024년 9급 |
○ ☒

03. 지방의회의원 및 정당의 당원은 자치구·시·군의원 선거구획정위원회의 위원이 될 수 없다. | 2017년 7급 |
○ ☒

04. 자치구·시·군의원선거구획정위원회는 선거구획정안을 마련함에 있어서 국회에 의석을 가진 정당과 당해 자치구·시·군의 의회 및 장에 대하여 의견진술의 기회를 부여하여야 한다. | 2020년 7급, 2015년 9급 |
○ ☒

05. 자치구·시·군의원선거구획정위원회는 선거구획정안을 마련함에 있어서 시·도의회에 의석을 가진 정당과 해당 자치구·시·군의 의회 및 장에 대하여 의견진술의 기회를 부여하여야 한다. | 2016년 9급 |
○ ☒

06. 자치구·시·군의원선거구획정위원회는 선거구획정안을 마련함에 있어서 자치구·시·군의회에 의석을 가진 정당과 해당 자치구·시·군의 의회 및 장에 대하여 의견진술의 기회를 부여하여야 한다.
| 2019년 7급 |
○ ☒

해설

01. 자치구·시·군의원지역선거구(이하 "자치구·시·군의원지역구"라 한다)의 공정한 획정을 위하여 **시·도에** 자치구·시·군의원선거구획정위원회를 둔다(공직선거법 제24조의3 제1항).
02. (공직선거법 제24조의3 제2항)
03. (공직선거법 제24조의3 제3항)
04. (공직선거법 제24조의3 제4항)
05. 시·도의회 → 국회 (공직선거법 제24조의3 제3항)
06. 자치구·시·군의회 → 국회 (공직선거법 제24조의3 제3항)

✓ 정답 01 ☒ 02 ○ 03 ○ 04 ○ 05 ☒ 06 ☒

관련 예상문제

01. 자치구·시·군의원지역선거구(이하 "자치구·시·군의원지역구"라 한다)의 공정한 획정을 위하여 시·도 의회에 자치구·시·군의원선거구획정위원회를 둔다. ◯☒

02. 자치구·시·군의원선거구획정위원회는 11명 이내의 위원으로 구성하되, 학계·법조계·언론계·시민단체와 시·도의회 및 시·도선거관리위원회가 추천하는 사람 중에서 시·도선거관리위원회가 위촉하여야 한다. ◯☒

03. 자치구·시·군의원선거구획정위원회는 11명 이내의 위원으로 구성하되, 학계·법조계·언론계·시민단체와 자치구·시·군의회 및 자치구·시·군선거관리위원회가 추천하는 사람 중에서 시·도지사가 위촉하여야 한다. ◯☒

04. 자치구·시·군의원선거구획정위원회는 선거구획정안을 마련하고, 그 이유나 그 밖의 필요한 사항을 기재한 보고서를 첨부하여 임기만료에 따른 자치구·시·군의원선거의 선거일 전 13개월까지 시·도지사에게 제출하여야 한다. ◯☒

05. 자치구·시·군의원선거구획정위원회는 선거구획정안을 마련하고, 그 이유나 그 밖의 필요한 사항을 기재한 보고서를 첨부하여 임기만료에 따른 자치구·시·군의원선거의 선거일 전 6개월까지 시·도선거관리위원회에게 제출하여야 한다. ◯☒

06. 시·도의회가 자치구·시·군의원지역구에 관한 조례를 개정하는 때에는 자치구·시·군의원선거구획정위원회의 선거구획정안을 존중하여야 한다. ◯☒

07. 자치구·시·군의원선거구획정위원회의 구성 및 운영, 그밖에 필요한 사항은 중앙선거관리위원회 규칙으로 정한다. ◯☒

해설

01. 시·도 의회 → 시·도 (공직선거법 제24조의3 제1항)
02. 시·도선거관리위원회 → 시·도지사 (공직선거법 제24조의3 제2항)
03. 자치구·시·군의회 및 자치구·시·군선거관리위원회 → 시·도의회 및 시·도선거관리위원회 (공직선거법 제24조의3 제2항)
04. 13개월 → 6개월 (공직선거법 제24조의3 제2항)
05. 시·도선거관리위원회 → 시·도지사 (공직선거법 제24조의3 제2항)
06. (공직선거법 제24조의3 제6항)
07. (공직선거법 제24조의3 제8항)

✓ 정답 01 ☒ 02 ☒ 03 ☒ 04 ☒ 05 ☒ 06 ◯ 07 ◯

037

01. 국회의원지역구 획정의 기준이 되는 인구는 선거일 전 15개월이 속하는 달의 말일 현재 주민등록법 제7조 제1항에 따른 주민등록표에 따라 조사한 인구로 한다. | 2017년 7급 | ○ ×

02. 국회의원지역선거구를 획정할 때 각 시·도의 지역구국회의원 최소 정수 3인을 충족하기 위해서는 자치구·시·군의 일부를 분할하여 다른 국회의원지역구에 속하게 할 수 있다. | 2013년 7급 | ○ ×

03. 국회의원지역선거구는 시·도의 관할구역 안에서 인구·행정구역·지세·교통 기타 조건을 고려하여 이를 획정하여야 하며, 부득이한 경우를 제외하고는 자치구·시·군의 일부를 분할하여 다른 국회의원지역구에 속하게 하지 못한다. | 2014년 9급, 2024년 9급 | ○ ×

04. 국회의원지역구의 획정에 있어서는 인구범위(인구비례 2:1의 범위)를 벗어나지 아니 하는 범위에서 농산어촌의 지역대표성이 반영될 수 있도록 노력하여야 한다. | 2020년 7급 | ○ ×

해설

01. (공직선거법 제25조 제1항 제1호)
02. 각 시·도의 지역구 국회의원 최소 정수 3인 규정은 삭제되었다.
03. (공직선거법 제25조 제1항 제2호)
04. (공직선거법 제25조 제2항)

✓ **정답** 01 ○ 02 × 03 ○ 04 ○

관련 예상문제

01. 인구범위(인구비례 2:1의 범위를 말한다. 이하 이 조에서 같다)에 미달하는 자치구·시·군으로서 인접한 하나 이상의 자치구·시·군의 관할구역 전부를 합하는 방법으로는 그 인구범위를 충족하는 하나의 국회의원지역구를 구성할 수 없는 경우에는 그 인접한 자치구·시·군의 일부를 분할하여 구성할 수 있다. ○ ×

02. 국회의원지역구의 획정에 있어서는 인구범위(인구비례 3:1의 범위)를 벗어나지 아니 하는 범위에서 농산어촌의 지역대표성이 반영될 수 있도록 노력하여야 한다. ○ ×

해설

01. (공직선거법 제25조 제1항 제2호)
02. 3:1 → 2:1 (공직선거법 제25조 제2항)

✓ **정답** 01 ○ 02 ×

038

01. 자치구·시·군의원지역구는 인구·행정구역·지세·교통 그 밖의 조건을 고려하여 획정하되, 하나의 자치구·시·군의원지역구에서 선출할 지역구·자치구·시·군의원정수는 2인 이상 4인 이하로 하며, 그 자치구·시·군의원지역구의 명칭·구역 및 의원정수는 시·도 조례로 정한다. | 2016년 9급, 2024년 9급 |

해설

01. (공직선거법 제26조 제2항)

정답 01 ○

039

01. 인구의 증감 또는 행정구역의 변경에 따라 국회의원지역구의 변경이 있더라도 임기만료에 의한 총선거를 실시할 때까지는 그 증감된 국회의원지역구의 선거는 이를 실시하지 아니한다. | 2013년 7급 |

해설

01. (공직선거법 제27조)

정답 01 ○

040

01. 하나의 지방자치단체가 분할되어 2 이상의 지방자치단체가 설치된 때에는 종전의 지방의회의원은 후보자 등록 당시의 선거구를 관할하게 되는 지방자치단체의 지방의회의원으로 되어 잔임 기간 재임하며, 그 재직 의원 수를 각각 의원정수로 한다. | 2016년 7급 |

02. 하나의 군이 분할되어 2 이상의 군이 설치된 경우, 종전의 비례대표군의회의원은 정당이 정한 군의회의원이 된다. | 2018년 7급 |

03. 읍 또는 면이 시로 된 때에는 시의회를 새로 구성하되, 최초로 선거하는 의원의 수는 당해 시·도의 자치구·시·군의원선거구획정위원회가 새로 정한 의원정수로부터 당해 지역에서 이미 선출된 군의회의 원정수를 뺀 수로 하되, 증원선거는 실시하지 않는다. | 2016년 7급 |

04. 읍 또는 면이 시로 된 때에는 시의회를 새로 구성하되, 최초로 선거하는 의원의 수는 당해 시·도의 자치구·시·군의원선거구획정위원회가 새로 정한 의원정수로부터 당해 지역에서 이미 선출된 군의회의 원정수를 뺀 수로 하고, 종전의 당해 지역에서 선출된 군의회의원은 시의회의원이 된다. | 2018년 7급 |

해설

01. (공직선거법 제28조 제3호)
02. 하나의 지방자치단체가 분할되어 2이상의 지방자치단체가 설치된 때에는 비례대표시·도의원은 당해 시·도가 분할·설치된 날부터 14일 이내에 자신이 속할 시·도의회를 선택하여 당해 시·도의회에 서면으로 신고하여야 하고, 비례대표자치구·시·군의원은 당해 자치구·시·군이 분할·설치된 날부터 14일 이내에 자신이 속할 자치구·시·군의회를 선택하여 당해 자치구·시·군의회에 서면으로 신고하여야 한다(공직선거법 제28조 제3호).
03. (공직선거법 제28조 제5호)
04. (공직선거법 제28조 제5호)

정답 01 ○ 02 × 03 × 04 ○

관련 예상문제

01. 시가 광역시로 되거나 읍 또는 면이 시로 된 때, 또는 자치구가 아닌 구가 자치구로 된 때 지방의회의 의원정수가 미달되면 증원선거를 실시한다. ○×

02. 지방자치단체의 구역변경으로 선거구에 해당하는 구역의 전부가 다른 지방자치단체에 편입된 때에는 그 편입된 선거구에서 선출된 지방의회의원은 종전의 지방의회의원의 자격을 유지한다. ○×

03. 선거구에 해당하는 구역의 일부가 다른 지방자치단체에 편입된 때에는 그 편입된 구역이 속하게 된 선거구에서 선출된 지방의회의원은 그 구역이 변경된 날부터 14일 이내에 자신이 속할 지방의회를 선택하여 당해 지방의회에 서면으로 신고하여야 하며 그 선택한 지방의회가 종전의 지방의회가 아닌 때에는 종전의 지방의회의원의 자격을 상실하고 새로운 지방의회의원의 자격을 취득하되, 그 임기는 종전의 지방의회의원의 잔임기간으로 한다. ○×

04. 선거구에 해당하는 구역의 일부가 다른 지방자치단체에 편입으로 새로운 지방의회의원의 자격을 취득한 지방의회의원의 주민등록이 종전의 지방자치단체의 관할구역 안에 되어 있는 때에는 그 구역이 변경된 날부터 14일 이내에 새로운 지방자치단체의 관할구역으로 주민등록을 이전하여야 하며, 그 구역이 14일이 되는 날 현재로 해야한다. 자신이 속할 지방의회를 신고하지 아니한 때에는 그 구역이 변경된 날부터 14일이 되는 다음 날 당해 지방의회의원의 주민등록지를 관할하는 지방자치단체의 지방의회에 신고한 것으로 본다. ○×

해설

01. 시가 광역시로 된 때에는 증원선거를 실시하지 않는다(공직선거법 제28조).
02. 지방자치단체의 구역변경으로 선거구에 해당하는 구역의 전부가 다른 지방자치단체에 편입된 때에는 그 편입된 선거구에서 선출된 지방의회의원은 **종전의 지방의회의원의 자격을 상실하고 새로운 지방의회의원의 자격**을 얻는다(공직선거법 제28조 제1호).
03. (공직선거법 제28조 제1호)
04. 14일이 되는 날 현재로 해야한다(공직선거법 제28조 제1호).

정답 01 × 02 × 03 ○ 04 ×

041

01. 시·자치구 또는 광역시가 새로 설치된 때에는 당해 지방자치단체의 장은 새로 선거를 실시한다.
| 2017년 9급 |

02. 하나의 지방자치단체가 분할되어 2 이상의 같은 종류의 지방자치단체로 된 때에는 종전의 지방자치단체의 장은 새로 설치된 지방자치단체 중 종전의 지방자치단체의 사무소가 위치한 지역을 관할하는 지방자치단체의 장이 된다. | 2017년 9급 |

03. 하나의 지방자치단체가 분할되어 2 이상의 같은 종류의 지방자치 단체로 된 때에는 종전의 지방자치단체의 장은 그 직을 상실하고, 분할된 지방자치단체의 장들에 대해서는 새로 선거를 실시한다. | 2019년 9급 |

04. 2개의 같은 종류의 지방자치단체가 합하여 새로운 지방자치단체가 설치된 경우 종전의 지방자치단체의 장은 그 직을 상실하지 않는다. | 2015년 7급 |

05. 지방자치단체가 다른 지방자치단체에 편입됨으로 인하여 폐지된 때에는 그 폐지된 지방자치단체의 장은 그 직을 상실한다. | 2018·2015년 7급 |

06. 지방자치단체의 명칭만 변경된 경우라도 새로 선거를 실시하므로 종전의 지방자치단체의 장은 당시의 잔임기간 동안 변경된 지방자치단체의 장이 될 수 없다. | 2015년 7급 |

07. 지방자치단체의 명칭만 변경된 경우에는 종전의 지방자치단체의 장은 변경된 지방자치단체의 장이 되며, 변경 당시의 잔임기간 재임한다. | 2018년 7급 |

해설

01. (공직선거법 제30조 제1항 제1호)
02. (공직선거법 제30조 제1항 제2호)
03. 하나의 지방자치단체가 분할되어 2 이상의 같은 종류의 지방자치단체로 될 때에는 종전의 지방자치단체의 장은 새로 설치된 지방자치단체 중 종전의 지방자치단체의 사무소가 위치한 지역을 관할하는 지방자치단체의 장으로 되며, 그 다른 지방자치단체의 장은 새로 선거를 실시한다(공직선거법 제30조 제1항 제2호).
04. 2 이상의 같은 종류의 지방자치단체가 합하여 새로운 지방자치단체가 설치된 때에는 종전의 지방자치단체의 장은 그 직을 상실하고, 새로운 지방자치단체의 장에 대해서는 새로 선거를 실시한다(공직선거법 제30조 제1항 3호).
05. 지방자치단체가 다른 지방자치단체에 편입됨으로 인하여 폐지된 때에는 그 폐지된 지방자치단체의 장은 그 직을 상실한다(공직선거법 제30조 제1항 4호).
06. 지방자치단체의 명칭만 변경된 경우에는 종전의 지방자치단체의 장은 변경된 지방자치단체의 장이 되며, 변경 당시의 잔임기간 재임한다(공직선거법 제30조 제2항).
07. (공직선거법 제30조 제2항)

✓ 정답 01 ○ 02 ○ 03 × 04 × 05 ○ 06 × 07 ○

042

01. 구·시·군선거관리위원회는 하나의 읍·면·동에 2 이상의 투표구를 둘 수 있다. 일정한 사유가 있으면 읍·면의 리의 일부를 분할하여 다른 투표구에 속하게 할 수 있다. ◯ ✕

02. 읍·면·동에 투표구를 두며 투표구를 설치 또는 변경하거나 선거를 실시하는 때에는 읍·면·동선거관리위원회는 중앙선거관리위원회규칙이 정하는 바에 따라 투표구의 명칭과 그 구역을 공고하여야 한다. ◯ ✕

해설

01. 읍·면의 리(지방자치법 제4조의2 제4항에 따라 행정리를 둔 경우에는 행정리를 말한다. 이하 같다)의 일부를 분할하여 다른 투표구에 속하게 할 수 없다(공직선거법 제31조 제2항).

02. 읍·면·동선거관리위원회 → 구·시·군선거관리위원회 (공직선거법 제31조 제3항)

정답 01 ✕ 02 ✕

043

01. 공직선거법상의 선거일 1개월 전까지 선거구의 구역·행정구역 또는 투표구의 구역이 변경된 경우에는 변경된 구역으로 선거를 실시한다. ◯ ✕

02. 지방자치단체나 그 행정구역의 관할구역의 변경없이 그 명칭만 변경된 경우에는 공직선거법 규정에 의한 시·도 조례 중 국회의원지역구명·선거구명 및 그 구역의 행정구역명은 변경된 지방자치단체명이나 행정구역명으로 본다. ◯ ✕

해설

01. 제37조(명부작성) 제1항의 선거인명부작성기준일부터 선거일까지의 사이에 선거구의 구역·행정구역 또는 투표구의 구역이 변경된 경우에도 당해 선거에 관한 한 그 구역은 변경되지 아니한 것으로 본다(공직선거법 제32조 제1항).

02. (공직선거법 제32조 제2항)

정답 01 ✕ 02 ◯

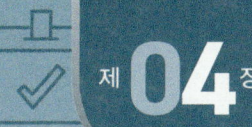

제04장 선거기간과 선거일

044

01. 대통령선거의 선거기간은 23일이며, 국회의원선거의 선거기간은 14일이다. | 2023·2016년 9급 |

02. 지방자치단체 의회의원 선거의 선거기간은 14일이다. | 2016년 9급 |

03. 대통령선거와 국회의원선거의 선거기간은 후보자 등록 마감일의 다음 날부터 선거일까지이다.
| 2017년 7급, 2023년 9급 |

> **해설**
>
> **01.** (공직선거법 제33조 제1항 제1, 2호)
> **02.** (공직선거법 제33조 제1항 제2호)
> **03.** 1. 대통령선거 : 후보자 등록마감일의 다음 날부터 선거일까지 (공직선거법 제33조 제1항 제2호)
>   2. 국회의원선거와 지방자치단체의 의회의원 및 장의 선거 : 후보자 등록마감일 후 6일부터 선거일까지
>
> ✓ 정답 01 ○ 02 ○ 03 ×

045

01. 국회의원의 임기만료에 의한 선거의 선거일은 그 임기 만료일 전 70일 이후 첫 번째 수요일로 한다.
| 2017년 9급 |

02. 임기만료에 의한 선거의 선거일이 국민생활과 밀접한 관련이 있는 민속절 또는 공휴일인 때와 선거일 전일이나 그다음 날이 공휴일인 때에는 그 다음 주의 수요일로 한다. | 2019년 7급 |

> **해설**
>
> **01.** 국회의원선거는 그 임기만료일전 50일 이후 첫 번째 수요일이다(공직선거법 제34조 제1항 제2호).
> **02.** (공직선거법 제34조 제2항)
>
> ✓ 정답 01 × 02 ○

> **관련 예상문제**

01. 지방의회의원 및 지방자치단체의 장의 국회의원의 임기만료에 의한 선거의 선거일은 그 임기 만료일 전 50일 이후 첫 번째 수요일로 한다. ○|×

02. 임기만료에 의한 선거의 선거일이 국민생활과 밀접한 관련이 있는 민속절 또는 공휴일인 때에는 그 다음 주의 수요일로 하고, 선거일 전일이나 그다음 날이 공휴일인 때에는 그 주의 수요일로 한다. ○|×

> **해설**
> 01. 지방의회의원 및 지방자치단체의 장의 임기만료에 의한 선거의 선거일은 그 임기 만료일 전 30일 이후 첫 번째 수요일로 한다(공직선거법 제34조 제1항 제3호).
> 02. 선거일 전일이나 그다음 날이 공휴일인 때에는 그 다음 주의 수요일로 한다(공직선거법 제34조 제2항).
>
> ✓ **정답** 01 × 02 ×

046

01. 대통령의 궐위로 인한 선거 또는 재선거(선거의 일부무효로 인한 재선거를 제외한다)는 그 선거의 실시사유가 확정된 때부터 60일 이내에 실시하되, 선거일은 늦어도 선거일 전 30일까지 대통령 또는 대통령권한대행자가 공고하여야 한다. | 2019년 7급 | ○|×

02. 지방자치단체의 설치·폐지·분할 또는 합병에 의한 지방자치단체의 장 선거는 그 선거의 실시사유가 확정된 때부터 60일 이내에 실시하되, 선거일은 관할선거구 선거관리위원회위원장이 해당 지방자치단체의 장과 협의하여 선거일 전 20일까지 공고하여야 한다. | 2016년 9급 | ○|×

03. 지방자치단체의 설치·폐지·분할 또는 합병에 따른 지방자치단체의 장 선거는 그 선거의 실시사유가 확정된 때부터 60일 이내의 기간 중 관할선거구선거관리위원회 위원장이 해당 지방자치단체의 장(직무대행자를 포함한다)과 협의하여 정하는 날에 실시하며, 이 경우 관할선거구선거관리위원회 위원장은 선거일 전 30일까지 그 선거일을 공고하여야 한다. | 2019년 7급, 2023년 9급 | ○|×

04. 선거의 일부무효의 확정판결 또는 결정의 통지를 받은 날부터 30일 이내에 실시하여야 한다. | 2014년 9급 | ○|×

05. 선거의 일부무효로 인한 재선거는 확정판결 또는 결정의 통지를 받은 날부터 30일 이내에 실시하되, 관할선거구선거관리위원회가 그 재선거일을 정하여 공고하여야 한다. | 2020년 7급, 2016년 9급 | ○|×

06. 대통령의 궐위로 인한 선거는 그 사유가 발생한 날을 선거의 실시사유가 확정된 때로 본다. | 2015년 7급 | ○|×

07. 지역구국회의원의 보궐선거는 해당 선거구역을 관할하는 구·시·군선거관리위원회가 그 사유의 통지를 받은 날을 선거의 실시사유가 확정된 때로 본다. | 2015년 7급 | ○|×

08. 법원의 판결에 의하여 재선거가 확정된 경우에는 관할선거구선거관리위원회가 그 판결의 통지를 받은 날을 선거의 실시사유가 확정된 때로 본다. | 2015년 7급 | ○ ×

09. 지방자치단체의 설치 폐지 분할 또는 합병에 의한 지방자치단체의 장 선거는 당해 지방자치단체의 설치 폐지 분할 또는 합병에 관한 법률이 공포된 날을 선거의 실시사유가 확정된 때로 본다. | 2015년 7급 |
 ○ ×

10. 천재·지변 등으로 인한 재투표는 그 재투표일을 공고한 날을 그 실시사유가 확정된 때로 본다.
 | 2015년 7급 | ○ ×

해설

01. 선거일은 늦어도 선거일 전 50일까지 대통령 또는 대통령권한대행자가 공고하여야 한다(공직선거법 제35조 제1항).
02. 관할선거구선거관리위원회 위원장은 선거일 전 **30일까지** 그 선거일을 공고하여야 한다(공직선거법 제35조 제2항 제2호).
03. (공직선거법 제35조 제2항 제2호)
04. 05. (공직선거법 제35조 제3항)
06. (공직선거법 제35조 제5항 제1호)
07. 구·시·군선거관리위원회 → 중앙선거관리위원회 (공직선거법 제35조 제5항 제2호)
08. (공직선거법 제35조 제5항 제3호)
09. 당해 지방자치단체의 설치·폐지·분할 또는 합병에 관한 법률의 효력이 발생한 날 (공직선거법 제35조 제5항 제5호)
10. (공직선거법 제35조 제5항 제7호)

✓ 정답 01 × 02 × 03 ○ 04 ○ 05 ○ 06 ○ 07 × 08 ○ 09 × 10 ○

관련 예상문제

01. 대통령의 궐위로 인한 선거 또는 재선거는 그 선거의 실시사유가 확정된 때부터 60일 이내에 실시하되, 선거일은 늦어도 선거일 전 50일까지 중앙선거관리위원회가 공고하여야 한다. ○ ×

02. 지방자치단체의 장·지방의회의원의 보궐선거·재선거 및 지방의회의원의 증원선거는 매년 1회 실시한다. ○ ×

03. 지방자치단체의 장·지방의회의원의 보궐선거·재선거 및 지방의회의원의 증원선거는 4월 첫 번째 수요일에 실시한다. 다만, 3월 1일 이후 실시사유가 확정된 선거는 그다음 연도의 4월 첫 번째 수요일에 실시한다. ○ ×

04. 지방자치단체의 장의 보궐선거·재선거 중 3월 1일부터 8월 31일까지 실시사유가 확정된 선거는 10월 첫 번째 수요일에 실시한다. ○ ×

05. 선거의 전부무효로 인한 재선거는 확정판결 또는 결정의 통지를 받은 날부터 30일 이내에 실시하되, 관할선거구선거관리위원회가 그 재선거일을 정하여 공고하여야 한다. ○ ×

해설

01. 중앙선거관리위원회 → 대통령 또는 대통령권한대행자 (공직선거법 제35조 제1항)

02. 국회의원·지방의회의원의 보궐선거·재선거 및 지방의회의원의 증원선거는 매년 1회 실시하고, 지방자치단체의 장의 보궐선거·재선거는 매년 2회 실시한다(공직선거법 제35조 제2항 제1호). 〈개정 2020.12.29.〉

03. 국회의원·지방의회의원의 보궐선거·재선거 및 지방의회의원의 증원선거는 4월 첫 번째 수요일에 실시한다. 다만, 3월 1일 이후 실시사유가 확정된 선거는 그다음 연도의 4월 첫 번째 수요일에 실시한다. 지방자치단체의 장의 보궐선거·재선거 중 3월 1일부터 8월 31일까지 실시사유가 확정된 선거는 10월 첫 번째 수요일에 실시한다(제35조 제2항 다호). (공직선거법 제35조 제2항 제1호) 〈개정 2020.12.29.〉

04. (공직선거법 제35조 제2항 제1호, 〈개정 2020.12.29.〉)

05. 선거의 전부무효 → 선거의 일부무효 (공직선거법 제35조 제3항)
선거의 전부무효의 판결 또는 결정이 있을 때는 공직선거법 제195조 제1항에 의한 재선거 실시 사유로써, 공직선거법 제35조 제1항 및 제5항 제3호에 의거하여 관할선거구선거관리위원회가 그 판결이나 결정의 통지를 받은 날로부터 60일 이내에 실시하여야 한다.

✓ 정답 01 × 02 × 03 × 04 ○ 05 ×

047

01. 공직선거법 제196조의 규정에 의한 연기된 선거를 실시하는 때에는 대통령선거 및 국회의원선거에 있어서는 대통령이 그 선거일을 정하여 공고하여야 한다. | 2019년 7급 |

> **해설**
>
> 01. (공직선거법 제36조)
>
> ⊘ **정답 01** ○

│ 관련 예상문제 │

01. 공직선거법 제196조의 규정에 의한 연기된 선거를 실시하는 때에는 대통령선거 및 국회의원선거에 있어서는 중앙선거관리위원회장이, 지방의회의원 및 지방자치단체의 장의 선거에 있어서는 관할선거구선거관리위원회위원장이 각각 그 선거일을 정하여 공고하여야 한다.

02. 공직선거법 제198조의 규정에 의한 재투표를 실시하는 때에는 관할선거구선거관리위원회위원장이 재투표일을 정하여 공고하여야 한다.

> **해설**
>
> 01. 공직선거법 제196조의 규정에 의한 연기된 선거를 실시하는 때에는 대통령선거 및 국회의원선거에 있어서는 대통령이 그 선거일을 정하여 공고하여야 한다(공직선거법 제36조).
> 02. (공직선거법 제36조)
>
> ⊘ **정답 01** × **02** ○

제 05 장 선거인명부

048

01. 지역구국회의원이 궐원되어 실시하는 보궐선거에서는 당초임기만료선거에 사용된 선거인명부를 사용한다. | 2013년 9급 | ○✕

02. 선거인명부는 구·시(구가 설치되지 아니한 시)·군의 장이 작성한다. | 2023·2015년 7급 | ○✕

03. 선거인명부작성은 구·시(구가 설치되지 아니한 시)·군의 장이 하고, 작성에 관하여는 관할 구·시·군선거관리위원회 및 읍·면·동선거관리위원회가 이를 감독한다. | 2018년 7급 | ○✕

04. '선거인명부작성기준일'이란 대통령선거에서는 선거일 전 28일, 국회의원 선거에서는 선거일 전 22일, 지방자치단체의 의회의원 및 장의 선거에서는 선거일 전 14일을 말한다. | 2021년 9급 | ○✕

05. 선거인명부에는 선거권자의 성명 주소 성별 및 생년월일 기타 필요한 사항을 기재하여야 한다. | 2015년 9급 | ○✕

06. 누구든지 같은 선거에 있어 2 이상의 선거인명부에 오를 수 없다. | 2015년 9급 | ○✕

07. 구·시·군의 장은 선거인명부를 작성한 때에는 즉시 그 전산자료 복사본을 관할 시·도선거관리위원회에 송부하여야 한다. | 2023년 7급, 2021년 9급 | ○✕

해설

01. 선거를 실시하는 때마다 작성해야 한다(공직선거법 제37조 제1항).
02. (공직선거법 제37조 제1항)
03. (공직선거법 제37조 제1항 및 제39조 제1항)
04. 선거를 실시하는 때마다 구(자치구가 아닌 구를 포함한다)·시(구가 설치되지 아니한 시를 말한다)·군(이하 "구·시·군"이라 한다)의 장은 대통령선거에서는 선거일 전 28일, **국회의원선거와 지방자치단체의 의회의원 및 장의 선거에서는 선거일 전 22일**을 말한다(공직선거법 제37조 제1항).
05. (공직선거법 제37조 제2항)
06. (공직선거법 제37조 제3항)
07. 구·시·군의 장은 선거인명부를 작성한 때에는 즉시 그 전산자료 복사본을 관할구·시·군선거관리위원회에 송부하여야 한다(공직선거법 제37조 제4항).

✓ **정답** 01 ✕ 02 ○ 03 ○ 04 ✕ 05 ○ 06 ○ 07 ✕

| 관련 예상문제 |

01. 선거를 실시하는 때마다 구(자치구가 아닌 구를 포함한다)·시(구가 설치되지 아니한 시를 말한다)·군(이하 "구·시·군"이라 한다)의 장은 대통령선거와 국회의원 선거에서는 선거일 전 28일, 지방자치단체의 의회의원 및 장의 선거에서는 선거일 전 22일 관할 구역에 주민등록이 되어 있는 선거권자를 투표구별로 조사하여 선거인명부작성기준일부터 5일 이내에 선거인명부를 작성하여야 한다. ⊙☒

02. 선거를 실시하는 때마다 구(자치구가 아닌 구는 제외한다)·시(구가 설치되지 아니한 시를 말한다)·군(이하 "구·시·군"이라 한다)의 장은 선거인 명부를 작성해야 한다. ⊙☒

03. 구·시·군의 장은 선거인명부를 작성한 때에는 즉시 그 전산자료 복사본을 관할 구·시·군선거관리위원회에 송부하여야 한다. ⊙☒

04. 하나의 투표구의 선거권자의 수가 1천인을 넘는 때에는 그 선거인명부를 선거인수가 서로 엇비슷하게 분철할 수 있다. ⊙☒

해설
01. 국회의원 선거는 선거일 전 22일이다(공직선거법 제37조 제1항).
02. 자치구가 아닌 구를 포함한다(공직선거법 제37조 제1항).
03. (공직선거법 제37조 제4항)
04. (공직선거법 제37조 제5항)

⊘ **정답** 01 ✕ 02 ✕ 03 ○ 04 ○

049

01. 해상에 장기 기거하는 선원들에 대하여 어떠한 선거권 행사 방법도 규정하지 않고 있는 것은 비밀선거의 원칙을 준수하기 위하여 불가피하다. | 2013년 9급 | ⊙☒

02. 선상투표도 선거권자가 직접 의사결정을 하고 단지 그 송부만이 모사전송 시스템에 의하여 이루어지는 것이므로, 직접선거의 원칙에 위배되는 것은 아니다. | 2017년 7급 | ⊙☒

해설
01. 02. 공직선거법이 부재자투표를 할 수 있는 사람과 부재자투표의 방법을 규정하면서, 해상에 장기 기거하는 선원들에 대해서는 부재자투표 대상자로 규정하지 않고 있으며, 이들이 투표할 수 있는 방법을 정하지 않고 있는 것은 그들의 선거권을 침해하는 것이다. 선상투표도 선거권자가 직접 의사결정을 하고 단지 그 송부만이 모사전송 시스템에 의하여 이루어지는 것이므로, 직접선거원칙에 위배되는 것이 아니다(헌재 2007.6.28. 2005헌마772).

⊘ **정답** 01 ✕ 02 ○

050

01. 선거권이 있는 국내거주 외국인도 선거일에 투표소에서 투표할 수 없는 경우에는 거소투표신고를 하고 거소투표를 할 수 있다. | 2015년 7급 |

02. 해운법에 따라 해양수산부장관의 면허를 받아 외항 여객운송사업에 사용되는 선박(대한민국 국민이 선장을 맡고 있는 선박법 제2조에 따른 대한민국 선박)에 승선한 선원이 선거권을 가진 경우, 임기만료에 따른 국회의원선거에서 사전투표소 및 투표소에 가서 투표할 수 없을 때 선거인명부 작성기간 중 팩시밀리로 선상 투표신고를 할 수 있다. | 2014년 7급 |

03. 거소투표의 사유, 성명, 성별, 생년월일, 주소, 거소는 모두 거소투표신고를 위한 신고서의 필요적 기재사항이다. | 2014년 7급 |

04. 장애인복지법 제32조에 따라 등록된 장애인이 거소투표신고를 하려는 경우에는 해당 통·리 또는 반의 장의 확인을 받아야 한다. | 2014년 7급 |

05. 구·시·군의 장은 선거인명부작성기준일 전 10일까지 신체에 중대한 장애가 있어 거동할 수 없는 자에게 거소투표신고에 관한 안내문과 거소투표신고서를 발송하여야 한다. | 2015년 9급 |

06. 병원 또는 요양소에 기거하는 선거권자 중에서 거동할 수 없는 사람만이 시설의 장의 확인을 받아 거소투표를 할 수 있다. | 2017년 7급 |

07. 대통령 선거에서 신체에 중대한 장애가 있어 거동할 수 없는 자는 자택 등 자신의 거소에서 투표할 수 있다. | 2017년 7급 |

08. 장애인복지법에 따라 등록된 장애인이 아니라도 신체에 중대한 장애가 있어 거동할 수 없는 사람은 거소에서 투표할 수 있다. | 2013년 9급 |

09. 사전투표소 및 투표소에 가기 어려운 멀리 떨어진 외딴 섬에 거주하는 자는 해당 구·시·군의 장의 허락을 받아야 거소에서 투표할 수 있다. | 2014년 7급 |

10. 거소투표신고와 선상투표신고가 있는 경우 구·시·군의 장은 해당 신고서의 신고사항을 확인하여 정당한 거소투표 신고인 때에는 선거인명부에 이를 표시하고 거소투표신고인명부와 선상투표신고인명부를 통합하여 작성하여야 한다. | 2014년 7급 |

해설

01. 선거권이 있는 외국인(공직선거법 제15조 제2항 제3호에 해당되는 사람)은 제외한다(공직선거법 제38조 제1항).
02. (공직선거법 제38조 제2항)
03. (공직선거법 제38조 제3항)

04. 공직선거법 제4항 제3호에 해당하는 사람(**장애인복지법 제32조에 따라 등록된 장애인은 제외한다**)은 **통·리 또는 반의 장**의 확인을 받아야 한다. 구·시·군의 장은 선거인명부작성기준일 전 10일까지 공직선거법 제4항 제3호에 해당하는 사람 중에서 장애인복지법 제32조에 따라 등록된 장애인에게 거소투표신고에 관한 안내문과 거소투표신고서를 발송하여야 한다(공직선거법 제38조 제3항).

05. 장애인복지법 제32조에 따라 등록된 장애인에게 거소투표신고에 관한 안내문과 거소투표신고서를 발송하여야 한다 (공직선거법 제38조 제3항).

06. 병원·요양소·수용소·교도소 또는 구치소에 기거하는 사람은 시설의 장을 확인을 받아 거소투표를 할 수 있다(공직선거법 제38조 제3항).

07. 08. (공직선거법 제38조 제4항 3호)

09. 사전투표소 및 투표소에 가기 어려운 멀리 떨어진 외딴 섬 중 **중앙선거관리위원회규칙으로 정하는 섬**에 거주하는 자는 **선거인명부작성기간 중 구·시·군의 장에게 서면으로 신고**(이하 "거소투표신고"라 한다)를 할 수 있다(공직선거법 제38조 제4항 제4호).

10. 거소투표신고인명부와 선상투표신고인명부(이하 "거소·선상투표신고인명부"라 한다)를 각각 따로 작성하여야 한다 (공직선거법 제38조 제5항).

✓ 정답 01 × 02 ○ 03 ○ 04 × 05 × 06 × 07 ○ 08 ○ 09 × 10 ×

| 관련 예상문제 |

01. 대통령 및 국회의원 선거, 지방의회의원 및 지방자치단체장의 선거권이 있는 사람 중 공직선거법 제4항 제1호부터 제5호까지에 해당하는 사람 거소투표신고를 하고 거소투표를 할 수 있다. ○ ×

02. 대통령선거와 임기만료에 따른 국회의원선거에서 선거인명부에 오를 자격이 있는 사람으로서 선박에 승선하고 있는 선원만이 승선하고 있는 선원이 해당 선박에 설치된 팩시밀리로 신고를 할 수 있다. ○ ×

03. 대한민국 선박에서 일정한 요건을 갖춘 외국인이 선장을 맡고 있는 경우에도 선원은 해당 선박에 설치된 팩시밀리로 거소투표신고를 할 수 있다. ○ ×

04. 법령에 따라 영내 또는 함정에 장기 기거하는 군인이나 경찰공무원이 거소투표신고를 하려는 경우에는 소속기관의 장의 확인을 받아야 한다. ○ ×

05. 구·시·군의 장은 선거인명부작성기준일 전 5일까지 공직선거법 제4항 제3호에 해당하는 사람 중에서 장애인복지법 제32조에 따라 등록된 장애인에게 거소투표신고에 관한 안내문과 거소투표신고서를 발송하여야 한다. ○ ×

06. 사전투표소 및 투표소에 가기 어려운 멀리 떨어진 외딴 섬 중 중앙선거관리위원회규칙으로 정하는 섬에 거주하는 자는 선거인명부작성기간 중 구·시·군의 장에게 서면으로 신고를 할 수 있다. ○ ×

07. 사전투표소 및 투표소를 설치할 수 없는 지역에 장기기거하는 자는 선거인명부작성기간 중 구·시·군의 장에게 서면으로 신고를 할 수 있다. ◯☒

08. 구·시·군의 장은 거소·선상투표신고인명부를 작성한 때에는 즉시 그 등본(전산자료 복사본을 포함한다) 각 1통을 관할구·시·군선거관리위원회에 송부하여야 한다. ◯☒

09. 선거인명부에 오를 자격이 있는 국내에 거주하는 사람으로서 신체에 중대한 장애가 있어 거동할 수 없는 자는 선거인명부작성기간 중 구·시·군의 장에게 서면으로 거소투표신고를 할 수 있으며, 우편에 의한 거소투표신고는 등기우편으로 처리하되, 그 우편요금은 신고자 본인이 부담한다. ◯☒

해설

01. 선거인명부에 오를 자격이 있는 국내에 거주하는 사람으로서 공직선거법 제4항 제1호부터 제5호까지에 해당하는 사람(제15조 제2항 제3호에 따른 외국인은 제외한다)이어야 한다(공직선거법 제38조 제1항).
02. 선박에 승선할 예정인 선원도 사전투표소 및 투표소에서 투표할 수 없는 경우 거소투표를 할 수 있다(공직선거법 제38조 제2항).
03. 대한민국 선장이어야 한다(공직선거법 제38조 제2항).
04. 법령에 따라 영내 또는 함정에 장기 기거하는 군인이나 경찰공무원 중 사전투표소 및 투표소에 가서 투표할 수 없을 정도로 멀리 떨어진 영내(營內) 또는 함정에 근무하는 자이어야 한다(공직선거법 제38조 제4항 제1호).
05. 10일까지이다(공직선거법 제38조 제3항).
06. (공직선거법 제38조 제4항 제4호)
07. 사전투표소 및 투표소를 설치할 수 없는 지역에 장기 기거하는 자로서 **중앙선거관리위원회규칙으로 정하는 자**이다(공직선거법 제38조 제4항 제5호).
08. (공직선거법 제38조 제6항)
09. 우편요금은 국가 또는 해당 지방자치단체가 부담한다(공직선거법 제38조 제1항).

정답 01 ☒ 02 ☒ 03 ☒ 04 ☒ 05 ☒ 06 ◯ 07 ☒ 08 ◯ 09 ☒

051

01. 선거인명부작성에 종사하는 공무원이 임면된 때에는 당해 구·시·군의 장은 지체 없이 관할 구·시·군선거관리위원회에 그 사실을 통보하여야 한다. | 2020년 7급 | ◯ ☒

해설

01. (공직선거법 제39조 제2항)

✓ **정답 01** ◯

관련 예상문제

01. 구·시·군의 장이 선거인명부의 작성하고 시·도 선거관리위원회가 이를 감독한다. ◯ ☒

02. 선거인명부작성기간 중에 선거인명부작성에 종사하는 공무원을 해임하고자 하는 때에는 그 임면권자는 관할구·시·군선거관리위원회 및 읍·면·동선거관리위원회와 협의하여야 한다. ◯ ☒

03. 선거인명부작성에 종사하는 공무원이 정당한 사유없이 선거인명부작성에 관하여 관할구·시·군선거관리위원회 또는 읍·면·동선거관리위원회의 지시·명령 또는 시정요구에 불응할 때에는 관할구·시·군선거관리위원회 또는 직근 상급선거관리위원회는 임면권자에게 그 교체를 요구할 수 있으며, 임면권자는 정당한 사유가 없는 한 이에 따라야 한다. ◯ ☒

해설
01. 관할구·시·군선거관리위원회 및 읍·면·동선거관리위원회가 감독한다(공직선거법 제39조 제1항).
02. 관할구·시·군선거관리위원회 또는 직근 상급선거관리위원회와 협의해야 한다(공직선거법 제39조 제3항).
03. (공직선거법 제39조 제4항)

✓ **정답 01** ✗ **02** ✗ **03** ◯

052

01. 구·시·군의 장은 선거인명부작성기간 만료일의 다음 날부터 3일간 장소를 정하여 선거인명부를 열람할 수 있도록 하여야 한다. | 2015년 9급 | ○ ×

02. 선거권자는 누구든지 열람기간 중 선거인명부를 자유로이 열람할 수 있으나, 인터넷 홈페이지에서의 열람은 선거권자 자신의 정보에 한해서 열람할 수 있다. | 2015년 7급 | ○ ×

03. 구·시(구가 설치되지 아니한 시)·군의 장은 해당 구·시(구가 설치되지 아니한 시)·군이 개설·운영하는 인터넷 홈페이지에서 선거권자가 모든 선거인명부를 자유로이 열람할 수 있도록 기술적 조치를 하여야 한다. | 2018년 7급 | ○ ×

04. 구·시·군이 개설·운영하는 인터넷 홈페이지에서의 선거인명부 열람은 선거권자 자신의 정보에 한한다. | 2020년 7급 | ○ ×

해설

01. (공직선거법 제40조 제1항)
02. (공직선거법 제40조 제2항)
03. 인터넷 홈페이지에서의 열람은 선거권자 자신의 정보에 한한다(공직선거법 제40조 제2항).
04. (공직선거법 제40조 제2항)

정답 01 ○ 02 ○ 03 × 04 ○

관련 예상문제

01. 구·시·군의 장은 선거인명부작성기간 만료일부터 3일간 장소를 정하여 선거인명부를 열람할 수 있도록 하여야 한다. ○ ×

02. 구·시·군의 장은 열람개시일전 3일까지 제1항의 장소, 기간, 인터넷홈페이지 주소 및 열람방법을 공고하여야 한다. ○ ×

해설

01. 만료일 다음 날부터 3일간이다(공직선거법 제40조 제1항).
02. (공직선거법 제40조 제3항)

정답 01 × 02 ○

053

01. 선거권자는 누구든지 선거인명부에 자격이 없는 선거인이 올라 있다고 인정되는 때에는 열람기간 후에도 구술 또는 서면으로 당해 구·시·군의 장에게 이의를 신청할 수 있다. | 2015년 9급 | ○ ✕

02. 선거권자는 누구든지 선거인명부에 누락 또는 자격이 없는 선거인이 올라 있다고 인정되는 경우 열람기간 내에 당해 구·시·군의 장에게 이의신청을 할 수 있다. | 2020·2017·2015년 7급 | ○ ✕

03. 선거권자는 누구든지 선거인명부에 자격이 없는 선거인이 올라 있다고 인정되는 때에는 선거인명부의 열람기간 내에 구술 또는 서면으로 당해 구·시·군의 장에게 이의를 신청할 수 있다. | 2021년 9급 | ○ ✕

04. 제20대 국회의원선거(2016. 4. 13. 실시)에서 1997년 1월 14일 출생자인 甲이 선거인명부에서 자신이 누락되어 있음을 확인하여 이에 대해 이의신청하였고 그 결과 이유 있다는 결정통지를 받았다면 선거권을 행사할 수 있다. | 2016년 7급 | ○ ✕

05. 선거인명부에 누락 또는 오기가 있다는 선거권자의 이의신청이 있는 때에는 구·시·군의 장은 그 신청이 있는 날의 다음 날까지 심사·결정하여야 한다. | 2021년 9급 | ○ ✕

해설

01. 열람기간 내에 구술 또는 서면으로 당해 구·시·군의 장에게 이의를 신청할 수 있다(공직선거법 제41조 제1항).
02. 03. (공직선거법 제41조 제1항)
04. 05. (공직선거법 제41조 제2항)

정답 01 ✕ 02 ○ 03 ○ 04 ○ 05 ○

054

01. 선거권자가 선거인명부에 오기가 있다며 이의신청을 하여 당해 구·시·군의 장이 이유 있다고 결정한 경우에 그 결정에 불복이 있는 관계인은 관할 시·도선거관리위원회에 서면으로 불복을 신청할 수 있다. | 2021년 9급 | ○ ✕

해설

01. 불복이 있는 이의신청인이나 관계인은 그 통지를 받은 날의 다음 날까지 **관할구·시·군선거관리위원회에 서면으로 불복을 신청할 수 있다**(공직선거법 제42조 제1항).

정답 01 ✕

055

01. 이의신청기간만료일의 다음 날부터 선거인명부확정일 전일까지 구·시(구가 설치되지 아니한 시)·군의 장의 착오로 인하여 정당한 선거권자가 선거인명부에 누락된 것이 발견된 때에는 구·시(구가 설치되지 아니한 시)·군의 장은 주민등록표등본 등 소명자료를 첨부하여 관할 구·시·군선거관리위원회에 서면으로 선거인명부 등재신청을 할 수 있다. | 2018년 7급 |

02. 선거인명부 열람기간 만료일 다음 날부터 선거인명부확정일 전일까지 구·시·군의 장의 착오 등의 사유로 인하여 정당한 선거권자가 선거인명부에 누락된 것이 발견된 때에는, 해당 선거권자 또는 구·시·군의 장은 주민등록표등본 등 소명자료를 첨부하여 관할구·시·군선거관리위원회에 서면으로 선거인명부 등재신청을 할 수 있다. | 2021년 9급 |

해설

01. 02. (공직선거법 제43조 제1항)

정답 01 ○ 02 ○

056

01. 선거인명부는 선거일 전 12일에, 거소·선상투표신고인명부는 선거인명부작성기간만료일에 각각 확정되며 해당 선거에 한하여 효력을 가진다. | 2017년 7급 |

02. 선거인명부는 선거일 전 12일에 확정되나, 재외선거인명부는 선거일 전 30일에 확정된다. | 2017년 7급 |

해설

01. 거소·선상투표신고인명부는 선거인명부작성기간만료일 다음 날에 확정된다(공직선거법 제44조 제1항).
02. (공직선거법 제44조 제1항, 제218조의13 제1항)

정답 01 × 02 ○

057

01. 구·시·군의 장은 비례대표자치구·시·군의원후보자의 신청이 있는 때에는 작성된 선거인명부의 사본이나 전산자료복사본을 후보자별로 1통씩 24시간 이내에 신청인에게 교부하여야 한다. | 2020년 7급 |

02. 구·시·군의 장은 선거연락소장의 신청이 있는 때에는 작성된 선거인명부 또는 거소·선상투표신고인명부의 사본이나 전산자료복사본을 후보자별로 1통씩 24시간 이내에 신청인에게 교부하여야 한다. | 2021년 9급 |

03. 선거인명부 또는 거소·선상투표신고인명부의 사본이나 전산자료 복사본의 교부신청은 선거기간 개시일 전일까지 해당 구·시·군의 장에게 서면으로 하여야 한다. | 2021년 9급 |

해설

01. 비례대표국회의원후보자 및 비례대표지방의회의원(비례대표시·도의원 및 비례대표자치구·시·군의원을 말한다.) 후보자를 제외한다(공직선거법 제46조 제1항).

02. (공직선거법 제46조 제1항)

03. 명부의 사본이나 전산자료복사본의 교부신청은 **선거기간 개시일까지** 해당 구·시·군의 장에게 서면으로 하여야 한다(공직선거법 제46조 제2항).

정답 01 × 02 ○ 03 ×

058

01. 국민의 정치적 참여를 목적으로 하는 자발적 조직으로서 정당에게는 정당 활동의 자유가 보장되기 때문에 정당의 후보자 추천은 사법심사의 대상이 되지 아니한다. | 2015년 7급 |

해설

01. 대법원은 "정당이 당헌·당규에 따라 당내경선을 실시하고 후보자를 선정하였다면, 정당이 민주적 절차에 의하여 공직선거후보자를 추천하여야 한다고 규정한 공직선거법 제47조 제2항의 입법 취지를 형해화하고 일반적인 선거원칙의 본질을 침해할 정도로 후보자 선정이 객관적으로 합리성과 타당성을 현저히 잃은 것으로 평가할 수 있는 등의 특별한 사정이 없는 이상 후보자선정과 이에 따른 후보자 등록을 무효라고 볼 수 없다(대판 2015.2.12. 2014수39).'라고 판시한 바 있다.

정답 01 ×

제06장 후보자

059

01. 정당이 비례대표자치구·시·군의회의원선거에서 선거구별로 선거할 정수범위를 초과하여 후보자를 추천한 경우에는 후보자 등록이 무효가 된다. | 2017년 7급 | ⊙⊗

02. 정당은 선거에 있어 선거구별로 선거할 정수 범위 안에서 그 소속당원을 후보자로 추천할 수 있지만, 비례대표자치구·시·군 의원의 경우에는 그 정수 범위를 초과하여 추천할 수 있다. | 2019년 9급 | ⊙⊗

03. 정당이 비례대표국회의원선거 및 비례대표지방의회의원선거에 후보자를 추천하는 때에는 그 후보자 중 100분의 50 이상을 여성으로 추천하되, 그 후보자명부의 순위의 매 홀수에는 여성을 추천하여야 한다. | 2023·2017년 7급, 2019년 9급 | ⊙⊗

04. 정당이 비례대표국회의원선거에 후보자를 추천하는 때에는 그 후보자 중 100분의 50 이상을 여성으로 추천하되, 그 후보자명부의 순위의 매 홀수에는 여성을 추천하여야 하며, 이를 위반한 경우에는 그 후보자의 등록은 무효로 한다. | 2018년 7급 | ⊙⊗

05. 정당이 임기만료에 따른 지역구국회의원선거 및 지역구지방의회의원선거에 후보자를 추천하는 때에는 각각 전국지역구 총수의 100분의 30 이상을 여성으로 추천하여야 한다. | 2019년 9급 | ⊙⊗

해설

01. 비례대표자치구·시·군의원의 경우에는 그 정수 범위를 초과하여 추천할 수 있다(공직선거법 제47조 제1항).
02. (공직선거법 제47조 제1항)
03. (공직선거법 제47조 제3항)
04. (공직선거법 제47조 제1항, 제52조 제1항 제2호)
05. 정당이 임기만료에 따른 지역구국회의원선거 및 지역구지방의회의원선거에 후보자를 추천하는 때에는 각각 전국지역구총수의 100분의 30 이상을 여성으로 추천하도록 노력하여야 한다(공직선거법 제47조 제1항).

정답 01 ✗ 02 ○ 03 ○ 04 ○ 05 ✗

관련 예상문제

01. 정당이 임기만료에 따른 지역구국회의원선거에 후보자를 추천하는 때에는 전국지역구총수의 100분의 30 이상을 여성으로 추천하도록 노력하여야 한다. ⊙⊗

해설

01. (공직선거법 제47조 제4항)

정답 01 ○

060

01. 국회의원선거에서 정당후보자는 정당의 추천만 받으면 선거에 입후보할 수 있는 데 비하여 무소속후보자는 당해 선거구 선거권자 300인 이상 500인 이하의 추천을 받아야 입후보할 수 있도록 하는 것에 대해 헌법재판소는 위헌이라고 판시하였다. | 2013년 9급 |

> **해설**
> 01. 무소속후보자에게만 선거권자의 추천을 받도록 한 것은 정당후보자와 불합리한 차별을 하는 것이라고 할 수 없다(헌재 1996.8.29, 96헌마99).
>
> ✓ **정답 01** ✕

061

01. 관할선거구 안에 주민등록이 된 선거권자는 각 선거(비례대표국회의원선거 및 비례대표지방의회의원선거를 제외한다)별로 정당의 당원이 아닌 자를 당해 선거구의 후보자로 추천할 수 있다. | 2014년 7급, 2019·2013년 9급 |

02. 관할선거구 안에 주민등록이 된 선거권자가 비례대표선거를 제외한 각 선거별로 정당의 당원이 아닌 자를 당해 선거구의 후보자로 추천할 수 있다. | 2017년 9급 |

03. 대통령의 궐위로 인한 선거에서 무소속 후보자가 되고자 하는 자는 그 궐위 사유가 확정된 후 3일부터 관할선거구선거관리위원회가 검인하여 교부하는 추천장을 사용하여 선거권자의 추천을 받아야 한다. | 2018년 7급 |

04. 무소속후보자가 되고자 하는 자는 관할선거구선거관리위원회가 후보자 등록신청개시일 전 5일(대통령의 임기만료에 의한 선거에 있어서는 후보자 등록신청개시일 전 30일, 대통령의 궐위로 인한 선거등에 있어서는 그 사유가 확정된 후 3일)부터 검인하여 교부하는 추천장을 사용하여 공직선거법의 규정에 따른 선거권자의 추천을 받아야 한다. | 2019년 9급 |

05. 지역구국회의원선거 및 자치구·시·군의 장 선거는 관할선거구 안에 주민등록이 되어 있는 300인 이상 500인 이하의 선거권자의 추천을 받아야 한다. | 2016년 9급 |

06. 무소속후보자가 되고자 하는 자는 관할선거구선거관리위원회가 검인하여 교부하는 추천장을 사용하여 선거권자의 추천을 받되, 지역구 자치구·시·군의원선거의 경우 1천인 미만의 선거구에서는 30인 이상 50인 이하의 추천을 받아야 한다. | 2017년 9급 |

07. 지역구·자치구·시·군 의원선거에 있어서 무소속 후보자가 되고자 하는 자는 인구 1천인 미만의 선거·구에 있어서는 30인 이상 50인 이하의 당해 선거구 안에 주민등록이 된 선거권자의 추천을 받아야 한다. | 2018년 7급 |

08. 지역구국회의원선거의 무소속후보자가 되고자 하는 자는 관할 선거구선거관리위원회가 후보자 등록 신청개시일 전 5일부터 검인하여 교부하는 추천장을 사용하여 300인 이상 500인 이하의 선거권자의 추천을 받아야 하며, 이 경우 추천선거권자 수의 상한수를 넘어 추천을 받아도 된다. | 2016년 7급 |
◯ ✕

09. 무소속후보자가 되고자 하는 자는 관할선거구선거관리위원회가 검인하여 교부하는 추천장을 사용하여 선거권자의 추천을 받아야 하며, 추천선거권자수의 상한수를 넘어 추천을 받을 수 없다. | 2017년 7급 |
◯ ✕

10. 추천장의 검인과 교부신청은 공휴일에도 불구하고 매일 오전 9시부터 오후 6시까지 할 수 있다. | 2017년 9급 |
◯ ✕

11. 무소속 후보자가 되고자 하는 자는 관할선거구선거관리위원회가 검인하여 교부하는 추천장을 사용하되, 추천장 검인·교부신청은 공휴일을 제외하고 매일 오전 9시부터 오후 6시까지 할 수 있다. | 2018년 7급 |
◯ ✕

해설

01. 02. (공직선거법 제48조 제1항)
03. 04. (공직선거법 제48조 제2항)
05. (공직선거법 제48조 제2항 제2호)
06. 07. (공직선거법 제48조 제2항 제5호)
08. 09. (공직선거법 제48조 제3항 제2호)
10. 11. (공직선거법 제48조 제4항)

✓ 정답 01 ◯ 02 ◯ 03 ◯ 04 ◯ 05 ◯ 06 ◯ 07 ◯ 08 ✕ 09 ◯ 10 ◯ 11 ✕

관련 예상문제

01. 대통령의 궐위로 인한 선거에서 무소속 후보자가 되고자 하는 자는 그 궐위 사유가 확정된 후 5일부터 관할선거구선거관리위원회가 검인하여 교부하는 추천장을 사용하여 선거권자의 추천을 받아야 한다.
◯ ✕

02. 무소속후보자가 되고자 하는 자는 관할선거구선거관리위원회가 검인하여 교부하는 추천장을 사용하여 선거권자의 추천을 받되, 지역구 자치구·시·군의원선거의 경우 인구수와 상관없이 선거구에서 30인 이상 50인 이하의 추천을 받아야 한다.
◯ ✕

해설

01. 3일부터이다(공직선거법 제48조 제1항).
02. 1천인 미만의 선거구에서는 30인 이상 50인 이하의 추천을 받아야 한다(공직선거법 제48조 제2항 제5호).

✓ 정답 01 ✕ 02 ✕

062

01. 임명에 의한 정무직공무원과 비교할 때 공직선거에서 후보자 등록을 신청하는 자에게만 실효된 형을 포함하여 벌금 100만원 이상의 형의 범죄경력에 관한 증명서류를 제출하도록 하는 것은 합리적 이유가 있는 차별이다. | 2018년 9급 | ○|×

> **해설**
>
> **01.** 선거권자의 신임에 의하여 정당성을 부여받는 지방의회의원의 경우 선거권자는 후보자의 도덕성·준법성 등을 판단하기 위한 충분한 정보를 제공받아야 할 필요성이 큰 반면, 직업공무원인 지방공무원은 그 선발에 있어서 공직이 요구하는 전문성·능력·적성 등을 기준으로 하는 능력주의 내지 성적주의가 바탕이 되어야 하므로, 실효된 형을 포함하는 전과기록을 제출·공개하는데 있어서 양자를 달리 취급한다 하더라도 이를 불합리한 차별이라고 보기 어렵다(헌재 2008.4.24. 2006헌마402).
>
> ✓ 정답 01 ○

063

01. 후보자의 등록은 대통령선거에서는 선거일 전 24일, 국회의원선거와 지방자치단체의 의회의원 및 장의 선거에서는 선거일 전 20일부터 2일간 관할선거구선거관리위원회에 서면으로 신청하여야 한다.
| 2013년 7급, 2020·2019년 9급 | ○|×

02. 후보자의 등록은 대통령선거에서는 선거일 전 23일, 국회의원선거와 지방자치단체의 의회의원 및 장의 선거에서는 선거일 전 14일부터 2일간 관할선거구선거관리위원회에 서면으로 신청하여야 한다.
| 2014년 9급 | ○|×

03. 국회의원선거에서 후보자의 등록은 선거일 전 20일부터 2일간 관할선거구 선거관리위원회에 서면으로 신청하여야 한다. | 2017년 9급 | ○|×

04. 비례대표국회의원선거에서 정당추천후보자의 등록은 그 추천 정당이 신청하되, 추천정당의 당인 및 그 대표자의 직인이 날인된 추천서, 본인승낙서 그리고 추천정당이 그 순위를 정한 후보자명부를 등록 신청서에 첨부하여야 한다. | 2015년 9급 | ○|×

05. 지역구지방의회의원 및 지방자치단체의 장의 선거에 있어서 정당추천후보자의 등록은 정당추천후보자가 되고자 하는 자가 신청하되, 추천정당의 당인(黨印) 및 그 대표자의 직인이 날인된 추천서와 본인 승낙서를 등록신청서에 첨부하여야 한다. | 2016년 7급 | ○|×

06. 정당추천후보자의 등록은 대통령선거와 비례대표국회의원선거 및 비례대표지방의회의원선거에 있어서는 그 추천정당이, 지역구국회의원선거와 지역구지방의회의원 및 지방자치단체의 장의 선거에 있어서는 정당추천후보자가 되고자 하는 자가 신청하여야 한다. | 2020년 9급 | ○|×

07. 후보자를 추천하지 아니하기로 한 정당의 당원인 자는 무소속후보자로 등록할 수 있으며, 그 정당의 당원경력을 표시할 수 있다. | 2014년 9급 | ○|×

08. 두 정당이 후보 단일화를 위하여 1인의 후보자를 공동으로 등록할 수 있다. | 2014년 9급 | ○|×

09. 정당의 당원인 자는 무소속후보자로 등록할 수 없으며, 후보자 등록기간 중 당적을 이탈·변경하거나 2 이상의 당적을 가지고 있는 때에는 당해 선거에 후보자로 등록될 수 없다. | 2017년 9급 | ○|×

10. 정당의 당원인 자가 후보자 등록기간 중(후보자 등록신청시를 포함한다) 소속 정당의 해산이나 그 등록의 취소 또는 중앙당의 시·도당창당승인취소로 인하여 당원자격이 상실된 경우에는 당해 선거에 무소속 후보자로 등록할 수 있다. | 2019년 9급 | ○|×

11. 정당의 당원인 자가 후보자 등록기간 중(후보자 등록신청시를 포함한다) 당적을 변경 한 경우에는 변경된 당적에 따라 당해 선거에 후보자로 등록할 수 있다. | 2020년 9급 | ○|×

12. 후보자 등록신청서의 접수는 매일 오전 9시부터 오후 6시까지로 하는데, 마감일이 공휴일인 경우에는 다음 날까지 연장된다. | 2014년 9급 | ○|×

13. 후보자 등록신청을 하는 때에 등록대상재산, 병역사항, 최근 5년 간 세금 납부 및 체납에 관한 신고서와 벌금 100만원 이상의 전과기록에 관한 증명서류 중 어느 하나라도 첨부하지 않으면 관할선거구선거관리위원회는 그 등록신청을 수리할 수 없다. | 2023·2015년 7급 | ○|×

14. 정당이 비례대표지방의회의원선거에 후보자를 추천하는 때에는 그 후보자 중 100분의 50 이상을 여성으로 추천하되, 그 후보자명부의 순위의 매 홀수에는 여성을 추천하여야 하며, 이에 따른 여성후보자 추천의 비율과 순위를 위반한 등록신청에 대하여 관할선거구선거관리위원회는 이를 수리할 수 없다. | 2023년 7급, 2017년 9급 | ○|×

15. 누구든지 선거기간 중 관할선거구선거관리위원회가 공직선거법 규정에 의하여 회보 받은 전과기록을 열람할 수 있다. | 2020년 9급 | ○|×

16. 후보자가 제출한 등록대상재산, 병역사항, 최근 5년 간 세금 납부 및 체납에 관한 신고서와 벌금 100만원 이상의 전과기록에 관한 증명서류는 당선인의 임기 중 선거구민에게 공개한다. | 2015년 7급 | ○|×

01. (공직선거법 제49조 제1항)
02. 후보자의 등록은 대통령선거에서는 선거일 전 24일, 국회의원선거와 지방자치단체의 의회의원 및 장의 선거에서는 선거일 전 20일부터 2일간 관할선거구선거관리위원회에 서면으로 신청하여야 한다(공직선거법 제49조 제1항).
03. (공직선거법 제49조 제1항)
04. (공직선거법 제49조 제2항)
05. 본인승낙서는 대통령선거와 비례대표국회의원선거 및 비례대표지방의회의원선거에 한한다(공직선거법 제49조 제2항).
06. (공직선거법 제49조 제2항)
07. 정당의 당원인 자는 무소속후보자로 등록할 수 없다(공직선거법 제49조 제6항).
08. 후보자 등록기간 중(후보자 등록신청시를 포함한다) 당적을 이탈·변경하거나 2 이상의 당적을 가지고 있는 때에는 당해 선거에 후보자로 등록될 수 없다(공직선거법 제49조 제6항).
09. (공직선거법 제49조 제6항)
10. 11. 등록할 수 없다(공직선거법 제49조 제6항).
12. 후보자 등록신청서의 접수는 공휴일에 불구하고 매일 오전 9시부터 오후 6시까지로 한다(공직선거법 제49조 제7항).
13. 14. (공직선거법 제49조 제8항)
15. (공직선거법 제49조 제11항)
16. 선거일 후에는 공개하여서는 안 된다(공직선거법 제49조 제12항).

✓ 정답 01 ○ 02 × 03 ○ 04 ○ 05 × 06 ○ 07 × 08 × 09 ○ 10 × 11 × 12 ○ 13 ○ 14 ○ 15 ○ 16 ×

관련 예상문제

01. 정당추천후보자의 등록은 대통령선거와 국회의원선거 있어서는 그 추천 정당이 신청하되, 추천정당의 당인(黨印) 및 그 대표자의 직인이 날인된 추천서와 본인승낙서(대통령선거와 비례대표국회의원선거 및 비례대표지방의회의원선거에 한한다)를 등록신청서에 첨부하여야 한다. ○×

02. 후보자 등록을 신청하는 자는 최근 5년간의 후보자, 그의 배우자와 직계존·비속(혼인한 딸과 외조부모 및 외손자녀를 제외한다)의 소득세·재산세·종합부동산세의 납부 및 체납(10만원 이하 또는 3월 이내의 체납은 제외한다)에 관한 신고서를 제출해야 하며 이 경우 후보자의 직계존·비속은 자신의 세금납부 및 체납에 관한 신고를 거부할 수 있다. ○×

해설

01. 정당추천후보자의 등록은 대통령선거와 비례대표국회의원선거 및 비례대표지방의회의원선거에 있어서는 그 추천정당이, 지역구국회의원선거와 지역구지방의회의원 및 지방자치단체의 장의 선거에 있어서는 정당추천후보자가 되고자 하는 자가 신청한다(공직선거법 제49조 제1항).
02. 직계존속은 자신의 세금납부 및 체납에 관한 신고를 거부할 수 있다(공직선거법 제49조 제4항).

✓ 정답 01 × 02 ×

064

01. 후보자 등록기간 중 정당추천후보자가 사망한 경우에 정당은 후보자에 대한 추천을 변경할 수 있으나, 후보자가 사퇴한 경우에는 변경할 수 없다. |2014년 9급|

02. 후보자 등록기간 중에 정당추천후보자가 사망한 경우 비례대표 국회의원후보자명부에 후보자를 추가할 경우 그 순위는 이미 등록된 자의 다음으로 한다. |2017년 9급|

03. 정당은 중앙당의 시·도당창당승인취소의 사유로 인하여 등록이 무효로 된 때에는 후보자 등록 후에 등록된 후보자에 대한 추천을 취소 또는 변경할 수 없다. |2017년 7급|

04. 정당은 후보자 등록기간 중 정당추천후보자가 사퇴·사망하거나, 소속정당의 제명이나 중앙당의 시·도당창당승인취소 외의 사유로 인하여 등록이 무효로 된 때에는 등록된 후보자에 대한 추천을 취소 또는 변경할 수 있다. |2019년 9급, 2024년 9급|

해설

01. 후보자 등록기간 중 정당추천후보자가 사퇴·사망하면 변경할 수 있다(공직선거법 제50조 제1항).
02. 03. 04. (공직선거법 제50조 제1항)

✓ 정답 01 × 02 ○ 03 ○ 04 ○

065

01. 대통령선거의 정당추천후보자가 후보자 등록기간이 지난 후에 사망한 때에는 추가로 후보자 등록을 신청할 수 없다. |2015년 9급|

02. 정당은 대통령선거에 있어서 정당추천후보자가 후보자 등록기간이 지난 후에 사망한 때에는 후보자 등록을 신청할 수 없다. |2017년 9급|

해설

01. 후보자 등록마감일후 5일까지 후보자 등록을 신청할 수 있다(공직선거법 제51조 제1항).
02. 후보자 등록마감일후 5일까지 후보자 등록을 신청할 수 있다(공직선거법 제51조 제1항).

✓ 정답 01 × 02 ×

066

01. 무소속후보자가 되고자 하는 자가 입후보등록을 하면서 추천 선거권자수의 하한수에 미달한 상태로 등록한 것이 발견된 때 그 입후보등록이 무효로 되는 것은 아니다. | 2017년 9급 | ○ ×

02. 정당이 비례대표자치구·시·군의회의원선거에서 선거구별로 선거할 정수범위를 초과하여 후보자를 추천한 경우 후보자 등록은 무효가 된다. | 2017년 7급 | ○ ×

03. 정당이 비례대표국회의원 선거에서 여성후보자 추천의 비율과 순위를 위반한 경우 후보자 등록은 무효가 된다. | 2017년 7급 | ○ ×

04. A정당이 비례대표지방의회의원선거에 후보자를 추천하면서 1번에 남성후보자를, 2번에 여성후보자를 추천하였을 경우 후보자 등록을 무효로 한다. | 2016년 9급 | ○ ×

05. 정당이 비례대표국회의원선거에 후보자를 추천하는 때에는 그 후보자 중 100분의 50 이상을 여성으로 추천하되, 그 후보자명부의 순위의 매 홀수에는 여성을 추천하여야 하며, 이를 위반한 경우에는 그 후보자의 등록은 무효로 한다. | 2018년 7급 | ○ ×

06. 후보자가 혼인한 아들의 최근 5년간의 소득세·재산세·종합부동산세의 납부 및 체납(10만원 이하 또는 3월 이내의 체납은 제외한다)에 관한 신고서를 제출하지 아니한 것이 발견된 때 후보자 등록은 무효가 된다. | 2017년 7급 | ○ ×

07. 초·중등교육법 및 고등교육법에서 인정하는 정규학력에 관한 최종학력 증명서를 제출하지 아니한 것이 발견된 때에 후보자 등록은 무효가 된다. | 2020년 7급 | ○ ×

08. 후보자 등록 후에 정당추천후보자가 당적을 이탈 변경하거나 2 이상의 당적을 가지고 있는 때, 또는 소속정당의 해산이나 그 등록의 취소 또는 중앙당의 시·도당 창당승인취소가 있는 때에는 그 후보자의 등록은 무효가 된다. | 2016년 7급 | ○ ×

09. 정당추천후보자가 당적을 이탈·변경하거나 2 이상의 당적을 가지고 있을 때와 무소속후보자가 정당의 당원이 된 때에 후보자 등록은 무효가 된다. | 2016년 7급 | ○ ×

10. 후보자 甲이 국회의원선거에서 무소속으로 등록한 후 B정당에 당원으로 등록하였을 경우 후보자 등록을 무효로 한다. | 2016년 9급 | ○ ×

11. D정당의 당원인 乙은 무소속으로 국회의원선거에 입후보하였을 경우 후보자 등록을 무효로 한다. | 2016년 9급 | ○ ×

12. A광역시장에 입후보하기 위하여 임기 중 그 직을 그만둔 국회의원이 그 사직으로 인하여 실시사유가 확정된 국회의원보궐선거의 후보자로 등록한 경우 후보자 등록은 무효가 된다. | 2017년 7급 | ○ ×

13. 정당이 임기만료에 따른 지역구시·도의원선거에서 국회의원 지역구마다 1명의 여성 후보자를 추천하였으나, 어느 국회의원 지역구에서 추천받은 1명의 여성후보자에 대한 등록이 무효로 되었다면, 해당 국회의원지역구의 지역구시·도의원선거후보자의 등록은 모두 무효로 한다. | 2017년 7급 | ○ ×

14. 후보자가 같은 선거의 다른 선거구나 다른 선거의 후보자로 등록된 때에는 그 등록은 모두 무효로 한다. | 2015년 9급 | ○ ×

해설

01. 무효이다(공직선거법 제52조 제1항 제2호).
02. 03. 04. 05. (공직선거법 제52조 제1항 제2호)
06. (공직선거법 제52조 제1항 제3호)
07. (공직선거법 제52조 제1항 제4호)
08. (공직선거법 제52조 제1항 제6호)
09. (공직선거법 제52조 제1항 제6, 7호)
10. 11. (공직선거법 제52조 제1항 제7호)
12. 공직선거법 제266조 제3항 위반 (공직선거법 제52조 제1항 제7호)
13. 여성후보자의 등록이 무효로 된 경우에는 그러하지 아니하다(공직선거법 제52조 제2항).
14. (공직선거법 제52조 제3항)

정답 01 × 02 ○ 03 ○ 04 ○ 05 ○ 06 ○ 07 × 08 ○ 09 ○ 10 ○ 11 ○ 12 ○ 13 × 14 ○

관련 예상문제

01. 중앙선거관리위원회규칙이 정하는 피선거권에 관한 증명서류를 제출하지 않으면 후보자 등록은 무효가 된다. ○ ×

02. 후보자가 혼인한 자녀들의 최근 5년간의 소득세·재산세·종합부동산세의 납부 및 체납(10만원 이하 또는 3월 이내의 체납은 제외한다)에 관한 신고서를 제출하지 아니한 것이 발견된 때 후보자 등록은 무효가 된다. ○ ×

03. 후보자의 등록이 무효로 된 때에는 관할선거구선거관리위원회는 지체 없이 그 후보자와 그를 추천한 정당에 등록무효의 사유를 명시하여 이를 통지하여야 한다. ○ ×

해설

01. 공직선거법 제49조 제4항 제2호부터 5호까지의 규정에 따른 서류를 제출하지 아니한 것이 발견된 때 무효가 된다(공직선거법 제52조 제1항 3호).
02. 혼인한 딸은 제외한다(공직선거법 제52조 제1항 3호).
03. (공직선거법 제52조 제4항) 〈개정 2020.12.29.〉

정답 01 × 02 × 03 ○

067

01. 헌법재판소는 공무원으로서 공직선거의 후보자가 되고자 하는 자가 선거일 전에 그 직을 그만 두도록 하는 것은 헌법에 위배된다고 판시하였다. | 2013년 9급 |

02. 지방공무원에게 '후보자 등록신청 전'까지 그 직에서 사퇴하도록 한 것은 지방공무원이 지위를 이용하여 선거에 개입할 여지를 원천적으로 차단함으로써 선거의 공정성을 추구하고 공직에 근무하는 동안 계속적으로 직무에 전념할 수 있도록 하는 효과가 있다. | 2018년 9급 |

03. 고위직 공무원에 비하여 6급 이하의 하위직 공무원 등은 선거에서 영향력을 미칠 가능성이 적을 것이므로, 하위직 지방공무원이 업무와 관련된 정보를 이용하여 자신의 당선을 위한 영향력을 행사할 수 있는 가능성은 없다. | 2018년 9급 |

04. 지방공무원의 각 직급과 업무에 따른 입법적 구분이 현재로서 쉽게 설정될 수 있으므로, 직급이나 업무 등을 감안하고 선거에 미칠 영향력을 고려하여 공직후보자의 지위를 겸하게 할지 여부를 차등적으로 정하는 것이 필요하다. | 2018년 9급 |

05. 지방공무원과 정부투자기관 등의 직원 간 사퇴의무 존부에 관한 차별은 합리적 이유를 지니고 있고, 차별목적과 수단 사이에 비례성을 벗어났다고도 볼 수 없다. | 2018년 9급 |

해설

01. 공무원으로서 공직선거의 후보자가 되고자 하는 자는 선거일 전 90일까지 그 직을 그만 두도록 한 것은 선거의 공정성과 공직의 직무전념성을 보장함과 아울러 이른바 포말후보의 난립을 방지하기 위한 것으로서 그 필요성과 합리성이 인정되며, 그것이 공무담임권의 본질적 내용을 침해하였다거나 과잉금지의 원칙에 위배된다고 볼 수 없다(헌재 1995.3.23, 95헌마53).

02. 03. 04. 05. 지방공무원에게 '후보자 등록신청 전'까지 그 직에서 사퇴하도록 한 것은, 지방공무원이 지위를 이용하여 선거에 개입할 여지를 원천적으로 차단함으로써 선거의 공정성을 추구하고 공직에 근무하는 동안 계속적으로 직무에 전념할 수 있도록 하는 효과가 있다고 인정된다. 고위직 공무원에 비하여 6급 이하의 하위직 공무원 등은 선거에서 영향력을 미칠 가능성이 더 적을 것이지만, 그러한 하위직 지방공무원이라도 업무와 관련된 정보를 이용하여 자신의 당선을 위한 **영향력을 행사할 수 있는 가능성은 여전히 존재**하고, 그 직을 유지하고 공직후보자가 될 경우 직무전념성이 훼손될 여지도 있다. 지방공무원이 직급이니 업무 등을 감안하고 선거에 미칠 영향력을 고려하여 공직후보자의 지위를 겸하게 할지 여부를 차등적으로 정하는 것이 바람직하다고 할지라도, **각 직급과 업무에 따른 입법적 구분이 현재로서 쉽게 설정될 수 있는 것이라 보기도 어렵다.** 지방공무원과 정부투자기관 등의 직원은 본질적으로 같이 취급되어야 할 비교집단을 구성한다고 보기 어렵다. 설령 이와 달리 보더라도, 심판대상조항이 선거운동의 공정성과 공직의 직무전념성을 확보하기 위해 필요한 것이라는 점에서 볼 때, **양자 간 차별은 합리적 이유를 지니고 있고, 차별목적과 수단 사이에 비례성을 벗어났다고 볼 수도 없다**(헌재 2014.3.27, 2013헌마185).

✓ 정답 01 × 02 ○ 03 × 04 × 05 ○

068

01. 대통령선거와 국회의원선거에 있어서 국회의원이 그 직을 가지고 입후보하는 경우와 지방의회의원선거와 지방자치단체의 장의 선거에 있어서 당해 지방자치단체의 의회의원이나 장이 그 직을 가지고 입후보하는 경우에는 그 직을 그만두어야 할 필요가 없다. | 2014년 9급 | ○ ✕

02. 임기만료에 따른 지방자치단체장의 선거에 있어서 지역구국회의원이 입후보하는 경우에는 선거일 전 90일까지 그 직을 그만두어야 한다. | 2021년 9급 | ○ ✕

03. 시·도지사가 임기만료에 따른 대통령선거에 입후보하는 경우 선거일 전 90일까지 그 직을 그만두어야 한다. | 2015년 7급 | ○ ✕

04. 정당의 당원이 될 수 있는 정무직공무원에 해당하는 사람으로서 후보자가 되려는 경우 다른 규정이 없는 한 원칙적으로 선거일 전 90일까지 그 직을 그만두어야 한다. | 2017년 9급 | ○ ✕

05. 울산광역시의 자치구 군의 장의 직무를 대행하고 있는 부구청장과 부군수가 공직선거에 입후보하고자 하는 경우에는, 선거일 전 60일까지 그 직을 그만두어야 한다. | 2014년 7급 | ○ ✕

06. 시·도선거관리위원회위원이 국회의원선거에서 후보자가 되려고 하는 경우 후보자 등록신청 전까지 그 직을 그만두어야 한다. | 2015년 9급 | ○ ✕

07. 교육위원회의 교육위원이 공직선거법상 후보자가 되려는 경우에는 선거일 전 90일까지 그 직을 그만두어야 한다. | 2014년 9급 | ○ ✕

08. 엽연초생산협동조합중앙회 중앙회장이 광주광역시장선거에서 후보자가 되려면 선거일 전 90일까지 그 직을 그만두어야 한다. | 2016년 7급 | ○ ✕

09. 새마을운동협의회의 대표자는 임기만료에 의한 지역구지방의회 의원선거의 후보자가 되려면 선거일 전 90일까지 그 직을 그만두어야 한다. | 2013년 7급 | ○ ✕

10. 바르게살기운동협의회 대표자가 서울특별시 송파구 국회의원 보궐선거에서 후보자가 되려면 선거일 전 30일까지 그 직을 그만두어야 한다. | 2016년 7급 | ○ ✕

11. 각급선거관리위원회위원이 보궐선거 등에 입후보하는 경우 선거일 전 30일까지 그 직을 그만두어야 한다. | 2017년 9급 | ○ ✕

12. 사립중학교 교원이 지방의회의원 보궐선거에 입후보하는 경우에는 선거일 전 30일가지 그 직을 그만두어야 한다. | 2021년 9급 | ○ ✕

13. 지방자치단체의 장이 국회의원 보궐선거에 입후보하는 경우에는 선거일 전 90일까지 그 직을 그만두어야 한다. | 2021년 9급 | ○ ✕

14. 국회의원이 지방자치단체의 장의 선거에 입후보하는 경우에는 선거일 전 90일까지 그 직을 그만두어야 한다. | 2013년 7급 | ○ ✕

15. 국회의원이 지방자치단체의 장의 선거에 입후보하는 경우에는 선거일 전 30일까지 그 직을 그만두어야 한다. |2014년 7급| ○ ×

16. 국회의원의 직을 유지한 채로 지방자치단체의 장의 선거에 입후보할 수 있다. |2017년 9급| ○ ×

17. 지방의회의원이 다른 지방자치단체의 의회의원선거에 입후보하는 경우에는 선거일 전 30일까지 그 직을 그만두어야 한다. |2013년 7급, 2014년 9급| ○ ×

18. 지방의회의원이 다른 지방자치단체의 의회의원이나 장의 선거에 입후보하는 경우에는 선거일 전 90일까지 그 직을 그만두어야 한다. |2014년 7급| ○ ×

19. 자치구 시·군의회의원이 임기만료에 따른 시 도의회의원선거에 입후보하는 경우 30일까지 그 직을 그만두어야 한다. |2015년 7급| ○ ×

20. 시·도의회의원이 자치구·시·군의 장 선거에 입후보하는 경우 선거일 전 30일까지 그 직을 그만두어야 한다. |2015년 7급| ○ ×

21. 자치구·시·군의 장이 시 도지사 보궐선거에 입후보하는 경우 선거일 전 30일까지 그 직을 그만두어야 한다. |2015년 7급| ○ ×

22. 비례대표국회의원이 지역구국회의원 보궐선거에 입후보하는 경우에는 후보자 등록신청 전까지 그 직을 그만두어야 한다. |2013년 7급| ○ ×

23. 비례대표국회의원이 지역구국회의원 보궐선거 등에 입후보하는 경우 및 비례대표지방의회의원이 해당 지방자치단체의 지역구지방의회의원 보궐선거 등에 입후보하는 경우에는, 당해 선거의 선거일 전 90일까지 그 직을 그만두어야 한다. |2014년 7급| ○ ×

24. 비례대표국회의원이 지역구국회의원 보궐선거 등에 입후보하는 경우 선거일까지 그 직을 유지할 수 있다. |2017년 9급| ○ ×

25. 비례대표지방의회의원이 비례대표국회의원선거에 입후보하는 경우에는 후보자 등록신청 전까지 그 직을 그만두어야 한다. |2021년 9급| ○ ×

26. 지방자치단체의 장은 선거구역이 당해 지방자치단체의 관할구역과 같거나 겹치는 지역구국회의원선거에 입후보하고자 하는 때에는 당해 선거의 선거일 전 180일까지 그 직을 그만두어야 한다. |2014년 9급| ○ ×

27. 지방자치단체의 장은 선거구역이 당해 지방자치단체의 관할 구역과 같거나 겹치는 지역구국회의원선거에 입후보하고자 하는 때에는 당해 선거의 선거일 전 120일까지 그 직을 그만두어야 하지만 그 지방자치단체의 장이 임기가 만료된 후에 그 임기만료일부터 90일 후에 실시되는 지역구국회의원 선거에 입후보하려는 경우에는 그러하지 아니하다. |2019년 9급| ○ ×

해설

01. (공직선거법 제53조 제1항)
02. 대통령선거와 국회의원선거에 있어서 국회의원이 그 직을 가지고 입후보하는 경우와 지방의회의원선거와 지방자치단체의 장의 선거에 있어서 당해 지방자치단체의 의회의원이나 장이 그 직을 가지고 입후보하는 경우에는 그러하지 아니하다(공직선거법 제53조 제1항).
03. 04. (공직선거법 제53조 제1항)
05. 90일까지 그 직을 그만두어야 한다(공직선거법 제53조 제1항 제1호).
06. 90일까지 그 직을 그만두어야 한다(공직선거법 제53조 제1항 제2호).
07. (공직선거법 제53조 제1항 제2호)
08. (공직선거법 제53조 제1항 제5호)
09. (공직선거법 제53조 제1항 제9호)
10. 11. 12. (공직선거법 제53조 제2항 제2호)
13. 30일 전까지 그만두어야 한다(공직선거법 제53조 제2항 제2호).
14. 30일 전까지 그만두어야 한다(공직선거법 제53조 제2항 제3호).
15. 16. (공직선거법 제53조 제2항 제3호)
17. 18. 19. 20. 21. (공직선거법 제53조 제2항 제4호)
22. (공직선거법 제53조 제3항)
23. 24. 후보자등록신청 전까지 그 직을 그만두어야 한다(공직선거법 제53조 제3항).
25. 선거일 전 30일까지 그 직을 그만두어야 한다(공직선거법 제53조 제2항).
26. 120일 전까지 그 직을 그만두어야 한다(공직선거법 제53조 제5항).
27. (공직선거법 제53조 제5항)

✓ 정답 01 ○ 02 × 03 ○ 04 ○ 05 × 06 × 07 ○ 08 ○ 09 ○ 10 ○ 11 ○ 12 ○ 13 ×
14 × 15 ○ 16 ○ 17 ○ 18 × 19 ○ 20 ○ 21 ○ 22 ○ 23 ○ 24 ○ 25 ○ 26 ○ 27 ○

관련 예상문제

01. 「공공기관의 운영에 관한 법률」 제4조 제1항 제3호에 해당하는 기관의 상근 임원이 지방의회의원선거에 입후보하려는 경우 선거일 전 90일까지 그 직을 그만두어야 한다. ○ ×

02. 정당법상 정당의 당원이 될 수 있는 공무원과 사립학교교원도 선거의 공정성 유지를 위해 선거일 전 90일까지 그 직을 그만두어야 한다. ○ ×

03. 공직선거법 제1항부터 제3항까지의 규정을 적용하는 경우 그 소속기관의 장 또는 소속위원회에 사직원이 접수된 때에 그 직을 그만 둔 것을 본다. ○ ×

해설

01. 「공공기관의 운영에 관한 법률」 제4조 제1항 제3호에 해당하는 기관 중 정부가 **100분의 50 이상의 지분을 가지고 있는 기관(한국은행을 포함한다)**의 상근 임원이 대상이다(공직선거법 제53조 제1항 제4호).
02. 정당법상 정당의 당원이 될 수 있는 공무원과 사립학교교원은 적용 대상이 아니다(공직선거법 제53조 제1항 제1·7호).
03. (공직선거법 제53조 제4항)

✓ 정답 01 × 02 × 03 ○

069

01. 정당추천후보자가 사퇴하고자 하는 때에는 정당의 대리인이 당해 선거구선거관리위원회에 가서 서면으로 신고할 수 있다. | 2014년 9급 | ○ ×

02. 정당추천후보자가 사퇴하고자 하는 때에는 추천정당의 사퇴 승인서를 첨부하여 자신이 직접 당해 선거구선거관리위원회에 가서 서면으로 신고하여야 한다. | 2015년 9급 | ○ ×

해설

01. 본인이 직접 신고해야 한다(공직선거법 제54조).
02. (공직선거법 제54조)

✓ 정답 01 × 02 ○

070

01. 비례대표국회의원선거에 입후보하려는 사람에게 후보등록신청시에 1,500만원의 기탁금을 납부하도록 한 것은 헌법에 합치되지 않는다. | 2017년 7급 | ○ ×

02. 비례대표국회의원선거에서 후보자 등록을 신청하는 정당은 그 후보자 등록 신청 시에 비례대표국회의원후보자 1명마다 1천 500만원을 중앙선거관리위원회에 납부하여야 한다. | 2019년 9급 | ○ ×

03. 비례대표국회의원선거 후보자 등록 요건으로 지역구국회의원선거 후보자와 동일한 1,500만원의 기탁금을 납부하도록 하는 것은 정당 활동의 자유를 침해한다. | 2020년 7급 | ○ ×

04. 시·도지사 후보자가 되기 위하여 5,000만원의 기탁금을 납부하도록 하는 공직선거법 규정은 시·도지사선거에 출마하려는 사람의 피선거권과 선거운동의 자유 및 표현의 자유를 직접적으로 제한하고 있다. | 2020년 7급 | ○ ×

해설

01. 02. 03. **비례대표 기탁금조항**은 정당이 후보자 등록신청을 함에 있어서의 신지성을 확보하여 선거관리업무 및 비용의 증가를 방지하고, 선거과정에서 발생하는 불법행위에 대한 과태료 및 행정대집행비용을 사전 확보하기 위한 것으로서, **그 목적의 정당성 및 수단의 적합성이 인정된다.** 그런데 정당에 대한 선거로서의 성격을 가지는 **비례대표국회의원선거**는 인물에 대한 선거로서의 성격을 가지는 **지역구국회의원선거와 근본적으로 그 성격이 다르고, 공직선거법상 허용된 선거운동을 통하여 선거의 혼탁이나 과열을 초래할 여지가 지역구국회의원선거보다 훨씬 적다고 볼 수 있다.** 또한 비례대표국회의원선거에서 실제 정당에게 부과된 전체 과태료 및 행정대집행비용의 액수는 후보자 1명에 대한 기탁금액인 1,500만원에도 현저히 미치지 못하는데, **후보자 수에 비례하여 기탁금을 증액하는 것은 지나치게 과다한 기탁금을 요구하는 것이다.** 나아가 이러한 고액의 기탁금은 거대정당에게 일방적으로 유리하고, 다양해진 국민의 목소리를 제대로 대표하지 못하여 사표를 양산하는 다수대표제의 단점을 보완하기 위하여 도입된 비례대표제의 취지에도 반하는 것이다. **따라서 비례대표 기탁금조항은 침해의 최소성 원칙에 위반되며, 위 조항을 통해 달성하고자 하는 공익보다 제한되는 정당활동의 자유 등의 불이익이 크므로 법익의 균형성 원칙에도 위반된다.** 그러므로 비례대표 기탁금조항은 **과잉금지원칙을 위반하여 정당활동의 자유 등을 침해한다**(헌재 2016.10.27. 2014헌마797).

04. 시·도지사선거에서 기탁금제도는 후보자 난립을 방지하고, 아울러 선거운동에서의 불법행위에 대한 과태료 및 행정대집행 비용을 사전에 확보하기 위한 것으로, 그 기탁금액이 지나치게 많지 않는 한 이를 위헌이라고 할 수는 없다. **시·도지사 후보자로 등록하려는 사람에게 5천만 원의 기탁금을 납부하도록 한 이 사건 기탁금조항은 목적의 정당성 및 수단의 적합성이 인정된다.** 기탁금액은 후보자 등록 여부를 신중하게 고려하도록 하는 한편, 불성실한 후보자에게는 실질적인 제재효과가 미칠 수 있게 하는 등 후보자의 난립을 방지하고 선거의 신뢰성과 선거운동의 성실성을 담보할 수준에 이르러야 하는 점, 선거구수, 선거구의 규모나 선거구당 선거인수에 비추어보면 시·도지사선거에서 기탁금이 담보해야 할 과태료 또는 행정대집행 비용이 다른 선거들에 비하여 더 큰 액수일 것으로 쉽게 예상되는 점, 근로자 1인당 월평균 소득에 비추어 보았을 때 5천만 원의 기탁금이 적다고는 할 수 없으나, 기탁금제도의 입법목적, 시·도지사 선거에서 담보해야 할 과태료·행정대집행 비용, 기탁금 반환요건 등을 고려하면 시·도지사 후보자로 등록하는 것을 사실상 봉쇄하는 수준이라고 보기 어려운 점, 헌법재판소는 과거 시·도지사 후보자 기탁금 5천만 원에 대하여 공무담임권이나 평등권을 침해하지 않는다고 판단하였는데, 위 결정이 있은 이후의 화폐가치의 변화를 고려하면 시·도지사 후보자가 부담하여야 할 기탁금액의 실질적인 가치는 오히려 감소한 점 등을 종합하면, 이 사건 기탁금조항은 피해의 최소성 원칙에 위배되지 않는다. 그리고 이 사건 기탁금조항은 공무담임권을 영구히 박탈하는 것이 아니라 단지 후보자의 성실성 등을 담보하기 위하여 금전적 부담을 지우는 것일 뿐이고, 시·도지사 후보자는 자신이 선거에서 얻은 유효투표총수에 따라 기탁금액을 전액 또는 일부 반환받을 수 있으므로, **이 사건 기탁금조항으로 제한되는 사익의 정도가 이 사건 기탁금조항이 달성하고자 하는 공익의 정도보다 더 크다고 보기 어렵다. 이 사건 기탁금조항은 법익의 균형성 원칙에도 위배되지 않는다. 그렇다면 이 사건 기탁금조항은 과잉금지원칙에 위배되어 공무담임권을 침해하지 않는다**(헌재 2019.9.26, 2018헌마128).

정답 01 ○ 02 × 03 ○ 04 ×

071

01. 후보자 등록을 신청한 자가 납부한 기탁금은 체납처분이나 강제집행의 대상이 되지 아니한다. | 2019년 9급 |

○ ×

해설

01. (공직선거법 제56조 제2항)

정답 01 ○

관련 예상문제

01. 후보자 등록을 신청하는 자는 대통령 선거인 경우 3억원, 국회의원선거는 1,500만원, 시·도지사 선거는 5천만원을 기탁금으로 납부하여야 한다. ○ ×

02. 공직선거법 제261조에 따른 과태료 및 공직선거법 제271조에 따른 불법시설물 등에 대한 대집행 비용은 공직선거법 제57조제1항의 기탁금(제60조의2 제2항의 기탁금을 포함한다)에서 부담한다. ○ ×

해설

01. 지역구국회의원선거는 1천 500만원, 비례대표국회의원선거는 500만원이다(공직선거법 제56조 제1항).
02. (공직선거법 제56조 제3항)

정답 01 × 02 ○

072

01. 예비후보자의 사망 내지 당내경선 탈락 등 객관적인 사유로 기탁금 반환 요건을 한정하고 질병을 이유로 한 경우에는 기탁금 반환을 허용하지 아니한 것은 재산권을 침해한다. | 2015년 9급 | ○ ×

02. 예비후보자의 기탁금 반환 사유를 예비후보자의 사망, 당내경선 탈락으로 한정하는 것은 지역구국회의원선거 예비후보자의 재산권을 침해하지 않는다. | 2016년 7급 | ○ ×

03. 정당 소속 예비후보자가 경선에서 후보자로 선출되지 않아 후보자로 등록될 수 없는 경우에는 기탁금을 반환하는 것과 달리 무소속 예비후보자가 후보자로 등록하지 않은 경우에는 기탁금을 반환하지 않도록 하는 공직선거법 조항들이 평등권을 침해하는 것은 아니다. | 2015년 9급 | ○ ×

04. 예비후보자의 기탁금 반환사유는 후보자 등록을 하지 못할 정도에 이르는 예외적이고 객관적인 사유에 한정함이 상당하다. | 2017년 7급 | ○ ×

05. 선거운동의 과열·혼탁을 방지하고 예비후보자의 책임성과 성실성을 확보하기 위해서 예비후보자의 기탁금반환사유는 예외적이고 객관적인 사유에 한정하는 것이 상당하다. | 2019년 9급 | ○ ×

06. 예비후보자가 자신의 의사와 관계없이 당의 공천심사에서 탈락하고 본선거의 후보자 등록을 하지 않은 경우를 지역구국회의원선거 예비후보자의 기탁금 반환사유로 규정하지 않은 것은 예비후보자의 재산권을 침해한다. | 2018년 9급 | ○ ×

07. 지역구국회의원선거에서 유효투표 총수의 100분의 15 이상을 득표한 경우에는 기탁금 전액을, 유효투표 총수의 100분의 10 이상 15 미만을 득표한 경우에는 기탁금의 100분의 50에 해당하는 금액을 반환하도록 하는 공직선거법 규정은 공무담임권을 침해하지 아니한다. | 2020년 7급, 2023년 9급 | ○ ×

해설

01. 02. 예비후보자의 기탁금 반환 사유를 사망 내지 당내경선 탈락 등 객관적인 사유로 한정하고 질병을 이유로 한 경우에는 기탁금 반환을 허용하지 아니한 것은, 예비후보자의 무분별한 난립을 방지하고 예비후보자의 진지성과 책임성을 담보하기 위한 최소한의 제한으로 입법형성권의 범위와 한계 내에서 그 반환 요건을 규정한 것으로서, 과잉금지원칙에 반하여 청구인의 재산권을 침해한다고 볼 수 없다(헌재 2013.11.28. 2012헌마568).

03. 당내경선에 참가한 정당 소속 예비후보자는 경선에서 후보자로 선출되지 않으면 공직선거법 제57조의2 제2항에 따라 후보자로 등록될 수 없지만, 청구인과 같은 무소속 예비후보자는 후보자로 등록하는 데 아무런 법률상 장애가 없으므로, 법률상 장애로 인하여 후보자로 등록하지 못하는 자에 대해서는 기탁금을 반환하는 한편, 법률상 장애가 없음에도 스스로 후보자 등록을 하지 않은 자에 대해서는 기탁금을 반환하지 않도록 하는 것이 불합리한 차별이라고 보기 어려우므로 청구인의 평등권을 침해하지 아니한다(헌재 2010.12.28. 2010헌마79).

04. 05. 선거운동의 과열·혼탁을 방지하고 예비후보자의 책임성과 성실성을 확보하기 위해서 예비후보자의 기탁금 반환사유는 예외적이고 객관적인 사유에 한정하는 것이 상당하다고 할 것이므로, 이 사건 법률조항이 사망, 당내경선 탈락 등 객관적 사유로 후보자로 등록하지 못하는 자에 대해서는 기탁금을 반환하는 한편, 법률상 장애가 없음에도 스스로 후보자 등록을 하지 않은 자에 대해서는 기탁금을 반환하지 않도록 하는 것이 불합리한 차별이라고 보기 어렵다. 따라서 이 사건 법률조항은 청구인의 평등권을 침해하지 아니한다(헌재 2013.11.28. 2012헌마568).

06. 정당의 추천을 받고자 공천신청을 하였음에도 정당의 후보자로 추천받지 못한 예비후보자는 소속 정당에 대한 신뢰·소속감 또는 당선가능성 때문에 본선거의 후보자로 등록을 하지 아니할 수 있다. 이를 두고 예비후보자가 처음부터 진정성이 없이 예비후보자 등록을 하였다거나 예비후보자로서 선거운동에서 불성실하다고 단정할 수 없다. 심판대상조항으로 인해 정당 공천관리위원회의 심사에서 탈락한 예비후보자가 소속 정당을 탈당하고 본선거의 후보자로 등록한다면 오히려 무분별한 후보자 난립의 결과가 발생할 수도 있다. **예비후보자가 본선거에서 정당후보자로 등록하려 하였으나 자신의 의사와 관계없이 정당 공천관리위원회의 심사에서 탈락하여 본선거의 후보자로 등록하지 아니한 것은 후보자 등록을 하지 못할 정도에 이르는 객관적이고 예외적인 사유에 해당한다.** 따라서 이러한 사정이 있는 **예비후보자가 납부한 기탁금은 반환되어야 함에도 불구하고, 심판대상조항이 이에 관한 규정을 두지 아니한 것은 입법형성권의 범위를 벗어난 과도한 제한**이라고 할 수 있다. 이러한 예비후보자에게 그가 납부한 기탁금을 반환한다고 하여 예비후보자의 성실성과 책임성을 담보하는 공익이 크게 훼손된다고 할 수 없으므로, 그 공익은 심판대상조항이 이러한 예비후보자에게 기탁금을 반환하지 아니하도록 함으로써 그가 입게 되는 기본권 침해의 불이익보다 크다고 단정할 수 없다. 그러므로 심판대상조항은 과잉금지원칙에 반하여 청구인의 재산권을 침해한다(헌재 2018.1.25. 2016헌마541).

07. 지역구국회의원선거에서 유효투표 총수의 100분의 15 이상을 득표한 경우에는 기탁금 전액을, 유효투표 총수의 100분의 10 이상 15 미만을 득표한 경우에는 기탁금의 100분의 50에 해당하는 금액을 반환하도록 하는 공직선거법 규정은 공무담임권을 침해하지 아니한다(헌재 2016.12.29. 2015헌마509·1160).

✓ 정답 01 × 02 ○ 03 ○ 04 ○ 05 ○ 06 ○ 07 ○

073

01. 지역구국회의원후보자와 비례대표국회의원후보자 간에 기탁금 반환의 조건이 다르다. | 2017년 7급 |

02. 예비후보자가 당내경선에서 당해 정당의 후보자로 선출되지 아니하여 후보자로 등록될 수 없는 경우에는 기탁금을 반환받을 수 없다. | 2013년 7급 |

03. 자치구·시·군의장 선거에 출마한 후보자가 당선되지 않고 유효투표총수의 100분의 13을 득표한 경우에 반환받는 기탁금은 100만원이다. | 2016년 7급 |

04. 지역구국회의원선거 예비후보자가 본선거의 후보자로 등록을 한 후 그 선거에서 당선되거나 유효투표 총수의 100분의 15 이상을 득표한 경우에는 그가 납부한 기탁금 전액을 반환받게 된다.
| 2017년 7급, 2023년 9급 |

05. 관할선거구선거관리위원회는 지역구지방의회의원선거의 후보자가 유효투표총수의 100분의 10 이상 100분의 15 미만을 득표한 경우에는 기탁금의 100분의 50에 해당하는 금액을 선거일 후 30일 이내에 기탁자에게 반환한다. | 2023·2019년 9급 |

06. 비례대표국회의원선거에서 후보자명부에 올라 있는 후보자 중 당선인이 있는 때에는 기탁금 전액을 반환하지만, 후보자명부에 올라 있는 후보자 중 당선인 결정 전에 사퇴하거나 등록이 무효로 된 후보자의 기탁금은 제외한다. | 2020년 7급 |

07. 후보자가 공직선거법을 위반하여 과태료를 부과 받은 경우, 과태료가 반환해야 할 기탁금을 넘지 않는다면 관할 선거구선거관리위원회는 반환해야 할 기탁금에서 과태료를 공제하고 반환한다. | 2016년 7급 |

:⚖️ 해설

01. (공직선거법 제57조 제1항 제1·2호)
02. 기탁금 전액을 받는다(공직선거법 제57조 제1항 제1호 다목).
03. 500만원이다(공직선거법 제57조 제1항 제1호 나목).
04. (공직선거법 제57조 제1항 제1호 가목)
05. (공직선거법 제57조 제1항 제1호 나목)
06. (공직선거법 제57조 제1항 제2호)
07. (공직선거법 제57조 제2항)

✅ 정답 01 ○ 02 × 03 × 04 ○ 05 ○ 06 ○ 07 ○

| 관련 예상문제 |

01. 자치구·시·군의원선거 선거에 출마한 후보자가 당선되지 않고 유효투표총수의 100분의 13을 득표한 경우에 반환받는 기탁금은 100만원이다. ○×

02. 비례대표국회의원선거 당선인의 결정 전에 사퇴하거나 등록이 무효로 된 후보자의 기탁금은 전액 반환한다. ○×

03. 후보자가 공직선거법을 위반하여 과태료를 부과 받거나 불법시설물 등에 대한 대집행 비용을 부담해야 하는 경우, 부과금 또는 부담 비용이 반환해야 할 기탁금을 넘지 않는다면 그 차액을 관할 선거구선거관리위원회가 반환할 때 공제하되, 기탁금이 전액 국가 또는 지방자치단체에 귀속되면 부과금 또는 부담비용 전액을 해당 선거구선거관리위원회의 고지에 따라 그 고지를 받은 날부터 30일 이내에 납부하여야 한다. ○×

04. 정당의 공천심사에서 탈락한 후 후보자 등록을 하지 않은 경우를 기탁금 반환 사유로 규정하지 않은 구 공직선거법 제57조 제1항 중 제1호 다목의 '지방자치단체의 장선거'에 관한 부분은 과잉금지원칙에 반하여 청구인의 재선권을 침해한다. ○×

:📖 해설

01. (공직선거법 제57조 제1항 제1호 나목)
02. (공직선거법 제57조 제1항 제2호)
03. 10일 이내 납부하여야 한다(공직선거법 제57조 제2항).
04. (헌재 2020.9.24. 2018헌가15)

✅ 정답 01 ○ 02 ○ 03 × 04 ○

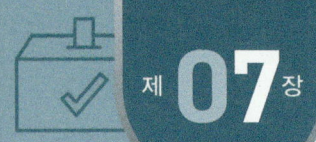

제07장 정당의 후보자추천을 위한 당내경선

074

01. 당내경선에 참가하여 당해 정당의 후보자로 선출되지 아니한 자는, 후보자로 선출된 자가 사퇴·사망·피선거권 상실 또는 당적의 이탈·변경 등으로 그 자격을 상실하지 않은 이상, 당해 선거의 같은 선거구에 입후보할 수 없다. | 2013년 9급 |

02. 정당이 당헌이나 당규에 따라 당내경선을 대체하는 여론조사를 실시하는 경우에도 경선후보자로서 당해 정당의 후보자로 선출되지 아니한 자는 당해 선거의 같은 선거구에서는 원칙적으로 후보자로 등록될 수 없다. | 2014년 9급 |

03. 정당이 당내경선을 실시하는 경우 경선후보자로서 당해 정당의 후보자로 선출되지 아니한 자는 당해 선거의 다른 선거구에서는 후보자로 등록될 수 있다. | 2014년 7급, 2014년 9급 |

04. 정당이 당내경선을 실시하는 경우 경선후보자가 당해 정당의 후보자로 선출되지 못하였더라도 후보자로 선출된 자가 당적의 이탈로 그 자격을 상실한 때에는 당해 선거구의 후보자로 등록될 수 있다. | 2016년 7급 |

05. 정당이 당내경선을 실시하는 경우 경선후보자로서 당해 정당의 후보자로 선출되지 아니한 자는 당해 선거의 같은 선거구에서는 후보자로 등록될 수 없으나, 후보자로 선출된 자가 사퇴·사망·피선거권 상실 또는 당적의 이탈·변경 등으로 그 자격을 상실한 때에는 그러하지 아니하다. | 2019년 9급 |

06. 당내경선에서 정당의 후보자로 선출된 자가 당적을 이탈하여 후보자 자격을 상실한 경우에는 당내경선에서 후보자로 선출되지 않은 자라 하더라도 당해 선거의 같은 선거구에서 후보자로 등록될 수 있다. | 2019년 7급 |

07. 선거운동을 할 수 없는 통·리 또는 반의 장은 당내경선의 선거인이 될 수 없다. | 2013년 7급 |

08. 사립초등학교 교원은 정당의 당내경선의 선거인이 될 수 있다. | 2020년 7급 |

해설

01. 02. 03. 04. 05. 06. (공직선거법 제57조의2 제2항)
07. 08. (공직선거법 제57조의2 제3항)

〈정당법 제22조〉
① 국회의원 선거권이 있는 자는 공무원 그밖에 그 신분을 이유로 정당가입이나 정치활동을 금지하는 다른 법령의 규정에 불구하고 누구든지 정당의 발기인 및 당원이 될 수 있다
1. 국가공무원법 제2조(공무원의 구분) 또는 지방공무원법 제2조(공무원의 구분)에 규정된 공무원. 다만, 대통령, 국무총리, 국무위원, 국회의원, 지방의회의원, 선거에 의하여 취임하는 지방자치단체의 장, 국회 부의장의 수석비서관·비서관·비서·행정보조요원, 국회 상임위원회·예산결산특별위원회·윤리특별위원회 위원장의 행정보조요원, 국회의원의 보좌관·비서관·비서, 국회 교섭단체대표의원의 행정비서관, 국회 교섭단체의 정책연구위원·행정보조요원과 고등교육법 제14조(교직원의 구분) 제1항·제2항에 따른 교원은 제외한다.
2. 고등교육법 제14조 제1항·제2항에 따른 교원을 제외한 사립학교의 교원
3. 법령의 규정에 의하여 공무원의 신분을 가진 자
② 대한민국 국민이 아닌 자는 당원이 될 수 없다.

✓ 정답 01 ○ 02 ○ 03 ○ 04 ○ 05 ○ 06 ○ 07 × 08 ×

| 관련 예상문제 |

01. 국민인 사립고등학교의 직원은 당내경선의 선거인이 될 수 없다. ○ ×

해설
01. 국민인 사립 고등학교의 직원은 당내경선의 선거인이 될 수 있으나 교원은 될 수 없다(공직선거법 제57조의2 제3항).

✓ 정답 01 ×

075

01. 당원과 당원이 아닌 자에게 투표권을 부여하여 실시하는 당내경선에서는 경선후보자가 작성한 1종의 홍보물을 정당이 1회에 한하여 발송할 수 있다. | 2015년 7급, 2018년 9급 | ○ ×

02. 정당이 당원과 당원이 아닌 자에게 투표권을 부여하여 실시하는 당내경선에서는 정당이 경선후보자가 작성한 1종의 홍보물을 1회에 한하여 발송하는 방법 및 정당이 합동연설회 또는 합동토론회를 옥내 및 옥외에서 개최하는 방법 외의 방법으로 경선운동을 할 수 없다. | 2020년 7급 | ○ ×

03. 예비후보자가 피켓을 노상에 게시하거나 제3자로 하여금 들고 있게 하는 것은 예비후보자임을 나타내는 표지물을 착용하는 행위에 해당한다. | 2017년 7급 | ○ ×

04. 정당이 당원과 당원이 아닌 자에게 투표권을 부여하여 실시하는 당내경선에서, 경선후보자이지만 예비후보자가 아닌 사람이 당내경선운동을 위하여 어깨띠를 메는 행위를 할 수 있다. | 2021년 9급 | ○ ×

05. 정당이 당내경선을 위한 경선홍보물을 발송하거나 합동연설회 또는 합동토론회를 개최하는 때에는 당해 선거의 관할선거구선거관리위원회에 신고하여야 한다. | 2014년 9급 | ○ ×

해설

01. (공직선거법 제57조의3 제1항 제2호)
02. 옥내에서만 개최할 수 있다. 공직선거법 제60조의3 제1항 제1·2호에 따른 방법도 있다(공직선거법 제57조의3 제1항).
03. 예비후보자 외에 제3자가 어깨띠나 표지물을 착용하는 행위나 예비후보자가 피켓을 노상에 게시하는 것은 금지된다(공직선거법 제57조의3 제1항).
04. 어깨띠를 메는 행위를 할 수 없다(공직선거법 제57조의3 제1항).
05. (공직선거법 제57조의3 제2항)

✓ **정답** 01 ○ 02 × 03 × 04 × 05 ○

관련 예상문제

01. 당원과 당원이 아닌 자에게 투표권을 부여하여 실시하는 당내경선에서는 경선후보자가 자신의 성명·사진·전화번호 등 홍보에 필요한 사항을 게재한 길이 9센티미터 너비 5센티미터 이내의 명함을 직접 주거나 지지를 호소하는 행위를 할 수 있다. ○ ×

02. 당원과 당원이 아닌 자에게 투표권을 부여하여 실시하는 당내경선에서는 정당이 옥외에서는 합동연설회 또는 합동토론회를 개최할 수 없다. ○ ×

해설

01. (공직선거법 제57조의3 제1항 제1호)
02. (공직선거법 제57조의3 제1항 제3호)

✓ **정답** 01 ○ 02 ○

076 □□□

01. 관할선거구선거관리위원회가 당내경선사무의 관리를 위탁받아 시행한 당내경선이나 후보자선출과정에 하자가 있다면 그 경선을 통해 정당의 추천을 받은 후보자가 입후보하여 당선된 선거는 당연무효이다. | 2019년 7급 | ○⊠

> **해설**
>
> **01.** 정당의 후보자 추천을 위한 당내경선에 관한 공직선거법 제57조의2 제1항, 제57조의4 제1항, 제57조의7 규정의 입법 취지는, 공정한 당내경선이 이루어지도록 하기 위하여 선거사무에 관하여 전문적인 지식과 경험을 갖춘 관할선거구선거관리위원회가 당내경선사무 중 경선운동, 투표 및 개표에 관한 사무의 관리를 위탁받을 수 있는 법적 근거를 마련하는 한편, 그 경선 및 선출의 효력에 대한 이의제기는 당해 정당에 하도록 규정함으로써 정당의 민주적 활동의 자유를 보호하기 위한 핵심 요소에 해당하는 정당의 자율성을 보장하려는 데 있다고 해석하는 것이 타당하다. 따라서 위와 같은 공직선거법의 내용, 형식 및 입법 취지 등에 비추어 보면, **관할선거구선거관리위원회가 당내경선사무 중 경선운동, 투표 및 개표에 관한 사무의 관리를 위탁받아 시행한 당내경선이나 후보자 선출 과정에 어떠한 하자가 있다고 하여 특별한 사정이 없는 이상 곧바로 그 경선을 통해 정당의 추천을 받은 후보자가 입후보하여 당선된 선거가 무효라고 할 수 없다**(대판 2013.3.28, 2012수59).
>
> ✓ 정답 01 ✗

077 □□□

01. 최근에 실시된 임기만료에 의한 국회의원선거에 참여하여 국회의원선거의 득표수 비율이 100분의 2 이상이더라도 현재 의석이 없는 정당은 당내경선사무 중 경선운동, 투표 및 개표에 관한 사무의 관리를 당해 선거의 관할선거구선거관리위원회에 위탁할 수 없다. | 2014년 7급 | ○⊠

02. 정치자금법 제27조의 규정에 따라 보조금의 배분대상이 되는 정당은 당내경선사무 중 경선운동, 투표 및 개표에 관한 사무의 관리를 당해 선거의 관할선거구선거관리위원회에 위탁할 수 있다. | 2015년 9급 | ○⊠

03. 모든 정당은 당내경선사무 중 경선운동, 투표 및 개표에 관한 사무의 관리를 당해 선거의 관할선거구선거관리위원회에 위탁할 수 있다. | 2020년 7급 | ○⊠

04. 관할선거구선거관리위원회가 당내경선의 투표 및 개표에 관한 사무를 수탁관리하는 경우 투표 및 개표참관인 수당은 당해 정당이 부담한다. | 2013년 7급 | ○⊠

05. 관할선거구선거관리위원회가 당내경선의 투표 및 개표에 관한 사무를 수탁관리하는 경우 그 비용은 국가가 부담하나, 투표 및 개표참관인의 수당은 당해 정당이 부담한다. | 2014년 7급 | ○⊠

06. 정치자금법에 따라 보조금의 배분대상이 되는 정당은 당내경선사무 중 경선운동, 투표 및 개표에 관한 사무의 관리를 당해 선거의 관할선거구선거관리위원회에 위탁할 수 있으며 이 경우에 그 비용은 정당이 부담한다. | 2018년 9급 | ○⊠

해설

01. 정치자금법 제27조(보조금의 배분)의 규정에 따라 보조금의 배분대상이 되는 정당은 당내경선사무 중 경선운동, 투표 및 개표에 관한 사무의 관리를 당해 선거의 관할선거구선거관리위원회에 위탁할 수 있다(공직선거법 제57조의4 제1항).

> **정치자금법 제27조 제2항**
> ② 보조금 지급 당시 제1항의 규정에 의한 배분·지급대상이 아닌 정당으로서 5석 이상의 의석을 가진 정당에 대하여는 100분의 5씩을, **의석이 없거나** 5석 미만의 의석을 가진 정당 중 다음 각 호의 어느 하나에 해당하는 정당에 대하여는 보조금의 100분의 2씩을 배분·지급한다.
> 1. 최근에 실시된 임기만료에 의한 국회의원선거에 참여한 정당의 경우에는 국회의원선거의 득표수 비율이 100분의 2 이상인 정당
> 2. 최근에 실시된 임기만료에 의한 국회의원선거에 참여한 정당 중 제1호에 해당하지 아니하는 정당으로서 의석을 가진 정당의 경우에는 최근에 전국적으로 실시된 후보추천이 허용되는 비례대표시·도의회의원선거, 지역구시·도의회의원선거, 시·도지사선거 또는 자치구·시·군의 장선거에서 당해 정당이 득표한 득표수 비율이 100분의 0.5 이상인 정당
> 3. 최근에 실시된 임기만료에 의한 국회의원선거에 참여하지 아니한 정당의 경우에는 최근에 전국적으로 실시된 후보추천이 허용되는 비례대표시·도의회의원선거, 지역구시·도의회의원선거, 시·도지사선거 또는 자치구·시·군의 장선거에서 당해 정당이 득표한 득표수 비율이 100분의 2 이상인 정당

02. (공직선거법 제57조의4 제1항)
03. 정치자금법 제27조(보조금의 배분)의 규정에 따라 보조금의 배분대상이 되는 정당이 대상이다(공직선거법 제57조의4 제1항).
04. 05. (공직선거법 제57조의4 제2항)
06. 투표 및 개표에 관한 사무를 수탁관리하는 경우에는 그 비용은 국가가 부담하고 투표 및 개표참관인의 수당은 당해 정당이 부담한다(공직선거법 제57조의4 제2항).

✓ 정답 01 ✕ 02 ○ 03 ✕ 04 ○ 05 ○ 06 ✕

관련 예상문제

01. 최근에 실시된 임기만료에 의한 국회의원선거에 참여하지 아니한 정당은 당내경선사무 중 경선운동, 투표 및 개표에 관한 사무의 관리를 당해 선거의 관할선거구선거관리위원회에 위탁할 수 없다. ○✕

02. 관할선거구선거관리위원회가 당내경선의 투표 및 개표의 관한 사무를 수탁관리하는 경우에는 투표 및 개표참관인의 수당을 포함한 일체의 비용을 국가가 부담한다. ○✕

해설

01. 최근에 실시된 임기만료에 의한 국회의원선거에 참여하지 아니한 정당으로서 의석을 가진 정당의 경우에는 정당법 제27조 제2항 제2호의 규정에 의하여 참여할 수 있다(공직선거법 제57조의4 제1항).
02. 투표 및 개표참관인의 수당은 정당이 부담한다(공직선거법 제57조의4 제2항).

✓ 정답 01 ✕ 02 ✕

078

01. 소속 당원만을 대상으로 당내경선을 실시하는 경우에는 당원인 공무원은 경선운동을 할 수 있다.
| 2013년 7급 |

02. 공직선거법에 따라 선거운동을 할 수 없는 사람은 당내경선에서 경선운동을 할 수 없으나, 소속 당원만을 대상으로 하는 당내경선에서 당원이 될 수 있는 사람이 경선운동을 하는 경우에는 그러하지 아니하다. | 2020·2014년 7급, 2019·2018 9급 |

03. 대한민국 국민이 아닌 자는 소속 당원만을 대상으로 하는 당내경선에서 경선운동을 할 수 없다.
| 2019년 7급 |

해설

01. 소속 당원만을 대상으로 하는 당내경선에서 당원이 될 수 있는 사람은 가능하다. 다만, 그 지위를 이용하여 당내경선에서 경선운동을 할 수는 없다(공직선거법 제57조의6 제1·2항).

02. 03. (공직선거법 제57조의6 제1항)

정답 01 ○ 02 ○ 03 ○

관련 예상문제

01. 공직선거법 제53조 제1항 제6호 가운데 지방공기업법 제2조에 규정된 지방공단인 광주광역시□□공단의 상근직원의 당내 경선운동을 일률적으로 금지·처벌하는 것은 정치적 표현의 자유를 침해한다.

02. 지방공기업법 제2조에 규정된 지방공단인 광주광역시□□공단의 상근직원은 경선운동에 이르지 아니하는 통상적인 정당활동 등을 할 수 있고, 소속 당원만을 대상으로 하는 당내경선에서는 경선운동을 할 수도 있는 점 등을 고려하면 공직선거법 제57조의6 제1항 본문의 '제60조 제1항 제5호 중 제53조 제1항 제6호 가운데 지방공기업법 제2조에 규정된 지방공단인 광주광역시□□공단의 상근직원'에 관한 부분 및 같은 법 제255조 제1항 제1호 중 위 해당부분은 헌법에 위반되지 않는다.

해설

01. (헌재 2021.4.29, 2019헌가11)

02. 이 사건 공단의 상근직원이 그 지위를 이용하여 경선운동을 하는 행위를 금지·처벌하는 규정을 두는 것은 별론으로 하고, 이 사건 공단의 상근직원의 경선운동을 일률적으로 금지·처벌하는 것은 정치적 표현의 자유를 과도하게 제한하는 것이다. 그러므로 심판대상조항은 침해의 최소성 원칙에 위배된다. 심판대상조항이 당원이 아닌 자에게도 투표권을 부여하여 실시하는 당내경선에서 이 사건 공단의 상근직원 모두에 대하여 일률적으로 경선운동을 금지하는 것은 정치적 표현의 자유를 중대하게 제한하는 것인 반면, 이 사건 공단의 상근직원이 당내경선에서 공무원에 준하는 영향력이 있다고 볼 수 없는 점 등을 고려하면 심판대상조항이 당내경선의 형평성과 공정성의 확보라는 공익에 기여하는 바가 크다고 보기 어렵다. 따라서 심판대상조항은 법익의 균형성을 충족하지 못하였다. 심판대상조항은 과잉금지원칙에 반하여 정치적 표현의 자유를 침해하므로 헌법에 위반된다(헌재 2021.4.29, 2019헌가11).

정답 01 ○ 02 ✕

079

01. 정당이 관할선거구선거관리위원회에 당내경선을 위탁하여 실시하는 경우에는 그 경선 및 선출의 효력에 대한 이의제기는 당해 정당에 하여야 한다. | 2013년 7급, 2019년 9급 |

02. 당내경선을 위탁하여 실시하는 경우에 그 경선 및 선출의 효력에 대한 이의제기는 당해 정당이나 당해 선거의 관할선거구선거관리위원회에 한다. | 2014년 9급 |

03. 당내경선을 위탁하여 실시하는 경우에 그 경선 및 선출의 효력에 대한 이의제기는 관할선거구선거관리위원회에 하여야 한다. | 2015년 7급 |

해설

01. (공직선거법 제57조의7)
02. 03. 당해 정당에 하여야 한다(공직선거법 제57조의7).

✓ 정답 01 ○ 02 × 03 ×

080

01. 모든 정당은 정당활동을 위하여 여론수렴이 필요한 경우에는 중앙선거관리위원회를 경유하여 이동통신사업자에게 이용자의 이동전화번호가 노출되지 아니하도록 생성한 번호를 제공하여 줄 것을 서면으로 요청할 수 있다. | 2019년 9급 |

02. 관할 선거관리위원회는 제출된 휴대전화 가상번호 제공 요청서에 기재사항이 누락되었거나 심사를 위하여 추가로 자료가 필요하다고 판단되는 때에는 해당 정당의 휴대전화 가상번호 제공 요청서의 보완 또는 자료의 제출을 요구할 수 있으며, 그 요구를 받은 정당은 지체 없이 이에 따라야 한다. | 2016년 7급 |

03. 이동통신사업자는 중앙선거관리위원회규칙으로 정하는 바에 따라 이용자에게 정당의 당내경선이나 여론수렴 등을 위하여 본인의 이동전화번호가 정당에 휴대전화 가상번호로 제공된다는 사실과 그 제공을 거부할 수 있다는 사실을 알려야 한다. | 2016년 7급, 2018년 9급 |

04. 휴대전화 가상번호를 제공받은 자(그 대표자 및 구성원을 포함한다)는 유효기간이 지난 휴대전화 가상번호를 즉시 폐기하여야 한다. | 2016년 7급 |

05. 누구든지 휴대전화 가상번호를 제공한 이동통신사업자에게 당내경선의 결과 효력이나 여론수렴의 결과에 대하여 이의를 제기할 수 있다. | 2016년 7급 |

01. 국회에 의석을 가진 정당 (공직선거법 제57조의8 제1항)
02. (공직선거법 제57조의8 제4항)
03. (공직선거법 제57조의8 제6항)
04. (공직선거법 제57조의8 제10항)
05. 누구든지 휴대전화 가상번호를 제공한 이동통신사업자에게 당내경선의 결과·효력이나 여론수렴의 결과에 대하여 이의를 제기할 수 없다(공직선거법 제57조의8 제12항).

☑ 정답 01 × 02 ○ 03 ○ 04 ○ 05 ×

관련 예상문제

01. 국회에 의석을 가진 정당은 당내경선을 위한 여론조사를 실시하는 경우 직접적으로 이동통신사업자에게 이용자의 이동전화번호가 노출되지 아니하도록 생성한 번호를 제공하여 줄 것을 서면으로 요청할 수 있다. ○×

02. 국회에 의석을 가진 정당은 여론수렴 기간 개시일 전 10일까지 이동통신사에 휴대전화 가상번호 제공 요청서를 제출하여야 한다. ○×

03. 국회에 의석을 가진 정당이 당내경선을 위한 휴대전화 가상번호가 필요한 때에 당내경선 선거일 전 10일까지 관할 선거관리위원회에 휴대전화 가상번호 제공 요청서를 제출하여야 하고 관할선거관리위원회는 제출받은 날부터 3일 이내에 해당 요청서를 이동통신사업자에게 송부하여야 한다. ○×

04. 이동통신사업자가 정당으로부터 휴대전화 가상번호 제공 요청을 받은 때에는 그 요청을 받은 날부터 3일 이내에 휴대전화 가상번호 제공 요청서에 따라 휴대전화 가상번호를 생성하여 유효기간을 설정한 다음 관할 선거관리위원회를 경유하여 해당 정당에 제공하여야 한다. ○×

05. 이동통신사업자는 이용자 수의 부족 등으로 제공할 수 있는 휴대전화 가상번호 수가 제공하여야 하는 휴대전화 가상번호 수 보다 적은 때에는 해당 정당과 협의하여 제공하여야 하는 휴대전화 가상번호 수를 조정할 수 있다. ○×

06. 정당이 공직선거법57조의8 5항에 따라 이동통신사업자로부터 제공받은 휴대전화 가상번호를 정당활동을 위한 여론조사를 실시하거나 여론수렴을 하기 위하여 여론조사 기관·단체에 제공할 수 있다. ○×

07. 이동통신사업자가 공직선거법 제5항에 따라 휴대전화 가상번호를 생성하여 제공하는데 소요되는 비용은 휴대전화 가상번호의 제공을 요청한 해당 정당이 부담한다. 이 경우 이동통신사업자는 휴대전화 가상번호 생성·제공에 소요되는 최소한의 비용을 청구하여야 한다. ○×

> 해설

01. 관할 선거관리위원회를 경유한다(공직선거법 제57조의8 제1항).
02. 관할 선거관리위원회에 제출하여야 하고 심사 후 제출 받은 날부터 3일 이내에 이동 통신사업자에게 송부하여야 한다(공직선거법 제57조의8 제2항).
03. 당내경선 선거일 전 23일까지이다(공직선거법 제57조의8 제2항).
04. 요청을 받은 날부터 7일 이내이다(공직선거법 제57조의8 제5항).
05. 이동통신사업자는 이용자 수의 부족 등으로 제공할 수 있는 휴대전화 가상번호 수가 제공하여야 하는 휴대전화 가상번호 수 보다 적은 때에는 **지체 없이 관할 선거관리위원회에 통보하여야 하고, 관할 선거관리위원회는 중앙선거관리위원회규칙으로 정하는 바에 따라 해당 정당과 협의**하여 제공하여야 하는 휴대전화 가상번호 수를 조정할 수 있다(공직선거법 제57조의8 제5항).
06. (공직선거법 제57조의8 제8항)
07. (공직선거법 제57조의8 제11항)

✓ 정답 01 × 02 × 03 × 04 × 05 × 06 ○ 07 ○

081

01. 선거운동에 해당하는지는 행위를 하는 주체 내부의 의사가 아니라 외부에 표시된 행위를 대상으로 객관적으로 판단하여야 한다. | 2018년 7급 |

02. 선거운동에 해당하는지는 선거 관련 국가기관이나 법률전문가의 관점에서 사후적·회고적인 방법이 아니라 일반인, 특히 선거인의 관점에서 행위 당시의 구체적인 상황에 기초하여 판단하여야 한다. | 2018년 7급 |

03. 문제된 행위가 특정 선거를 위한 것이라고 인정하려면, 단순히 어떤 사람이 향후 언젠가 어떤 선거에 나설 것이라는 예측을 할 수 있는 정도로는 부족하고, 특정 선거를 전제로 선거에서 당락을 도모하는 행위임을 선거인이 명백히 인식할 수 있는 객관적 사정이 있어야 한다. | 2018년 7급 |

04. 일상적인 사회활동과 통상적인 정치활동에 인지도와 긍정적 이미지를 높이려는 목적이 있는 경우, 행위가 특정한 선거를 목표로 하여 선거에서 특정인의 당선 또는 낙선을 도모하는 목적의사가 표시된 것으로 인정되지 않더라도 선거운동이라고 볼 수 있다. | 2018년 7급 |

05. 당내경선에서의 당선 또는 낙선을 위한 행위에 부수적으로 공직선거에서의 당선 또는 낙선을 도모하고자 하는 의사가 포함되어 있다면 이는 선거운동에 해당한다. | 2019년 7급 |

01. 02. 03. 04. '선거운동'은 특정 선거에서 특정 후보자의 당선 또는 낙선을 도모한다는 목적의사가 객관적으로 인정될 수 있는 행위를 말하는데, 이에 해당하는지는 행위를 하는 <u>주체 내부의 의사가 아니라 외부에 표시된 행위를 대상으로 객관적으로 판단하여야</u> 한다. 따라서 행위가 당시의 상황에서 객관적으로 보아 그와 같은 목적의사를 실현하려는 행위로 인정되지 않음에도 행위자가 주관적으로 선거를 염두에 두고 있었다거나, 결과적으로 행위가 단순히 선거에 영향을 미친다거나 또는 당선이나 낙선을 도모하는 데 필요하거나 유리하다고 하여 선거운동에 해당한다고 할 수 없다. 또 <u>선거 관련 국가기관이나 법률전문가의 관점에서 사후적·회고적인 방법이 아니라 일반인, 특히 선거인의 관점에서 행위 당시의 구체적인 상황에 기초하여 판단하여야</u> 하므로, 개별적 행위들의 유기적 관계를 치밀하게 분석하거나 법률적 의미와 효과에 치중하기보다는 문제 된 행위를 경험한 선거인이 행위 당시의 상황에서 그러한 목적의사가 있음을 알 수 있는지를 살펴보아야 한다. 위와 같은 목적의사는 특정한 선거에 출마할 의사를 밝히면서 그에 대한 지지를 부탁하는 등의 명시적인 방법뿐만 아니라 당시의 객관적 사정에 비추어 선거인의 관점에서 특정 선거에서 당선이나 낙선을 도모하려는 목적의사를 쉽게 추단할 수 있을 정도에 이른 경우에도 인정할 수 있다. 위와 같은 목적의사가 있었다고 추단하려면, <u>단순히 선거와의 관련성을 추측할 수 있다거나 선거에 관한 사항을 동기로 하였다는 사정만으로는 부족하고 특정 선거에서의 당락을 도모하는 행위임을 선거인이 명백히 인식할 만한 객관적인 사정에 근거하여야</u> 한다. 선거운동은 대상인 선거가 특정되는 것이 중요한 개념표지이므로 문제 된 행위가 특정 선거를 위한 것임이 인정되어야만 선거운동에 해당하는데, 행위 당시의 상황에서 특정 선거의 실시에 대한 예측이나 확정 여부, 행위의 시기와 특정 선거일 간의 시간적 간격, 행위의 내용과 당시의 상황, 행위자와 후보자의 관계 등 여러 객관적 사정을 종합하여 선거인의 관점에서 문제 된 행위가 특정 선거를 대상으로 하였는지를 합리적으로 판단하여야 한다. 한편 정치인은 누구나 기회가 오면 장래의 적절한 선거에 출마하여 당선될 것을 목표로 삼고 있는 사람이고, 선거운동은 특정한 선거에서 당락을 목표로 하는 행위이므로, 문제 된 행위가 특정 선거를 위한 것이라고 인정하려면, 단순히 어떤 사람이 향후 언젠가 어떤 선거에 나설 것이라는 예측을 할 수 있는 정도로는 부족하고, 특정 선거를 전제로 선거에서 당락을 도모하는 행위임을 선거인이 명백히 인식할 수 있는 객관적 사정이 있어야 한다.
정치인이 일상적인 사회활동과 통상적인 정치활동의 일환으로 선거인과 접촉하여 자신의 인격에 대한 공감과 정치적 식견에 대한 찬성과 동의를 구하는 한편, 그들의 의견을 청취·수용하여 지지를 받을 수 있는 정책을 구상·수립하는 과정을 통하여 이른바 인지도와 긍정적 이미지를 제고하여 정치적 기반을 다지는 행위에도 위와 같은 판단 기준이 그대로 적용되어야 한다. 따라서 <u>그와 같은 일상적인 사회활동과 통상적인 정치활동에 인지도와 긍정적 이미지를 높이려는 목적이 있다 하여도 행위가 특정 선거를 목표로 하여 선거에서 특정인의 당선 또는 낙선을 도모하는 목적의사가 표시된 것으로 인정되지 않는 한 **선거운동이라고 볼 것은 아니다**</u>(대판 2016.8.26, 2015도11812).

05. 공직선거에 출마할 정당 추천 후보자 선출을 위한 당내경선에서 당선 또는 낙선을 위한 행위에 부수적으로 공직선거에서 당선 또는 낙선을 도모하는 의사가 포함되어 있다는 사정만으로 공직선거법상 '선거운동'에 해당하는지 여부(소극) (대판 2013.5.9, 2013도2681)

✅ **정답** 01 ○ 02 ○ 03 ○ 04 × 05 ×

제08장 선거운동

082

01. 선거운동 규제는 법률에서 개별적으로 제한 금지하지 않으면 선거운동을 허용하는 개별적 제한 금지 방식을 취하고 있다. | 2016년 7급 |

> **해설**
>
> 01. (공직선거법 제58조 제2항)
>
> ⊘ 정답 01 ○

083

01. 특정 정당 또는 후보자를 지지·추천하거나 반대하는 내용을 포함하여 하는 투표참여 권유행위를 금지하고 이를 형사처벌하는 것은 과잉금지원칙에 위반되어 정치적 표현의 자유를 침해한다. | 2019년 9급 |

> **해설**
>
> 01. 심판대상조항은 사실상 투표참여 권유를 빙자한 선거운동이 방치되지 않도록 이를 금지함으로써 선거의 공정성을 제고하기 위한 것이고, 심판대상조항을 위반한 자를 형사처벌하는 것은 그 입법목적을 달성하기 위한 효과적인 수단이 되며, 선거운동을 제한하는 공직선거법 규정, 심판대상조항의 처벌 범위 및 법정형 등에 비추어 심판대상조항 신설로 정치적 표현의 자유가 과도하게 제한된다고 볼 수 없고, 심판대상조항으로 인한 정치적 표현의 자유의 제한 정도가 그 제한으로 달성하려는 공익상 목적인 선거의 공정성 확보에 비하여 크지 않으므로, 심판대상조항은 과잉금지원칙에 위반되어 정치적 표현의 자유를 침해한다고 할 수 없다(헌재 전원재판부 2018.7.26, 2017헌가9, 합헌).
>
> ⊘ 정답 01 ×

084

01. 지방자치단체의 장의 선거에 있어 선거권이 있는 외국인은 해당 선거에 한하여 투표 참여를 권유하는 행위를 할 수 있다. | 2019년 9급 |

02. 누구든지 선거일에 호별로 방문하여 투표참여를 권유하는 행위를 할 수 없다. | 2019년 9급 |

03. 누구든지 사전투표소 또는 투표소로부터 100미터 안에서 투표참여를 권유하는 행위를 할 수 없다. | 2019년 9급 |

04. 누구든지 현수막 등 시설물에 정당의 명칭을 유추할 수 있는 내용을 나타내어 투표참여를 권유하는 행위를 할 수 없다. | 2019년 9급 |

해설

01. 누구든지 투표참여를 권유하는 행위를 할 수 있다(공직선거법 제58조의2).
02. (공직선거법 제58조의2 제1호)
03. (공직선거법 제58조의2 제2호)
04. (공직선거법 제58조의2 제4호)

정답 01 × 02 ○ 03 ○ 04 ○

085

01. 문자메시지를 전송하는 방법으로 선거운동을 하는 경우 자동 동보통신의 방법으로 전송할 수 있는 자는 후보자와 예비 후보자에 한하되, 그 횟수는 8회(후보자의 경우 예비후보자로서 전송한 횟수를 포함한다)를 넘을 수 없다. | 2017년 9급 |

02. 후보자가 문자메시지를 전송하는 방법으로 선거운동을 하는 경우, 예비후보자로서 전송한 횟수를 제외하고 8회까지 자동 동보통신의 방법으로 전송할 수 있으며, 이때 중앙선거관리위원회규칙에 따라 신고한 1개의 전화번호만을 사용하여야 한다. | 2019년 7급 |

03. 인터넷 홈페이지 또는 그 게시판 대화방 등에 글이나 동영상 등을 게시하거나 전자우편을 전송하는 방법으로 선거운동을 하는 경우, 전자우편 전송대행업체에 위탁하여 전자우편을 전송할 수 있는 사람은 후보자와 예비후보자 및 그 배우자에 한한다. | 2014년 7급 |

04. 전자우편을 전송하는 방법으로 선거운동을 하는 경우 전자우편 전송대행업체에 위탁하여 전자우편을 전송할 수 있는 사람은 후보자와 예비후보자에 한한다. | 2015년 9급 |

05. 비례대표국회의원선거와 지역구국회의원선거에서 후보자(후보자가 되고자 하는 자 포함)가 직접 전자우편을 이용하여 선거운동을 할 수 있다. | 2015년 7급 |

06. 후보자의 배우자는 인터넷 홈페이지에 동영상을 게시하여 선거운동을 할 수 있을 뿐만 아니라 전자우편 전송대행업체에 위탁하여 전자우편을 전송하여 선거운동을 할 수 있다. ◯✕

해설

01. (공직선거법 제59조 제2호)
02. 후보자의 경우 예비후보자로서 전송한 횟수를 포함한다(공직선거법 제59조 제2호).
03. 전자우편 전송대행업체에 위탁하여 전자우편을 전송할 수 있는 사람은 후보자와 예비후보자에 한한다(공직선거법 제59조 제3호).
04. (공직선거법 제59조 제3호)
05. (공직선거법 제59조 제3호)
06. 전자우편 전송대행업체에 위탁하여 전자우편을 전송할 수 있는 사람은 후보자와 예비후보자에 한한다(공직선거법 제59조 제3호).

정답 01 ◯ 02 ✕ 03 ✕ 04 ◯ 05 ◯ 06 ✕

관련 예상문제

01. 선거일이 아닌 때에 전화(컴퓨터를 이용한 자동 송신장치를 설치한 전화를 포함한다)를 이용하거나 말(확성장치를 사용하거나 옥외집회에서 다중을 대상으로 하는 경우를 제외한다)로 선거운동을 할 수 있다. ◯✕

02. 대통령 선거의 후보자가 되려는 사람이 선거일 전 180일부터 해당 선거의 예비후보자 등록신청 전까지 자신의 명함을 직접 주는 방식으로 선거운동을 할 수 있다. ◯✕

03. 누구든지 선거일 전 90일부터 선거일까지 딥페이크 영상을 제작·편집·유포·상영·시청 또는 게시를 해서는 안된다. ◯✕

해설

01. 선거일이 아닌 때에 전화(**송·수화자 간 직접 통화하는 방식에 한정하며, 컴퓨터를 이용한 자동 송신장치를 설치한 전화는 제외한다**)를 이용하거나 말(확성장치를 사용하거나 옥외집회에서 다중을 대상으로 하는 경우를 제외한다)로 선거운동을 하는 경우 (공직선거법 제59조 제4호) 〈개정 2020.12.29.〉
02. 후보자가 되려는 사람이 선거일 전 180일(**대통령선거의 경우 선거일 전 240일을 말한다**)부터 해당 선거의 예비후보자 등록신청 전까지 제60조의3제1항 제2호의 방법(같은 호 단서를 포함한다)으로 자신의 명함을 직접 주는 경우 (공직선거법 제59조 제5호) 〈개정 2020.12.29.〉
03. 누구든지 선거일 전 90일부터 선거일까지 딥페이크 영상을 제작·편집·유포·상영 또는 게시를 해서는 아니된다(공직선거법제82조8).

정답 01 ✕ 02 ✕ 03 ✕

086

01. 국민건강보험공단 상근직원의 선거운동을 금지하는 것은 선거운동의 자유에 대한 본질적인 내용을 침해하여 헌법에 위반된다. | 2015년 7급 |

02. 공립 초·중등학교 교원에 대하여 공직선거뿐만 아니라 교육감선거에 있어 선거운동을 금지하는 공직선거법 및 「지방교육자치에 관한 법률」 규정은 과도한 제한으로 볼 수 없으므로 선거운동의 자유를 침해한다고 볼 수 없다. | 2020년 9급 |

03. 한국철도공사의 상근직원 모두에 대하여 일체의 선거운동을 금지하고 이에 위반하는 경우 처벌하더라도 이들의 선거운동의 자유를 침해하는 것은 아니다. | 2018년 9급 |

04. 한국철도공사의 상근직원이 직무상 행위를 이용하여 선거운동을 하거나 하도록 하는 행위를 금지하고, 그 직을 유지한 채 공직선거에 입후보하여 자신을 위한 선거운동을 할 수 있음에도 타인을 위한 선거운동을 전면적으로 금지하는 것은 선거운동의 자유를 침해한다. | 2019년 9급 |

05. 사회복무요원의 경우 선거운동의 내용 및 방법, 근무시간 중에 이루어지는지 여부를 불문하고 일체의 선거운동을 금지하는 것은 과도하다고 볼 수 있어 선거운동의 자유를 침해한다. | 2017년 9급 |

06. 사회복무요원이 선거운동을 할 경우 경고처분 및 연장복무를 하도록 한 병역법 조항은 행정업무 및 사회서비스업무 등을 지원하는 단순하고 기능적인 업무를 수행하는 사회복무요원의 선거운동을 일체 금지하는 것이므로 과잉금지원칙을 위배하여 선거운동의 자유를 침해한다. | 2020년 9급 |

07. 선거권을 행사할 만한 정치적 판단능력이 인정되지 않는 사람에게 선거운동의 자유를 인정하는 경우에는 정확하고 충분한 정보에 기초하지 않은 선거운동이 행하여질 우려가 있어 선거의 공정성을 해할 우려가 발생하게 된다. | 2017년 9급 |

08. 19세 미만인 사람이 선거 및 정당의 후보자 추천에 관하여 단순한 의견개진이나 의사표시 등과 같은 정치적 표현 행위를 하는 것은 제한된다. | 2017년 9급 |

09. 다른 법령들이 그 입법취지에 따라 19세 미만인 사람에게 일정한 능력을 인정하고 있다고 해도 선거운동의 자유가 인정되는 연령을 19세 이상으로 정한 것이 반드시 불합리하다고 볼 수는 없다. | 2017년 9급 |

10. 연령 기준에 의하여 선거운동을 제한하지 않는 국가들도 존재하지만 다른 나라의 입법례와 단순하게 비교할 수 없고, 입법자가 19세 이상의 사람에게만 선거운동의 자유를 인정해도 이를 입법형성권의 재량범위를 일탈한 것으로 볼 수 없다. | 2017년 9급 |

11. 대통령령으로 정하는 언론인의 선거운동 자체를 금지하고 위반 시 처벌하는 것으로 선거운동의 주체를 제한하는 법률규정은 언론이 공직선거에 미치는 영향력과 언론인이 가져야 할 고도의 공익성과 사회적 책임성에 근거하므로 언론인의 선거 운동의 자유를 침해하지 아니한다. | 2017년 9급 |

12. '대통령령으로 정하는 언론인'에 대해 선거운동을 금지한 규정은 방송, 신문 등과 같은 언론기관이나 이와 유사한 매체에서 경영·관리·편집·집필·보도 등 선거의 여론 형성과 관련 있는 업무에 종사하는지 여부가 일응의 기준이 되어 대통령령에 규정될 언론인의 범위가 구체화될 것임을 충분히 예측할 수 있으므로 포괄 위임금지원칙에 위배되지 아니한다. | 2020년 9급 | ○ ×

해설

01. 국민건강보험공단의 직원에 대하여 정치적 활동을 전면적으로 금지하는 것이 아니라 정치적 활동 중에서 당선 또는 낙선을 위한 직접적인 활동(즉, 선거운동)만을 부분적으로 금지하고 있는 것이므로, 선거운동 이외의 선거에 관한 의견개진, 입후보와 선거운동을 위한 준비행위, 공천과 관련된 활동, 통상적인 정당활동은 허용되고 있으므로 이러한 틀 안에서 국민건강보험공단의 직원에 대하여 선거운동의 금지를 규정한 것이 선거의 공정성 확보라는 입법목적을 위해 필요한 상당성의 범위를 넘었다고 보기 어려우며 일정 범위 내에서는 자유롭게 자신의 정치적인 의사를 표현할 자유를 누리고 있다고 할 것이므로 선거운동의 자유의 본질적인 내용을 침해하였다고 보기도 어렵다(헌재 2004.4.29, 2002헌마467).

02. 공립 초중등학교 교원에 대하여 공직선거뿐만 아니라 교육감선거에 있어 선거운동을 금지하는 공직선거법 및 지방 교육자치에 관한 법률 규정은 과도한 제한으로 볼 수 없으므로 선거운동의 자유를 침해한다고 볼 수 없다(헌재 2019.11.28, 2018헌마222).

03. 04. 한국철도공사의 상근직원은 공직선거법의 다른 조항에 의하여 직무상 행위를 이용하여 선거운동을 하거나 하도록 하는 행위를 할 수 없고, 선거에 영향을 미치는 전형적인 행위도 할 수 없다. 더욱이 그 직을 유지한 채 공직선거에 입후보할 수 없는 상근임원과 달리, 한국철도공사의 상근직원은 그 직을 유지한 채 공직선거에 입후보하여 자신을 위한 선거운동을 할 수 있음에도 타인을 위한 선거운동을 전면적으로 금지하는 것은 과도한 제한이다. 따라서 심판대상 조항은 선거운동의 자유를 침해한다(헌재 2018.2.22, 2015헌바124).

05. 06. 선거의 공정성 형평성확보, 사회복무요원의 정치적 중립성 유지 및 업무전념성 보장이라는 공익은 사회복무요원이 선거운동을 금지당함에 따라 제한받는 사익보다 훨씬 중요하므로, 심판대상조항은 법익의 균형성 원칙에도 위배되지 아니한다. 따라서 사회복무요원이 선거운동을 할 경우 경고처분 및 연장복무를 하게 하는 심판대상조항은 과잉금지원칙에 위배되어 선거운동의 자유를 침해하지 아니한다(헌재 2016.10.27, 2016헌마252).

07. 08. 09. 10. 19세 미만의 미성년자는 선거운동을 할 수 없도록 규정하고 있는 공직선거법상 선거운동 제한 조항은 19세 미만인 사람이 선거운동, 즉 공직선거에서 특정후보자를 당선되게 하거나 당선되지 못하게 하는 행위만을 제한하고 있을 뿐, **선거에 관한 단순한 의견개진 및 의사표시,정당의 후보자 추천에 관한 단순한 지지 반대의 의견개진 및 의사표시 등 특정후보자를 당선되게 하거나 되지 못하게 하는 행위를 제외한 정치적 표현 행위는 전혀 제한하고 있지 않다.** 따라서 19세 미만인 사람도 선거 및 정당의 후보자 추천에 관하여 단순한 의견개진이나 의사표시 등과 같은 정치적 표현 행위는 제한 없이 할 수 있다. 선거운동의 자유가 인정되는 연령은, 근로능력, 단순 공무 처리능력, 군 복무능력 등이 인정되는 연령과 동일한 기준에 따라 판단될 수는 없고, 각 법령들의 입법취지와 각각의 영역에서 고려하여야 할 제반 사정, 그리고 대립되는 관련 이익들을 서로 교량하여 입법자가 각 영역마다 그에 상응하는 연령기준을 정하여야 하는 것이므로, 다른 법령들이 **그 입법취지에 따라 19세 미만인 사람에게도 일정한 능력을 인정하고 있다고 하여 선거운동의 자유가 인정되는 연령을 19세 이상으로 정한 것이 반드시 불합리하다고 볼 수는 없다.**
연령 기준에 의하여 선거운동을 제한하지 않는 국가들도 존재한다. 그러나 입법자는 선거운동을 할 수 있는 연령 제한을 둘 것인지, 제한을 둔다면 그 연령은 어떻게 정할 것인지에 대하여 우리나라의 역사, 국민의 의식수준, 교육적 요소, 정치적 사회적 영향 등 여러 가지 사항을 종합하여 독자적으로 입법재량에 따라 결정할 수 있으므로, **다른 나라의 입법례와 단순하게 비교하여서는 안 되고, 입법자가 19세 이상의 사람에게만 선거운동의 자유를 인정하였다고 하여 이를 현저하게 불합리하거나 자의적이어서 입법형성권의 재량의 범위를 일탈한 것이라고 볼 수는 없다.** 19세 미만의 미성년자는 선거운동을 할 수 없도록 규정하고 있는 공직선거법 조항은 19세 미만인 사람의 선거운동의 자유를 침해하지 않는다. 선거운동 제한 조항에 따라 선거운동이 금지되는 '19세 미만인 자'는 선거권 행사 연령에 도달하지 못하여 아직 선거권이 인정되지 않는 사람인바, 입법자가 선거권 행사 연령에 도달하지 못한 **19세 미만인 사람에 대하여 선거운동을 금지하는 것은 정치적 판단능력이 인정되지 않는 사람에게 선거운동의 자유를 인정할 경우에는 정확하고 충분한 정보에 기초하지 않은 선거운동이 행하여질 우려가 있고, 이러한 선거운동에 의하여 유권자가 왜곡된 정치적 결정을 내리게 되어 선거의 공정성을 해할 우려가 있다는 판단에 근거한 것이다(헌재 2014.4.24. 2012헌마287).

11. 12. 대통령령으로 정하는 언론인의 선거운동 자체를 금지하고 위반 시 처벌하는 심판대상조항들은 목적의 정당성을 인정할 수 있으며 목적 달성에 적합한 수단이다. 그러나 언론인의 선거개입으로 인한 문제는 언론매체를 통한 활동의 측면에서 즉, 언론인으로서의 지위를 이용하거나 그 지위에 기초한 활동으로 인해 발생 가능한 것이므로, 언론매체를 이용하지 아니한 언론인 개인의 선거운동까지 전면적으로 금지할 필요는 없다. 인터넷신문을 포함한 언론매체가 대폭 증가하고, 시민이 언론에 적극 참여하는 것이 보편화된 오늘날 심판대상조항들에 해당하는 언론인의 범위는 지나치게 광범위한 것으로 선거운동의 자유를 침해한다(헌재 2016.6.30. 2013헌가1).

✓ 정답 01 × 02 ○ 03 × 04 ○ 05 × 06 × 07 ○ 08 × 09 ○ 10 ○ 11 × 12 ×

087

01. 지역구국회의원선거 예비후보자의 외국인인 배우자는 영주의 체류자격 취득일 후 3년이 경과하지 않았고, 지방자치단체의 외국인등록대장에 올라있지 않더라도 선거운동을 할 수 있다. | 2019년 7급 |

02. 국회의원 선거에서 후보자의 직계비속인 외국인은 선거운동을 할 수 없다. | 2020년 7급 |

03. 지역구국회의원선거 후보자인 甲은 한국국적을 가지고 있고, 甲의 배우자인 乙은 일본국적을 가진 외국인이다. 배우자 乙은 당해 국회의원선거에서 선거운동을 할 수 없다. | 2013년 9급 |

04. 미성년자라 하더라도 후보자 또는 예비후보자의 직계비속인 경우에는 선거운동을 할 수 있다. | 2014년 7급 |

05. 예비후보자는 미성년자인 자녀에게 극장 안에서 길이 9센티미터 너비 5센티미터의 예비후보자 명함을 드나드는 관객들에게 직접 주게 할 수 있다. | 2019년 7급 |

06. 선상투표신고를 한 선원이 승선하고 있는 선박의 선장이 후보자의 직계존속인 경우 그 선장은 선거운동을 할 수 있다. | 2017년 7급 |

해설

01. (공직선거법 제60조 제1항)
02. 예비후보자·후보자의 배우자인 경우에만 가능하다(공직선거법 제60조 제1항).
03. (공직선거법 제60조 제1항)
04. 미성년자는 선거운동을 할 수 없다(공직선거법 제60조 제1항 제2호).
05. 미성년자는 선거운동을 할 수 없다(공직선거법 제60조 제1항 제2호).
06. 선상투표신고를 한 선원이 승선하고 있는 선박의 선장은 선거운동을 할 수 없다(공직선거법 제60조 제1항 9호).

✓ 정답 01 ○ 02 ○ 03 × 04 × 05 × 06 ×

관련 예상문제

01. 출입국관리법 제10조에 따른 영주의 체류자격 취득일 후 3년이 경과한 외국인으로서 같은 법 제34조에 따라 해당 지방자치단체의 외국인등록대장에 올라 있는 사람은 지방자치단체의 의회의원 및 장의 선거기간 동안 선거운동을 할 수 있다. ○☒

02. 정당법 제22조 제1항 제1호 단서의 규정에 의하여 정당의 당원이 될 수 있는 정무직 공무원은 선거운동을 할 수 있다. ○☒

03. 지방공기업법 제2조에 규정된 지방공사와 지방공단의 상근 임원은 선거운동을 할 수 없다. ○☒

04. 통·리·반의 장 및 읍·면·동주민자치센터에 설치된 주민자치위원회 위원은 선거운동을 할 수 없으나, 예비후보자·후보자의 배우자이거나 후보자의 직계존·비속인 경우에는 할 수 있다. ○☒

05. 각급선거관리위원회위원·예비군 중대장급 이상의 간부 또는 통·리·반의 장이 선거사무장, 선거연락소장, 선거사무원, 대담·토론자 또는 투표참관인이나 사전투표참관인이 되고자 하는 때에는 선거일 전 60일까지 그 직을 그만두어야 하며, 선거일 후 6월 이내에는 종전의 직에 복직될 수 없다. ○☒

06. 주민자치위원회위원이 투표참관인이나 사전투표참관인이 되고자 하는 때에는 선거일 전 90일까지 그 직을 그만두어야 하며, 선거일 후 6월 이내에는 종전의 직에 복직될 수 없다. ○☒

07. 국회의원선거에서 후보자의 배우자가 외국인인 경우 후보자의 배우자는 후보자를 위한 선거운동을 할 수 없다. ○☒

해설

01. (공직선거법 제60조 제1항 제1호)
02. 정당법 제22조(발기인 및 당원의 자격)제1항 제1호 단서의 규정에 의하여 정당의 당원이 될 수 있는 공무원(국회의원과 지방의회의원 외의 **정무직 공무원을 제외한다**)은 그러하지 아니하다(공직선거법 제60조 제1항 제4호).
03. (공직선거법 제60조 제1항 제5호)
04. (공직선거법 제60조 제1항 제7호)
05. 90일까지 그 직을 그만두어야 한다(공직선거법 제60조 제2항).
06. 주민자치위원회위원은 선거일까지 종전의 직에 복직될 수 없다(공직선거법 제60조 제2항).
07. (공직선거법 제60조 제1항)

정답 01 ○ 02 × 03 ○ 04 ○ 05 × 06 ○ 07 ×

088

01. 대통령선거의 예비후보자 등록을 신청하는 사람에게 대통령선거 기탁금의 100분의 20에 해당하는 금액을 기탁금으로 납부하도록 하는 것은 과잉금지원칙에 위배되어 경제적 약자의 공무담임권을 침해한다. | 2016년 7급 |

02. 예비후보자 등록을 비례대표시·도의회의원후보자에게 허용하지 아니한 것은 비례대표시·도의회의원후보자의 선거운동의 자유를 침해하는 것이라고 볼 수 없다. | 2018년 9급 |

해설

01. 일정한 범위의 선거운동이 허용된 예비후보자의 기탁금 액수를 해당 선거의 후보자 등록 시 납부해야 하는 기탁금의 100분의 20으로 설정한 것은 입법재량의 범위를 벗어난 것으로 볼 수 없다. 예비후보자의 기탁금제도는 공식적인 선거운동기간 이전이라도 일정범위 내에서 선거운동을 할 수 있는 예비후보자의 무분별한 난립에 따른 폐해를 예방하고 그 책임성을 강화하기 위한 것으로서 입법목적이 정당하고, 예비후보자에게 일정액의 기탁금을 납부하게 하고 후보자 등록을 하지 않으면 예비후보자가 납부한 기탁금을 반환받지 못하도록 하는 것은 예비후보자의 난립 예방이라는 입법목적을 달성하기 위한 적절한 수단이라 할 것이며 예비후보자가 납부하는 기탁금의 액수와 국고귀속 요건도 입법재량의 범위를 넘은 과도한 것이라고 볼 수 없으므로, 공직선거법 제57조 제1항 제1호 다목 및 제60조의2 제2항은 청구인의 공무담임권, 재산권을 침해하지 아니한다(헌재 2010.12.28. 2010헌마79).

02. 비례대표시·도의회의원후보자는 지역구 시·도의회의원후보자와는 달리 정당에서 일방적으로 결정하는 것이므로 예비후보자라는 것을 인정할 필요도 없기 때문에 비례대표시·도의회의원후보자에게 예비후보자 등록을 허용하지 않는다고 하더라도 그러한 차별에는 합리적인 이유가 있다. 또한 인물선거의 성격을 갖는 지역구시·도의회의원선거와 정당선거의 성격을 갖는 비례대표시·도의회의원선거는 그 특성이 상당히 다르므로, 후보자 개인의 홍보가 주가 되는 선거벽보의 첩부나 선거운동효과가 지역적으로 제한되는 공개장소에서의 연설·대담을 비례대표시·도의회의원후보자에게는 허용하지 않거나 추천정당이 비례대표시·도의회의원후보자의 선거공보를 정당의 전체적인 이해득실을 따져서 작성하게 하는 것은 양 선거의 특성에 따라 달리 취급하는 것으로서 그 차별에는 합리적인 이유가 있다. 이 사건 법률조항들은 직접적으로 원외정당과 원내정당 소속 비례대표시·도의회의원후보자에게 아무런 법률상 차별도 하고 있지 않으므로, 원외정당이 원내정당에 비해 현실적으로 정당의 정강·정책을 홍보할 수 있는 여건이 취약하다는 사정만으로 이 사건 법률조항들이 원외정당소속 비례대표시·도의회의원후보자를 원내정당소속 비례대표시·도의회의원후보자와 차별한다고 할 수 없다(헌재 2011.03.31. 2010헌마313).

✓ 정답 01 × 02 ○

관련 예상문제

01. 군의 장의 선거의 예비후보자가 되려는 사람은 그 선거기간 개시일 전 60일부터 예비후보자 등록신청을 할 수 있다고 규정한 규정한 공직선거법(2010.1.25. 법률 제9974호로 개정된 것) 제60조의2 제1항 제4호 중 '군의 장의 선거' 부분이 헌법에 위반되지 않는다는 결정을 선고하였다.

해설

01. 심판대상조항에 의하여 예비후보자로서의 선거운동 자체가 금지되는 것이 아니라 그 기간이 일정한 범위로 제한되는 것일 뿐이며, 예비후보자 등록 전이라도 입후보예정자는 일정한 다른 선거운동방법을 이용할 수 있다. 따라서 심판대상조항으로 인한 불이익이 선거의 조기 과열을 방지하고 예비후보자들 간의 경제력 차이에 따른 불균형을 막아 선거의 공정성을 확보한다는 공익보다 더 크다고 보기 어렵다. 심판대상조항은 법익의 균형성 원칙에도 반하지 아니한다. 그러므로 심판대상조항은 과잉금지원칙에 위반되어 청구인의 선거운동의 자유를 침해하지 아니한다(헌재 2020.11.26. 2018헌마260).

✓ 정답 01 ○

089

01. 비례대표지방의회의원의 예비후보자가 되려는 사람은 공직선거법에서 정하는 날부터 관할선거구선거관리위원회에 예비후보자 등록을 서면으로 신청하여야 한다. | 2015년 9급 |

02. 비례대표국회의원선거에서는 누구라도 중앙선거관리위원회에 예비후보자로 등록할 수 없다. | 2017년 7급 |

03. 임기만료에 의한 대통령선거에 예비후보자가 되려는 사람은 선거일 전 240일부터 중앙선거관리위원회에 예비후보자 등록을 서면으로 신청하여야 한다. | 2013년 9급 |

04. 대통령선거의 예비후보자가 되려는 자는 선거기간 개시일 전 240일부터 관할선거구선거관리위원회에 예비후보자 등록을 서면으로 신청하여야 한다. | 2018년 7급 |

05. 임기만료에 의한 지역구국회의원선거에서 예비후보자가 되려는 사람은 선거기간 개시일 전 120일부터 관할선거구선거관리위원회에 예비후보자 등록을 서면으로 신청하여야 한다. | 2017년 9급 |

06. 임기만료에 의한 지역구시·도의회의원선거와 자치구·시의 지역구의회의원 및 장의 선거에서 예비후보자가 되려는 사람은 선거기간 개시일 전 90일부터, 군의 지역구의회의원 및 장의 선거에서 예비후보자가 되려는 사람은 선거기간 개시일 전 60일부터 관할선거구선거관리위원회에 예비후보자 등록을 서면으로 신청하여야 한다. | 2020년 9급 |

07. 예비후보자 등록을 신청하는 사람은 해당 선거 기탁금의 100분의 20에 해당하는 금액을 중앙선거관리위원회규칙으로 정하는 바에 따라 관할선거구선거관리위원회에 기탁금으로 납부하여야 한다. | 2018·2013년 7급 |

08. 시·도지사선거의 예비후보자가 해당 선거의 같은 선거구에 후보자 등록을 신청하는 때에는 예비후보자 등록 시 이미 납부한 기탁금을 제외한 4천만 원을 기탁금으로 납부하면 된다. | 2019년 9급 |

09. 시·도의회의원선거에 예비후보자 등록을 신청하는 사람은 60만원을 중앙선거관리위원회규칙으로 정하는 바에 따라 관할선거구선거관리위원회에 기탁금으로 납부하여야 한다. | 2014년 7급 |

10. 대통령선거의 예비후보자가 후보자 등록을 신청하는 때에는 예비후보자 등록 시 이미 납부한 기탁금을 제외한 2억 4천만원을 기탁금으로 납부하면 된다. | 2016년 7급 |

11. 예비후보자 등록신청을 받은 선거관리위원회는 지체 없이 이를 수리하되, 기탁금과 전과기록·학력에 관한 증명서류를 갖추지 아니한 등록신청은 수리할 수 없다. | 2013년 9급 |

12. 예비후보자 등록을 신청하면서 학력에 관한 증명서를 제출하지 아니한 자의 예비후보자 등록은 수리되지 아니한다. | 2014년 7급 |

13. 예비후보자 등록 후 피선거권이 없는 것이 발견된 때 그 예비후보자의 등록은 무효로 한다. | 2013년 9급 | ○ ×

14. 예비후보자 등록 후에 전과기록에 관한 증명서류를 제출하지 아니한 것이 발견된 때에는 그 예비후보자의 등록은 무효이다. | 2014년 7급 | ○ ×

15. 전과기록에 관한 증명서류를 제출하지 아니한 것이 발견된 때, 피선권이 없는 것이 발견된 때, 다른 법률에 따라 공무담임이 제한되는 사람이나 후보자가 될 수 없는 사람에 해당하는 것이 발견된 때 예비후보자 등록은 무효가 된다. | 2018년 9급 | ○ ×

16. 임기만료일로부터 90일 후에 실시되는 당해 지방자치단체의 관할구역과 같거나 겹치는 선거구역의 지역구국회의원선거에 임기만료 후에 입후보하려는 지방자치단체장이 선거일 전 120일까지 그 직을 그만두지 아니한 것이 발견된 때 예비후보자 등록은 무효가 된다. | 2018년 9급 | ○ ×

17. 예비후보자가 같은 선거의 다른 선거구나 다른 선거의 예비후보자로 등록된 때에는 그 등록은 모두 무효로 한다. | 2020년 9급 | ○ ×

18. 예비후보자가 사퇴하고자 하는 때에는 직접 당해 선거구선거관리위원회에 서면으로 신고하여야 한다. | 2014년 7급, 2013년 9급 | ○ ×

19. 예비후보자가 공직선거법 제49조에 따라 후보자로 등록하지 않은 때에는 후보자 등록마감일의 등록마감 시각 후부터 예비후보자의 지위를 상실한다. | 2018년 7급 | ○ ×

20. 국회의원선거의 예비후보자가 후보자로 등록하지 않은 때에는 후보자 등록마감일의 다음 날부터 예비후보자의 지위를 상실한다. | 2020년 9급 | ○ ×

해설

01. 비례대표국회의원선거 및 비례대표지방의회의원선거는 제외한다(공직선거법 제60조의2 제1항).
02. (공직선거법 제60조의2 제1항)
03. (공직선거법 제60조의2 제1항 제1호)
04. 선거일 전 240일이다(공직선거법 제60조의2 제1항 제1호).
05. 선거일 전 120일이다(공직선거법 제60조의2 제1항 제2호).
06. (공직선거법 제60조의2 제1항 제3, 4호)
07. (공직선거법 제60조의2 제2항)
    1. 대통령선거는 3억원, 2. 지역구국회의원선거는 1천500만원, 2의2. 비례대표국회의원선거는 500만원
    3. 시·도의회의원선거는 300만원, 4. 시·도지사선거는 5천만원, 5. 자치구·시·군의 장 선거는 1천만원
    6. 자치구·시·군의원선거는 200만원
08. 09. 10. (공직선거법 제60조의2 제2항)
11. 12. 기탁금과 전과기록에 관한 증명서류를 갖추지 아니한 등록신청은 수리할 수 없다(공직선거법 제60조의2 제3항).
13. (공직선거법 제60조의2 제4항 제1호)

14. (공직선거법 제60조의2 제4항 제1의2호)
15. (공직선거법 제60조의 제4항)
16. 17. (공직선거법 제60조의 제4항 제2호)
18. (공직선거법 제60조의 제6항)
19. (공직선거법 제60조의 제11항)
20. 후보자 등록마감일의 등록마감시각 후부터 예비후보자의 지위를 상실한다(공직선거법 제60조의 11항).

✓ **정답** 01 × 02 ○ 03 ○ 04 × 05 × 06 ○ 07 ○ 08 ○ 09 ○ 10 ○
11 × 12 × 13 ○ 14 ○ 15 ○ 16 ○ 17 ○ 18 ○ 19 ○ 20 ×

관련 예상문제

01. 군의 지역구의회의원 및 장의 선거는 선거일 전 60일부터 관할선거구선거관리위원회에 예비후보자 등록을 서면으로 신청하여야 한다. ○ ×

02. 대통령선거의 예비후보자는 선거기간 개시일 전 150일부터 본인의 전과기록을 국가경찰관서의 장에게 조회할 수 있으며, 그 요청을 받은 국가경찰관서의 장은 지체없이 그 전과기록을 회보(回報)하여야 한다. ○ ×

03. 관할선거구선거관리위원회는 예비후보자의 전과기록과 학력에 관한 증명서류를 선거구민이 알 수 있도록 공개하여야 한다. ○ ×

04. 시·도지사선거에서 예비후보자 등록을 신청하는 사람은 1천만원을 관할선거구선거관리위원회에 기탁금으로 납부하여야 한다. ○ ×

05. 지역구국회의원의 예비후보자 등록을 신청하는 사람은 300만원의 기탁금을 관할선거구선거관리위원회에 납부하여야 한다. ○ ×

해설

01. 선거개시일 전 60일이다(공직선거법 제60조의2 제1항 제4호).
02. 대통령선거의 경우 예비후보자 등록신청개시일 전 60일을 말한다(공직선거법 제60조의2 제8항).
03. (공직선거법 제60조의2 제10항)
04. 05. (공직선거법 제60조의2 제2항)

✓ **정답** 01 × 02 × 03 ○ 04 ○ 05 ○

090

01. 예비후보자 등의 선거운동을 규정한 공직선거법 제60조의3 제2항 제1호가 예비후보자의 배우자와 직계존·비속에게는 독자적으로 예비후보자의 명함을 교부하거나 지지를 호소하는 행위를 허용하고 그 외의 자에 대하여는 이를 제한한 것은, 선거운동을 할 배우자나 직계존·비속이 없는 예외적인 경우를 고려하지 않은 것으로서 평등권을 침해하였다. | 2014년 7급 |

02. 예비후보자의 배우자가 그와 함께 다니는 사람 중에서 지정한 1명은 예비후보자의 명함을 직접줄 수 있다. | 2014년 7급 |

03. 예비후보자의 배우자가 함께 다니는 사람 중에서 지정한 자도 선거운동을 위하여 명함교부 및 지지호소를 할 수 있도록 하는 것은 배우자가 없는 예비후보자의 평등권을 침해하지 않는다. | 2015년 7급 |

해설

01. 예비후보자의 선거운동에서 예비후보자 외에 독자적으로 명함을 교부하거나 지지를 호소할 수 있는 주체를 예비후보자의 배우자와 직계존·비속으로 제한한 공직선거법 제60조의3 제2항 제1호는 선거운동의 자유를 침해하지 않는다(헌재 2011.8.30, 2010헌마259).

02. 03. 예비후보자의 배우자가 함께 다니는 사람 중에서 지정한 1명도 선거운동을 위하여 명함교부 및 지지호소를 할 수 있도록 한 공직선거법 제60조의3 제2항 제3호는 평등권을 침해하여 위헌이라는 헌법재판소의 판결이 있었다(헌재 2013.11.28, 2011헌마267).

정답 01 × 02 × 03 ×

091

01. 예비후보자는 열차역 안에서 공직선거법에 정한 명함을 주거나 지지를 호소할 수 있다. | 2015년 9급 |

02. 예비후보자, 그의 배우자 및 예비후보자와 함께 다니는 선거사무장과 선거사무원은 선거운동을 위하여 어깨띠를 착용하여 선거운동을 할 수 있다. | 2014년 9급 |

03. 예비후보자는 현판이나 간판을 설치할 수 없다. | 2018년 7급, 2015년 9급 |

04. 예비후보자의 배우자와 직계존·비속은 예비후보자의 선거운동을 위하여 공직선거법에 따른 예비후보자의 명함을 직접 주거나 예비후보자에 대한 지지를 호소할 수 있다. | 2016년 7급 |

해설

01. 선박·정기여객자동차·열차·전동차·항공기의 안과 그 터미널·역·공항의 개찰구 안, 병원·종교시설·극장의 옥내(대관 등으로 해당 시설이 본래의 용도 외의 용도로 이용되는 경우는 제외한다)에서 주거나 지지를 호소하는 행위는 할 수 없다(공직선거법 제60조의3 제1항 제2호).
02. 선거운동을 위하여 어깨띠 또는 예비후보자임을 나타내는 표지물을 착용하는 행위는 예비후보자만 할 수 있다(공직선거법 제60조의3 제1항 제5호).
03. 예비후보자도 선거운동을 위하여 선거사무소에 간판·현판을 설치할 수 있다(공직선거법 제60조의3 제1항 제1호).
04. (공직선거법 제60조의3 제2항 제1호)

✓ 정답 01 × 02 × 03 × 04 ○

관련 예상문제

01. 종교 활동 외의 용도로 이용되는 종교시설 옥내에서도 예비후보자는 명함을 주거나 지지를 호소하는 행위를 할 수 없다. ○×

02. 예비후보자는 선거구 안에 있는 세대수의 100분의 10에 해당하는 수 이내에서 자신의 홍보에 필요한 사항을 게재한 인쇄물을 작성하여 관할 선거관리위원회로부터 발송대상·매수 등을 확인받은 후 선거기간 개시일 전 3일까지 우편으로 발송할 수 있다. ○×

03. 예비후보자가 자신의 홍보에 필요한 사항을 게재한 인쇄물을 우편으로 발송하는 경우, 그 인쇄물의 표지를 포함한 전체면수의 100분의 50 이상의 면수에 선거공약 및 이에 대한 추진계획으로 각 사업의 목표·우선순위·이행절차·이행기한·재원조달방안을 게재하여야 하며, 이를 게재한 면에는 다른 정당이나 후보자가 되려는 자에 관한 사항을 게재할 수 없다. ○×

04. 예비후보자도 선거운동을 위하여 어깨띠 착용을 할 수 있다. ○×

05. 예비후보자홍보물을 우편발송하고자 하는 예비후보자는 그 발송통수 이내의 범위 안에서 선거권자인 세대주의 성명·주소의 교부를 후보자 등록기간개시일 전 5일까지 서면으로 구·시·군의 장에게 신청할 수 있으며, 신청을 받은 구·시·군의 장은 다른 법률의 저촉사항 유무 등을 심사한 후 그 세대주명단을 작성·교부할 수 있다. ○×

해설

01. 선박·정기여객자동차·열차·전동차·항공기의 안과 그 터미널·역·공항의 개찰구 안, 병원·종교시설·극장의 옥내(대관 등으로 해당 시설이 본래의 용도 외의 용도로 이용되는 경우는 제외한다)에서 주거나 지지를 호소하는 행위는 할 수 없다(공직선거법 제60조의3 제1항 제2호). 〈개정 2020.12.29.〉
02. 03. (공직선거법 제60조의3 제1항 제4호)
04. 예비후보자는 선거운동을 위하여 어깨띠 또는 예비후보자임을 나타내는 표지물을 착용하거나 소지하여 내보이는 행위를 할 수 있다(공직선거법 제60조의3 제1항 제5호). 〈개정 2023.12.28.〉
05. 다른 법률의 규정에 불구하고 지체 없이 그 세대주명단을 작성·교부하여야 한다(공직선거법 제60조의3 제3항).

✓ 정답 01 × 02 ○ 03 ○ 04 ○ 05 ×

092

01. 대통령선거의 예비후보자는 공직선거법의 규정에 따른 공약집 1종을 발간·배부할 수 있으며, 이를 배부하려는 때에는 방문판매의 방법 이외의 통상적인 방법으로 판매하여야 한다. | 2015년 9급 |

02. 대통령선거의 예비후보자는 선거공약 및 이에 대한 추진계획으로 각 사업의 목표·우선순위·이행절차·이행기한·재원조달방안을 게재한 예비후보자공약집 1종을 발간·배부할 수 있다. | 2020년 7급 |

03. 지방자치단체의장의 선거의 예비후보자가 예비후보자공약집을 배부하려는 때에는 통상적인 방법으로 판매하여야 하며, 방문판매의 방법으로는 판매할 수 없다. | 2020년 7급 |

04. 지역구국회의원선거의 예비후보자는 선거공약 및 이에 대한 추진계획으로 각 사업의 목표, 우선순위, 이행절차, 이행기한, 재원조달방안을 게재한 공약집 1종을 발간·배부할 수 있으며, 이를 배부하려는 때에는 통상적인 방법으로 판매하여야 하고 방문판매의 방법으로 판매할 수 없다. | 2021년 9급 |

05. 대통령선거의 예비후보자가 선거공약 및 그 추진계획에 관한 사항 외에 자신의 사진·성명·학력·경력, 그밖에 홍보에 필요한 사항을 예비후보자공약집에 게재하는 경우 그 게재면수는 표지를 제외한 전체면 수의 100분의 15를 넘을 수 없다. | 2020년 9급 |

06. 대통령선거의 예비후보자가 예비후보자공약집을 발간하는 경우, 그 공약집에 다른 정당이나 후보자가 되려는 자에 관한 사항도 게재할 수 있다. | 2020년 9급 |

07. 국회의원선거의 예비후보자가 예비후보자공약집을 발간하여 판매하려는 때에는 발간 즉시 관할선거구선거관리위원회에 2권을 제출하여야 한다. | 2020년 9급 |

해설

01, 02, 03. (공직선거법 제60조의4 제1항)

04. 대통령선거 및 지방자치단체의 장선거의 예비후보자는 선거공약 및 이에 대한 추진계획으로 각 사업의 목표·우선순위·이행절차·이행기한·재원조달방안을 게재한 공약집(도서의 형태로 발간된 것을 말하며, 이하 "예비후보자공약집"이라 한다) 1종을 발간·배부할 수 있으며, 이를 배부하려는 때에는 통상적인 방법으로 판매하여야 한다. 다만, 방문판매의 방법으로 판매할 수 없다(공직선거법 제60조의4 제1항).

05. 100분의 10을 넘을 수 없다(공직선거법 제60조의4 제2항).

06. 다른 정당이나 후보자가 되려는 자에 관한 사항은 예비후보자공약집에 게재할 수 없다(공직선거법 제60조의4 제2항).

07. 대통령선거 및 지방자치단체의 장선거의 예비후보자가 예비후보자공약집을 발간할 수 있다(공직선거법 제60조의4 제3항).

정답 01 ○ 02 ○ 03 ○ 04 × 05 × 06 × 07 ×

093

01. 대통령선거에서 정당 또는 후보자는 선거사무소 1개소와 시·도 및 구·시·군(하나의 구·시·군이 2 이상의 국회의원지역구로 된 경우에는 국회의원지역구)마다 선거연락소 1개소를 설치할 수 있다. | 2015년 7급 |
◯ ✕

02. 지역구국회의원선거에서 정당 또는 후보자는 당해 국회의원지역구 안에 선거사무소 1개소를 설치할 수 있다. | 2015년 7급 |
◯ ✕

03. 지역구국회의원선거에 있어 하나의 국회의원지역구가 2 이상의 구·시·군으로 된 경우에 후보자는 선거사무소를 두지 아니하는 구·시·군마다 선거연락소 1개소를 설치할 수 있다. | 2016년 9급 |
◯ ✕

04. 지역구국회의원선거 후보자는 당해 국회의원지역구 안에 선거사무소 1개소를 설치할 수 있으나, 하나의 국회의원지역구가 2 이상의 구·시·군으로 된 경우에는 선거사무소를 두지 아니하는 구·시·군마다 선거연락소 1개소를 설치할 수 있다. | 2017년 7급 |
◯ ✕

05. 시·도지사선거에서 정당 또는 후보자는 당해 시·도 안에 선거사무소 1개소와 당해 시·도 안의 구·시·군마다 선거연락소 1개소를 설치할 수 있다. | 2015년 7급 |
◯ ✕

해설

01. (공직선거법 제61조 제1항 제1호)
02. 후보자가 설치한다(공직선거법 제61조 제1항 제2호).
03. 04. (공직선거법 제61조 제1항 제2호)
05. 후보자가 설치한다(공직선거법 제61조 제1항 제5호).

✓ 정답 01 ◯ 02 ✕ 03 ◯ 04 ◯ 05 ✕

관련 예상문제

01. 선거사무소의 소재지가 다른 시·도 또는 구·시·군의 구역 안에 있는 때에는 그 시·도 또는 구·시·군의 사무소 소재지를 관할하는 시·도 또는 구·시·군의 구역 안에 설치할 수 있다. ◯ ✕

02. 예비후보자의 선거사무소에는 중앙선거관리위원회규칙으로 정하는 바에 따라 선거운동을 위한 간판·현판 및 현수막, 선거공약서 및 후보자의 사진을 첨부할 수 있다. ◯ ✕

03. 대통령선거 및 지방자치단체의 장선거의 예비후보자는 선거공약 및 이에 대한 추진계획으로 공약집 1종을 발간 배부할 수 있으며, 이를 배부하려는 때에는 통상적인 방법으로 판매하여야 하지만 방문판매의 방법으로는 판매할 수 없다. ◯ ✕

> **해설**
>
> 01. (공직선거법 제61조 제2항)
> 02. 예비후보자의 선거사무소는 간판·현판 및 현수막에 한하여 설치·게시할 수 있다(공직선거법 제61조 제6항).
> 03. (공직선거법 제60조의4 제1항)
>
> ☑ **정답** 01 ○ 02 ✕ 03 ○

094

01. 임기만료에 의한 대통령선거에 있어서, A정당은 선거일 전 240일부터 선거일 후 30일까지 서울특별시의 경우에는 국회의원지역구마다 1개소의 정당선거사무소를 설치할 수 있다. | 2014년 7급 | ○ ✕

02. 정당은 대통령선거에 있어서 선거일이 ○○년 12월 1일인 경우 ○○년 4월 1일에 정당선거사무소를 설치할 수 있다. (단, 주어진 연도는 윤년이 아니며 각각의 일자는 평일로 가정한다) | 2018년 9급 | ○ ✕

03. 임기만료에 의한 국회의원선거에 있어서, A정당은 선거일 전 60일부터 선거일 후 30일까지 서울특별시의 경우에는 국회의원지역구마다 1개소의 정당선거사무소를 설치할 수 있다. | 2014년 7급 | ○ ✕

04. 임기만료에 의한 시·도지사선거에 있어서, A정당은 선거일 전 120일부터 선거일 후 30일까지 서울특별시의 경우에는 국회의원지역구마다 1개소의 정당선거사무소를 설치할 수 있다. | 2014년 7급 | ○ ✕

05. 정당은 국회의원선거에 있어서 선거일이 ○○년 6월 1일인 경우 ○○년 2월 5일에 정당선거사무소를 설치할 수 있다. (단, 주어진 연도는 윤년이 아니며 각각의 일자는 평일로 가정한다) | 2018년 9급 | ○ ✕

06. 정당은 시·도지사선거에 있어서 선거일이 ○○년 7월 1일인 경우 ○○년 2월 28일에 정당선거사무소를 설치할 수 있다. (단, 주어진 연도는 윤년이 아니며 각각의 일자는 평일로 가정한다) | 2018년 9급 | ○ ✕

07. 임기만료에 의한 지방의회의원선거에 있어서, A정당은 선거일 전 60일부터 선거일 후 30일까지 서울특별시의 경우에는 국회의원지역구마다 1개소의 정당선거사무소를 설치할 수 있다. | 2014년 7급 | ○ ✕

08. 정당은 지방의회의원선거에 있어서 선거일이 ○○년 7월 1일인 경우 ○○년 4월 25일에 정당선거사무소를 설치할 수 있다. (단, 주어진 연도는 윤년이 아니며 각각의 일자는 평일로 가정한다) | 2018년 9급 | ○ ✕

해설

01. (공직선거법 제61조의2 제1항 제1호)
02. 선거일 전 240일 전부터 설치할 수 있다(공직선거법 제61조의2 제1항 제1호).
03. 선거일 전 120일 전부터 설치할 수 있다(공직선거법 제61조의2 제1항 제2호).
04. 05. (공직선거법 제61조의2 제1항 제2호)
06. 선거일 전 120일부터 설치할 수 있다(공직선거법 제61조의2 제1항 제2호).
07. 선거기간 개시일 전 60일부터 설치할 수 있다(공직선거법 제61조의2 제1항 제3호).
08. (공직선거법 제61조의2 제1항 제3호)

정답 01 ○ 02 × 03 × 04 ○ 05 ○ 06 × 07 × 08 ○

관련 예상문제

01. 정당은 대통령선거와 국회의원선거에 있어서 선거일 전 240일부터 선거일 후 30일까지 선거구 안에 있는 구·시·군마다 1개소의 정당선거사무소를 설치할 수 있다. ○|×

02. 임기만료에 의한 지방의회의원선거에 있어서, A정당은 선거기간 개시일 전 60일부터 선거일까지 서울특별시의 경우에는 국회의원지역구마다 1개소의 정당선거사무소를 설치할 수 있다. ○|×

03. 정당선거사무소에는 소장 1인과 2인 이내의 유급사무직원을 두어야 하며, 소장은 소속 당원이 아닌 자도 임명이 가능하다. ○|×

해설

01. 국회의원선거의 정당선거사무소 설치는 선거일 전 120일부터이다(공직선거법 제61조의2 제1항 제2호).
02. 선거일 후 30일까지이다(공직선거법 제61조의2 제1항).
03. 소장은 당원 중에서 임명 가능하다(공직선거법 제61조의2 제2항).

정답 01 × 02 × 03 ×

095

01. 중앙선거관리위원회규칙으로 정하는 장애인 예비후보자·후보자는 그의 활동을 보조하기 위하여 선거운동을 할 수 있는 사람 중에서 1명의 활동보조인을 둘 수 있으며, 이 경우 활동 보조인은 선거사무원수에 산입하지 아니한다. |2017년 9급| ○|×

02. 선거사무장을 두지 않은 경우 비례대표국회의원선거에서는 정당의 회계책임자가 선거사무장을 겸한 것으로 본다. |2017년 9급| ○|×

01. (공직선거법 제62조 제4항)
02. (공직선거법 제62조 제6항)

  ✓ 정답 01 ○ 02 ○

관련 예상문제

01. 시·도지사선거에 있어서 정당 또는 후보자가 선거연락소를 두지 아니하는 경우에는 선거연락소에 둘 수 있는 선거사무원의 수만큼 선거사무소에 더 둘 수 있다. ○ ✕

02. 비례대표국회의원선거에 있어서 정당 또는 후보자가 선거사무소를 설치한 경우, 선거사무소에 시·도 수의 2배수 이내의 선거사무원을 둘 수 있다. ○ ✕

03. 지역구지방의회의원선거에 있어서 정당 또는 후보자가 선거사무소를 설치한 경우, 선거사무소에 선거사무장 1인과 8명 이내의 선거사무원을 둘 수 있다. ○ ✕

04. 대통령선거에 있어서 예비후보자는 선거운동을 할 수 있는 자 중에서 선거사무소에 선거사무장 1인과 10인 이내의 선거사무원을 둘 수 있다. ○ ✕

05. 지역구국회의원선거에 있어서 예비후보자는 선거운동을 할 수 있는 자 중에서 선거사무소에 선거사무장을 포함하여 5인 이내의 선거사무원을 둘 수 있다. ○ ✕

06. 장애인 예비후보자·후보자의 활동보조인(1인)과 공직선거법제135조 제1항 단서의 규정에 의하여 수당을 지급받을 수 없는 정당의 유급사무직원, 국회의원과 그 보좌관·비서관·비서 또는 지방의회의원은 선거사무원수에는 산입하지 아니한다. ○ ✕

07. 선거사무장을 두지 않은 경우에서는 지역구시·도의원선거에서는 정당의 회계책임자가 선거사무장을 겸한 것으로 본다. ○ ✕

해설

01. 지역구국회의원선거 및 자치구·시·군의 장선거에서 더 둘 수 있다(공직선거법 제62조 제2항 제2호).
02. (공직선거법 제62조 제2항 제3호)
03. 지역구시·도의원선거 선거사무소에 10인 이내로 둘 수 있다(공직선거법 제62조 제2항 제4호).
04. 선거사무장 1인을 포함한 10인 이내의 선거사무원을 둘 수 있다(공직선거법 제62조 제3항 제1호).
05. 지역구국회의원선거는 3인 이내이다(공직선거법 제62조 제3항 제3호).
06. (공직선거법 제62조 제4·5항)
07. 대통령선거, 비례대표국회의원선거, 비례대표시·도의원선거, 비례대표자치구·시·군의원선거에 있어서는 정당의 회계책임자가 선거사무장을 겸한 것으로 본다(공직선거법 제62조 제6항).

  ✓ 정답 01 ✕ 02 ○ 03 ✕ 04 ✕ 05 ✕ 06 ○ 07 ✕

096

01. 정당·후보자·예비후보자·선거사무장 또는 선거연락소장이 교체선임할 수 있는 선거사무원수는 최초의 선임을 제외하고 규정된 선거사무원수의 2배수를 넘을 수 없다. | 2017년 9급 | ○ ×

02. 회계책임자는 해당 선거관리위원회가 교부하는 표지를 패용하고 선거운동을 하여야 한다. | 2017년 9급 | ○ ×

> **해설**
> **01.** 최초의 선임을 포함한다(공직선거법 제63조 제1항).
> **02.** (공직선거법 제63조 제2항)
>
> ✓ 정답 01 × 02 ○

097

01. 선거운동의 선전벽보에 비정규학력의 게재를 금지하는 구「공직선거 및 선거부정방지법」제64조 제1항은 선전벽보에 비정규학력을 게재할 경우 유권자들이 후보자의 학력을 과대평가하여 공정한 판단을 흐릴 수 있음을 방지하는 목적에도 불구하고 피해의 최소성 요건과 법익의 균형성을 갖추고 있다고 볼 수 없으므로 과잉금지원칙에 위반된다. | 2014년 7급 | ○ ×

> **해설**
> **01.** 선거운동의 선전벽보에 비정규학력의 게재를 금지하는 것은 선거운동의 자유를 침해하지 않는다(헌재 1999.9.16, 99헌바5).
>
> ✓ 정답 01 ×

098

01. 읍에 있어서는 인구 500명에 1매, 면에 있어서는 인구 250명에 1매, 동에 있어서는 인구 100명에 1매의 비율을 한도로 선거 벽보를 작성·첨부한다. | 2019년 9급 | ○ ×

02. 관할선거구선거관리위원회는 후보자가 작성하여 보관 또는 제출할 선거벽보의 수량을 선거기간 개시일 전 30일까지 공고하여야 한다. | 2014년 7급 | ○ ×

03. 관할선거구선거관리위원회는 후보자가 작성하여 보관 또는 제출할 선거벽보의 수량을 선거기간 개시일전 20일까지 공고하여야 한다. | 2019년 9급 | ○ ×

04. 누구든지 선거벽보의 내용 중 후보자의 경력·학력·상벌에 관한 거짓 사실의 게재를 이유로 이의제기를 하는 때에는 해당 선거구선거관리위원회를 거쳐 중앙선거관리위원회에 서면으로 하여야 한다.
| 2019년 9급 | ○ ×

05. 관할선거구선거관리위원회는 선거운동에 사용하는 선거벽보에 다른 후보자, 그의 배우자 또는 직계존·비속이나 형제자매의 사생활에 대한 사실을 적시하여 비방하는 내용이 공직선거법에 위반된다고 인정하는 때에는 이를 고발하고 공고하여야 한다. | 2019년 9급 | ○ ×

해설

01. 동에 있어서는 인구 500명에 1매, 읍에 있어서는 인구 250명에 1매, 면에 있어서는 인구 100명에 1매의 비율을 한도로 작성·첨부한다(공직선거법 제64조 제1항).
02. 03. 선거기간 개시일전 10일까지 공고하여야 한다(공직선거법 제64조 제3항).
04. 직근 상급선거관리위원회에 서면으로 하여야 한다(공직선거법 제64조 제6항).
05. (공직선거법 제64조 제7항)

✓ 정답 01 × 02 × 03 × 04 × 05 ○

관련 예상문제

01. 대통령선거에 있어서 정당추천후보자는 선거벽보를 작성하여 후보자 등록마감일 후 3일까지 첩부할 지역을 관할하는 구·시·군선거관리위원회에 제출하고 해당 구·시·군선거관리위원회가 이를 확인하여 선거벽보 제출마감일 후 3일까지 첩부한다. ○ ×

02. 국회의원선거와 지방자치단체의 의회의원 및 장의 선거는 후보자 등록마감일 후 5일까지 첩부할 지역을 관할하는 구·시·군선거관리위원회에 제출하고, 해당 구·시·군선거관리위원회가 이를 확인하여 선거벽보 제출마감일후 2일까지 첩부한다. ○ ×

03. 후보자가 선거벽보의 내용이 거짓으로 되어 있거나 공직선거법에 위반되는 내용이 게재되어 있다고 판단하여 해당 선거구선거관리위원회에 서면으로 정정 또는 삭제를 요청하면, 그 요청을 받은 선거구선거관리위원회는 후보자 등록 마감일까지 그 내용을 정정 또는 삭제하게 할 수 있다. ○ ×

04. 선거벽보는 다수의 통행인이 보기 쉬운 건물 또는 게시판 등에 첩부하여야 한다. 이 경우 해당 건물 또는 게시판 등의 소유자 또는 관리자와 미리 협의하여야 한다. ○ ×

05. 누구든지 선거벽보의 내용 중 경력 등에 관한 거짓 사실의 게재를 이유로 이의제기를 하는 때에는 해당 선거구선거관리위원회를 거쳐 직근 상급선거관리위원회에 서면으로 하여야 하고, 이의제기를 받은 상급선거관리위원회는 후보자와 이의제기자에게 그 증명서류의 제출을 요구할 수 있다. ○ ×

> **해설**
>
> 01. 대통령선거에 있어서 정당추천후보자의 선거벽보는 추천정당이 작성한다(공직선거법 제64조 제2항).
> 02. (공직선거법 제64조 제2항)
> 03. 공직선거법64조 제2항에 따른 선거벽보 제출마감일까지이다.
> 04. (공직선거법 제64조 10항)
> 05. (공직선거법 제64조 제6항)
>
> ✓ 정답 01 ✗ 02 ○ 03 ✗ 04 ○ 05 ○

099

01. 대통령선거·지역구국회의원선거 및 지방자치단체의 장 선거에서 책자형 선거공보에 그 내용이 음성으로 출력되는 전자적 표시를 함으로써 점자형 선거공보의 작성·제출을 생략할 수 있도록 하는 것은 시각장애선거인의 평등권을 침해한 것이 아니다. | 2017년 7급 | ○ ✗

> **해설**
>
> 01. 현행 공직선거법상 책자형 선거공보의 작성은 여전히 임의사항이므로, 심판대상조항이 청구인들의 평등권을 직접적으로 제한하고 있다고 볼 수 없고, 점자형 선거공보와 책자형 선거공보가 함께 작성 제출되는 경우에 비시각장애선거인과의 차별이 발생할 수는 있으나, 심판대상조항의 입법목적 등을 고려할 때 자의적으로 시각장애선거인의 평등권을 침해한다고 보기 어렵다.심판대상조항이 시각장애선거인의 선거정보 획득의 기회를 확대하는 방향으로 지속적·단계적으로 개선되고 있는 상황인 점, 시각장애선거인이 선거정보를 획득할 수 있는 다양한 수단들이 존재하는 점 등을 종합하여 보면, 심판대상조항이 점자형 선거공보의 면수를 책자형 선거공보의 면수 이내로 제한하면서 음성출력이 가능한 전자적 표시를 하는 경우에 점자형 선거공보의 작성을 생략할 수 있도록 규정하였다고 하여, 시각장애선거인의 선거권을 침해하였다고 보기는 어렵다(헌재 2016.12.29. 2016헌마548).
>
> ✓ 정답 01 ○

관련 예상문제

01. 대통령선거·지역구국회의원선거 및 지방자치단체의장 선거에서, 점자형 선거공보를 책자형 선거공보의 면수 이내에서 의무적으로 작성하도록 하면서, 책자형 선거공보에 내용이 음성으로 출력되는 전자적 표시가 있는 경우에는 점자형 선거공보의 작성을 생략할 수 있도록 규정한 공직선거법 조항 중 '대통령선거·지역구국회의원선거 및 지방자치단체의 장 선거' 부분은 청구인들의 선거권을 침해하지 않는다. ○ ✗

02. 점자형 선거공보의 면수를 책자형 선거공보의 면수 이내로 제한한 구 공직선거법 제65조 제4항 본문 중 '제2항에 따른 책자형 선거공보의 면수 이내에서'의 부분은 시각장애인의 선거권을 침해한다고 보기 어렵다. ○ ✗

> **해설**
> 01. 현행 공직선거법상 책자형 선거공보의 작성은 여전히 임의사항이므로, 심판대상조항이 청구인들의 평등권을 직접적으로 제한하고 있다고 볼 수 없고, 점자형 선거공보와 책자형 선거공보가 함께 작성 제출되는 경우에 비시각장애선거인과의 차별이 발생할 수는 있으나, 심판대상조항의 입법목적 등을 고려할 때 자의적으로 시각장애선거인의 평등권을 침해한다고 보기 어렵다. 심판대상조항이 시각장애선거인의 선거정보 획득의 기회를 확대하는 방향으로 지속적·단계적으로 개선되고 있는 상황인 점, 시각장애선거인이 선거정보를 획득할 수 있는 다양한 수단들이 존재하는 점 등을 종합하여 보면, 심판대상조항이 점자형 선거공보의 면수를 책자형 선거공보의 면수 이내로 제한하면서 음성출력이 가능한 전자적 표시를 하는 경우에 점자형 선거공보의 작성을 생략할 수 있도록 규정하였다고 하여, 시각장애선거인의 선거권을 침해하였다고 보기는 어렵다(헌재 2016.12.29, 2016헌마548).
> 02. (헌재 2020.8.28, 2017헌마813)
>
> ✓ 정답 01 ○ 02 ○

100

01. 비례대표국회의원 후보자는 선거운동을 위하여 책자형 선거공보 1종을 작성할 수 있다. | 2019년 7급 |

02. 비례대표국회의원선거에 있어서 비례대표국회의원 추천정당은 선거운동을 위하여 책자형 선거공보 1종과 전단형 선거공보 1종을 작성할 수 있다. | 2021년 9급 |

03. 대통령선거에 있어서 책자형 선거공보는 16면 이내로, 전단형 선거공보는 1매(양면에 게재할 수 있다)로 작성한다. | 2019년 7급 |

04. 지역구국회의원선거의 후보자는 점자형 선거공보를 작성·제출하여야 하되, 책자형 선거공보에 그 내용이 음성·점자 등으로 출력되는 인쇄물 접근성 바코드를 표시하는 것으로 대신할 수 있다.
| 2019년 7급, 2024년 9급 |

05. 지역구지방의회의원선거의 후보자는 선거공보 외에 시각장애선거인을 위한 선거공보 1종을 작성하여야 하며, 점자형 선거공보에 그 내용이 음성, 점자 등으로 출력되는 인쇄물 접근성 바코드를 표시하는 것으로 대신할 수 있다. | 2021년 9급 |

06. 사전투표소에서 투표할 수 있는 선거인 중 법령에 따라 영내 또는 함정에 장기 기거하는 군인이나 경찰공무원은 선거인명부 작성기간 중 관할 구·시·군선거관리위원회에 자신의 거주지로 책자형 선거공보를 발송해 줄 것을 서면이나 중앙선거관리위원회 홈페이지를 통하여 신청할 수 있다. | 2019년 9급 |

07. 사전투표소에서 투표할 수 있는 선거인 중 법령에 따라 영내 또는 함정에 장기 기거하는 군인은 선거인 명부작성기간 중 관할 구·시·군선거관리위원회의 홈페이지에 자신의 거주지로 책자형 선거공보를 발송해 줄 것을 신청할 수 있다. | 2019년 7급 |

08. 사전투표소에서 투표할 수 있는 선거인 중 법령에 따라 영내 또는 함정에 장기 기거하는 군인이나 경찰공무원은 선거인명부작성기간 중 관할 구·시·군 선거관리위원회에 자신의 거주지로 책자형 선거공보를 발송해 줄 것을 서면이나 중앙선거관리위원회 홈페이지를 통하여 신청할 수 있다. | 2021년 9급 |
○ ×

09. 대통령선거에서 책자형 선거공보를 제출하는 경우에는 중앙선거관리위원회규칙으로 정하는 바에 따라 혼인한 딸의 재산상황, 후보자 직계존속의 병역처분사항, 후보자 배우자의 최근 5년간 재산세 납부실적, 후보자의 도로교통법상 범칙금 납부내역을 선거공보 둘째 면에 게재하여야 한다. | 2015년 9급 |
○ ×

10. 대통령선거에서 선거공보에는 후보자, 후보자의 배우자, 직계존·비속(혼인한 딸을 포함한다)의 재산상황이 포함되어야 한다. | 2021년 9급 |
○ ×

11. 대통령선거에서 후보자가 책자형 선거공보 제출수량의 전부 또는 일부를 배부할 지역을 관할하는 구·시·군선거관리위원회에 제출하지 않은 경우에는 후보자정보공개자료를 별도로 작성하여 제출하여야 한다. | 2015년 7급 |
○ ×

해설

01. 대통령선거에 있어서 정당추천후보자와 비례대표국회의원선거 및 비례대표지방의회의원선거의 경우 추천정당이 작성할 수 있다(공직선거법 제65조 제1항).
02. 후보자(대통령선거에 있어서 정당추천후보자와 비례대표국회의원선거 및 비례대표지방의회의원선거의 경우에는 그 추천정당을 말한다. 이하 이 조에서 같다)는 선거운동을 위하여 책자형 선거공보 1종(**대통령선거에서는 전단형 선거공보 1종을 포함한다**)을 작성할 수 있다(공직선거법 제65조 제1항).
03. (공직선거법 제65조 제2항)
04. (공직선거법 제65조 제4항)
05. **대통령선거·지역구국회의원선거 및 지방자치단체의 장선거의 후보자는** 점자형 선거공보를 작성·제출하여야 하되, 책자형 선거공보에 그 내용이 음성·점자 등으로 출력되는 인쇄물 접근성 바코드를 표시하는 것으로 대신할 수 있다(공직선거법 제65조 제4항).
06. (공직선거법 제65조 제5항)
07. 관할 구·시·군선거관리위원회에 서면이나 중앙선거관리위원회 홈페이지를 통하여 신청할 수 있다(공직선거법 제65조 제5항).
08. (공직선거법 제65조 제5항)
09. 재산상황에서 후보자의 혼인한 딸과 외조부모 및 외손자녀는 제외되고, 병역사항에서의 공개자는 후보자 및 후보자의 직계비속이다. 직계존속이 아니다(공직선거법 제65조 8항).
10. 후보자, 후보자의 배우자 및 직계존·비속(**혼인한 딸과 외조부모 및 외손자녀를 제외한다**)의 재산상황이 포함되어야 한다.
11. (공직선거법 제65조 제9항)

✓ 정답 01 × 02 × 03 ○ 04 ○ 05 × 06 ○ 07 ○ 08 ○ 09 × 10 × 11 ○

| 관련 예상문제 |

01. 책자형 선거공보는 지방자치단체 장의 선거 및 지방의회의원선거에 있어서는 8면 이내로 작성하고, 전단형 선거공보는 1매로 작성한다. ○ ×

02. 책자형 선거공보와 전단형 선거공보의 수량은 선거공보의 수량은 당해 선거구 안의 세대수와 예상 거소투표 신고인 수 및 제5항에 따른 예상 신청자 수를 합한 수에 상당하는 수 이내로 한다. ○ ×

03. 후보자는 공직선거법제65조 제1항의 규정에 따른 선거공보 외에 시각장애선거인을 위한 점자형 선거공보 1종을 책자형 선거공보의 면수의 이내에서 작성할 수 있다. ○ ×

04. 후보자가 시각장애선거인에게 제공하기 위하여 책자형 선거공보의 내용을 음성·점자 등으로 출력되는 디지털 파일로 전환하여 저장한 저장매체를 책자형 선거공보(점자형 선거공보를 포함한다)와 같이 제출하는 경우 배부할 지역을 관할하는 구·시·군선거관리위원회는 이를 함께 발송하여야 한다. ○ ×

05. 구·시·군선거관리위원회는 점자형 선거공보에 후보자정보공개자료를 게재하지 아니하거나, 책자형 선거공보의 둘째 면이 아닌 다른 면(둘째 면이 부족하여 셋째 면에 연이어 게재한 경우는 제외한다)에 후보자정보공개자료를 게재하거나, 그 둘째 면에 후보자정보공개자료와 그 소명자료 외의 다른 내용을 게재하거나, 선거공보의 규격·제출기한을 위반한 때에는 이를 접수하지 아니한다. ○ ×

해설

01. 지방자치단체의 장 선거에 있어서는 12면 이내로 작성한다(공직선거법 제65조 제2항).
02. 전단형 선거공보의 수량은 당해 선거구 안의 세대수에 상당하는 수 이내로 한다(공직선거법 제65조 제3항).
03. 책자형 선거공보의 **면수의 두 배** 이내에서 작성할 수 있다(공직선거법 제65조 제4항). 〈개정 2020.12.29.〉
04. (공직선거법 제65조 11항)
05. 책자형 선거공보(점자형 선거공보는 제외한다) (공직선거법 제65조 제12항)

정답 01 × 02 × 03 × 04 ○ 05 ×

101

01. 국회의원선거의 후보자는 선거운동을 위하여 선거공약 및 그 추진계획을 게재한 16면 이내의 인쇄물(선거 공약서) 1종을 작성하여 배부할 수 있으나, 다른 정당이나 후보자에 관한 사항을 게재할 수 없다.
| 2014년 7급 | ○ ✕

02. 선거공약서는 대통령선거에 있어서는 32면 이내로, 시·도지사 선거에 있어서는 16면 이내로, 자치구·시·군의 장 선거에 있어서는 12면 이내로 작성한다. | 2016년 7급, 2021년 9급 | ○ ✕

03. 선거공약서의 수량은 해당 선거구 안에 있는 세대수의 100분의 10에 해당하는 수 이내로 한다. | 2016년 7급 | ○ ✕

04. 후보자와 그 가족, 선거사무장, 선거연락소장, 선거사무원, 회계책임자 및 후보자와 함께 다니는 활동보조인은 선거공약서를 배부할 수 있지만, 우편발송(점자형 선거공약서는 제외한다)·호별방문이나 특정 장소에 비치하는 방법을 포함한 살포의 방법으로 선거공약서를 배부할 수 없다. | 2016년 7급 | ○ ✕

05. 관할선거구선거관리위원회는 당선인 결정 후에는 당선인의 선거공약서를 그 임기만료일까지 선거관리위원회의 인터넷 홈페이지 또는 중앙선거관리위원회가 지정하는 인터넷홈페이지에 게시하여야 한다.
| 2016년 7급 | ○ ✕

해설

01. 대통령선거 및 지방자치단체의 장 선거의 후보자가 선거공약서를 작성할 수 있다(공직선거법 제66조 제1항).
02. (공직선거법 제66조 제3항)
03. (공직선거법 제66조 제4항)
04. (공직선거법 제66조 제5항)
05. 당선인 결정 후에는 당선인의 선거공약서를 그 임기만료일까지 선거관리위원회의 인터넷홈페이지 또는 중앙선거관리위원회가 지정하는 인터넷홈페이지에 게시할 수 있다(공직선거법 제66조 제7항).

정답 01 ✕ 02 ○ 03 ○ 04 ○ 05 ✕

관련 예상문제

01. 선거공약서에는 다른 정당이나 후보자에 관한 사항을 게재할 수 없으며, 후보자의 성명·기호와 선거공약 및 그 추진계획에 관한 사항 외의 후보자의 사진·학력·경력, 그밖에 홍보에 필요한 사항은 제3항에 따른 면수 중 2면 이내에서 게재할 수 있다. ○ ×

02. 선거공약서는 대통령선거에 있어서는 32면 이내로, 시·도지사선거에 있어서는 16면 이내로, 자치구·시·군의 장선거에 있어서는 12면 이내로 작성한다. ○ ×

03. 우편발송(점자형 선거공약서는 제외한다)·호별방문이나 살포(특정 장소에 비치하는 방법을 포함한다)의 방법으로 선거공약서를 배부할 수 없다. ○ ×

해설

01. 1면 이내에서 게재할 수 있다(공직선거법 제66조 제2항).
02. (공직선거법 제66조 제3항)
03. (공직선거법 제66조 제5항)

정답 01 × 02 ○ 03 ○

102

01. 공직선거법상 비례대표지방의회의원후보자가 선거운동을 위하여 읍·면·동마다 1매의 현수막을 게시하는 것은 선거운동으로 인정된다. |2014년 9급| ○ ×

02. 지역구국회의원선거와 비례대표국회의원선거에서 각 후보자 1인이 게시할 수 있는 선거운동을 위한 현수막의 개수는 동일하다. |2017년 7급| ○ ×

03. 비례대표국회의원후보자 및 비례대표지방의회의원후보자는 선거운동을 위하여 현수막을 게시할 수 없다. |2019년 7급| ○ ×

해설

01. 02. 비례대표국회의원후보자 및 비례대표지방의회의원후보자는 현수막을 게시할 수 없다(공직선거법 제67조 제1항).
03. (공직선거법 제67조 제1항)

정답 01 × 02 × 03 ○

| 관련 예상문제 |

01. 대통령선거의 정당추천후보자는 선거운동을 위하여 해당 선거구 안의 읍·면·동 수의 2배 이내의 현수막을 게시할 수 있다. ○✕

02. 지역구국회의원선거 후보자는 선거운동을 위하여 해당 선거구안의 읍·면·동 수의 이내의 현수막을 게시할 수 있다. ○✕

🔍 해설

01. 대통령선거의 정당추천후보자는 추천정당이 현수막을 게시할 수 있다(공직선거법 제67조 제1항).
02. 2배 이내이다(공직선거법 제67조 제1항).

☑ 정답 01 ✕ 02 ✕

103

01. 공직선거법상 모양과 색상이 동일한 윗옷(上衣)을 입은 선거사무원이 후보자와 함께 선거운동을 위하여 다수의 선거구민에게 인사하는 것은 선거운동의 유형에 해당된다. | 2014년 9급 | ○✕

🔍 해설

01. (공직선거법 제68조 제1항)

☑ 정답 01 ○

| 관련 예상문제 |

01. 후보자와 그 배우자, 후보자가 그의 직계존·비속 중에서 신고한 1인은 함께 다니면서 선거운동기간 중 후보자의 홍보에 필요한 사항을 게재한 어깨띠나 중앙선거관리위원회규칙으로 정하는 규격 또는 금액 범위의 윗옷(上衣)·표찰(標札)·수기(手旗)·마스코트, 그 밖의 소품을 붙이거나 입거나 지니고 선거운동을 할 수 있다. ○✕

02. 후보자와 함께 다니는 활동보조인 및 회계책임자는 선거기간 중 중앙선거관리위원회규칙으로 정하는 규격 또는 금액 범위의 윗옷(上衣)·표찰(標札)·수기(手旗)·마스코트, 그 밖의 소품을 붙이거나 입거나 지니고 선거운동을 할 수 있다. ○✕

🔍 해설

01. 배우자 대신 후보자가 그의 직계존·비속 중에서 신고한 1인이어야 한다(공직선거법 제68조 제1항).
02. (공직선거법 제68조 제1항)

☑ 정답 01 ✕ 02 ○

104

01. 후보자는 선거기간 개시일부터 선거일 전 2일까지 신문광고를 할 수 있으며, 대통령선거의 경우에는 정치자금모금을 위한 신문광고를 일간신문에 게재할 수 있다. | 2013년 7급 |

02. 시·도지사선거에서 같은 정당의 추천을 받은 2 이상의 후보자라 하더라도 합동으로 광고를 할 수는 없다. | 2013년 7급 |

03. 후보자가 신문광고를 하고자 할 때에는 광고 전에 관할선거구 선거관리위원회로부터 인증서를 교부받아야 한다. | 2013년 7급 |

해설

01. (공직선거법 제69조 제1항)
02. 시·도지사선거에 있어서 같은 정당의 추천을 받은 2인 이상의 후보자는 합동으로 광고를 할 수 있다(공직선거법 제69조 제3항).
03. (공직선거법 제69조 제5항)

정답 01 ○ 02 × 03 ○

관련 예상문제

01. 시·도지사선거 후보자는 선거기간 개시일부터 선거일 전 2일까지 소속정당의 정강·정책이나 후보자의 정견, 정치자금모금기타 홍보에 필요한 사항을 일간신문에 게재할 수 있다.

02. 비례대표국회의원선거 후보자는 선거기간 개시일부터 선거일 전 2일까지 소속정당의 정강·정책이나 후보자의 정견, 기타 홍보에 필요한 사항을 일간신문에 게재할 수 있다.

03. 지역구지방의회선거 후보자는 선거기간 개시일부터 선거일 전 2일까지 소속정당의 정강·정책이나 후보자의 정견, 정치자금모금기타 홍보에 필요한 사항을 총 5회 이내로 일간신문에 게재할 수 있다.

해설

01. 정치자금모금에 관한 사항은 대통령선거에 한한다(공직선거법 제69조 제1항).
02. 대통령선거에 있어서 정당추천후보자와 비례대표국회의원선거의 경우에는 후보자를 추천한 정당을 말한다(공직선거법 제69조 제1항).
03. 지역구지방의회선거 후보자는 선거운동을 위한 신문광고를 할 수 없다(공직선거법 제69조 제1항 제3호).

정답 01 × 02 × 03 ×

105

01. 선거운동을 위한 방송광고를 하는 경우 대통령선거에 있어서 정당추천후보자는 텔레비전 및 라디오 방송별로 각 30회 이내로 선거운동기간 중 소속정당의 정강·정책이나 후보자의 정견 그 밖의 홍보에 필요한 사항을 텔레비전 및 라디오 방송시설을 이용하여 실시할 수 있다. | 2017년 9급, 2024년 9급 |

02. 선거운동을 위한 후보자의 방송광고의 경우 광고횟수의 계산에 있어서는 재방송을 포함하되, 하나의 텔레비전 또는 라디오 방송시설을 선정하여 당해 방송망을 동시에 이용하는 것은 1회로 본다. | 2017년 9급 |

03. 방송광고를 행하는 방송시설을 경영·관리하는 자는 그 광고 비용을 산정함에 있어 선거기간 중 같은 방송시간대에 광고하는 상업·문화 기타 각종 광고의 요금 중 최저요금을 초과하여 후보자에게 청구하거나 받을 수 없다. | 2013년 7급, 2017년 9급 |

해설

01. 대통령선거에 있어서 정당추천후보자와 비례대표국회의원선거의 경우에는 후보자를 추천한 정당을 말한다(공직선거법 제70조 제1항).
02. 03. (공직선거법 제70조 제1항)

정답 01 × 02 ○ 03 ○

관련 예상문제

01. 지역구지방의회선거 후보자는 텔레비전 및 라디오 방송별로 각 30회 이내로 선거운동기간 중 소속정당의 정강·정책이나 후보자의 정견 그 밖의 홍보에 필요한 사항을 텔레비전 및 라디오 방송시설을 이용하여 실시할 수 있다.

02. 텔레비전 및 라디오 방송별로 대통령선거는 각 30회, 비례대표국회의원선거는 각 15회, 시·도지사선거는 각 5회 이내로 선거운동을 위한 방송광고를 실시할 수 있다.

03. 선거운동을 위한 후보자의 방송광고의 경우 광고횟수의 계산에 있어서는 재방송을 포함하지 않는다.

해설

01. 지역구지방의회선거 후보자는 방송광고를 할 수 없다(공직선거법 제70조 제1항).
02. (공직선거법 제70조 제1항)
03. 재방송을 포함한다(공직선거법 제70조 제1항).

정답 01 × 02 ○ 03 ×

106

01. 대통령선거의 경우 후보자와 후보자가 지명한 연설원은 각각 1회 20분 이내에서 텔레비전 및 라디오 방송별 각 11회 이내에서 방송연설을 할 수 있다. | 2014년 7급 | ○ ×

02. 대통령선거에서 선거운동기간 중 후보자뿐만 아니라 후보자가 지명한 연설원도 텔레비전 및 라디오 방송시설을 이용한 연설을 할 수 있다. | 2020년 9급 | ○ ×

03. 방송연설의 경우 선거운동기간 중 텔레비전 및 라디오방송시설을 이용하여 정당별로 비례대표국회의원후보자 중에서 선임된 대표 2인이 각각 1회 10분 이내에서 텔레비전 및 라디오의 방송별로 각 1회 연설할 수 있다. | 2019년 7급 | ○ ×

04. 비례대표국회의원선거에서 비례대표국회의원후보자가 아닌 정당의 대표 및 비례대표국회의원후보자 중에서 선임된 대표 2인은 텔레비전 및 라디오 방송시설을 이용한 연설을 할 수 있다. | 2020년 9급 | ○ ×

해설

01. 02. 03. (공직선거법 제71조 제1항 제1호)
04. 후보자 중에서 선임된 대표 2인 (공직선거법 제71조 제1항 제2호)

✓ **정답** 01 ○ 02 ○ 03 ○ 04 ×

107

01. 후보자를 추천한 정당은 선거기간 개시일부터 선거일 전일까지 소속정당의 정강·정책이나 후보자의 정견 등을 전국에 걸쳐 알리기 위하여 신문광고, 방송광고, 경력방송과 인터넷광고를 통한 선거운동을 할 수 있다. | 2019년 7급 | ○ ×

02. 선거운동기간 중 경력방송을 하는 때에는 그 횟수와 내용이 선거구 단위로 모든 후보자에게 공평하게 하여야 하며, 그 비용은 후보자가 부담한다. | 2016년 7급 | ○ ×

해설

01. 경력방송은 한국방송공사 또는 텔레비전 및 라디오 방송시설이 한다. 이 외 신문광고, 방송광고, 인터넷광고는 후보자(대통령선거에 있어서 정당추천후보자와 비례대표국회의원선거의 경우에는 후보자를 추천한 정당을 말한다)가 한다(공직선거법 제73조 제1항).
02. 비용은 한국방송공사가 부담한다(공직선거법 제73조 제3항).

✓ **정답** 01 × 02 ×

> **관련 예상문제**

01. 한국방송공사는 대통령선거·국회의원선거 및 지방자치단체의 장·지방자치단체의원 선거에 있어서 선거운동 기간 중 텔레비전과 라디오 방송시설을 이용하여 후보자마다 매회 2분 이내의 범위 안에서 관할선거구선거관리위원회가 제공하는 후보자의 사진·성명·기호·연령·소속정당명 및 직업 기타 주요한 경력을 선거인에게 알리기 위하여 방송하여야 한다. ○ ×

02. 한국방송공사는 지방자치단체의 장의 선거에 있어서 텔레비전 및 라디오 방송별로 각 3회 이상 후보자의 주요한 경력을 선거인에게 알리기 위하여 방송하여야 한다. ○ ×

> **해설**
> 01. 지방자치단체의원 선거는 포함되지 않는다(공직선거법 제73조 제1항).
> 02. 자치구·시·군의 장 선거는 각 2회, 시·도지사선거는 각 3회 이상 방송하여야 한다(공직선거법 제73조 제2항).
>
> ⊘ **정답** 01 × 02 ×

108

01. 한국방송공사 외의 텔레비전 및 라디오 방송시설이 그의 부담으로 후보자의 경력을 방송하고자 하는 때에는 후보자가 제공하는 내용에 의하되, 선거구 단위로 모든 후보자에게 공평하게 하여야 한다. | 2020년 9급 | ○ ×

> **해설**
> 01. 관할선거구선거관리위원회가 제공하는 내용에 의한다(공직선거법 제74조 제1항).
>
> ⊘ **정답** 01 ×

109

01. 선거운동기간 중 공개장소에서 비례대표국회의원후보자의 연설 대담을 금지하는 공직선거법 제79조 제1항은 선거운동의 자유 및 정당활동의 자유를 침해하지 아니한다. | 2014년 7급, 2019년 9급 | ○ ×

02. 헌법재판소는 국회의원선거에서 공직선거법상 선거운동과 관련하여 확성기 사용 등에 따른 소음제한 기준을 두지 않은 것은 건강하고 쾌적한 환경에서 생활할 권리를 침해한다고 하였다. | 2020년 7급 | ○ ×

03. 자동차에 부착하는 확성장치 및 휴대용 확성장치의 수를 규정한 공직선거법 규정은 사용시간과 사용지역에 따른 수인한도 내에서 확성장치의 최고출력 내지 소음 규제기준을 두고 있지 않아 국민의 건강하고 쾌적한 환경에서 생활할 권리를 침해한다. | 2020년 9급 | ○ ×

해설

01. 선거운동기간 중 공개장소에서 비례대표국회의원후보자의 연설 대담을 금지하는 것은 비례대표국회의원후보자의 선거운동의 자유 및 정당활동의 자유를 침해하지 않는다(헌재 2013.10.24. 2012헌마311).

02. 국회의원 확성장치는 판례가 형성된 바 없다.

03. 제79조 제3항 제2호 중 '시·도 지사 선거' 부분, 같은 항 제3호 및 공직선거법(2005.8.4. 법률 제7681호로 개정된 것) 제216조 제1항이 선거운동의 자유를 감안하여 선거운동을 위한 확성장치를 허용할 공익적 필요성이 인정된다고 하더라도 정온한 생활환경이 보장되어야 할 주거지역에서 출근 또는 등교 이전 및 퇴근 또는 하교 이후 시간대에 확성장치의 최고출력 내지 소음을 제한하는 등 사용시간과 사용지역에 따른 수인한도 내에서 확성장치의 최고출력 내지 소음 규제기준에 관한 규정을 두지 아니한 것은, 국민이 건강하고 쾌적하게 생활할 수 있는 양호한 주거환경을 위하여 노력하여야 할 국가의 의무를 부과한 헌법 제35조 제3항에 비추어 보면, 적절하고 효율적인 최소한의 보호조치를 취하지 아니하여 국가의 기본권 보호 의무를 과소하게 이행한 것으로서, 청구인의 건강하고 쾌적한 환경에서 생활할 권리를 침해하므로 헌법에 위반된다(헌재 2019.12.27. 2018헌마730).

✓ **정답** 01 ○ 02 × 03 ○

110

01. 지역구국회의원후보자와 비례대표국회의원후보자는 공개장소에서의 연설·대담을 통한 선거운동의 가능 여부에 차이가 있다. | 2017년 7급 | ○|×

02. 지역구국회의원후보자는 선거운동기간 중에 주민회관이나 시장을 방문하여 정당이나 후보자에 대한 지지를 호소하는 연설을 할 수 있다. | 2014년 9급 | ○|×

03. 휴대용 확성장치는 연설·대담용 차량이 정차한 외의 다른 지역에서도 사용할 수 있다. | 2020년 9급 | ○|×

04. 자동차에 부착된 확성장치를 사용함에 있어 확성나발의 수는 2개를 넘을 수 없으며, 자동차와 확성장치에는 중앙선거관리위원회규칙으로 정하는 바에 따라 표지를 부착하여야 한다. | 2020년 9급 | ○|×

05. 후보자 등은 다른 사람이 개최한 옥내모임에 일시적으로 참석하여 연설·대담을 할 수 있으며, 이 경우 그 장소에 설치된 확성장치를 사용할 수 있으나 휴대용 확성장치는 사용할 수 없다. | 2020년 9급 | ○|×

해설

01. (공직선거법 제79조 제1항)
02. (공직선거법 제79조 제2항)
03. 연설·대담용 차량이 정차한 외의 다른 지역에서 사용할 수 없다(공직선거법 제79조 제4항).
04. 자동차에 부착된 확성장치를 사용함에 있어 확성나발의 수는 1개를 넘을 수 없다(공직선거법 제79조 제5항).
05. 그 장소에 설치된 확성장치를 사용하거나 휴대용 확성장치를 사용할 수 있다(공직선거법 제79조 제7항).

✓ **정답** 01 ○ 02 ○ 03 × 04 × 05 ×

┤ 관련 예상문제 ├

01. 지역구지방의회의원선거 및 자치구·시·군의 장선거에 있어서 공개장소에서의 연설·대담을 위하여 후보자와 구·시·군선거연락소마다 각 1대·각 1조를 사용할 수 있다. ⊙⊗

02. 자동차와 확성장치에는 중앙선거관리위원회규칙으로 정하는 바에 따라 표지를 부착하여야 하고, 선거벽보·선거공보·선거공약서 및 후보자 사진은 자동차에만 부착할 수 있다. ⊙⊗

03. 후보자 등은 다른 사람이 개최한 옥내모임에 일시적으로 참석하여 후보자 등이 사용하는 확성장치를 이용한 연설·대담을 할 수 있다. ⊙⊗

🔍 해설

01. 지역구지방의회의원선거 및 자치구·시·군의 장선거는 후보자마다 각 1대·각 1조를 사용할 수 있다(공직선거법 제79조 제1항 제3호).
02. 자동차와 확성장치에는 중앙선거관리위원회규칙으로 정하는 바에 따라 표지를 부착하여야 하고, 제64조의 선거벽보, 제65조의 선거공보, 제66조의 선거공약서 및 후보자 사진을 붙일 수 있다(공직선거법 제79조 제6항).
03. 후보자 등은 다른 사람이 개최한 옥내모임에 일시적으로 참석하여 연설·대담을 할 수 있으며, 이 경우 **그 장소에 설치된 확성장치를 사용**하거나 휴대용 확성장치를 사용할 수 있다(공직선거법 제79조 제7항).

✓ 정답 01 ✗ 02 ✗ 03 ✗

111

01. 병원·진료소·도서관·연구소 또는 시험소 기타 의료·연구시설이라 하더라도 당해 시설의 소유권자나 법률상 관리인의 허가를 얻은 경우에는 공직선거법상의 연설·대담을 할 수 있다. | 2014년 7급 |
⊙⊗

⚖️ 해설

01. 당해 시설의 소유권자나 법률상 관리인의 허가 유무에 상관없이 연설·대담을 할 수 없다(공직선거법 제80조 제3호).

✓ 정답 01 ✗

112

01. 선거운동을 하거나 할 것을 표방한 노동조합은 대통령선거에 있어서 후보자를 초청하여 소속정당의 정강·정책이나 후보자의 정견 기타사항을 알아보기 위한 대담·토론회를 옥내에서 개최할 수 없다.

| 2021년 9급 |

해설

01. 공직선거법 제87조(단체의 선거운동금지) 제1항 제1호 내지 제6호의 규정에 해당하지 아니하는 단체는 후보자 또는 대담·토론자(대통령선거 및 시·도지사선거의 경우에 한하며, 정당 또는 후보자가 선거운동을 할 수 있는 자 중에서 선거사무소 또는 선거연락소마다 지명한 1인을 말한다). 1인 또는 수인을 초청하여 소속정당의 정강·정책이나 후보자의 정견 기타사항을 알아보기 위한 대담·토론회를 이 법이 정하는 바에 따라 옥내에서 개최할 수 있다. 다만, 공직선거법 제10조 제1항 제6호의 노동조합과 단체는 그러하지 아니하다(공직선거법 제81조 제1항).

정답 01 ×

관련 예상문제

01. 법령에 의하여 정치활동이나 공직선거에의 관여가 금지된 단체는 대통령선거에 있어서 후보자 또는 대담·토론자 1인 또는 수인을 초청하여 소속정당의 정강·정책이나 후보자의 정견 기타사항을 알아보기 위한 대담·토론회를 옥내에서 개최할 수 없다.

02. 바르게살기운동협의회는 국회의원선거에 있어서 후보자 또는 대담·토론자 1인 또는 수인을 초청하여 소속정당의 정강·정책이나 후보자의 정견 기타사항을 알아보기 위한 대담·토론회를 옥내에서 개최할 수 있다.

03. 구성원의 과반수가 선거운동을 할 수 없는 자로 이루어진 기관·단체는 시·도지사선거에 있어서 후보자 또는 대담·토론자 1인 또는 수인을 초청하여 소속정당의 정강·정책이나 후보자의 정견 기타사항을 알아보기 위한 대담·토론회를 옥외에서 개최할 수 있다.

04. 새마을운동협의회가 대통령선거에 있어서 후보자를 초청하여 대담·토론회를 개최할 경우 후보자의 참석 승낙서를 첨부해서 개최일전 2일까지 관할선거구선거관리위원회 또는 그 개최장소의 소재지를 관할하는 구·시·군선거관리위원회에 서면으로 신고하여야 한다.

해설

01. 공직선거법 제87조(단체의 선거운동금지) 제1항 제1호 내지 제6호의 규정에 해당하지 아니하는 단체는 개최할 수 있다(공직선거법 제81조 제1항).
02. 대통령선거 및 시·도지사선거의 경우에 한하여 개최할 수 있다(공직선거법 제81조 제1항).
03. 옥내에서 개최할 수 있다(공직선거법 제81조 제1항).
04. (공직선거법 제81조 제3항)

정답 01 × 02 × 03 × 04 ○

113

01. 공직선거법상의 방송시설은 대통령선거에 있어서 선거일 전 1년부터 선거기간 개시일 전일까지 후보자가 되고자 하는 자를 초청하여 대담·토론회를 개최하고 이를 보도할 수 있으며, 이를 방송하고자 하는 때에는 내용을 편집하지 않은 상태에서 방송하여야 한다. | 2021년 9급 |

해설

01. (공직선거법 제82조)

정답 01 ○

관련 예상문제

01. 공직선거법상의 방송시설·신문사업자·정기간행물사업자·뉴스통신사업자 및 인터넷언론사는 선거운동기간 중 후보자 또는 대담·토론자에 대하여 대담·토론회를 개최하고 이를 보도할 수 있다. 다만, 대통령선거와 국회의원선거에서는 선거일 전 1년부터 선거기간개시전일까지 후보자가 되고자 하는 자를 초청하여 대담·토론회를 개최하고 이를 보도할 수 있다.

02. 공직선거법상의 언론기관은 선거운동기간 중 후보자 또는 대담·토론자를 초청하여 대담·토론회를 개최할 수 있으며 방송시간·신문의 지면 등을 고려하여 자율적으로 개최하되, 대담·토론의 진행은 공정하여야 하며 이에 관하여 필요한 사항은 중앙선거관리위원회규칙으로 정한다.

해설

01. 대통령선거에서는 선거일 전 1년부터, 국회의원선거 또는 지방자치단체의장선거에 있어서는 선거일 전 60일부터 선거기간 개시일전일까지 후보자가 되고자 하는 자를 초청하여 대담·토론회를 개최하고 이를 보도할 수 있다.
02. (공직선거법 제82조 제1~3항)

정답 01 × 02 ○

114

01. 대통령선거방송토론위원회가 후보자 중에서 토론의 대상자를 제한하는 결정을 하는 것은 평등원칙에 위배되지도 않고 국민의 알권리와 후보자 선택권을 침해한 것도 아니다. | 2015년 7급 | ○ ×

02. 선거방송토론위원회 주관 대담 토론회의 방송에 있어서 청각장애 선거인을 위한 자막 또는 수화통역의 방영을 의무사항을 규정하지 아니한 것은 청각장애 선거인들의 참정권 등 헌법상 기본권을 침해하지 않는다. | 2016년 7급 | ○ ×

03. 공직선거법상 선거방송에서 청각장애인을 위한 수화 및 자막방송을 할 수도 있고 안 할 수도 있는 단순한 재량사항으로 규율하고 있는 것은 수화 및 자막 등의 방영이 실시되지 않을 경우 차별취급이 존재하게 되고 이는 청각장애선거인의 참정권에 중대한 제한을 초래하게 되는 것이므로 평등원칙을 위반하는 것이다. | 2020년 9급 | ○ ×

04. 선거방송토론위원회 주관 대담 토론회의 참가기준으로 여론조사평균지지율 100분의 5를 요구하는 것은 과잉금지원칙에 위배된다. | 2016년 9급 | ○ ×

해설

01. 대통령선거방송토론위원회가 공영방송 텔레비전을 이용한 후보자 대담 토론회에 참석할 후보자의 선정기준에 관하여, 원내교섭단체 보유 정당의 대통령후보자와 여론조사결과 평균지지율 10% 이상인 대통령후보자를 초청하여 3회에 걸쳐 다자간 합동방송토론회를 개최하기로 정한 1997.11.24.자 결정 및 그 공표행위는, 비합리적이고 자의적이라 할 수 없으며 국민의 알 권리와 후보자 선택의 자유를 침해한다고도 볼 수 없다(헌재 1998.8.27. 97헌마372).

02. 03. 선거운동기간 중의 방송광고, 방송시설주관 후보자연설의 방송, 선거방송토론위원회 주관 대담 토론회의 방송에 있어서 청각장애 선거인을 위한 자막 또는 수화통역의 방영을 의무사항으로 규정하지 아니한 심판대상조항은, 비록 심판대상조항이 수화방송 등을 할 수 없는 예외사유를 보다 제한적으로 구체화하여 규정하는 것이 바람직하다고 볼 수는 있겠지만, 이 사건에서 심판대상조항이 입법자의 입법형성의 범위를 벗어난 것으로서 청구인들의 참정권, 평등권 등 헌법상 기본권을 침해하는 정도의 것이라고 볼 수 없다(헌재 2009.5.28. 2006헌마285).

04. 방송매체를 이용한 대담 토론회에 참여할 수 있는 후보자를 아무런 제한 없이 할 경우 실질적인 대담이나 토론이 이루어질 수 없어 정견발표회 수준으로 전락할 수 있고, 후보자들 간의 자질과 정치적인 능력의 비교가 불가능해질 개연성이 있고, 전파자원 역시 한정되어 있는바, 이 사건 법률조항이 주된 대담 토론회에 참여할 수 있는 후보자를 일정한 범위로 제한하는 것은 위와 같은 입법자의 합리적 판단에 기인한 것이라고 할 수 있다. 또한, 그 제한 기준은 주요 정당의 추천 여부나 후보자의 당선가능성 및 후보자에 대한 국민적 관심도 등을 살펴 일정 수준 이상의 자로 한정하고, 이에 따라 후보자들의 정책에 대한 대담 토론이 효과적이고 실증적인 기능을 발휘하도록 하여야 할 것인바, 이 사건 법률조항이 국회에 5인 이상의 소속의원을 가진 정당 또는 직전 선거에서 3% 이상을 득표한 정당이 추천한 후보자, 최근 4년 이내 선거에서 10% 이상을 득표하였거나 여론조사결과 5% 이상의 지지율을 보여주는 후보자로 그 초청대상을 한정하고 있는 것을 두고 특별히 자의적인 기준이라거나 지나치게 엄격한 기준이라고 보기 어렵다 할 것이다. 아울러 비초청대상후보자의 경우 이들을 대상으로 한 대담 토론회가 개최될 수 있도록 규정하여 방송토론회를 통해 선거운동을 할 수 있는 기회를 제공하고 있는 점 등을 고려한다면, 이 사건 법률조항은 대담 토론회의 기능의 활성화를 위하여 적당한 수의 후보자만을 초청하여야 한다는 요청과 선거운동에서의 기회의 균등보장이라는 서로 대립하는 이익을 적절히 비교 형량한 합리적인 것으로서 이와 같은 취급을 두고 자의적인 차별로서 평등권을 침해하였다고 하기는 어렵다(헌재 2011.5.26. 2010헌마451).

✓ 정답 01 ○ 02 ○ 03 × 04 ×

115

01. 중앙선거방송토론위원회는 대통령선거후보자 중에서 1인 또는 수인을 초청하여 2회 이상 대담 토론회를 개최하여야 한다. | 2016년 7급 | ○ ×

02. 중앙선거방송토론위원회는 대통령선거에 있어서 선거운동기간 중 대통령선거 후보자 중에서 1인 또는 수인을 초청하여 3회 이상의 대담·토론회를 개최하여야 한다. | 2020년 9급 | ○ ×

03. 중앙선거방송토론위원회는 선거운동기간 중 해당 정당의 대표자가 비례대표국회의원후보자 또는 선거운동을 할 수 있는 사람(지역구국회의원후보자는 제외한다) 중에서 지정하는 1명 또는 여러 명을 초청하여 2회 이상 대담·토론회를 개최하여야 한다. | 2019년 7급 | ○ ×

04. 시·도선거방송토론위원회는 선거운동기간 중 지역구국회의원선거의 후보자를 초청하여 1회 이상의 대담·토론회를 개최하여야 한다. | 2021년 9급 | ○ ×

05. 각급선거방송토론위원회가 일정 범위의 초청대상 후보자를 대상으로 대담·토론회를 개최하는 경우 각급선거방송토론 위원회로부터 초청받은 후보자는 정당한 사유가 없는 한 대담·토론회에 참석하여야 한다. | 2015년 9급 | ○ ×

06. 각급선거방송토론위원회로부터 초청받은 후보자는 정당한 사유가 없는 한 그 대담·토론회에 참석하여야 한다. | 2020년 9급 | ○ ×

07. 대통령선거에 있어서 중앙선거방송토론위원회가 후보자를 초청하여 대담·토론회를 개최하는 경우, 중앙선거방송토론위원회로부터 초청받은 후보자는 정당한 사유가 없는 한 그 대담·토론회에 참석하여야 한다. | 2021년 9급 | ○ ×

08. 정당 추천에 의한 대통령 선거에 출마한 丁의 추천정당 D 국회의석수는 5석이며 중앙선거관리위원회규칙이 정하는 바에 따라 언론기관이 선거기간 개시일 전 30일부터 선거기간 개시일 전일까지의 사이에 실시하여 공표한 여론조사결과를 평균한 지지율이 100분의 3이면 丁 중앙선거방송토론위원회에서 주관하는 대담 토론회의 대상 후보자이다. | 2016년 9급 | ○ ×

09. 정당 추천에 의한 대통령 선거에 출마한 甲의 추천정당 A 국회의석수는 3석이며 직전 비례대표자치구·시·군의원선거에서 전국 유효투 표총수의 100분의 3을 득표하였으면 甲은 중앙선거방송토론위원회에서 주관하는 대담 토론회의 대상 후보자이다. | 2016년 9급 | ○ ×

10. 정당 추천에 의한 대통령 선거에 출마한 乙의 추천정당 B 소속 국회의원은 없으며 직전 비례대표시·도의원선거에서 전국 유효투표총수의 100분의 4를 득표하였으면 乙은 중앙선거방송토론위원회에서 주관하는 대담 토론회의 대상 후보자이다. | 2016년 9급 | ○ ×

11. 정당 추천에 의한 대통령 선거에 출마한 丙의 추천정당 C 국회의석수는 3석이며 중앙선거관리위원회 규칙이 정하는 바에 따라 언론기관이 선거기간 개시일 전 30일부터 선거기간 개시일 전일까지의 사이에 실시하여 공표한 여론조사결과를 평균한 지지율이 100분의 5이면 丙은 중앙선거방송토론위원회에서 주관하는 대담 토론회의 대상 후보자이다. | 2016년 9급 | ○ ×

12. 각급선거방송토론위원회는 초청대상 대담·토론회의 초청 대상에 포함되지 아니하는 후보자를 대상으로 대담·토론회를 개최할 수 있다. | 2015년 9급 | ○ ×

13. 공영방송사는 그의 부담으로 대통령선거에 있어서 중앙선거방송토론위원회가 주관하는 대담·토론회를 오후 8시부터 당일 오후 11시까지의 사이에 텔레비전방송을 통하여 중계방송 하여야 한다. | 2020년 9급 | ○ ×

14. 방송법 규정에 의한 방송사업자·중계유선방송사업자 및 인터넷언론사는 그의 부담으로 대담·토론회를 편집하여 중계방송할 수 있다. | 2015년 9급 | ○ ×

15. 방송법에 의한 방송사업자 중계유선방송사업자 및 인터넷언론사 또는 중계유선방송사업자는 선거방송토론위원회의 부담으로 대담 토론회를 중계방송할 수 있다. | 2016년 7급 | ○ ×

16. 방송법에 의한 방송사업자·중계유선방송사업자 및 인터넷언론사는 그의 부담으로 대담·토론회를 중계방송할 수 있으며, 이 경우 편집 없이 중계방송 하여야 한다. | 2020년 9급 | ○ ×

해설

01. 수인을 초청하여 3회 이상 대담 토론회를 개최하여야 한다(공직선거법 제82조의2 제1항 제1호).
02. (공직선거법 제82조의2 제1항 제1호)
03. (공직선거법 제82조의2 제1항 제2호)
04. **구·시·군선거방송토론위원회**는 선거운동기간 중 지역구국회의원선거 및 자치구·시·군의 장선거의 후보자를 초청하여 1회 이상의 대담·토론회 또는 합동방송연설회를 개최하여야 한다(공직선거법 제82조의2 제3항).
05. 06. (공직선거법 제82조의2 제4항)
07. (공직선거법 제82조의2 제4항)
08. **국회에 5인 이상**의 소속의원을 가진 정당이 추천한 후보자 / **직전** 대통령선거, 비례대표국회의원선거, 비례대표시·도의원선거 또는 비례대표자치구·시·군의원선거에서 **전국 유효투표총수의 100분의 3 이상**을 득표한 정당이 추천한 후보자 / 중앙선거관리위원회규칙이 정하는 바에 따라 **언론기관이 선거기간 개시일 전 30일부터 선거기간 개시일 전일까지**의 사이에 실시하여 공표한 여론조사결과를 평균한 지지율이 **100분의 5 이상**인 후보자가 대상이다(공직선거법 제82조의2 제4항 제1호).
09. 10. 11. (공직선거법 제82조의2 제4항 제1호)
12. (공직선거법 제82조의2 제5항)
13. (공직선거법 제82조의2 제10항)
14. 편집 없이 중계방송하여야 한다(공직선거법 제82조의2 제13항).
15. 방송사업자·중계유선방송사업자 및 인터넷언론사는 그의 부담으로 대담·토론회를 중계방송할 수 있다(공직선거법 제82조의2 제13항).
16. (공직선거법 제82조의2 제13항)

✓ 정답 01 × 02 ○ 03 ○ 04 × 05 ○ 06 ○ 07 ○ 08 ○ 09 ○ 10 ○ 11 ○ 12 ○ 13 ○ 14 × 15 × 16 ○

제 08 장 선거운동

| 관련 예상문제 |

01. 시·도선거방송토론위원회는 시·도지사선거에 있어서 선거운동기간 중 후보자 중에서 1인 또는 수인을 초청하여 2회 이상 대담·토론회를 개최하여야 한다. ⓞⓧ

02. 시·도선거방송토론위원회는 비례대표시·도의원선거에 있어서 선거운동기간 중 해당 정당의 대표자가 비례대표시·도의원후보자 또는 선거운동을 할 수 있는 사람 중에서 지정하는 1명 또는 여러 명을 초청하여 2회 이상 대담·토론회를 개최하여야 한다. ⓞⓧ

03. 구·시·군선거방송토론위원회는 선거운동기간 중 지역구국회의원선거 및 자치구·시·군의 장 선거의 후보자를 초청하여 1회 이상의 대담·토론회 또는 합동방송연설회를 개최하여야 한다. ⓞⓧ

04. 지역구국회의원선거에 있어서 최근 4년 이내에 해당 선거구에서 실시된 대통령선거, 지역구국회의원선거 또는 지방자치단체의 장 선거에 입후보하여 유효투표총수의 100분의 3 이상을 득표한 후보자는 구·시·군선거방송토론위원회에서 주관하는 대담 토론회의 대상 후보자이다. ⓞⓧ

05. 각급선거방송토론위원회는 공직선거법을 위반하여 정당한 사유 없이 대담·토론회에 참석하지 아니한 초청 후보자가 있는 때에는 그 사실을 선거인이 알 수 있도록 당해 후보자의 소속 정당명·기호·성명과 불참사실을 중계방송이 시작되는 때에 방송하게 하고, 중앙선거관리위원회홈페이지에 게시하여야 한다. ⓞⓧ

06. 각급선거방송토론위원회위원장 또는 그가 미리 지명한 위원은 대담·토론회장에서 진행을 방해하거나 질서를 문란하게 하는 자가 있는 때에는 그 중지를 명하고, 그 명령에 불응하는 때에는 대담·토론회장 밖으로 퇴장시킬 수 있다. ⓞⓧ

07. 구·시·군선거방송토론위원회는 지역구국회의원선거 및 자치구·시·군의 장 선거에 있어서 공영방송사 또는 지상파 방송사가 중계방송을 할 수 없는 때에는 다른 지상파방송사업자의 방송시설을 이용하여 국가 또는 당해 지방자치단체의 부담으로 대담·토론회를 텔레비전방송을 통하여 중계방송하게 할 수 있다. ⓞⓧ

08. 각급선거방송토론위원회는 대담·토론회를 개최하는 때에는 청각장애선거인을 위하여 자막방송 또는 한국수어통역을 할 수 있다. ⓞⓧ

09. 중앙선거방송토론위원회는 대통령선거 및 비례대표국회의원 선거에 있어서 선거운동기간 중 대담·토론회를 개최하여야 한다. ⓞⓧ

🔍 해설

01. 후보자 중에서 1인 또는 수인을 초청하여 1회 이상 대담·토론회를 개최하여야 한다(공직선거법 제82조의2 제2항 제1호).
02. 후보자 중에서 1인 또는 수인을 초청하여 1회 이상 대담·토론회를 개최하여야 한다(공직선거법 제82조의2 제2항 제2호).
03. (공직선거법 제82조의2 제2항 제2호)
04. 유효투표총수의 100분의 10 이상을 득표한 후보자 (공직선거법 제82조의2 제4항 3호 나목)
05. 중앙선거관리위원회규칙으로 정하는 인터넷 홈페이지에 게시하여야 한다(공직선거법 제82조의2 제6항).
06. (공직선거법 제82조의2 제9항)
07. (공직선거법 제82조의2 제11항)
08. 청각장애선거인을 위하여 자막방송 또는 한국수어통역을 하여야 한다(공직선거법 제82조의2 제12항). 〈개정 2020.12.29.〉
09. (공직선거법 제82조의2 제1항)

✓ 정답 01 × 02 × 03 ○ 04 × 05 × 06 ○ 07 ○ 08 × 09 ○

116

01. 누구든지 정보수신자의 명시적인 수신거부의사에 반하여 선거운동 목적의 정보를 전송하여서는 아니 된다. ○ ×

02. 선거운동은 선거기간개시일부터 선거일 전일까지에 한하여 할 수 있다. | 2017년 9급 | ○ ×

🔍 해설

01. (공직선거법 제82조의5 제1항)
02. (공직선거법 제59조)

✓ 정답 01 ○ 02 ○

| 관련 예상문제 |

01. 누구든지 정보통신망을 이용하여 후보자, 그의 배우자 또는 직계존·비속이나 형제자매에 관하여 공연히 사실을 적시하여 이들을 비방하여서는 안되지만 진실한 사실로서 공공의 이익에 관한 때에는 그러하지 아니하다. ○ ×

02. 읍·면·동선거관리위원회는 공직선거법에 위반되는 정보가 인터넷 홈페이지 또는 그 게시판·대화방 등에 게시되거나, 정보통신망을 통하여 전송되는 사실을 발견한 때에는 당해 정보가 게시된 인터넷 홈페이지를 관리·운영하는 자에게 해당 정보의 삭제를 요청할 수 있다. ○ ×

🔍 해설

01. (공직선거법 제82조의4 제2항)
02. 읍·면·동선거관리위원회를 제외한다(공직선거법 제82조의4 제3항).

✓ 정답 01 ○ 02 ×

117

01. 선거운동정보를 전송하는 자는 수신자가 수신거부를 할 때 발생하는 전화요금 기타 금전적 비용을 수신자가 부담하지 아니하도록 필요한 조치를 하여야 한다. | 2017년 9급 |

해설

01. (공직선거법 제82조의5 제5항)

정답 01 ○

118

01. 선거운동기간 중 인터넷언론사 게시판 등에 정당 후보자에 대한 지지 반대의 정보를 게시하려고 할 경우 실명확인을 받도록 하는 것은 게시판 이용자의 정치적 익명표현의 자유, 개인정보자기결정권 및 인터넷언론사의 언론의 자유를 침해한다. | 2015년 7급 |

해설

01. 선거 운동기간 중 인터넷언론사 게시판 등에 정당 후보자에 대한 지지 반대의 정보를 게시하려고 할 경우, 실명확인을 받도록 하는 이 사건 법률조항이 과잉금지원칙에 위배되어 게시판 이용자의 정치적 익명표현의 자유, 개인정보자기결정권 및 인터넷언론사의 언론의 자유를 침해한다고 볼 수 있다(헌재 2021.1.28, 2018헌마456).

정답 01 ○

119

01. 인터넷언론사는 선거운동기간 중 당해 인터넷홈페이지의 게시판·대화방 등에 정당·후보자에 대한 지지·반대의 정보를 게시할 수 있도록 하는 경우에는 행정안전부장관 등이 제공하는 실명인증의 방법으로 실명을 확인받도록 하는 기술적 조치를 하여야 한다. | 2016년 9급 |

02. 정당이나 후보자가 자신의 명의로 개설·운영하는 인터넷 홈페이지의 게시판·대화방 등에 정당·후보자에 대한 지지·반대의 정보 등을 게시할 수 있도록 하는 경우에는 인터넷 언론사와 동일한 실명인증 방법으로 실명을 확인받도록 하는 기술적 조치를 하여야 한다. | 2013년 7급 |

03. 정당이나 후보자는 자신의 명의로 개설·운영하는 인터넷홈페이지의 게시판·대화방 등에 정당·후보자에 대한 지지·반대의 정보 등을 게시할 수 있도록 하는 경우에는 개인신용평가회사가 제공하는 실명인증방법으로 실명을 확인받도록 하는 기술적 조치를 할 수 있다. | 2016년 9급 |

04. 인터넷언론사는 당해 인터넷홈페이지의 게시판·대화방 등에 실명인증의 표시가 없는 후보자에 대한 지지·반대의 정보 등이 게시된 경우에는 지체 없이 이를 삭제하여야 한다. | 2016년 9급 |

05. 누구든지 누구든지 선거일 전 90일부터 선거일까지 선거운동을 위하여 인공지능 기술 등을 이용하여 만든 실제와 구분하기 어려운 가상의 음향, 이미지 또는 영상 등(이하 "딥페이크영상등"이라 한다)을 제작·편집·유포·상영 또는 게시하는 행위를 하여서는 아니 된다.

> **해설**

01. 공직선거법 제82조의6 제1항은 위헌판결을 받았다(헌재 2021.1.28, 2018헌마456).
02. 기술적 조치를 할 수 있다. 재량이다(공직선거법 제82조의6 제2항).
03. (공직선거법 제82조의6 제2항)
04. 공직선거법 제82조의6 제6항은 위헌판결을 받았다(헌재 2021.1.28, 2018헌마456).
05. (공직선거법 제82조의8 제1항)

✓ **정답** 01 × 02 × 03 ○ 04 × 05 ○

관련 예상문제

01. 인터넷언론사는 선거운동기간 중 당해 홈페이지 게시판 등에 정당·후보자에 대한 지지·반대 등의 정보를 게시하는 경우 실명을 확인 받는 기술적 조치를 해야 하고, 행정안전부장관 및 신용정보업자는 실명인증자료를 관리하고 중앙선거관리위원회가 요구하는 경우 지체 없이 그 자료를 제출해야 하며, 실명확인을 위한 기술적 조치를 하지 아니하거나 실명인증의 표시가 없는 정보를 삭제하지 않는 경우 과태료를 부과하도록 정한 공직선거법 조항은 모두 헌법에 위반된다. ○ ×

02. 실명인증의 표시가 없는 후보자에 대한 지지·반대의 정보가 게시된 인터넷언론사에 대하여 삭제요구를 할 수 있는 권한은 각급 선거관리위원회에 있으며, 후보자는 인터넷언론사에 삭제요구를 할 수 없다. ○ ×

> **해설**

01. 공직선거법82조의6 제1, 3, 4, 6, 7항 모두 위헌 규정이다(헌재 2021.1.28, 2018헌마456).
02. 공직선거법 제82조의6 제7항은 위헌판결을 받았다(헌재 2021.1.28, 2018헌마456).

✓ **정답** 01 ○ 02 ×

120

01. 같은 정당의 추천을 받은 2인 이상의 후보자는 합동으로 인터넷 광고를 할 수 있으며, 이 경우 그 비용은 추천정당이 부담한다. | 2017년 9급 | ⭕❌

해설

01. 비용은 당해 후보자간의 약정에 따라 분담한다(공직선거법 제82조의7 제3항).

✅ 정답 01 ❌

121

01. 대통령선거라 하더라도 한국철도공사사장이 선거운동기간 중에 선거운동용으로 계속하여 사용할 수 있는 전국용 무료승차권 50매를 각 후보자에게 발급하는 것은 공무원의 선거관여로서 위법하여 허용되지 아니한다. | 2014년 7급 | ⭕❌

해설

01. 전국용 무료승차권 50매를 각 후보자에게 발급하여야 한다(공직선거법 제83조 제1항).

✅ 정답 01 ❌

관련 예상문제

01. 대통령선거에 있어서 한국철도공사사장은 중앙선거관리위원회규칙이 정하는 바에 따라 선거운동기간 중에 선거운동용으로 계속하여 사용할 수 있는 전국용 무료승차권 50매를 각 후보자에게 발급할 수 있다. ⭕❌

02. 대통령선거와 국회의원선거에 있어서 한국철도공사사장은 중앙선거관리위원회규칙이 정하는 바에 따라 선거운동 기간 중에 선거운동용으로 계속하여 사용할 수 있는 전국용 무료승차권 50매를 각 후보자에게 발급하여야 한다. ⭕❌

해설

01. 전국용 무료승차권 50매를 각 후보자에게 발급하여야 한다(공직선거법 제83조).
02. 대통령선거만 발급된다(공직선거법 제83조).

✅ 정답 01 ❌ 02 ❌

122

01. 기초의회의원선거 후보자로 하여금 특정 정당으로부터의 지지 또는 추천받음을 표방할 수 없도록 하는 규정을 두더라도 지방자치의 안정성을 위한 것이므로 정치적 표현의 자유를 침해한 것으로 보기는 어렵다. | 2013년 9급 | ⃝✕

해설

01. 기초의회의원선거 후보자로 하여금 특정 정당으로부터의 지지 또는 추천받음을 표방할 수 없도록 한 것은 정치적 표현의 자유를 과도하게 침해하는 것이다(헌재 2003.1.30, 2001헌가4).

✓ **정답 01** ⃝

123

01. 무소속후보자는 특정 정당으로부터의 지지 또는 추천받음을 표방할 수 없으나, 정당의 당원경력을 표시하는 행위는 가능하다. | 2013년 9급 | ⃝✕

02. 무소속후보자는 특정 정당으로부터의 지지 또는 추천받음을 표방할 수 없으나, 해당 선거구에 후보자를 추천하지 아니한 정당이 무소속후보자를 지지하거나 지원하는 경우 그 사실을 표방하는 행위는 가능하다. | 2014년 9급 | ⃝✕

03. 무소속후보자는 특정 정당으로부터의 지지 또는 추천받음을 표방할 수 없으나, 해당 선거구에 후보자를 추천하지 아니한 정당이 무소속후보자를 지지하거나 지원하는 경우 그 사실을 표방하는 행위는 가능하다. | 2016년 7급 | ⃝✕

04. 무소속후보자는 특정 정당으로부터의 지지 또는 추천받음을 표방할 수 없으나, 정당의 당원경력을 표시하는 것은 가능하다. | 2013년 7급 | ⃝✕

해설

01. 04. (공직선거법 제84조 제1항 제1호)
02. 03. (공직선거법 제84조 제1항 제1호)

✓ **정답 01** ⃝ **02** ⃝ **03** ⃝ **04** ✕

124

01. 공무원의 지위를 이용하여 선거에 영향을 미치는 행위를 금지하는 조항은 선거에 영향을 미치는 행위의 구체적인 행위태양을 나열하지 않아 죄형법정주의 명확성 원칙에 위배된다. | 2020년 9급 | ○ ×

> **해설**
>
> **01.** 공무원의 지위를 이용하여 선거에 영향을 미치는 행위를 금지하는 조항은 선거에 영향을 미치는 행위의 구체적인 행위태양을 나열하지 않아 죄형법정주의 명확성 원칙에 위배되지 아니한다(헌재 2016.7.28, 2015헌바6).
>
> ✅ **정답 01** ×

125

01. 누구든지 교육적인 특수관계에 있는 선거권이 없는 자에 대하여 교육상의 행위를 이용하여 선거운동을 할 수 없다. | 2013년 7급, 2017년 7급 | ○ ×

> **해설**
>
> **01.** (공직선거법 제85조 제4항)
>
> ✅ **정답 01** ○

126

01. 국회의원과 그 보좌관·비서관·비서는 공직선거법상 선거에 영향을 미치는 행위를 금지하는 규정의 주체에서 제외하면서, 지방자치단체장을 예외로 인정하지 않는다 하더라도 평등원칙에 반하지 아니한다. | 2015년 7급 | ○ ×

> **해설**
>
> **01.** 공무원이 그 지위를 이용하여 한 선거운동의 기획행위를 금지하는 것은 선거의 공정성을 보장하기 위한 것인바, 이로써 공무원인 입후보자와 공무원이 아닌 다른 입후보자, 지방자치단체장과 국회의원과 그 보좌관, 비서관, 비서 및 지방의회의원을 차별하는 것은 합리적 이유가 있다고 볼 것이다. 그러나 공무원이라 하더라도 그 지위를 이용하지 않고 사적인 지위에서 선거운동의 기획행위를 하는 것까지 금지하는 것은 선거의 공정성을 보장하려는 입법목적을 달성하기 위한 합리적인 차별 취급이라고 볼 수 없으므로 평등권을 침해한다고 볼 것이다(헌재 2008.5.29, 2006헌마1096).
>
> ✅ **정답 01** ○

127

01. 지방의회의원은 선거중립의무를 지지 않는다. | 2014년 9급 | ◯ ✕

02. 국회의원 비서는 정당 또는 후보자에 대한 선거권자의 지지도를 조사하거나 이를 발표하는 행위를 할 수 있다. | 2017년 7급 | ◯ ✕

03. 주민자치위원회위원이 선거구민에게 교육의 명목으로 특정 후보자의 업적을 홍보하는 행위는 선거에 영향을 미치는 행위에 해당하여 금지된다. | 2013년 7급 | ◯ ✕

04. 甲 도지사는 소속직원에게 교육 기타 명목 여하를 불문하고 특정 정당이나 후보자의 업적을 홍보하는 행위를 해서는 아니 된다. | 2014년 9급 | ◯ ✕

05. 소속직원에게 교육 기타 명목 여하를 불문하고 특정 정당이나 후보자의 업적을 홍보하는 한국은행부 국장의 행위는 선거에 영향을 미치는 행위에 해당하여 금지된다. | 2016년 9급 | ◯ ✕

06. 지방자치단체 소속 일반직공무원이 그 지위를 이용하지 않고 사적인 지위에서 선거운동의 기획에 참여하는 것은 공직선거법상 제한되지 않는다. | 2016년 9급 | ◯ ✕

07. 선거기간 중 국가 또는 지방자치단체의 예산으로 시행하는 사업 중 즉시 공사를 진행하지 아니할 사업의 기공식을 거행하는 주민자치위원회위원의 행위는 공직선거법상 제한되지 않는다. | 2016년 9급 | ◯ ✕

08. 丙 군수는 선거기간 중 정상적 업무 외의 출장을 할 수 없다. | 2014년 9급 | ◯ ✕

09. 새마을운동협의회 상근 임직원은 선거기간 중 휴가기간에 그 업무와 관련된 기관이나 시설을 방문하는 행위를 하여서는 안된다. | 2016년 7급 | ◯ ✕

10. 바르게살기운동협의회의 대표자는 선거기간 중 휴가기간에 그 업무와 관련된 기관이나 시설을 방문하는 행위를 하여서는 안된다. | 2013년 7급 | ◯ ✕

11. 지방자치단체의 장이 당해 지방자치단체의 장의 선거에 예비후보자로 되어 선거일 전 30일에 선거구민을 대상으로 정당의 주장을 선전하는 행위는 공직선거법상 제한되지 않는다. | 2013년 7급 | ◯ ✕

12. 서울특별시 강남구청 공무원은 보궐선거의 실시사유가 확정된 때라 하더라도 직업지원교육을 개최하는 행위를 할 수 없다. | 2016년 7급 | ◯ ✕

13. A지방자치단체의 장 甲은 해당 지방자치단체의 장 선거의 예비후보자로 등록하지 않았다. 甲은 선거일 전 50일이 되는 날에 정당이 개최하는 시국강연회와 정견·정책발표회, 당원연수·단합대회에 참석할 수 있으나 선거대책기구, 선거사무소 또는 선거연락소는 방문할 수 없다. | 2020년 9급 | ◯ ✕

14. 乙 시장은 선거일 전 60일부터 선거일까지 교양강좌, 공청회 및 경로행사 등 일체의 행사를 개최해서는 아니 된다. | 2014년 9급 | ◯ ☒

15. 지방자치단체의 장은 선거일전 60일부터 선거일까지 종전과 동일한 장소, 동일한 수강인원의 범위에서 주민자치센터가 개최하는 교양강좌를 후원하는 행위는 허용된다. | 2016년 9급 | ◯ ☒

16. 지방자치단체의 장은 원칙적으로 교양강좌, 사업설명회, 공청회, 직능단체모임, 체육대회, 경로행사, 민원상담 기타 각종 행사를 개최하거나 후원하는 행위를 할 수 없지만 집단민원 또는 긴급한 민원이 발생하였을 때 이를 해결하기 위한 행위는 허용된다. | 2016년 9급 | ◯ ☒

17. 지방자치단체의 장은 특정사업을 추진하기 위하여 그 사업과 이해관계가 있는 자나 관계주민의 동의를 얻기 위한 행위로서 지방자치단체의 사업계획 · 추진실적 그밖에 지방자치단체의 활동상황을 알리기 위한 홍보물을 분기별로 1종 1회를 초과하여 발행 · 배부할 수 없다. | 2017년 7급 | ◯ ☒

18. 부산광역시장은 부산광역시장 선거일 전 150일이라도 근무시간 이후에는 공공기관이 아닌 단체가 부산광역시 청사에서 주최하는 행사에 참석할 수 있다. | 2016년 9급 | ◯ ☒

19. 지방자치단체의 장이 당해 지방자치단체의 장의 선거의 선거일 전 180일 전에 주민자치센터가 개최하는 교양강좌에 참석하는 행위는 공직선거법상 제한되지 않는다. | 2013년 9급 | ◯ ☒

20. 지방자치단체의 장이 당해 지방자치단체의 장의 선거의 선거일 전 240일에 주민자치센터가 개최하는 교양강좌에 참석하는 행위는 공직선거법상 제한되지 않는다. | 2013년 7급 | ◯ ☒

21. 지방자치단체의 장은 지방 특산물 홍보를 위하여 해당 선거구 밖의 대규모점포에서 배부될 홍보전단지 광고에 출연할 수 없다. | 2017년 7급 | ◯ ☒

22. 세종특별자치시장은 외국인 근로자들의 국내생활 적응을 장려하는 공익광고에는 출연할 수 있다. | 2016년 7급 | ◯ ☒

23. 시 · 도지사는 해당 시 · 도지사선거의 선거일 전 180일부터 선거일까지 근무시간 중에 공공기관이 아닌 단체가 주최하는 행사에는 연가를 낸 경우라도 참석할 수 없다. | 2016년 9급 | ◯ ☒

해설

01. 02. (공직선거법 제86조 제1항)
03. 04. 05. (공직선거법 제86조 제1항 제1호)
06. (공직선거법 제86조 제1항 제2호)
07. (공직선거법 제86조 제1항 제5호)
08. (공직선거법 제86조 제1항 제6호)
09. 10. (공직선거법 제86조 제1항 제7호)
11. (공직선거법 제86조 제2항 제2호)

12. 종전의 범위를 넘는 새로운 강좌를 개설하거나 수강생을 증원하거나 장소를 이전하여 실시하는 주민자치센터의 교양강좌를 제외하고 직업지원교육 또는 유상(有償)으로 실시하는 교양강좌를 개최·후원하는 행위 또는 주민자치센터가 개최하는 교양강좌를 후원하는 행위는 가능하다(공직선거법 제86조 제2항 제4호 라목).
13. 창당대회·합당대회·개편대회 및 후보자선출대회를 제외하고는 정당이 개최하는 시국강연회, 정견·정책발표회, 당원연수·단합대회 등 일체의 정치행사에 참석하거나 선거대책기구, 선거사무소, 선거연락소를 방문하는 행위는 안 된다(공직선거법 제86조 제2항 제3호).
14. 종전의 범위를 넘는 새로운 강좌를 개설하거나 수강생을 증원하거나 장소를 이전하여 실시하는 주민자치센터의 교양강좌를 제외하고 직업지원교육 또는 유상(有償)으로 실시하는 교양강좌를 개최·후원하는 행위 또는 주민자치센터가 개최하는 교양강좌를 후원하는 행위는 가능하다(공직선거법 제86조 제2항 제4호 라목).
15. (공직선거법 제86조 제2항 제4호 라목)
16. (공직선거법 제86조 제2항 제4호 마목)
17. 법령에 의하여 규정된 홍보물, 특정사업을 추진하기 위하여 그 사업과 이해관계가 있는 자나 관계주민의 동의를 얻기 위한 행위, 집단민원 또는 긴급한 민원이 발생하였을 때 이를 해결하기 위한 행위, 중앙선거관리위원회규칙이 정하는 행위는 분기별로 1종 1호를 초과하여 발행 또는 배부 또는 방송이 가능하다(공직선거법 제86조 제5항 제2호).
18. 19. 20. (공직선거법 제86조 제6항)
21. (공직선거법 제86조 제7항)
22. 지방자치단체의 장은 소관 사무나 그 밖의 명목 여하를 불문하고 방송·신문·잡지나 그 밖의 광고에 출연할 수 없다(공직선거법 제86조 제7항).
23. 근무시간 중에만 참석할 수 없다(공직선거법 제86조 제6항).

✓ 정답 01 ○ 02 ○ 03 ○ 04 ○ 05 ○ 06 ○ 07 × 08 ○ 09 ○ 10 ○ 11 ○ 12 × 13 × 14 × 15 ○ 16 ○ 17 ○ 18 ○ 19 ○ 20 ○ 21 ○ 22 × 23 ×

관련 예상문제

01. 공무원이 선거기간 중 국가 또는 자치단체의 예산으로 시행하는 사업의 기공식을 하는 행위를 하여서는 안 된다. ○×

02. 당해 지방자치단체의 장의 선거의 예비후보자는 선거일 전 60일 이후에도 정당의 정책 등을 선거구민을 대상으로 홍보·선전하는 행위와 정당이 개최하는 시국강연회·단합대회 참석, 선거대책기구·선거연락소 방문이 가능하다. ○×

03. 지방자치단체의 장(소속 공무원을 포함한다)은 지방자치단체의 사업계획·추진실적 그밖에 지방자치단체의 활동상황을 알리기 위한 홍보물을 당해 지방자치단체의 장의 선거의 선거일 전 60일부터 선거일까지는 발행·배부 또는 방송할 수 없다. ○×

04. 지방자치단체의 장은 당해 지방자치단체의 장의 선거의 선거일 전 60일부터 선거일까지 주민자치센터가 개최하는 교양강좌에 참석할 수 없다. ○×

05. 지방자치단체의 장의 후보자는 당해 지방자치단체의 장의 선거의 선거일 전 180일 이후라도 근무시간 중에 창당대회·합당대회·개편대회 및 후보자선출대회를 제외하고는 정당이 개최하는 시국강연회에 참석할 수 있다. ○×

해설

01. 선거기간 중 국가 또는 지방자치단체의 예산으로 시행하는 사업 중 **즉시 공사를 진행하지 아니할 사업의 기공식**을 거행하는 행위를 하여서는 안 된다(공직선거법 제86조 제1항 5호).
02. (공직선거법 제86조 제2항 제2·3호)
03. 당해 지방자치단체의 장의 선거의 **선거일 전 180일부터 선거일까지**는 홍보물을 발행·배부 또는 방송할 수 없다(공직선거법 제86조 제5항).
04. 지방자치단체의 장은 당해 지방자치단체의 장의 **선거의 선거일 전 180일부터** 선거일까지 주민자치센터가 개최하는 교양강좌에 참석할 수 없다(공직선거법 제86조 제6항).
05. (공직선거법 제86조 제6항)

정답 01 × 02 ○ 03 × 04 × 05 ○

128

01. 법정선거기구 이외에 설립하거나 설치한 사조직이라 하더라도 회칙이 없고 조직과 임원 및 재정 등에 관하여 구체적으로 정한 바가 없으면 공직선거법상의 설립이나 설치가 금지된 사조직에 해당하지 않는다. | 2017년 9급 |

02. 인터넷 공간에서의 선거활동을 목적으로 하여 인터넷 카페 등을 개설하고 인터넷 회원 등을 모집하여 일정한 모임의 틀을 갖추어 운영하는 경우에 이를 두고 공직선거법상의 금지된 사조직에 해당한다고 보기 어렵다. | 2017년 9급 |

03. 어떠한 기관·단체·조직 또는 시설이 설치가 금지된 선거운동기구인지 여부는 그것이 선거운동을 목적으로 설치된 것으로서 적법한 선거사무소나 선거연락소와 유사한 활동이나 기능을 하는 것에 해당하는지 여부에 의하여 결정된다. | 2016년 9급 |

04. 어떠한 기관·단체·조직 또는 시설이 설치가 금지된 선거운동기구와 유사한 기관에 해당하기 위해서는 반드시 그 유사기관의 '선거운동'이 공직선거법상 허용되지 않는 선거운동이어야 한다. | 2016년 9급 |

해설

01. 공직선거법 제87조 제2항에서 설립 내지 설치를 금지하는 사조직은 선거에서 후보자나 후보자가 되고자 하는 자를 위하여 명칭이나 표방하는 목적 여하를 불문하고 법정 선거운동기구 이외에 설립하거나 설치하는 일체의 사조직을 의미하므로, 비록 회칙이 없고 조직과 임원 및 재정 등에 관하여 구체적으로 정한 바가 없더라도 공직선거법상 사조직에 해당한다(대판 2013.11.14, 2013도2190).
02. 인터넷 공간에서의 선거활동을 목적으로 하여 인터넷 카페 등을 개설하고 인터넷 회원 등을 모집하여 일정한 모임의 틀을 갖추어 이를 운영하는 경우에, 이러한 인터넷상의 활동은 정보 통신망을 통한 선거운동의 하나로서 허용되어야 하며, 이를 두고 공직선거법상 사조직에 해당한다고 보기 어렵다(대판 2013.11.14, 2013도2190).
03. 어떠한 기관 단체 조직 또는 시설이 위 금지규정에 위배되는지 여부는 그것이 선거운동을 목적으로 설치된 것으로서 적법한 선거사무소나 선거연락소와 유사한 활동이나 기능을 하는 것에 해당하는지에 의하여 결정된다(대판 2013.12.26, 2013도10896).
04. 어떠한 기관 단체 조직 또는 시설이 '선거운동'을 목적으로 설립되었고 그것이 선거사무소 또는 선거연락사무소처럼 이용되는 정도에 이르렀다면 공직선거법 제89조 제1항에서 정한 유사기관이 되는 것이지, 반드시 그 '선거운동'이 공직선거법상 허용되지 않는 선거운동이어야만 하는 것은 아니다(대판 2013.12.26, 2013도10896).

정답 01 × 02 ○ 03 ○ 04 ×

129

01. 선거운동을 하거나 할 것을 표방한 노동조합 또는 단체는 후보자 또는 대담·토론자 1인 또는 수인을 초청하여 소속정당의 정강·정책이나 후보자의 정견 기타사항을 알아보기 위한 대담·토론회를 옥내에서 개최할 수 없다. | 2018년 9급 |

02. 구성원의 과반수가 선거운동을 할 수 없는 자로 이루어진 기관·단체는 그 기관·단체의 명의로 선거운동을 할 수 없다. | 2017년 7급 |

해설

01. (공직선거법 제87조 제1항 제5호)
02. (공직선거법 제87조 제1항 제8호)

정답 01 ○ 02 ○

관련 예상문제

01. 향우회·종친회·동창회, 산악회 등 동호인회, 계모임 등 개인 간의 사적모임단체는 그 기관·단체의 명의 또는 그 대표의 명의로 선거운동을 할 수 없다.

02. 누구든지 선거에 있어서 후보자(후보자가 되고자 하는 자를 포함한다)의 선거운동을 위하여 연구소·동우회·향우회·산악회·조기축구회, 정당의 외곽단체 등 그 명칭이나 표방하는 목적 여하를 불문하고 사조직 기타 단체를 설립하거나 설치할 수 없다.

해설

01. (공직선거법 제87조 제1항 제3호)
02. (공직선거법 제87조 제2항)

정답 01 ○ 02 ○

130

01. 후보자 또는 예비후보자의 선거사무소에 설치되는 1개의 선거대책기구 및 정치자금법에 의한 후원회의 경우를 제외하고는, 누구든지 공직선거법에 따라 설치된 선거사무소, 선거연락소 및 선거대책기구 외에는 후보자 또는 후보자가 되려는 사람을 위하여 명칭 여하를 불문하고 유사기관을 새로이 설립 또는 설치할 수 없다. | 2016년 9급 |

02. 누구든지 공직선거법 제61조 제1항·제2항에 따른 선거사무소, 선거연락소 및 선거대책기구 외에는 후보자 또는 후보자가 되려는 사람을 위하여 정치자금법에 의한 후원회·선거추진위원회·연구소 기타 명칭의 여하를 불문하고 이와 유사한 기관·단체·조직을 설립할 수 없다. | 2018년 9급 |

> **해설**

01. (공직선거법 제89조 제1항)
02. 후보자 또는 예비후보자의 선거사무소에 설치되는 1개의 선거대책기구 및 정치자금법에 의한 후원회는 설치 가능하다 (공직선거법 제89조 제1항).

✓ 정답 01 ○ 02 ✕

| 관련 예상문제 |

01. 정당이나 후보자(후보자가 되려는 사람을 포함한다)가 설립·운영하는 기관·단체·조직 또는 시설은 선거일 전 180일부터 선거일까지 당해 선거구민을 대상으로 선거에 영향을 미치는 행위를 하거나, 정치자금법 제15조(후원금 모금 등의 고지·광고)의 규정에 따른 모금을 위한 고지·광고를 할 수 없다. ○✕

> **해설**

01. 정치자금법 제15조(후원금 모금 등의 고지·광고)의 규정에 따른 모금을 위한 고지·광고는 할 수 있다(공직선거법 제89조 제2항).

✓ 정답 01 ✕

131

01. 누구든지 선거일 전 180일부터 선거일까지 선거에 영향을 미치게 하기 위하여 공직선거법에 규정되지 아니한 간판 등을 설치하는 행위를 할 수 없다. | 2013년 9급 | ○✕

02. 누구든지 선거일 전 180일부터 선거일까지 선거에 영향을 미치게 하기 위하여 후보자(후보자가 되려는 사람을 포함한다)를 상징하는 인형을 판매할 수 없다. | 2013년 9급 | ○✕

> **해설**

01. (공직선거법 90조 제1항 제1호)
02. (공직선거법 90조 제1항 제3호)

✓ 정답 01 ○ 02 ○

132

01. 선거일 전 180일부터 선거일까지 인터넷상 선거와 관련한 정치적 표현 및 선거운동을 금지하고 처벌하는 것은 후보자 간 경제력 차이에 따른 불균형 및 흑색선전을 통한 부당한 경쟁을 막고, 선거의 평온과 공정을 해하는 결과를 방지한다는 입법 목적 달성을 위하여 적합한 수단이라고 할 수 없다. | 2013년 7급 |

02. 선거일 전 180일부터 선거일까지 선거에 영향을 미치게 하기 위하여 인터넷에 글이나 동영상을 올려 게시하거나 전자우편을 전송하는 방법으로 후보자나 정당에 관한 일정한 내용의 정보를 표현하는 행위를 금지하는 것은 헌법에 위반되지 않는다. | 2016년 7급 |

03. 공직선거법상 '누구든지 선거일 전 180일부터 선거일까지 선거에 영향을 미치게 하기 위하여 이 법의 규정에 의하지 아니하고는 후보자가 되고자 하는 자의 성명을 나타내는 명함을 배부할 수 없다'고 규정한 것은 과잉금지원칙에 반하여 선거 운동의 자유를 침해한다. | 2019년 9급 |

04. 정치적 표현의 자유의 헌법상 지위, 선거운동의 자유의 성격과 중요성에 비추어 볼 때, 정치적 표현 및 선거운동에 대하여는 '자유를 원칙으로, 금지를 예외로' 하여야 하고, '금지를 원칙으로, 허용을 예외로' 해서는 안 된다는 점은 자명하다. | 2017년 7급 |

05. 선거운동의 자유, 정치적 표현의 자유의 중요성을 고려할 때 그 제한입법의 위헌여부에 대하여는 엄격한 심사기준이 적용되어야 할 것이다. | 2021년 9급 |

06. 공직선거법 93조 제1항의 '그밖에 이와 유사한 것'에 정보통신망을 이용하여 인터넷 홈페이지 또는 그 게시판·대화방 등에 글이나 동영상 등 정보를 게시하거나 전자우편을 전송하는 방법이 포함되는 것으로 해석하는 한 헌법에 위반된다. | 2017년 7급 |

07. 누구든지 선거일 전 180일부터 선거일까지 선거에 영향을 미치게 하기 위하여 공직선거법에 의하지 아니하고는 후보자를 추천하는 내용이 포함되어 있거나 후보자의 성명을 나타내는 문서·도화, 인쇄물을 배부·살포할 수 없도록 하는 것은 헌법에 위반되지 아니한다. | 2019년 9급 |

08. 공직선거법 93조 제1항의 규정은 사람의 관념이나 의사를 시각이나 청각 또는 시청각에 호소하는 방법으로 다른 사람에게 전달하는 것에 중점을 두고 있는 것이 아니라 매체의 형식에 중점을 두고 있는 것이다. | 2017년 7급 |

09. 대통령선거에 입후보하려는 갑이 선거일 전 60일에 자신의 이력과 성명 그리고 일정한 구호를 담은 A4용지 규격의 인쇄물을 불특정 다수인에게 배포한 것에 대하여, 공직선거법 93조 제1항에 근거하여 이를 금지한 것은 갑의 정치적 표현의 자유를 침해하지 아니한다. | 2017년 7급 |

01. (헌재 2011.12.29, 2007헌마1001)

02. 선거일 전 180일부터 선거일까지 인터넷상 선거와 관련한 정치적 표현 및 선거운동을 금지하고 처벌하는 것은 후보자 간 경제력 차이에 따른 불균형 및 흑색선전을 통한 부당한 경쟁을 막고, 선거의 평온과 공정을 해하는 결과를 방지한다는 입법목적 달성을 위하여 적합한 수단이라고 할 수 없으므로, 선거일 전 180일부터 선거일까지 선거에 영향을 미치게 하기 위하여 정당 또는 후보자를 지지 추천하거나 반대하는 내용이 포함되어 있거나 정당의 명칭 또는 후보자의 성명을 나타내는 문서 도화의 배부 게시 등을 금지하고 처벌하는 공직선거법 제93조 제1항 및 제255조 제2항 제5호 중 제93조 제1항의 각 '기타 이와 유사한 것' 부분에 '정보통신망을 이용하여 인터넷 홈페이지 또는 그 게시판·대화방 등에 글이나 동영상 등 정보를 게시하거나 전자우편을 전송하는 방법'이 포함된다고 해석한다면, 과잉금지원칙에 위배하여 정치적 표현의 자유 내지 선거운동의 자유를 침해하는 것이다(헌재 2011.12.29, 2007헌마1001).

03. 심판대상조항이 우리나라 선거문화의 특성을 고려하여 선거의 과열을 방지하고 선거의 공정성을 확보하기 위하여 이미 사실상 선거운동의 계획 및 준비가 시작되는 시점인 선거일 전 180일부터 선거일까지의 기간 동안 선거에 영향을 미칠 목적으로 이루어지는 '선거운동에 준하는 내용의 표현행위'만을 규제하고 있다는 점, 문서·도화, 인쇄물은 정보의 전달 및 수용이 일방적, 수동적으로 이루어지며 전달되는 정보 및 의견에 대해 즉시 교정이 가능하지 않아 선거의 평온과 공정에 미치는 영향이 인터넷과는 다르다는 점, 문서·도화, 인쇄물은 손쉽게 제작, 배부될 수 있어 후보자에 대한 선거비용 규제만으로 그 폐해를 실효적으로 예방하거나 규제하기 어렵다는 점 등의 사정까지 보태어 보면, 심판대상조항은 침해의 최소성 및 법익의 균형성도 갖추고 있다고 보아야 한다. 따라서 심판대상조항은 선거운동 등 정치적 표현의 자유를 침해하지 아니한다(헌재 2018.7.26, 2017헌가11).

04. 대의민주주의를 원칙으로 하는 오늘날 민주정치 아래에서의 선거는 국민의 참여가 필수적이고, 정치적 표현의 자유는 국민이 선거과정에서 정치적 의견을 자유로이 발표·교환함으로써 비로소 그 기능을 다하게 된다 할 것이므로, 선거운동의 자유는 헌법에 정한 언론·출판·집회·결사의 자유 보장 규정에 의한 보호를 받는다. 이와 같은 정치적 표현의 자유의 헌법상 지위, 선거운동의 자유의 성격과 중요성에 비추어 볼 때, 정치적 표현 및 선거운동에 대하여는 '자유를 원칙으로, 금지를 예외로' 하여야 하고, '금지를 원칙으로, 허용을 예외로' 해서는 안 된다는 점은 자명하다(헌재 2011.12.29, 2007헌마1001).

05. 06. (헌재 2011.12.29, 2007헌마1001)

07. 명함을 이용한 선거운동에 대한 규제를 전제로 하여 허용되지 않는 명함의 배부를 금지·처벌하는 조항이다. 심판대상조항이 위헌으로 선언되어 명함의 배부가 전면적으로 허용된다면, 위와 같은 공직선거법상의 규제가 사실상 무의미해지고 선거의 공정성을 훼손할 위험이 있다. 이에 더하여 공직선거법이 명함을 이용한 선거운동을 다른 문서·도화, 인쇄물에 비하여 폭넓게 허용하고 있는 등의 사정까지 보태어 보면, 명함에 대하여 문서·도화, 인쇄물에 관한 위 선례와 달리 판단할 이유가 없다. 따라서 심판대상조항이 과잉금지원칙에 반하여 선거운동의 자유 및 정치적 표현의 자유를 침해하여 헌법에 위반된다고 볼 수 없다(헌재 2018.7.26, 2017헌가11).

08. 매체의 형식에 중점을 두고 있는 것이 아니라 사람의 관념이나 의사를 시각이나 청각 또는 시청각에 호소하는 방법으로 다른 사람에게 전달하는 것에 중점을 두고 있는 것이다(헌재 2009.5.28, 2007헌바24).

09. 대통령선거에 입후보하려는 갑이 선거일 전 60일에 자신의 이력과 성명 그리고 일정한 구호를 담은 A4용지 규격의 인쇄물을 불특정 다수인에게 배포한 것에 대하여, 위 규정에 근거하여 이를 금지한 것은 갑의 정치적 표현의 자유를 침해하지 아니한다.

✅ 정답 01 ○ 02 × 03 × 04 ○ 05 ○ 06 ○ 07 ○ 08 × 09 ○

133

01. 누구든지 선거일 전 90일부터 선거일까지 선거에 영향을 미치게 하기 위하여 공직선거법의 규정에 의하지 아니하고는 후보자(후보자가 되려는 사람을 포함한다)의 명의를 나타내는 저술을 공직선거법에 규정되지 아니한 방법으로 광고하는 행위를 하지 못 한다. | 2013년 9급 | ○ ✕

02. 누구든지 선거일 전 180일부터 선거일까지는 후보자(후보자가 되려는 사람을 포함한다)의 명의를 나타내는 저술을 공직선거법에 규정되지 아니한 방법으로 광고하는 행위를 할 수 없다. | 2013년 9급 | ○ ✕

해설

01. (공직선거법 93조 제2항)
02. 선거일 전 90일부터이다(공직선거법 제93조 제2항).

✓ 정답 01 ○ 02 ✕

134

01. 누구든지 공직선거법의 규정에 의한 경우를 제외하고는 선거에 관한 기사를 게재한 신문을 통상방법 외의 방법으로 배부할 수 없다. | 2019년 9급 | ○ ✕

02. 선거에 관한 기사라 함은 후보자(후보자가 되려는 사람을 포함한다)의 당락이나 특정 정당(창당준비위원회를 포함한다)에 유리 또는 불리한 기사를 말한다. | 2013년 9급 | ○ ✕

해설

01. (공직선거법 제95조 제1항)
02. (공직선거법 제95조 제2항)

✓ 정답 01 ○ 02 ○

135

01. 누구든지 여론조사결과 등과 같은 객관적 자료를 제시하지 아니하고 선거결과를 예측하는 보도를 하는 행위를 할 수 없다. | 2019년 9급 | ○ ✕

해설

01. 방송·신문·통신·잡지, 그 밖의 간행물을 경영·관리하는 자 또는 편집·취재·집필·보도하는 자는 여론조사결과 등과 같은 객관적 자료를 제시하지 아니하고 선거결과를 예측하는 보도를 하는 행위를 할 수 없다(공직선거법 제96조 제2항 제2호).

✓ 정답 01 ✕

136

01. 누구든지 선거운동을 위하여 방송을 경영·관리하는 자에게 금품·향응 기타의 이익을 제공할 수 없다. | 2019년 9급 | ○×

해설

01. (공직선거법 제97조 제1항)

✓ 정답 01 ○

137

01. 누구든지 선거기간 중 공직선거법의 규정에 의하지 아니하고는 녹음기나 녹화기(비디오 및 오디오 기기를 포함한다)를 사용하여 선거운동을 할 수 없다. ○×

해설

01. (공직선거법 제100조)

✓ 정답 01 ○

138

01. 공직선거법의 규정에 의하여 방송시설을 이용한 연설·대담과 대담·토론회는 오후 11시부터 다음 날 오전 6시까지는 개최할 수 없다. ○×

02. 공개장소에서의 연설·대담은 오후 10시부터 다음 날 오전 7시까지는 할 수 없으나 휴대용 확성장치만을 사용하는 경우에는 오전 6시부터 오후 11시까지 할 수 있다. ○×

03. 공직선거법 79조에 따른 공개장소에서의 연설·대담을 하는 경우 오후 10시부터 다음 날 오전 7시까지 같은 조 제10항에 따른 녹음기와 녹화기(비디오 및 오디오 기기를 포함한다)를 사용할 수 없다. ○×

해설

01. 방송시설을 이용하는 경우는 제외한다(공직선거법 제102조 제1항).
02. (공직선거법 제102조 제1항)
03. 공직선거법 79조에 따른 공개장소에서의 연설·대담을 하는 경우 **오후 9시부터 다음 날 오전 7시까지** 같은 조 제10항에 따른 녹음기와 녹화기(비디오 및 오디오 기기를 포함한다)를 사용할 수 없다(공직선거법 제102조 제2항).

✓ 정답 01 × 02 ○ 03 ×

139

01. 예비후보자 甲은 국회의원의 임기만료에 의한 선거의 선거일 전 60일이 되는 날에 자신과 관련 있는 저서의 출판기념회를 개최할 수 있다. | 2020년 9급 |

> **해설**
>
> **01.** 누구든지 선거일 전 90일(선거일 전 90일후에 실시사유가 확정된 보궐선거 등에 있어서는 그 선거의 실시사유가 확정된 때)부터 선거일까지 후보자(후보자가 되고자 하는 자를 포함한다)와 관련 있는 저서의 출판기념회를 개최할 수 없다(공직선거법 제103조 제5항).
>
> ✓ 정답 01 ✕

140

01. 선거운동기간 동안 후보자의 선거사무원들만으로 구성된 5인이 선거운동을 위하여 거리를 행진하는 행위는 허용된다. | 2017년 7급 |

02. 자치구·시·군의원선거의 후보자 乙은 선거운동기간 중 자신의 배우자와 선거사무장 1명, 선거연락소장 1명, 선거사무원 1명 및 선거운동을 할 수 있는 지지자 5명과 함께 다수의 선거구민에게 인사를 한 행위는 공직선거법에 위반되지 않는다. | 2020년 9급 |

03. 누구든지 선거운동을 위하여 5명(후보자와 함께 있는 경우에는 후보자를 포함하여 10명)을 초과하여 무리를 지어 거리를 행진하는 행위를 할 수 없다. | 2020년 7급 |

> **해설**
>
> **01.** (공직선거법 제105조 제1항)
> **02.** (공직선거법 제105조 제1항 제2호)
> **03.** (공직선거법 제105조 제1항)
>
> ✓ 정답 01 ○ 02 ○ 03 ○

141

01. 공직선거법상 소정의 호별 방문죄는 연속적으로 두 집 이상을 방문함으로써 성립하고, 또 타인과 면담하기 위하여 그 거택 등에 들어간 경우는 물론 타인을 면담하기 위하여 방문하였으나 피방문자가 부재중이어서 들어가지 못한 경우에도 성립한다. | 2017년 9급 |

> **해설**
>
> **01.** 공직선거법 제106조 제1항 소정의 호별 방문죄는 연속적으로 두 집 이상을 방문함으로써 성립하고, 또 타인과 면담하기 위하여 그 거택 등에 들어간 경우는 물론 타인을 면담하기 위하여 방문하였으나 피방문자가 부재중이어서 들어가지 못한 경우에도 성립한다(대판 2007.3.15, 2006도9042).
>
> ✓ 정답 01 ○

142

01. 누구든지 선거기간 중에 입당의 권유를 위하여 호별로 방문하는 하는 행위를 할 수 없다. | 2020년 7급 |
○ ×

02. 선거운동을 할 수 있는 자는 상가(喪家)에서 정당 또는 후보자에 대한 지지를 호소할 수 있다. | 2014년 9급 |
○ ×

03. 선거운동을 할 수 있는 자는 관혼상제의 의식이 거행되는 장소와 도로·시장·점포·다방·대합실 기타 다수인이 왕래하는 공개된 장소에서 정당 또는 후보자에 대한 지지를 호소할 수 있다. | 2014년 7급 |
○ ×

04. 선거운동을 할 수 있는 자는 제1항의 규정에 불구하고 관혼상제의 의식이 거행되는 장소와 도로·시장·점포·다방·대합실 기타 다수인이 왕래하는 공개된 장소에서 정당 또는 후보자에 대한 지지를 호소할 수 있다. | 2015년 9급 |
○ ×

05. 후보자의 배우자로서 선거운동을 할 수 있는 丁은 선거운동기간 중 혼례식장에서 후보자에 대한 지지를 호소하는 행위는 공직선거법상 허용된다. | 2020년 9급 |
○ ×

06. 누구든지 선거운동을 위하여 또는 선거기간 중 입당의 권유를 위하여 호별로 방문할 수 없으나, 선거기간 중 단순히 공개장소에서의 연설·대담의 통지를 위해서는 호별 방문이 가능하다. | 2014년 7급 |
○ ×

07. 누구든지 선거기간중 공개장소에서의 연설·대담의 통지를 위하여 호별로 방문할 수 없다. | 2020년 9급 |
○ ×

해설

01. (공직선거법 제106조 제1항)
02. 03. 04. 05. (공직선거법 제106조 제2항)
06. 누구든지 선거기간 중 공개장소에서의 연설·대담의 통지를 위하여 호별로 방문할 수 없다(공직선거법 제106조 제3항).
07. (공직선거법 제106조 제3항)

✓ 정답 01 ○ 02 ○ 03 ○ 04 ○ 05 ○ 06 × 07 ○

143

01. 누구든지 선거운동을 위하여 선거구민에 대하여 서명이나 날인을 받을 수 없다. | 2016년 7급, 2014년 9급 |
○ ×

해설

01. (공직선거법 제107조)

✓ 정답 01 ×

144

01. 누구든지 선거일 전 6일부터 선거일의 투표마감시각까지 선거에 관하여 당선인을 예상하게 하는 여론조사의 경위와 그 결과를 공표하거나 인용하여 보도할 수 있다. | 2013년 9급 | ○ ×

02. 누구든지 선거일 전 6일부터 선거일의 투표마감시각까지 선거에 관하여 정당에 대한 지지도나 당선인을 예상하게 하는 여론조사의 경위와 그 결과를 공표하거나 인용하여 보도할 수 없다. | 2016년 9급 | ○ ×

03. 누구든지 선거일 전 6일부터 선거일의 투표 마감 시각까지 선거에 관하여 정당에 대한 지지도나 당선인을 예상하게 하는 여론조사(모의투표나 인기투표에 의한 경우를 포함한다)의 경위와 그 결과를 공표하거나 인용하여 보도할 수 없다. | 2016년 7급 | ○ ×

04. 선거일 전 6일부터 선거일의 투표마감시각까지 선거에 관하여 정당에 대한 지지도나 당선인을 예상하게 하는 여론조사의 결과를 공표할 수 없지만 인기투표의 경위와 그 결과의 공표는 허용된다. | 2019년 7급 | ○ ×

05. 당내경선을 대체하는 여론조사를 제외하고, 누구든지 선거일 전 90일부터 선거일까지 투표용지와 유사한 모형에 의한 방법을 사용하거나 후보자 또는 정당의 명의로 선거에 관한 여론조사를 할 수 없다. | 2016년 9급 | ○ ×

06. 선거일 전 60일부터 선거일까지 선거에 관한 여론조사에서 투표용지와 유사한 모형에 의한 방법은 사용할 수 없으며, 경선후보자 간의 서면합의에 따라 실시한 당내경선을 대체하는 여론조사의 경우에도 마찬가지다. | 2019년 7급 | ○ ×

07. 누구든지 선거에 관한 여론조사를 실시하려면 여론조사의 목적, 표본의 크기, 조사지역·일시·방법, 전체 설문내용 등 선거여론조사기준으로 정한 사항을 여론조사 개시일 전 7일까지 관할 선거관리위원회에 서면으로 신고하여야 한다. | 2016년 9급 | ○ ×

08. 제3자의 의뢰 없이 직접 여론조사기관·단체가 선거에 관한 여론조사를 실시하는 경우에는 관할 선거여론조사심의위원회에 신고 의무가 없다. | 2018년 9급 | ○ ×

09. 정당법상의 정책연구소는 선거에 관한 여론조사를 실시하는 경우 관할 선거여론조사심의위원회에 신고 의무가 없다. | 2016년 9급 | ○ ×

10. 누구든지 선거에 관한 여론조사의 결과를 공표 또는 보도하는 때에는 선거여론조사기준으로 정한 사항을 함께 공표 또는 보도하여야 하며, 여론조사 실시기관·단체는 조사의 신뢰성과 객관성의 입증에 필요한 자료와 결과분석자료 등을 해당 선거일 후 12개월까지 보관하여야 한다. | 2016년 9급 | ○ ×

11. 야간(오후 10시부터 다음 날 오전 7시까지를 말한다)이라 하더라도 전화를 이용하여 선거에 관한 여론 조사를 실시할 수 있다. | 2013년 9급 | ◯☒

12. 누구든지 정당 또는 후보자가 실시한 해당 선거에 관한 여론조사의 결과를 해당 선거일의 투표마감시각까지 공표 또는 보도할 수 없다. | 2018년 9급 | ◯☒

13. 선거에 관한 여론조사에 성실하게 응답한 사람에게는 전화요금 할인 혜택을 제공할 수 있으며, 이 경우 전화요금 할인에 소요되는 비용은 선거공영제에 따라 중앙선거관리위원회가 부담한다. ◯☒

해설

01. 그 결과를 공표하거나 인용하여 보도할 수 없다(공직선거법 제108조 제1항).
02. (공직선거법 제108조 제1항)
03. (공직선거법 제108조 제1항)
04. 여론조사(모의투표나 인기투표에 의한 경우를 포함한다)의 경위와 그 결과를 공표하거나 인용하여 보도할 수 없다(공직선거법 제108조 제1항).
05. 선거일 전 60일부터이다(공직선거법 제108조 제2항).
06. 제57조의2 제2항에 따른 여론조사는 그러하지 아니하다(공직선거법 제108조 제2항).
07. **여론조사 개시일 전 2일까지 관할 선거여론조사심의위원회**에 서면으로 신고하여야 한다(공직선거법 제108조 제3항).
08. 제3자로부터 여론조사를 의뢰받은 여론조사 기관·단체(제3자의 의뢰 없이 직접 하는 경우는 제외한다) (공직선거법 제108조 제3항 제1호)
09. (공직선거법 제108조 제3항 제2호)
10. 해당 선거의 선거일 후 6개월까지 보관하여야 한다(공직선거법 제108조 제6항).
11. 누구든지 야간(오후 10시부터 다음 날 오전 7시까지를 말한다)에는 전화를 이용하여 선거에 관한 여론조사를 실시할 수 없다(공직선거법 제108조 제10항).
12. (공직선거법 제108조 제12항)
13. 전화요금 할인에 소요되는 비용은 해당 여론조사를 실시하는 자가 부담한다(공직선거법 제108조 제13항).

✓ 정답 01 ☒ 02 ◯ 03 ◯ 04 ☒ 05 ☒ 06 ☒ 07 ◯ 08 ◯ 09 ◯ 10 ☒ 11 ☒ 12 ◯ 13 ☒

관련 예상문제

01. 누구든지 선거에 관한 여론조사를 실시하려면 여론조사의 목적, 표본의 크기, 조사지역·일시·방법, 전체 설문내용 등 중앙선거관리위원회규칙으로 정하는 사항을 여론조사 개시일 전 2일까지 관할 선거관리위원회에 서면으로 신고하여야 한다. ◯☒

02. 방송법에 따른 방송사업자와 전국 또는 시·도를 보급지역으로 하는 「신문 등의 진흥에 관한 법률」에 따른 신문사업자는 선거에 관한 여론조사를 실시하려면 여론조사의 목적, 조사지역·일시·방법 등 중앙선거관리위원회규칙으로 정하는 사항을 여론조사 개시일 전 2일까지 관할 선거여론조사심의위원회에 서면으로 신고하여야 한다. ◯☒

03. 선거에 관한 여론조사 결과를 공표·보도하려는 때에는 그 결과의 공표·보도 전에 해당 여론조사를 실시한 선거여론조사기관이 선거여론조사기준으로 정한 사항을 중앙선거관리위원회 홈페이지에 등록하여야 한다. ○ ×

04. 누구든지 야간(오후 10시부터 다음 날 오전 7시까지를 말한다)에는 전화를 이용하여 선거에 관한 여론조사를 실시할 수 없다. ○ ×

05. 공직선거법에 따른 여론조사에 관한 범죄로 기소되었으나 불송치 결정을 받은 선거여론조사기관이 실시한 선거에 관한 여론조사의 결과는 해당 선거일의 투표마감시각까지 공표 또는 보도할 수 없다. ○ ×

해설

01. 관할 선거여론조사심의위원회에 서면으로 신고하여야 한다(공직선거법 제108조 제3항).
02. 서면 신고 제외 대상이다(공직선거법 제108조 제3항 제3·4호).

> **공직선거법 제108조 제3항**
> 각 호의 어느 하나에 해당하는 자는 제외한다.
> 1. 제3자로부터 여론조사를 의뢰받은 여론조사 기관·단체(제3자의 의뢰 없이 직접 하는 경우는 제외한다)
> 2. 정당[창당준비위원회와 정당법 제38조(정책연구소의 설치·운영)에 따른 정책연구소를 포함한다]
> 3. 방송법 제2조(용어의 정의)에 따른 방송사업자
> 4. 전국 또는 시·도를 보급지역으로 하는 「신문 등의 진흥에 관한 법률」 제2조(정의)에 따른 신문사업자 및 「잡지 등 정기간행물의 진흥에 관한 법률」 제2조(정의)에 따른 정기간행물사업자
> 5. 「뉴스통신 진흥에 관한 법률」 제2조(정의)에 따른 뉴스통신사업자
> 6. 제3호부터 제5호까지의 사업자가 관리·운영하는 인터넷언론사
> 7. 전년도 말 기준 직전 3개월간의 일일 평균 이용자 수 10만명 이상인 인터넷언론사

03. 중앙선거여론조사심의위원회 홈페이지에 등록하여야 한다(공직선거법 제108조 제7항).
04. (공직선거법 제108조 제10항)
05. (공직선거법 제108조 제12항)

> **공직선거법 제108조 제12항**
> 누구든지 다음 각 호의 어느 하나에 해당하는 선거에 관한 여론조사의 결과를 해당 선거일의 투표마감시각까지 공표 또는 보도할 수 없다. 다만, **제2호의 경우** 해당 선거여론조사기관에 대하여 **불송치결정 또는 불기소처분이 있거나 무죄의 판결이 확정될 때에는** 그러하지 아니하다.
> 2. 제8조의8 제10항에 따라 고발되거나 이 법에 따른 여론조사에 관한 범죄로 기소된 선거여론조사기관이 실시한 선거에 관한 여론조사 〈개정 2021.3.23.〉

✓ 정답 01 × 02 × 03 × 04 ○ 05 ×

145

01. 선거의 공정을 위하여 선거일을 앞두고 일정 기간 동안 선거에 관한 여론조사결과의 공표를 금지하는 것 자체는 그 금지 기간이 지나치게 길지 않는 한 위헌이라고 할 수 없다. | 2013년 9급 | ○ ×

02. 국회의원선거 · 지방의회의원 및 지방자치단체의 장의 선거에 있어서 여론조사결과의 공표를 허용할 것인지 여부에 관하여 대통령선거와 같이 취급하여 일정 기간 동안 여론조사결과의 공표를 금지하는 것은 평등원칙에 위반된다. | 2013년 9급 | ○ ×

해설

01. 선거의 공정을 위하여 선거일을 앞두고 어느 정도의 기간 동안 선거에 관한 여론조사결과의 공표를 금지하는 것 자체는 그 금지기간이 지나치게 길지 않는 한 위헌이라고 할 수 없다(헌재 1999.1.28, 98헌바64).

02. 국회의원선거 지방의회의원 및 지방자치단체의 장의 선거에 있어서 여론조사결과의 공표를 허용할 것인지 여부에 관하여 대통령선거와 달리 취급하여야 할 아무런 합리적인 이유를 찾아볼 수 없다(헌재 1999.1.28, 98헌바64).

✓ 정답 01 ○ 02 ○

146

01. 선거여론조사기관이 공표 또는 보도를 목적으로 전화를 이용하여 선거에 관한 여론조사를 실시하는 경우 관할 선거여론조사심의위원회를 경유하여 이동통신사업자에게 휴대전화 가상번호를 제공하여 줄 것을 요청할 수 있다. | 2019년 9급 | ○ ×

해설

01. (공직선거법 제108조의2 제1 · 2항)

✓ 정답 01 ○

| 관련 예상문제 |

01. 선거여론조사기관이 공표 또는 보도를 목적으로 전화를 이용하여 선거에 관한 여론조사를 실시하는 경우 중앙선거관리위원회를 경유하여 이동통신사업자에게 휴대전화 가상번호를 제공하여 줄 것을 요청할 수 있다. ⃞O ⃞X

02. 휴대전화 가상번호를 사용하고자 하는 선거여론조사기관은 해당 여론조사 개시일 전 7일까지 관할 선거여론조사심의위원회에 휴대전화 가상번호 제공 요청서를 제출하여야 하고, 관할 선거여론조사심의위원회는 해당 요청서의 기재사항을 심사한 후 제출받은 날부터 3일 이내에 해당 요청서를 이동통신사업자에게 송부하여야 한다. ⃞O ⃞X

해설

01. 관할 선거여론조사심의위원회를 경유하여 이동통신사업자에게 휴대전화 가상번호를 제공하여 줄 것을 요청할 수 있다(공직선거법 제108조의2 제1항).
02. 해당 여론조사 개시일 전 10일까지 할 선거여론조사심의위원회에 휴대전화 가상번호 제공 요청서를 제출하여야 한다(공직선거법 제108조의2 제2항).

정답 01 × 02 ×

147

01. 기부행위를 정의함에 있어 '당해 선거구 안에 있는 자'라 함은 선거구 내에 주소나 거소를 갖는 사람은 포함되나, 선거구 안에 일시적으로 머무르는 사람은 포함되지 않는다. | 2018년 9급 | ⃞O ⃞X

해설

01. 기부행위의 상대방이 되는 '당해 선거구 안에 있는 자'란 선거구 내에 주소나 거소를 갖는 사람은 물론 선거구 안에 일시적으로 머무르는 사람도 포함된다(대판 2017.4.13, 2016도 20490).

정답 01 ×

148

01. 기부행위라 함은 당해 선거구 안에 있는 자나 기관·단체·시설 및 선거구민의 모임이나 행사 또는 당해 선거구의 밖에 있더라도 그 선거구민과 연고가 있는 자나 기관·단체·시설에 대하여 금전·물품 기타 재산상 이익의 제공, 이익제공의 의사표시 또는 그 제공을 약속하는 행위를 말한다. |2013년 9급| ○|×

02. 당해 선거구의 밖에 있다면 그 선거구민과 연고가 있는 자나 기관·단체·시설에 대하여 금전·물품·기타 재산상 이익의 제공, 이익제공의 의사표시 또는 그 제공을 약속하는 행위는 기부행위에 해당하지 않는다. |2015년 9급| ○|×

03. 공직선거법에서 "기부행위"라 함은 당해 선거구의 밖에 있더라도 그 선거구민과 연고가 있는 자나 기관·단체·시설에 대하여 금전·물품 기타 재산상 이익의 제공, 이익제공의 의사표시 또는 그 제공을 약속하는 행위를 말한다. |2016년 7급| ○|×

04. 당해 선거구의 밖에 있더라도 그 선거구민과 연고가 있는 시설에 대하여 후보자가 재산상 이익제공의 의사표시를 하는 경우도 기부행위에 해당한다. |2021년 9급| ○|×

05. 기부행위란 실제 재산상 이익이 제공된 경우에만 성립할 뿐, 이익제공의 의사표시나 그 제공을 약속하는 행위는 기부행위로 보지 아니한다. |2016년 7급| ○|×

06. 정당이 각급당부에 당해 당부의 운영경비를 지원하거나 유급사무직원에게 보수를 지급하는 행위는 기부행위로 보지 아니한다. |2014년 7급| ○|×

07. 정당의 당헌 당규 기타 정당의 내부규약에 의하여 정당의 당원이 부담금을 납부하는 행위는 기부행위에 해당한다. |2016년 7급| ○|×

08. 정당이 소속 국회의원, 공직선거법에 따른 공직선거의 후보자·예비후보자에게 정치자금을 지원하는 행위는 공직선거법상의 기부행위에 해당하지 아니한다. |2014년 9급| ○|×

09. 정당이 그 명의로 농촌일손돕기 활동을 하거나 이에 참석한 당원에게 정당의 경비로 통상적인 범위에서 음식물을 제공하는 행위는 기부행위로 보지 아니한다. |2014년 7급| ○|×

10. 정당이 그 명의로 행한 농촌일손돕기 자원봉사활동에 참석한 당원에게 정당의 경비로 통상적인 범위에서 식사류의 음식물을 제공하는 행위는 공직선거법상의 기부행위에 해당하지 아니한다. |2018년 7급, 2024년 9급| ○|×

11. 정당의 대표자가 개최하는 정당의 정책개발을 위한 토론회에 참석한 토론자에게 자신의 비용으로 식사를 제공하는 행위는 공직선거법 상의 기부행위에 해당하지 아니한다. |2014년 9급| ○|×

12. 민법 제777조의 규정에 의한 친족의 관혼상제의식 기타 경조사에 축의·부의금품을 제공하는 행위는 공직선거법상의 기부행위에 해당하지 아니한다. | 2016년 7급 | ⊙⊗

13. 종교인이 평소 자신이 다니는 교회·성당·사찰 등에 통상의 예에 따라 헌금을 하거나 물품을 제공하는 행위는 기부행위에 해당한다. | 2015년 9급 | ⊙⊗

14. 의정활동보고회 또는 정책토론회에 참석한 선거구민에게 통상적인 범위에서 주류를 제공하는 것은 기부행위로 보지 않는다. | 2021년 9급 | ⊙⊗

15. 정당선거사무소의 현판식에 참석한 정당의 간부·당원들이나 선거사무관계자들에게 해당 사무소 안에서 통상적인 범위의 다과류의 음식물(주류 제외)을 제공하는 행위는 공직선거법상의 기부행위에 해당하지 아니한다. | 2018년 7급 | ⊙⊗

16. 지방자치단체가 개최하는 소년·소녀가장을 돕기 위한 후원회 행사에서 그 포장지에 지방자치단체의 장의 성명을 표시하여 개별 물품을 제공하는 행위는 공직선거법상의 기부행위에 해당하지 아니한다. | 2018년 7급 | ⊙⊗

17. 근로청소년을 대상으로 무료학교를 운영하거나 그 학교에서 학생들을 가르치는 행위는 공직선거법상의 기부행위에 해당하지 아니한다. | 2018·2016년 7급 | ⊙⊗

18. 선거기간이 아닌 때에 국가기관이 모범시민에게 포상을 하는 행위는 공직선거법상의 기부행위에 해당하지 아니한다. | 2020년 7급 | ⊙⊗

19. 변호사가 업무활동을 촉진하기 위하여 자신이 개설한 인터넷 홈페이지를 통하여 무료법률상담을 하는 것은 기부행위에 해당하지 않는다. | 2018년 9급 | ⊙⊗

20. 변호사가 업무활동을 촉진하기 위하여 자신이 개설한 인터넷 홈페이지를 통하여 무료법률상담을 하는 행위는 기부행위로 보지 아니한다. | 2014년 7급 | ⊙⊗

해설

01. (공직선거법 제112조 제1항)
02. 당해 선거구의 밖에 있더라도 그 선거구민과 연고가 있는 자나 기관·단체·시설에 대하여 금전·물품 기타 재산상 이익의 제공, 이익제공의 의사표시 또는 그 제공을 약속하는 행위를 포함한다(공직선거법 제112조 제1항).
03. (공직선거법 제112조 제1항)
04. (공직선거법 제112조 제1항)
05. 이익제공의 의사표시 또는 그 제공을 약속하는 행위를 포함한다(공직선거법 제112조 제1항).
06. (공직선거법 제112조 제2항 제1호 가목)
07. 정당의 당헌·당규 기타 정당의 내부규약에 의하여 정당의 당원이 당비 기타 부담금을 납부하는 행위로 보지 않는다 (공직선거법 제112조 제2항 제1호 나목).
08. (공직선거법 제112조 제2항 제1호 다목)

09. 10. (공직선거법 제112조 제2항 제1호 자목)
11. 정당의 대표자가 개최하는 정당의 정책개발을 위한 간담회·토론회에 참석한 직능·사회단체의 대표자, 주제발표자, 토론자 등에게 정당의 경비로 식사류의 음식물을 제공하는 행위가 기부행위에 해당하지 않는다(공직선거법 제112조 제2항 제1호 차목).
12. (공직선거법 제112조 제2항 제2호 가목)
13. 종교인이 평소 자신이 다니는 교회·성당·사찰 등에 통상의 예에 따라 헌금(물품의 제공을 포함한다)하는 행위는 기부행위에 해당하지 않는다(공직선거법 제112조 제2항 제2호 바목).
14. 의정활동보고회, 정책토론회, 출판기념회, 그 밖의 각종 행사에 참석한 사람에게 통상적인 범위에서 차·커피 등 음료 **(주류는 제외한다)**를 제공하는 행위는 기부행위로 보지 않는다(공직선거법 제11조 제2항 제2호 차목).
15. (공직선거법 제112조 제2항 제2호 카목)
16. 개별 물품 또는 그 포장지에 직명·성명 또는 그 소속 정당의 명칭을 표시하여 제공하는 행위는 기부행위에 해당된다. (공직선거법 제112조 제2항 제3호 사목)
17. (공직선거법 제112조 제2항 제3호 아목)
18. 19. 20. (공직선거법 제112조 제2항 제4호 바목)

✅ **정답** 01 ○ 02 × 03 ○ 04 ○ 05 × 06 ○ 07 × 08 ○ 09 ○ 10 ○
11 × 12 ○ 13 × 14 × 15 ○ 16 × 17 ○ 18 ○ 19 ○ 20 ○

| 관련 예상문제 |

01. 정당의 대표자가 유급사무직원에게 본인의 경비로 연말·설·추석 또는 그의 생일에 유급사무직원 의례적인 선물을 제공하는 행위는 공직선거법상의 기부행위에 해당하지 않는다. ○ ×

02. 공익을 목적으로 설립된 재단 또는 기금이 선거일 전 4년 이전부터 그 설립목적에 따라 정기적으로 지급하여 온 금품을 지급하는 행위는 공직선거법상의 기부행위에 해당하지 않지만, 선거일 전 120일부터 선거일까지 그 금품의 금액과 지급 대상·방법 등을 확대·변경하거나 후보자가 직접 주거나 후보자 또는 그 소속 정당의 명의를 추정할 수 있는 방법으로 지급하는 행위는 해당된다. ○ ×

03. 친목회·향우회·종친회·동창회 등 각종 사교·친목단체 및 사회단체의 구성원으로서 종전의 범위 안에서 회비를 납부하는 행위는 공직선거법상의 기부행위에 해당하지 않는다. ○ ×

04. 장애인복지법 제58조에 따른 장애인복지시설(유료복지시설을 포함한다)에 의연금품·구호금품을 제공하는 행위는 공직선거법상의 기부행위에 해당하지 않는다. ○ ×

05. 국가기관 또는 지방자치단체가 자체사업계획과 예산으로 행하는 법령에 의한 표창 또는 포상을 할 때 부상을 수여하는 행위는 공직선거법상의 기부행위에 해당된다. ○ ×

06. 선거기간 중이라도 국가기관이 효자·효부·모범시민·유공자등에게 포상을 하거나, 국가기관·지방자치단체가 관할구역 안의 환경미화원·구두미화원·가두신문판매원·우편집배원 등에게 위문품을 제공하는 행위는 공직선거법상의 기부행위에 해당하지 않는다. ○ ×

> 해설
> 01. 본인의 경비로 제공하는 것은 해당된다(공직선거법 제112조 제2항 제2호 나목).
> 02. (공직선거법 제112조 제2항 제2호 라목)
> 03. (공직선거법 제112조 제2항 제2호 마목)
> 04. 유료복지시설은 제외한다(공직선거법 제112조 제2항 3호 다목).
> 05. 지방자치단체가 표창·포상을 하는 경우 부상의 수여는 기부행위에 해당된다(공직선거법 제112조 제2항 제4호 가목).
> 06. 선거기간이 아닌 때 제공하는 행위가 해당되지 않는다(공직선거법 제112조 제2항 제4호 바목).
>
> ✓ 정답 01 × 02 ○ 03 ○ 04 × 05 × 06 ×

149

01. 기부행위 제한의 적용을 받는 자에 '후보자가 되고자 하는 자'까지 포함하면서 기부행위의 제한기간을 폐지하여 상시 제한하도록 한 것은 과잉금지원칙을 위반하여 선거운동의 자유를 침해하는 것이다. | 2014년 7급 |

02. 기부행위 제한의 적용을 받는 자에 '후보자가 되고자 하는 자'까지 포함하여 '후보자가 되고자 하는 자'의 기부행위를 상시 제한하고 있는 것은 '후보자가 되고자 하는 자'의 인격권, 행복추구권, 평등권, 공무담임권을 침해하지 않는다. | 2018년 9급 |

> 해설
> 01. 기부행위 제한의 적용을 받는 자에 '후보자가 되고자 하는 자'까지 포함하면서 기부행위의 제한기간을 폐지하여 상시 제한하도록 한 것은 과잉금지원칙을 위반하여 선거운동의 자유를 침해하는 것은 아니다(헌재 2009.4.30, 2007헌바29).
> 02. 기부행위 제한의 적용을 받는 자에 '후보자가 되고자 하는자'까지 포함하면서 기부행위의 제한기간을 폐지하여 상시 제한하도록 한 것은 인격권, 행복추구권, 평등권, 공무담임권을 침해하지 않는다(헌재 2009.4.30, 2007헌바29).
>
> ✓ 정답 01 × 02 ○

150

01. 정당의 대표자는 당해 선거구 안에 있는 자나 기관·단체·시설 또는 당해 선거구 밖에 있더라도 그 선거구민과 연고가 있는 자나 기관·단체·시설에 기부행위를 할 수 없다. | 2014·2013년 7급, 2024년 9급 |

02. 후보자가 되고자 하는 자는 물론 그 배우자도 당해 선거구 안에 있는 단체나 시설에 기부행위를 할 수 없다. | 2021년 9급 |

03. 후보자가 되고자 하는 자와 그 배우자는 당해 선거구민의 결혼식에서 주례 행위를 할 수 없다. | 2016년 7급 |

04. 당해 선거구 밖에 있더라도 그 선거구민과 연고가 있는 사람의 결혼식에서 국회의원의 배우자는 주례 행위를 할 수 없다. | 2018년 9급 |

해설

01. 국회의원·지방의회의원·지방자치단체의 장·정당의 대표자·후보자(후보자가 되고자 하는 자를 포함한다)와 그 배우자는 당해 선거구안에 있는 자나 기관·단체·시설 또는 당해 선거구의 밖에 있더라도 그 선거구민과 연고가 있는 자나 기관·단체·시설에 기부행위(결혼식에서의 주례행위를 포함한다)를 할 수 없다(공직선거법 제113조 제1항).

02. 03. 04. (공직선거법 제113조 제1항)

정답 01 ○ 02 ○ 03 ○ 04 ○

151

01. 후보자의 직계비속 및 형제자매의 배우자는 선거기간에는 당해 선거에 관한 여부를 불문하고 후보자 또는 그 소속정당을 위하여 일체의 기부행위를 할 수 없다. | 2021년 9급 |

해설

01. 정당[정당법 제37조 제3항에 따른 당원협의회와 창당준비위원회를 포함한다. 이하 이 조에서 같다], 정당선거사무소의 소장, 후보자나 그 배우자의 직계존·비속과 형제자매, 후보자의 직계비속 및 형제자매의 배우자, 선거사무장, 선거연락소장, 선거사무원, 회계책임자, 연설원, 대담·토론자나 후보자 또는 그 가족과 관계있는 회사 그 밖의 법인·단체 또는 그 임·직원은 선거기간 전에는 당해 선거에 관하여, 선거기간에는 당해 선거에 관한 여부를 불문하고 후보자 또는 그 소속정당을 위하여 일체의 기부행위를 할 수 없다. 이 경우 후보자 또는 그 소속정당의 명의를 밝혀 기부행위를 하거나 후보자 또는 그 소속정당이 기부하는 것으로 추정할 수 있는 방법으로 기부행위를 하는 것은 당해 선거에 관하여 후보자 또는 정당을 위한 기부행위로 본다(공직선거법 제114조).

정답 01 ○

| 관련 예상문제 |

01. 후보자나 그 배우자의 직계존·비속과 형제자매는 선거기간 전부터 당해 선거에 관한 여부를 불문하고 후보자 또는 그 소속정당을 위하여 일체의 기부행위를 할 수 없다.

해설

01. 선거기간 전에는 당해 선거에 관하여, 선거기간에는 당해 선거에 관한 여부를 불문하고 후보자 또는 그 소속정당을 위하여 일체의 기부행위를 할 수 없다(공직선거법 제114조).

정답 01 ×

152

01. 낙선한 후보자가 신문에 지지에 감사하는 광고를 게재할 수 있다. |2017년 7급|

02. 낙선한 후보자가 공직선거법 제79조 제3항에 의하여 선거운동 기간 중에 허용된 공개장소에서의 연설·대담을 할 때 사용하던 자동차를 이용하여 낙선에 대한 거리인사를 하는 것은 허용된다. |2017년 7급|

03. 후보자의 가족은 선거일 후에 당선되지 아니한 데 대하여 일반 선거구민을 모아 낙선에 대한 위로회를 개최할 수 있다. |2013년 7급|

04. 당선된 후보자의 가족은 일반선거구민을 모이게 하여 당선축하회를 개최하는 행위를 하여서는 안 된다. |2017년 7급|

05. 당선된 후보자가 선거일의 다음 날부터 30일 동안 해당 선거구 안의 읍·면·동마다 1매의 당선사례 현수막을 게시할 수 있다. |2017년 7급|

해설

01. 방송·신문 또는 잡지 기타 간행물에 광고하는 행위를 할 수 없다(공직선거법 제118조 제2호).
02. (공직선거법 제118조 제3호)
03. 04. (공직선거법 제118조 제4호)
05. 선거일의 다음 날부터 13일 동안이다(공직선거법 제118조 제5호).

정답 01 × 02 ○ 03 × 04 × 05 ×

제 09 장 선거비용

153

01. 공직선거법상의 '선거비용'이라 함은 당해 선거에서 선거운동을 위하여 소요되는 금전·물품 및 채무 그밖에 모든 재산상의 가치가 있는 것으로서 당해 후보자가 부담하는 비용을 뜻한다. | 2023 · 2014년 9급 |

02. 후보자가 공직선거법에 위반되는 선거운동을 위하여 지출한 비용은 선거비용으로 인정된다. | 2015년 9급 |

03. 당해 후보자가 공직선거법에 위반되는 선거운동을 위하여 지출한 비용과 기부행위제한규정을 위반하여 지출한 비용은 선거비용으로 인정된다. | 2016년 9급 |

04. 후보자가 공직선거법에 위반되는 선거운동을 위하여 지출한 비용과 기부행위제한규정을 위반하여 지출한 비용은 공직선거법상 선거비용에 해당한다. | 2016년 7급 |

05. 후보자가 공직선거법에 위반되는 선거운동을 위하여 지출한 비용과 기부행위제한규정을 위반하여 지출한 비용은 공직선거법상의 선거비용에 해당되지 않는다. | 2019년 9급 |

06. 당해 선거에서 정당, 정당선거사무소의 소장, 후보자의 배우자 및 직계존·비속, 선거사무장·선거연락소장·회계책임자가 해당 후보자의 위법선거운동을 위하여 지출한 비용과 기부행위제한규정을 위반하여 지출한 비용은 선거비용으로 인정된다. | 2019년 7급 |

07. 후보자의 배우자가 해당 후보자의 선거운동을 위하여 지출한 비용과 기부행위제한규정을 위반하여 지출한 비용은 선거비용으로 인정된다. | 2017년 7급, 2014년 9급 |

08. 선거연락소장으로 선임된 사람이 선임·신고되기 전까지 해당 후보자의 선거운동을 위하여 지출한 비용과 기부행위제한규정을 위반하여 지출한 비용은 선거비용으로 인정된다. | 2017년 7급, 2014년 9급 |

09. 선거사무장·선거연락소장·회계책임자로 선임된 사람이 선임·신고되기 전까지 해당 후보자의 선거운동을 위하여 지출한 비용은 선거비용으로 인정된다. | 2019 · 2017년 7급 |

10. 초등학교 동문인 유권자가 후보자와 통모하여 해당 후보자의 선거운동을 위하여 지출한 비용은 선거비용으로 인정된다. | 2015년 9급 |

> **해설**
> 01. (공직선거법 제119조 제1항)
> 02. 03. 04. (공직선거법 제119조 제1항 제1호)
> 05. 선거비용에 해당된다(공직선거법 제119조 제1항 제1호).
> 06. 07. (공직선거법 제119조 제1항 제2호)
> 08. (공직선거법 제119조 제1항 제3호)
> 09. 10. (공직선거법 제119조 제1항 제4호)
>
> ✓ 정답 01 ○ 02 ○ 03 ○ 04 ○ 05 × 06 ○ 07 ○ 08 ○ 09 ○ 10 ○

154

01. 선거권자의 추천을 받는 데 소요된 비용 등 선거운동을 위한 준비행위에 소요되는 비용은 선거비용으로 인정되지 않는다. | 2016년 9급 |

02. 선거권자의 추천을 받는 데 소요된 비용은 공직선거법상 선거비용으로 보지 않는다. | 2019년 9급 |

03. 선거권자의 추천을 받는 데 소요된 비용 등 선거운동을 위한 준비행위에 소요되는 비용은 선거비용으로 보지 않는다. | 2019년 7급 |

04. 정당의 후보자선출대회비용 기타 선거와 관련한 정당활동에 소요되는 정당비용은 공직선거법상 선거비용에 해당한다. | 2016년 7급 |

05. 선거에 관하여 국가·지방자치단체 또는 선거관리위원회에 납부하거나 지급하는 기탁금과 모든 납부금 및 수수료는 선거비용으로 보지 아니한다. | 2016년 9급 |

06. 선거사무소와 선거연락소의 전화료·전기료 및 수도료 기타의 유지비로서 선거기간 전부터 정당 또는 후보자가 지출하여 온 비용은 선거비용으로 본다. | 2023·2014년 9급 |

07. 선거사무소와 선거연락소의 설치 및 유지비용은 선거비용으로 보지 아니한다. | 2020·2019·2018년 7급 |

08. 제3자가 회계책임자와 통모함이 없이 특정 후보자의 선거운동을 위하여 지출한 전신료 등의 비용은 선거비용으로 본다. | 2015년 9급 |

09. 제3자가 정당·후보자·선거사무장·선거연락소장 또는 회계책임자와 통모함이 없이 특정 후보자의 선거운동을 위하여 지출한 전신료는 선거비용으로 보지 아니한다. | 2016년 9급 |

10. 선거운동을 위하여 예비후보자가 관할구역안의 지역을 방문하는 때에 중앙선거관리위원회규칙으로 정한 범위 내의 함께 다니는 자에게 통상적인 범위에서 식사류의 음식물을 제공하는 행위에 소요되는 비용은 선거비용으로 본다. | 2019년 7급 |

11. 후보자가 공직선거법에 따른 예비후보자 등록신청개시일부터 선거일까지의 기간 동안 4회를 초과하여 실시하는 선거에 관한 여론조사비용은 선거비용으로 본다. | 2019년 7급 |

12. 후보자(후보자가 되려는 사람을 포함한다)가 예비후보자 등록신청개시일부터 선거일까지의 기간 동안 4회를 초과하여 실시하는 선거에 관한 여론조사비용은 선거비용으로 본다. | 2021년 9급 | ○ ×

해설

01. 02. 03. (공직선거법 제120조 제1호)
04. 정당의 후보자선출대회비용 기타 선거와 관련한 정당활동에 소요되는 정당비용은 인정되지 않는다(공직선거법 제120조 제2호).
05. (공직선거법 제120조 제3호)
06. 선거사무소와 선거연락소의 전화료·전기료 및 수도료 기타의 유지비로서 선거기간 전부터 정당 또는 후보자가 지출하여 온 경비는 인정되지 않는다(공직선거법 제120조 제4호).
07. (공직선거법 제120조 제5호)
08. 제삼자가 정당·후보자·선거사무장·선거연락소장 또는 회계책임자와 **통모함이 없이** 특정 후보자의 선거운동을 위하여 지출한 전신료 등의 비용은 인정되지 않는다(공직선거법 제120조 제7호).
09. (공직선거법 제120조 제7호)
10. 제112조 제2항 제1호 마목(정당의 사무소를 방문하는 사람에게 제공하는 경우는 제외한다) 및 제2호 사목(후보자·예비후보자가 아닌 국회의원이 제공하는 경우는 제외한다)의 행위에 소요되는 비용은 선거비용으로 본다(공직선거법 제120조 제8호).
11. 12. (공직선거법 제120조 제10호)

☑ 정답 01 ○ 02 ○ 03 ○ 04 × 05 ○ 06 × 07 ○ 08 × 09 ○ 10 ○ 11 ○ 12 ○

관련 예상문제

01. 정당, 후보자, 선거사무장, 선거연락소장이 승용하는 자동차의 운영비용은 선거비용으로 인정된다. ○ ×

02. 통상적인 범위안에서 정당의 사무소를 방문하는 자에게 다과·떡·김밥·음료(주류는 제외한다) 등 다과류의 음식물을 제공하는 행위는 기부행위로 본다. ○ ×

03. 선거일 후에 지출원이니 발생한 잔무정리비용은 선거비용으로 인정되지 않는다. ○ ×

04. 선거권자의 추천을 받는 데 소요된 비용은 선거비용으로 인정된다. ○ ×

해설

01. 선거비용으로 인정되지 않는다(공직선거법 제120조 제6호).
02. 공직선거법 제112조 제2항 제1호 마목에서 정당의 사무소를 방문하는 사람에게 제공하는 경우는 기부행위로 보지 않는다.

> **공직선거법 제112조 제2항 제1호 마목**
> 마. 통상적인 범위안에서 선거사무소·선거연락소 또는 정당의 사무소를 방문하는 자에게 다과·떡·김밥·음료(주류는 제외한다) 등 다과류의 음식물을 제공하는 행위

03. (공직선거법 제120조 제9호)
04. 선거권자의 추천을 받는데 소요된 비용 등 선거운동을 위한 준비행위에 소요되는 비용은 인정되지 않는다(공직선거법 제120조 제1호).

☑ 정답 01 × 02 × 03 ○ 04 ×

155

01. 선거비용제한액을 산정할 때, 국회의원선거와 지방자치단체의 장선거 및 지방의회의원선거에서는 인구수를 고려하나, 대통령선거에서는 인구수를 고려하지 않는다. | 2021년 9급 |

02. 인구 20만 명인 선거구에서 지역구시·도의원선거 후보자의 선거비용 제한액은 5천만 원이다. | 2018년 7급 |

03. 비례대표국회의원선거의 선거비용제한액은 인구수×90원에 의하여 산정되는 금액으로 하며, 이 경우 100만원 미만의 단수는 100만원으로 한다. | 2019년 9급 |

04. 선거비용제한액을 산정하는 때에는 당해 선거의 직전 임기만료에 의한 선거의 선거일이 속하는 달의 말일부터 선거 비용제한액의 공고의 규정에 의한 공고일이 속하는 달의 전전달 말일까지의 전국소비자물가변동률을 감안하여 정한 비율을 적용하여 증감할 수 있다. | 2020년 7급, 2013년 9급 |

해설

01. 대통령선거에서도 인구수를 고려한다(공직선거법 제121조 제1항 제1호).
02. 4천만원+(20만 명×100원) = 6천만원 (공직선거법 제121조 제1항 제4호)
03. (공직선거법 제121조 제1항 제3호)
04. (공직선거법 제121조 제2항)

✓ 정답 01 × 02 × 03 ○ 04 ○

156

01. 헌법재판소는 지방선거의 선거비용을 지방자치단체가 부담하도록 공직선거법을 개정하였더라도 지방자치단체의 자치권한을 침해한 것이라고 볼 수 없다고 하였다. | 2013년 7급 |

02. 헌법상 선거공영제도에 관한 규정이 있다고 하여 각종 선거의 선거비용부담 주체가 정당이나 후보자 이외에는 반드시 국가여야 한다는 것은 아니다. | 2018년 7급 |

03. 선거비용의 보전에 있어서 기준득표율을 넘은 후보자와 그렇지 않은 후보자를 차별하는 데에는 선거공영제의 취지에 부합하는 합리적인 이유가 없다 할 것이므로, 기준득표율에 따라 선거비용보전에 차등을 두는 법률조항은 입법재량권의 한계를 일탈하여 자의적으로 평등권을 침해한다고 할 수 있다. | 2013년 9급 |

04. 예비후보자의 선거비용을 보전대상에서 제외하고 있는 공직선거법 규정 중 '지역구국회의원선거의 후보자'에 관한 부분은 청구인들의 선거운동의 자유를 침해하지 아니한다. | 2019년 9급 |

05. 예비후보자 선거비용을 보전해 주면 선거가 조기에 과열되고 탈법적인 선거운동 등을 단속하기 위한 행정력의 낭비가 증가될 수 있다는 점을 고려할 때, 예비후보자 선거비용을 보전대상에서 제외하고 있는 공직선거법은 선거운동의 자유를 침해 하지 않는다. | 2020년 7급 |

01. 구 지방자치법이나 지방재정법에 비추어 보면, 지방자치단체의 사무를 다른 기관이 맡아 하고 있는 경우에도 그 비용은 원칙적으로 당해 지방자치단체가 부담하여야 할 것이므로 이 사건의 경우와 같이 지방선거의 선거사무를 구·시·군 선거관리위원회가 담당하는 경우에도 그 비용은 지방자치단체가 부담하여야 하고, 이에 피청구인 대한민국국회가 지방선거의 선거비용을 지방자치단체가 부담하도록 공직선거법을 개정한 것은 지방자치단체의 자치권한을 침해한 것이라고 볼 수 없다(헌재 2008.6.26, 2005헌라7).
02. 헌법의 선거공영제원칙 규정은 법률이 정하는 경우를 제외하고는 선거에 관한 경비를 정당 또는 후보자에게 일체 부담시킬 수 없다는 의미이고, 국가가 그 경비를 모두 부담하여야 한다는 의미는 아니다. 따라서 공직선거법이 지방선거의 선거경비를 지방자치단체가 부담하도록 규정하고 있다고 할지라도 이것이 헌법 제116조 제2항의 선거공영제의 원칙을 침해하였다고 볼 수 없다(헌재 2008.6.26, 2005헌라7).
03. 기준득표율에 따라 선거비용보전에 차등을 두는 법률조항은 평등권을 침해하지 않는다(헌재 2010.5.27, 2008헌마491).
04. 예비후보자 선거비용을 보전해 주면 선거가 조기에 과열되고 탈법적인 선거운동 등을 단속하기 위한 행정력의 낭비가 증가될 수 있다는 점을 고려할 때, 예비후보자 선거비용을 보전대상에서 제외하고 있는 공직선거법은 선거운동의 자유를 침해 하지 않는다(헌재 2018.7.26, 2016 헌마524).
05. (헌재 2018.7.26, 2016 헌마524)

⊘ 정답 01 ○ 02 ○ 03 × 04 ○ 05 ○

관련 예상문제

01. 지방선거의 선거사무를 구·시·군선거관리위원회가 담당하는 경우에도 그 비용은 지방자치단체가 부담하여야 하고, 대한민국 국회가 지방선거의 선거비용을 지방자치단체가 부담하도록 공직선거법을 개정한 것은 지방자치단체의 자치권한을 침해한 것이라고 볼 수 없다. ○×

해설

01. (헌재 2008.6.26, 2005헌라7)

⊘ 정답 01 ○

157

01. 대통령선거에서 후보자의 득표수가 유효투표총수의 100분의 15 이상인 경우, 후보자가 지출한 선거비용의 전액을 보전해 주는 총액보전 방식을 실시하고 있다. |22023·2014년 7급| ○×

02. 선거구선거관리위원회는 지역구지방의회의원선거에서 후보자가 유효투표총수의 100분의 14의 득표수로 당선된 경우 그 후보자가 지출한 선거비용의 100분의 50을 보전한다. |2015년 9급| ○×

03. 대통령선거에 있어서는 후보자의 득표수가 유효투표총수의 100분의 10 이상 100분의 15 미만인 경우 후보자가 지출한 선거비용의 100분의 30에 해당하는 금액을 보전한다. |2016년 7급| ○×

04. A광역시장 선거에 출마한 후보자 甲이 사망한 경우에는 후보자 甲이 지출한 선거비용의 전액을 국가가 부담한다. | 2018년 7급 |

05. 선거구선거관리위원회는 비례대표국회의원선거 및 비례대표 지방의회의원선거의 경우 후보자명부에 올라 있는 후보자 중 당선인이 있는 경우에 당해 정당이 지출한 선거비용의 전액을 선거비용제한액으로 공고한 비용의 범위 안에서 보전한다. | 2013년 9급 |

06. 지역구국회의원선거의 후보자가 예비후보자로서 지출한 선거비용은 선거비용 보전 대상에서 제외된다. | 2019년 7급 |

07. 자치구 B의 지역구 국회의원선거에 출마한 후보자 乙이 선거공보를 B구선거관리위원회에 제출한 후 그 내용을 정정하는 데 소요된 비용은 자치구 B가 후보자 乙을 위하여 이를 보전한다. | 2018년 7급 |

08. 후보자와 그 배우자가 선거운동기간 중 선거운동을 위하여 사용한 휴대전화 통화료 중 후보자가 부담하는 통화료는 보전된다. | 2013년 9급 |

09. 선거구선거관리위원회는 후보자와 그 배우자, 선거사무장, 선거 연락소장 및 회계책임자가 선거운동 기간 중 선거운동을 위하여 사용한 휴대전화 통화료 중 후보자가 부담하는 통화료는 보전한다. | 2015년 9급 |

10. 휴대전화 통화료와 정보이용요금은 보전하지 않는 것이 원칙이지만, 후보자와 그 배우자, 선거사무장, 선거연락소장 및 회계책임자가 선거운동기간 중 선거운동을 위하여 사용한 휴대전화 통화료 중 후보자가 부담하는 통화료는 보전한다. | 2020년 7급 |

11. 공직선거법상 지방선거에서 선거벽보의 첩부 및 철거의 비용은 국가 또는 지방자치단체가 부담한다. | 2017년 7급 |

12. 활동보조인(예비후보자로서 선임하였던 활동보조인을 포함한다)의 수당과 실비는 지방자치단체가 아니라 국가가 부담한다. | 2017년 7급 |

13. 예비후보자가 후보자로 등록한 경우, 예비후보자로서 선임하였던 활동보조인의 수당과 실비는 국가가 부담한다. | 2019년 7급 |

14. 공직선거법상 지방선거에서 선거방송토론회가 주관한 정책토론회의 개최비용은 국가 또는 지방자치단체가 부담한다. | 2017년 7급 |

15. 공직선거법상 지방선거에서 사전투표참관인의 수당과 식비는 국가가 전담하여 부담한다. | 2017년 7급 |

해설

01. (공직선거법 제122조의2 제1항 제1호 가목)
02. 지역구지방의회의원선거에서는 당해 지방자치단체의 부담으로 보전한다(공직선거법 제122조의2 제1항 제1호).
03. 후보자가 지출한 선거비용의 100분의 50에 해당하는 금액을 보전한다(공직선거법 제122조의2 제1항 제1호).
04. 지방자치단체의 장의 선거에 있어서는 지방자치단체가 부담한다(공직선거법 제122조의2 제1항 제1호).
05. (공직선거법 제122조의2 제1항 제2호)
06. (공직선거법 제122조의2 제2항 제1호)
07. 선거벽보와 선거공보를 관할 구·시·군선거관리위원회에 제출한 후 그 내용을 정정하거나 삭제하는데 소요되는 비용은 보전하지 아니한다(공직선거법 제122조의2 제2항 제4호).
08. 후보자와 그 배우자, 선거사무장, 선거연락소장 및 회계책임자가 선거운동기간 중 선거운동을 위하여 사용한 휴대전화 통화료 중 후보자가 부담하는 통화료는 보전한다(공직선거법 제122조의2 제2항 제10호).
09. 10. (공직선거법 제122조의2 제2항 제10호)
11. (공직선거법 제122조의2 제3항 제1호)
12. 13. (공직선거법 제122조의2 제3항 제3호의2)
14. 공직선거법 제82조의3(선거방송토론위원회 주관 정책토론회)의 규정에 의한 정책토론회의 개최비용은 국가가 부담한다(공직선거법 제122조의2 제3항 제5호).
15. 공직선거법 제161조(투표참관)의 규정에 의한 투표참관인 및 제162조에 따른 사전투표참관인의 수당과 식비는 **국가 또는 지방자치단체**가 후보자를 위하여 부담한다(공직선거법 제122조의2 제3항 제6호).

⊙ 정답 01 ○ 02 × 03 × 04 × 05 ○ 06 ○ 07 × 08 ○ 09 ○ 10 × 11 ○ 12 ○ 13 ○ 14 × 15 ×

관련 예상문제

01. 공직선거법상 지방선거에서 점자형 선거공약서의 작성비용은 국가 또는 지방자치단체가 부담한다. ○ ×

02. C광역시장 선거에서 후보자 丙의 활동보조인의 수당과 실비는 지방자치단체가 부담한다. ○ ×

해설

01. (공직선거법 제122조의2 제3항 제2호)
02. 활동보조인(예비후보자로서 선임하였던 활동보조인을 포함한다)의 수당과 실비는 국가가 부담한다(공직선거법 제122조의2 제3항 제3호의2).

⊙ 정답 01 × 02 ×

158

01. 정당의 유급사무직원, 국회의원과 그 보좌관·비서관·비서 또는 지방의회의원이 선거사무장 등을 겸한 때에는 수당과 실비를 지급할 수 있다. | 2016년 7급 | ○ ×

해설

01. 정당의 유급사무직원, 국회의원과 그 보좌관·비서관·비서 또는 지방의회의원이 선거사무장등을 겸한 때에는 실비만을 보상할 수 있으며, 후보자 등록신청개시일부터 선거기간 개시일 전일까지는 후보자로서 신고한 선거사무장등에게 수당과 실비를 지급할 수 없다(공직선거법 제135조 제1항).

⊙ 정답 01 ×

159

01. 선거구선거관리위원회는 선거사무소의 회계책임자가 정당한 사유 없이 정치자금법 제40조(회계보고)의 규정에 따른 회계보고서를 그 제출마감일까지 제출하지 아니한 때에는 그 비용을 보전하지 아니한다. | 2015년 9급 |

02. 선거구선거관리위원회는 선거사무소의 회계책임자가 정당한 사유 없이 정치자금법상의 규정에 따른 회계보고서를 그 제출마감일까지 제출하지 아니한 때에는 선거비용을 보전하지 아니한다. | 2019년 9급 |

03. 선거사무장이 당해 선거와 관련하여 공직선거법상 후보자 비방죄를 범하여 유죄의 판결이 확정된 경우 보전할 비용 중 그 위법행위에 소요된 비용의 2배에 해당하는 금액은 보전하지 아니한다. | 2015년 7급 |

04. 선거구선거관리위원회는 예비후보자의 선거사무원으로부터 기부를 받은 자가 공직선거법 제261조 제9항에 따른 과태료를 부과 받은 경우 공직선거법에 따라 보전할 비용 중 그 기부 행위에 사용된 비용의 5배에 해당하는 금액을 보전하지 아니한다. | 2015년 9급 |

05. 예비후보자로부터 기부를 받은 자가 그로 인하여 100만원의 벌금형의 선고를 받은 경우 보전할 비용 중 그 기부행위에 사용된 비용의 5배에 해당하는 금액을 보전하지 아니한다. | 2015년 7급 |

06. 후보자가 당해 선거와 관련하여 공직선거법에 규정된 죄를 범하여 기소된 때에는 판결이 확정될 때까지 그 위법행위에 소요된 비용의 2배에 해당하는 금액의 보전을 유예한다. | 2015년 7급 |

해설

01. (공직선거법 제135조의2 제1항)
02. (공직선거법 제135조의2 제1항)
03. (공직선거법 제135조의2 제2항)
04. (공직선거법 제135조의2 제3항)
05. 제261조 제9항에 따른 **과태료를 부과 받은 경우** 이 법에 따라 보전할 비용 중 그 기부행위에 사용된 비용의 5배에 해당하는 금액을 보전하지 아니한다(공직선거법 제135조의2 제3항).
06. (공직선거법 제135조의2 제4항)

정답 01 ○ 02 ○ 03 ○ 04 ○ 05 ○ 06 ○

┤ 관련 예상문제 ├

01. 선거사무소의 회계책임자가 정당한 사유 없이 회계보고서를 그 제출마감일까지 제출하지 아니한 때에는 그 비용을 보전하지 아니한다. ☐○☒×

02. 대통령선거 후보자 丁의 배우자가 공직선거법에서 금지되는 20만원의 금품을 戊에게 기부하여 戊가 과태료 300만원을 부과받은 경우, 공직선거법에 따라 후보자 丁에게 보전할 비용 중 100만원은 이를 보전하지 아니한다. ☐○☒×

🔍 해설

01. (공직선거법 제135조의2 제1항)
02. (공직선거법 제135조의2 제3항)

⊘ 정답 01 ○ 02 ○

선거와 관련 있는 정당활동의 규제

160

01. 임기만료에 의한 선거에 있어 일간신문 등(「신문 등의 진흥에 관한 법률」 제2조 제1호에 따른 「신문과 잡지 등 정기간행물의 진흥에 관한 법률」 제2조 제1호에 따른 정기간행물)을 통해 정당의 정강·정책을 알리기 위한 광고는 정당의 중앙당이 행하되, 선거일 전 90일부터 선거기간 개시일 전일까지 총 70회 이내에서 허용된다. | 2013년 9급 |

02. 정기간행물 등에 의한 정강·정책의 홍보 등의 광고는 임기만료에 의한 선거에서 정당의 중앙당이 선거일 전 90일부터 선거기간 개시일 전일까지 일간신문 등에 총 70회 이내로 하여야 한다. | 2016년 9급 |

03. 임기만료에 의한 선거에서 정당의 중앙당은 선거일전 90일부터 선거기간 개시일 전일까지 일간신문 등에 총 70회 이내의 광고를 할 수 있다. | 2017년 9급 |

04. 정당의 중앙당은 임기만료에 의한 선거의 경우, 선거일 전 90일부터 선거기간 개시일 전일까지 일간신문 등에 총 70회 이내에 걸쳐 선거에 관한 의견 수집을 위한 광고를 할 수 있다. | 2021년 9급 |

해설

01. 02. 03. 04. (공직선거법 제137조 제1항 제1호)

정답 01 ○ 02 ○ 03 ○ 04 ○

| 관련 예상문제 |

01. 임기만료에 의한 지방자치단체장의 선거에서 일간신문 등(「신문 등의 진흥에 관한 법률」 제2조 제1호에 따른 「신문과 잡지 등 정기간행물의 진흥에 관한 법률」 제2조 제1호에 따른 정기간행물)을 통해 정당의 정강·정책을 알리기 위한 광고 정당의 시·도당이 선거일 전 90일부터 선거기간 개시일 전일까지 일간신문 등에 총 70회 이내로 하여야 한다. ⓞⓧ

02. 국회의원의 보궐선거·재선거 및 연기된 선거에서 일간신문 등(「신문 등의 진흥에 관한 법률」 제2조 제1호에 따른 「신문과 잡지 등 정기간행물의 진흥에 관한 법률」 제2조 제1호에 따른 정기간행물)을 통해 정당의 정강·정책을 알리기 위한 광고 정당의 중앙당이 행하되, 그 선거의 실시사유가 확정된 때부터 선거기간 개시일 전일까지 일간신문 등에 총 20회 이내로 하여야 한다. ⓞⓧ

03. 일간신문 등(「신문 등의 진흥에 관한 법률」 제2조 제1호에 따른 「신문과 잡지 등 정기간행물의 진흥에 관한 법률」 제2조 제1호에 따른 정기간행물)을 통해 정당의 정강·정책을 알리기 위한 광고에서 후보자가 되고자 하는 자의 사진·성명기타 선거운동에 이르는 내용을 게재할 수 없다. ⓞⓧ

해설
01. 정당의 중앙당이 행한다(공직선거법 제137조 제1항 제1호).
02. 대통령의 궐위로 인한 선거·재선거 및 연기된 선거는 20회 이내이고 그 외는 10회 이내로 한다(공직선거법 제137조 제1항 3호).
03. (공직선거법 제137조 제3항)

정답 01 ✕ 02 ✕ 03 ◯

161

01. 정당이 공직선거법상의 방송시설을 이용하여 정강·정책을 알리기 위한 방송연설을 하는 때에는 선거운동에 이르는 내용의 연설을 할 수 없다. |2021년 9급| ⓞⓧ

02. 정당이 정강·정책을 알리기 위해 방송연설을 하는 경우 그 비용은 정당이 부담하되, 국회에 교섭단체를 구성한 정당이 종합유선방송사를 이용하여 방송연설을 하는 때에는 각 방송사마다 텔레비전 및 라디오 방송별로 행하는 월 1회의 방송연설 비용(제작비용 제외)은 당해 종합유선방송사가 이를 부담하여야 한다. |2013년 9급| ⓞⓧ

03. 중앙선거관리위원회에 등록된 정당이 공영방송사를 이용하여 방송연설을 하는 때에는 각 공영방송사마다 텔레비전 및 라디오 방송별로 행하는 월 1회의 방송연설비용(제작비용 제외)은 당해 공영방송사가 이를 부담한다. |2015년 9급| ⓞⓧ

04. 국회에 교섭단체를 구성한 정당이 공영방송사를 이용하여 정강 정책에 대한 방송연설을 하는 때에는 각 공영방송사마다 텔레비전 및 라디오 방송별로 행하는 월 1회의 방송연설비용(제작비용 제외)은 당해 공영방송사가 이를 부담하여야 한다. | 2017년 9급 | ◯ ✕

05. 정당이 방송시설을 이용하여 정강·정책을 알리기 위한 방송연설을 하는 경우 그 비용은 당해 정당이 부담하되, 국회에 교섭단체를 구성한 정당이 공영방송사를 이용하여 방송연설을 하는 때에는 각 공영방송사마다 텔레비전 및 라디오 방송별로 행하는 월 1회의 방송연설비용(제작비용 제외)은 당해 공영방송사가 이를 부담하여야 한다. | 2020년 7급 | ◯ ✕

해설

01. 공직선거법 제137조의2 제1항에 따라 텔레비전 방송시설을 이용한 방송연설을 하는 때에는 연설하는 모습, 정당명(해당 정당을 상징하는 마크나 심벌의 표시를 포함한다), 연설의 요지 및 통계자료 외의 다른 내용이 방영되게 하여서는 아니 되며, 방송연설을 녹화하여 방송하고자 하는 때에는 당해 방송시설을 이용하여야 한다(공직선거법 제137조의2 제2항).

02. 방송연설의 비용은 당해 정당이 부담하되, 국회에 교섭단체를 구성한 정당이 **공영방송사**를 이용하여 방송연설을 하는 때에는 각 **공영방송사**마다 텔레비전 및 라디오 방송별로 행하는 월 1회의 방송연설비용(제작비용을 제외한다)은 **당해 공영방송사**가 이를 부담하여야 한다(공직선거법 제137조의2 제4항).

03. 국회에 교섭단체를 구성한 정당이 대상이다(공직선거법 제137조의2 제4항).

04. (공직선거법 제137조의2 제4항)

05. (공직선거법 제137조의2 제4항)

⊘ 정답 01 ◯ 02 ✕ 03 ✕ 04 ◯ 05 ◯

관련 예상문제

01. 임기만료에 의한 선거에 있어서 정당이 방송시설을 이용하여 정강·정책을 알리기 위한 방송연설을 하는 때에는 정당의 중앙당 대표자 또는 그가 선거운동을 할 수 있는 자중에서 지명한 자가 행하되, 선거일 전 90일이 속하는 달의 초일부터 선거기간 개시일 전일까지 1회 10분 이내에서 텔레비전 및 라디오 방송별로 각 5회 범위 안에서 하여야 한다. ◯ ✕

해설

01. 정당의 중앙당 대표자 또는 그가 선거운동을 할 수 있는 자중에서 지명한 자가 행하되, 선거일전 90일이 속하는 달의 초일부터 선거기간개시일전일까지 1회 20분 이내에서 텔레비전 및 라디오방송별로 월 2회 이내 할 수 있다(제137조의2 제1항 제1호).

⊘ 정답 01 ✕

162

01. 정당이 선거기간 중에 후보자를 추천한 선거구의 소속당원에게 배부할 수 있는 정강·정책홍보물은 정당의 중앙당이 제작한 책자형 정강·정책홍보물 1종으로 한다. | 2016·2015·2013년 9급 | ○ ×

02. 정당의 중앙당이 선거기간 중 기관지를 발행·배부하고자 하는 때에는 발행 즉시 2부를 중앙선거관리위원회에 제출하여야 하되, 전자적 파일로 대신 제출할 수 있다. | 2018년 9급 | ○ ×

03. 정당이 정강·정책홍보물을 배부하고자 하는 때에는 배부 전까지 중앙선거관리위원회에 책자형 정강·정책홍보물 2부와 전자적 파일을 제출하여야 한다. | 2019년 7급 | ○ ×

04. 정당이 선거기간 중에 후보자를 추천한 선거구의 소속당원에게 배부할 수 있는 정강·정책홍보물은 정당의 중앙당이 제작한 책자형 정강·정책홍보물 1종으로 하며, 이 정강·정책 홍보물에는 해당 정당이 추천한 후보자의 기호·성명·사진·경력 등을 제외하고는 후보자와 관련된 사항을 게재할 수 없다. | 2019년 9급 | ○ ×

05. 정당이 선거기간 중에 후보자를 추천한 선거구의 소속당원에게 정강·정책홍보물을 배부할 때에는 해당 홍보물에 해당 정당이 추천한 후보자의 경력을 게재할 수 없다. | 2021년 9급 | ○ ×

06. 정당이 선거기간 중에 후보자를 추천한 선거구의 소속당원에게 배부할 수 있는 정강·정책홍보물은 대통령선거와 지역구국회의원선거에서는 16면 이내로, 지역구지방의회의원선거 및 지방자치단체의 장 선거의 경우에는 8면 이내로 작성한다. | 2019년 7급 | ○ ×

해설

01. (공직선거법 제138조 제1항)
02. (공직선거법 제138조 제4항)
03. 전자적 파일로 대신 제출할 수 있다(공직선거법 제138조 제4항).
04. (공직선거법 제138조 제5항)
05. 정강·정책홍보물에는 해당 정당이 추천한 후보자의 기호·성명·사진·경력 등을 제외하고는 후보자와 관련된 사항을 게재할 수 없다(공직선거법 제138조 제5항).
06. 대통령선거의 경우에는 16면 이내로, 지역구국회의원선거, 지역구지방의회의원선거 및 지방자치단체의 장선거의 경우에는 8면 이내로 작성한다(공직선거법 제138조 제6항).

정답 01 ○ 02 × 03 × 04 ○ 05 × 06 ×

관련 예상문제

01. 선거기간 중 정당의 중앙당이 발행하는 기관지에는 당해 정당이 추천한 후보자의 기호·성명·사진·학력·경력 등 외에 후보자의 홍보에 관한 사항을 게재할 수 없다. ○ ×

해설

01. (공직선거법 제138조 제5항)

정답 01 ○

163

01. 정당이 자당의 정책과 선거에 있어서 공약을 게재한 도서형태의 정책공약집을 배부하고자 하는 때에는 통상적인 방법으로 판매하여야 하며, 방문판매의 방법으로 정책공약집을 판매할 수는 없다. | 2016년 9급 | ○ ×

02. 정당이 자당의 정책과 선거에 있어서 공약과 후보자의 성명·학력·경력 등을 게재한 정책공약집(도서의 형태로 발간된 것을 말한다)을 배부하고자 하는 때에는 통상적인 방법으로 판매하여야 하며, 방문판매의 방법으로도 정책공약집을 판매할 수 있다. | 2019년 9급 | ○ ×

03. 정당이 자당의 정책과 선거에 있어서 공약을 게재한 도서 형태의 정책공약집을 배부하고자 하는 경우 방문판매의 방법으로 정책공약집을 판매할 수는 없다. | 2019년 7급 | ○ ×

04. 정당이 자당의 정책과 선거에 있어서 공약을 게재한 정책공약집을 배부하고자 하는 때에는 방문판매를 포함한 통상적인 방법으로 판매하여야 한다. | 2020년 7급 | ○ ×

05. 정당이 정책공약집을 판매하고자 하는 때에는 발간 즉시 정당법의 규정에 따라 해당 정당의 등록사무를 처리하는 관할선거관리위원회에 2권을 제출하여야 하되, 전자적 파일로 대신 제출할 수 있다. | 2020년 7급 | ○ ×

06. 정당이 자당의 정책과 선거에 있어서 발간한 정책공약집에는 후보자의 기호·성명·사진·학력·경력 등 후보자와 관련된 사항을 게재할 수 없다. | 2017년 9급 | ○ ×

07. 정책공약집에는 후보자의 기호·성명·사진·학력·경력 등 후보자와 관련된 사항은 게재 할 수 있으나 다른 정당에 관한 사항을 게재할 수 없다. | 2020년 7급 | ○ ×

해설

01. (공직선거법 제138조의2 제1항)
02. 방문판매의 방법으로 정책공약집을 판매할 수 없다(공직선거법 제138조의2 제1항).
03. (공직선거법 제138조의2 제1항)
04. 방문판매의 방법으로 정책공약집을 판매할 수 없다(공직선거법 제138조의2 제1항).
05. (공직선거법 제138조의2 제3항)
06. (공직선거법 제138조의2 제4항)
07. 정책공약집에는 후보자의 기호·성명·사진·학력·경력 등 후보자와 관련된 사항 및 다른 정당에 관한 사항을 게재할 수 없다(공직선거법 제138조의2 제4항).

정답 01 ○ 02 × 03 ○ 04 × 05 ○ 06 ○ 07 ×

164

01. 정당의 중앙당은 선거기간 중 기관지를 통상적인 방법 외의 방법으로 발행·배부할 수 없는 것이 원칙이다. | 2018년 9급 |

02. 정당의 중앙당이 선거기간 중 기관지를 발행·배부하는 경우, 선거기간 중 통상적인 주기에 의한 발행회수가 2회 미만인 때에는 2회 이내로 하고 여기에 증보·호외·임시판은 포함되지 않는다. | 2018년 9급 |

해설

01. (공직선거법 제139조 제1항)
02. 선거기간 중 통상적인 주기에 의한 발행회수가 2회 미만인 때에는 2회(증보·호외·임시판을 포함하며, 배부되는 지역에 따라 게재내용 중 일부를 달리하더라도 동일한 것으로 본다)이내로 한다(공직선거법 제139조 제1항).

정답 01 ○ 02 ×

관련 예상문제

01. 정당의 시·도당은 지방자치단체 장의 선거기간 중 기관지를 통상적인 방법 외의 방법으로 배부할 수 없다.

02. 정당기관지를 공개장소에서의 연설·대담장소 또는 대담·토론회장에서 배부할 수 있다.

03. 정당의 기관지에는 당해 정당이 추천한 후보자의 기호·성명·사진·학력·경력 등외에 후보자의 홍보에 관한 사항을 게재할 수 없다.

04. 정당기관지를 발행·배부하고자 하는 때에는 발행 즉시 2부를 중앙선거관리위원회에 제출하여야 하되, 전자적 파일로 대신 제출할 수 있다.

해설

01. 정당의 중앙당이 발행 또는 배부할 수 있다(공직선거법 제139조 제1항).
02. 정당의 중앙당외의 당부가 발행하거나 공개장소에서의 연설·대담장소 또는 대담·토론회장에서의 배부, 거리에서의 판매·배부, 첩부, 게시, 살포는 통상적인 방법에 의한 배부로 보지 아니한다(공직선거법 제139조 제1항).
03. (공직선거법 제139조 제2항)
04. (공직선거법 제139조 제3항)

정답 01 ○ 02 × 03 ○ 04 ○

165

01. 정당이 선거일 전 120일부터 선거일까지 창당대회를 개최하는 때에는 다수인이 왕래 하는 공개된 장소가 아닌 장소에서 소속당원만을 대상으로 개최하여야 하며 당원이 아닌 자는 초청할 수 없다. | 2020년 7급 |

해설

01. **사회통념상 인정되는 범위 안에서** 당원이 아닌 자를 초청할 수 있다(공직선거법 제140조 제1항).

정답 01 ×

관련 예상문제

01. 정당이 선거일 전 120일부터 선거일까지 후보자선출대회를 개최하는 때에는 개최 장소에 사진·성명 등 후보자를 선전하는 내용을 포함한 5매 이내의 표지를 게시할 수 있다.

해설

01. 신문공고·표지에는 후보자(후보자가 되고자 하는 자를 포함한다. 이하 이 항에서 같다)의 사진·성명(성명을 유추할 수 있는 내용을 포함한다) 또는 선전구호등 후보자를 선전하는 내용을 게재할 수 없다(공직선거법 제140조 제2항).

정답 01 ×

166

01. 정당은 선거일 전 30일부터 선거일까지 당무에 관한 연락·지시 등을 위하여 일시적으로 이루어지는 당원 간의 면접을 제외하고는, 소속당원의 단합·수련·연수·교육 그밖에 명목여하를 불문하고 선거가 실시 중인 선거구 안이나 선거구민인 당원을 대상으로 당원수련회 등을 개최할 수 없다. | 2016년 9급 |

02. 정당(당원협의회를 포함한다)은 선거일 전 30일부터 선거일까지 소속당원의 단합·수련·연수·교육 그밖에 명목여하를 불문하고 선거가 실시 중인 선거구 안이나 선거구민인 당원을 대상으로 당원수련회 등을 개최할 수 없다. 다만, 당무에 관한 연락·지시 등을 위하여 일시적으로 이루어지는 당원 간의 면접은 당원집회로 보지 아니한다. | 2019년 9급 |

03. 정당이 선거일 전 90일 후에 실시사유가 확정된 보궐선거에서 그 선거의 실시사유가 확정된 때부터 당원집회를 개최하는 경우 개최지역을 관할하는 구·시·군선거관리위원회에 신고한 후 당해 정당의 사무소, 주민회관, 공공기관·단체의 사무소 그 밖의 공공시설 또는 다수인이 왕래하는 공개된 장소에서 개최하여야 한다. | 2019년 7급 |

해설

01. (공직선거법 제141조 제1항)
02. (공직선거법 제141조 제1항)
03. 당해 정당의 사무소, 주민회관, 공공기관·단체의 사무소 그 밖의 공공시설 또는 다수인이 왕래하는 **장소가 아닌** 공개된 장소에서 개최하여야 한다(공직선거법 제141조 제2항).

정답 01 ○ 02 ○ 03 ×

| 관련 예상문제 |

01. 정당(당원협의회를 포함한다)은 선거일 전 90일부터 선거일까지 소속당원의 단합·수련·연수·교육 그밖에 명목여하를 불문하고 선거가 실시중인 선거구 안이나 선거구민인 당원을 대상으로 당원수련회 등을 개최할 수 없다. ○ ×

02. 정당의 중앙당이 선거일 전 90일부터 그 연수시설에서 당원집회를 개최하는 때에는 개최지역을 관할하는 구·시·군선거관리위원회에 신고한 후 개최하여야 한다. ○ ×

03. 국회에 의석을 가진 정당은 중앙선거관리위원회규칙이 정하는 바에 따라 국가 또는 지방자치단체가 소유하거나 관리하는 주민회관·체육관 또는 문화원 기타 다수인이 모일 수 있는 시설이나 장소를 당원집회의 장소로써 무료로 사용할 수 있다. ○ ×

해설
01. 선거일 전 30일부터이다(공직선거법 제141조 제1항).
02. 중앙당이 그 연수시설에서 개최하는 경우를 제외한다(공직선거법 제141조 제2항).
03. 정치자금법 제27조(보조금의 배분)의 규정에 의하여 보조금의 배분대상이 되는 정당이 대상이다.

정답 01 × 02 × 03 ×

167

01. 정당은 선거기간 중 당원을 모집하거나 입당원서를 배부할 수 없지만, 시·도당의 창당 또는 개편을 위하여 창당대회·개편대회를 개최하는 경우에는 그 집회일까지는 그러하지 아니하다. | 2016년 9급, 2019년 9급 | ○ ×

02. 정당은 시·도당의 창당 또는 개편을 위하여 창당대회 개편 대회를 개최하는 경우에는 선거기간 중이라 하더라도 그 집회일까지는 당원을 모집하거나 입당원서를 배부할 수 있다. | 2017년 9급 | ○ ×

03. 정당은 선거기간 중에는 당원을 모집할 수 없지만 입당원서는 배부할 수 있다. | 2020년 7급 | ○ ×

04. 정당은 선거기간 중이더라도 시·도당의 창당대회, 개편대회를 개최하는 경우에는 그 집회일까지 당원을 모집하거나 입당원서를 배부할 수 있다. | 2021년 9급 | ○ ×

해설
01. (공직선거법 제144조 제1항)
02. (공직선거법 제144조 제1항)
03. 정당은 선거기간 중 당원을 모집하거나 입당원서를 배부할 수 없다(공직선거법 제144조 제1항).
04. (공직선거법 제144조 제1항)

정답 01 ○ 02 ○ 03 × 04 ○

제11장 투표

168

01. 개방명부식이나 가변명부식과 달리 고정명부식은 후보자와 그 순위가 전적으로 정당에 의해 정해지지만 직접선거의 원칙에 위배되는 것은 아니다. | 2015년 9급 | ○ ×

02. 평등선거의 원칙은 투표의 수적 평등을 인정함을 의미할 뿐만 아니라 투표의 성과가치의 평등, 즉 1표의 투표가치가 대표자 선정이라는 선거의 결과에 대하여 기여한 정도에 있어서도 평등하여야 함을 의미한다. | 2013년 9급 | ○ ×

03. 비례대표의원의 선거는 지역구의원의 선거와는 별도의 선거이므로 정당명부에 대한 별도의 투표가 없다면 직접선거의 원칙을 위배한다. | 2015년 9급 | ○ ×

04. 국회의원선거의 경우에 지역선거구에서 얻은 득표율에 비례대표의석을 할당하는 것은 평등선거원칙에 위배되지만 직접선거원칙에 위배되는 것은 아니다. | 2016년 7급 | ○ ×

05. 당내경선에도 선거권을 가진 당원들의 직접·평등·비밀투표 등 일반적인 선거의 원칙이 그대로 적용되지만, 정당의 자율성 존중에 근거하여 대리투표는 허용된다고 보아야 한다. | 2017년 7급 | ○ ×

해설

01. 비례대표 후보자를 유권자들이 직접 선택할 수 있는 이른바 자유명부식이나 가변명부식과 달리 고정명부식에서는 후보자와 그 순위가 전적으로 정당에 의하여 결정되므로 직접선거의 원칙에 위반되는 것이 아닌지가 문제될 수 있다. 그러나 비례대표후보자명단과 그 순위, 의석배분방식은 선거 시에 이미 확정되어 있고, 투표 후 후보자명부의 순위를 변경하는 것과 같은 사후개입은 허용되지 않는다. 그러므로 비록 후보자 각자에 대한 것은 아니지만 선거권자가 종국적인 결정권을 가지고 있으며, 선거결과가 선거행위로 표출된 선거권자의 의사표시에만 달려 있다고 할 수 있다. 따라서 고정명부식을 채택한 것 자체가 직접선거원칙에 위반된다고는 할 수 없다(헌재 2001.7.19, 2000헌마91).

02. 평등선거의 원칙은 평등의 원칙이 선거제도에 적용된 것으로서 투표의 수적 평등, 즉 복수투표제 등을 부인하고 모든 선거인에게 1인 1표(One man, One vote)를 인정함을 의미할 뿐만 아니라, 투표의 성과가치의 평등, 즉 1표의 투표가치가 대표자 선정이라는 선거의 결과에 대하여 기여한 정도에 있어서도 평등하여야 함(One vote, One value)을 의미한다(헌재 1995.12.27, 95헌마224).

03. 비례대표제를 채택하는 경우 직접선거의 원칙은 의원의 선출뿐만 아니라 정당의 비례적인 의석확보도 선거권자의 투표에 의하여 직접 결정될 것을 요구하는바, 비례대표의원의 선거는 지역구의원의 선거와는 별도의 선거이므로 이에 관한 유권자의 별도의 의사표시, 즉 정당명부에 대한 별도의 투표가 있어야 함에도 현행제도는 정당명부에 대한 투표가 따로 없으므로 결국 비례대표의원의 선출에 있어서는 정당의 명부작성행위가 최종적·결정적인 의의를 지니게 되고, 선거권자들의 투표행위로써 비례대표의원의 선출을 직접·결정적으로 좌우할 수 없으므로 직접선거의 원칙에 위배된다(헌재 2001.7.19, 2000헌마91).

04. 평등선거원칙에도 위배되고, 직접선거원칙에도 위배된다. 비례대표제를 채택하는 경우 직접선거의 원칙은 의원의 선출뿐만 아니라 정당의 비례적인 의석확보도 선거권자의 투표에 의하여 직접 결정될 것을 요구하는바, 비례대표의원의 선거는 지역구의원의 선거와는 별도의 선거이므로 이에 관한 유권자의 별도의 의사표시, 즉 정당명부에 대한 별도의 투표가 있어야 함에도 현행제도는 정당명부에 대한 투표가 따로 없으므로 결국 비례대표의원의 선출에 있어서는 정당의 명부작성행위가 최종적 결정적인 의의를 지니게 되고, 선거권자들의 투표행위로써 비례대표의원의 선출을 직접 결정적으로 좌우할 수 없으므로 **직접선거의 원칙에 위배된다**. 현행 1인 1표제하에서의 비례대표의석배분방식에서, 지역구후보자에 대한 투표는 지역구 의원의 선출에 기여함과 아울러 그가 속한 정당의 비례대표의원의 선출에도 기여하는 2중의 가치를 지니게 되는데 반하여, 무소속후보자에 대한 투표는 그 무소속후보자의 선출에만 기여할 뿐 비례대표의원의 선출에는 전혀 기여하지 못하므로 투표가치의 불평등이 발생하는바, 자신이 지지하는 정당이 자신의 지역구에 후보자를 추천하지 않아 어쩔 수 없이 무소속후보자에게 투표하는 유권자들로서는 자신의 의사에 반하여 투표가치의 불평등을 강요당하게 되는바, 이는 합리적 이유 없이 무소속 후보자에게 투표하는 유권자를 차별하는 것이라 할 것이므로 **평등선거의 원칙에 위배된다**(헌재 2001.7.19, 2000헌마91).

05. 당내 경선에도 직접 평등 비밀투표 등 일반적인 선거원칙이 그대로 적용되고 대리투표는 허용되지 않는다(대판 2013.11.28, 2013도5117).

✓ 정답 01 ○ 02 ○ 03 ○ 04 × 05 ×

169

01. 투표관리관 및 사전투표관리관은 국가 또는 지방자치단체의 소속 공무원 또는 각 급 학교의 교직원 중에서 위촉하며, 사전투표관리관은 위촉된 투표관리관 중에서 지정할 수 있다. | 2018년 9급 | ○ ×

02. 구·시·군선거관리위원회는 투표에 관한 사무를 관리하게 하기 위하여 투표구마다 투표관리관 1명을 두되, 투표관리관은 국가 또는 지방자치단체의 소속 공무원 또는 각급학교의 교직원 중에서 위촉하며, 사전투표관리관은 위촉된 투표관리관 중에서 호선한다. | 2018년 7급 | ○ ×

03. 구·시·군선거관리위원회는 투표에 관한 사무를 관리하게 하기 위하여 투표구마다 투표관리관 1명을 두는데, 공무원이 아닌 사람은 투표관리관으로 위촉될 수 없다. | 2020년 7급 | ○ ×

04. 투표관리관 및 사전투표관리관은 국가 또는 지방자치단체의 소속 공무원 중에서 위촉하여야 하며, 사전투표관리관은 위촉된 투표관리관 중에서 지정하여야 한다. | 2021년 9급 | ○ ×

해설

01. (공직선거법 제146조의2 제2항)
02. 사전투표관리관은 위촉된 투표관리관 중에서 지정할 수 있다(공직선거법 제146조의2 제1·2항).
03. 04. 각급 학교의 교직원 중에서 위촉 가능하다(공직선거법 제146조의2 제2항).

✓ 정답 01 ○ 02 × 03 × 04 ×

170

01. 국회의원선거 당일 투표소 내에 수화통역인을 배치하도록 하는 내용의 구체적·개별적 사항에 대한 입법의무가 헌법해석상 도출된다. |2017년 7급|

해설

01. 장애인 투표 편의를 위한 기존의 입법 외에 투표소 내에 수화통역인을 배치하도록 하는 내용의 구체적·개별적 사항에 대한 입법의무가 헌법해석상 도출된다고 볼 수 없다(헌재 2013.8.29, 2012헌마840).

◎ **정답 01** ×

171

01. 투표소는 구·시·군선거관리위원회가 설치하며, 구·시·군선거관리위원회는 선거일 전 10일까지 투표소의 명칭과 소재지를 공고하여야 하나, 천재·지변 기타 부득이한 사유가 있는 때에는 이를 변경할 수 있다. |2021년 9급|

02. 부득이한 경우에는 병영 안에도 투표소를 설치할 수 있다. |2013년 9급|

03. 투표소를 설치할 적합한 장소가 없는 부득이한 경우에는 병영 안과 종교시설 안에 투표소를 설치할 수 있다. |2016년 9급|

04. 병영 안과 종교시설 안에는 투표소를 설치하지 못하지만, 종교시설의 경우 투표소를 설치할 적합한 장소가 없는 부득이한 경우에는 그러하지 아니하다. |2020년 7급|

05. 투표소는 투표구 안의 학교, 읍·면·동사무소 등 관공서, 공공기관·단체의 사무소, 주민회관 기타 선거인이 투표하기 편리한 곳에 설치하는데, 투표소를 설치할 적합한 장소가 없는 부득이한 경우에는 병영 안에도 투표소를 설치할 수 있다. |2021년 9급|

06. 정당은 투표소의 설비에 대하여 그 시정을 요구할 수 있다. |2013년 7급|

07. 읍·면·동선거관리위원회는 투표사무를 보조하게 하기 위하여 각급학교의 교직원을 투표사무원으로 위촉할 수 있다. |2017년 7급|

08. 읍·면·동선거관리위원회는 투표사무를 보조하게 하기 위하여 투표사무원을 위촉하되, 농업협동조합의 직원은 투표사무원에 위촉될 수 있으나 은행법 제2조의 규정에 의한 은행의 직원은 투표사무원에 위촉될 수 없다. |2018년 7급|

09. 읍·면·동선거관리위원회는 투표사무를 보조하게 하기 위하여 위촉된 투표사무원의 성명을 선거일 전 3일까지 공고하여야 한다. |2018년 9급|

해설

01. 투표소는 읍·면·동선거관리위원회가 설치하며, 읍·면·동선거관리위원회는 선거일 전 10까지 투표소의 명칭과 소재지를 공고하여야 하나 천재·지변 기타 부득이한 사유가 있는 때에는 이를 변경할 수 있으며, 이 경우에는 즉시 공고하여 선거인에게 알려야 한다(공직선거법 제147조 제1·8항).
02. 병영 안과 종교시설 안에는 투표소를 설치하지 못한다. 다만, 종교시설의 경우 투표소를 설치할 적합한 장소가 없는 부득이한 경우에는 그러하지 아니하다(공직선거법 제147조 제4항).
03. 병영 안은 설치할 수 없다(공직선거법 제147조 제4항).
04. (공직선거법 제147조 제4항)
05. 병영 안과 종교시설 안에는 투표소를 설치하지 못한다. 다만, 종교시설의 경우 투표소를 설치할 적합한 장소가 없는 부득이한 경우에는 그러하지 아니하다(공직선거법 제147조 제4항).
06. (공직선거법 제147조 제7항)
07. (공직선거법 제147조 제9항 제2호)
08. 농업협동조합의 직원은 위촉될 수 있고 은행법 제2조의 규정에 의한 은행의 직원은 위촉될 수 있다(공직선거법 제147조 제9항 제3호).
09. 2018.4.6. 공직선거법 개정으로 투표사무원 및 개표사무원의 성명 공고 절차를 폐지하였다(공직선거법 제147조 제9항, 제174조 제1항, 제218조의17 제4항).

정답 01 × 02 × 03 × 04 ○ 05 × 06 ○ 07 ○ 08 × 09 ×

관련 예상문제

01. 읍·면·동선거관리위원회는 선거일 전 2일까지 관할 구역 안의 투표구마다 투표소를 설치하여야 한다. ○ ×

02. 읍·면·동선거관리위원회가 투표소를 설치하는 때에는 선거일 전 10일까지 그 명칭과 소재지를 공고하여야 한다. ○ ×

03. 읍·면·동선거관리위원회는 투표사무를 보조하게 하기 위하여 특정직공무원 및 정무직공무원을 제외한 국가공무원과 지방공무원을 위촉할 수 있다. ○ ×

04. 읍·면·동선거관리위원회는 투표사무를 보조하게 하기 위하여 한국은행의 상근 임원을 투표사무원으로 위촉할 수 있다. ○ ×

05. 읍·면·동선거관리위원회는 투표사무를 보조하게 하기 위하여 「지방공기업법」 제2조에 규정된 지방공사와 지방공단의 상근 임원을 투표사무원으로 위촉할 수 있다. ○ ×

해설
01. 선거일 전일까지다(공직선거법 제147조 제1항).
02. (공직선거법 제147조 제8항)
03. (공직선거법 제147조 제9항 제1호)
04. 05. (공직선거법 제147조 제9항 제4호)

정답 01 × 02 ○ 03 ○ 04 ○ 05 ○

172

01. 사전투표기간은 선거일 전 7일부터 2일간으로 한다. | 2013년 9급 |

02. 읍·면·동 관할구역에 군부대 밀집지역이 있는 경우에는 해당 지역에 사전투표소를 추가로 설치·운영할 수 있으며, 이 경우 구·시·군선거관리위원회는 선거일 전 6일부터 2일 동안 사전투표소를 설치·운영하여야 한다. | 2016년 9급 |

03. 구·시·군선거관리위원회는 선거일 전 5일부터 2일 동안 관할구역의 읍 면 동마다 2개소씩 사전투표소를 설치·운영하여야 한다. | 2016년 7급 |

04. 구·시·군선거관리위원회는 선거일 전 5일부터 2일 동안 관할구역의 읍·면·동마다 1개소씩 사전투표소를 설치·운영하여야 하며, 읍·면·동 관할구역에 군부대 밀집지역 등이 있는 경우에는 해당 지역에 사전투표소를 추가로 설치·운영할 수 있다. | 2021년 9급 |

05. 구·시·군선거관리위원회는 사전투표소를 설치할 때에는 선거일 전 9일까지 그 명칭·소재지 및 설치·운영기간을 공고하고, 선거사무장 또는 선거연락소장에게 이를 통지하여야 하며, 관할구역 안의 투표구마다 5개소에 공고문을 첩부하여야 한다. | 2020·2016년 7급, 2016년 9급 |

06. 구·시·군선거관리위원회는 설치된 사전투표소의 투표사무를 보조하게 하기 위하여 사전투표사무원을 두어야 한다. | 2016년 7급 |

07. 은행법 제2조의 규정에 의한 은행의 직원은 사전투표소의 사전투표사무원으로 위촉될 수 있으나, 사립초등학교 직원은 투표소의 투표사무원으로 위촉될 수 없다. | 2021년 9급 |

08. 중앙선거관리위원회는 사전투표소에서 통합선거인명부를 사용하기 위한 선거전용통신망을 구축하여야 한다. | 2016년 7급 |

09. 중앙선거관리위원회는 사전투표소에서 통합선거인명부를 사용하기 위한 선거전용통신망을 구축하여야 하며, 사전투표소의 설치, 공고, 통보 및 사전투표 사무원의 위촉, 그밖에 필요한 사항은 중앙선거관리위원회규칙으로 정한다. | 2021년 9급 |

해설

01. 02. 구·시·군선거관리위원회는 선거일 전 5일부터 2일 동안 한다(공직선거법 제148조 제1항).
03. 구·시·군선거관리위원회는 선거일 전 5일부터 2일 동안 관할구역의 읍·면·동마다 1개소씩 사전투표소를 설치·운영하여야 한다. 읍·면·동 관할구역에 군부대 밀집지역 등이 있는 경우에는 해당 지역에 사전투표소를 추가로 설치·운영할 수 있다(공직선거법 제148조 제1항).
04. (공직선거법 제148조 제1항)
05. (공직선거법 제148조 제2항)
06. (공직선거법 제148조 제3항)
07. 구·시·군선거관리위원회는 제1항에 따라 설치된 사전투표소의 투표사무를 보조하게 하기 위하여 제147조 제9항 각 호의 어느 하나에 해당하는 사람 중에서 사전투표사무원을 두어야 한다(공직선거법 제148조 제3항).

> **공직선거법 제147조 제9항**
> 1. 국가공무원법 제2조에 규정된 국가공무원과 지방공무원법 제2조에 규정된 지방 공무원. 다만, 일반직공무원의 행정직군 중 교정·보호·검찰사무·마약수사·출입국관리·철도공안 직렬의 공무원과 교육공무원 외의 특정직공무원 및 정무직공무원을 제외한다.
> 2. 각급학교의 교직원
> 3. 은행법 제2조의 규정에 의한 은행의 직원
> 4. 제53조 제1항 제4호 내지 제6호에 규정된 기관 등의 직원
> 5. 투표사무를 보조할 능력이 있는 공정하고 중립적인 자

08. (공직선거법 제148조 제5항)
09. (공직선거법 제148조 제5·6항)

정답 01 × 02 × 03 × 04 ○ 05 ○ 06 ○ 07 × 08 ○ 09 ○

173

01. 병원·요양소·수용소·교도소 및 구치소의 경우에 거소투표 신고인을 수용하고 있는 각 기관·시설의 장은 그 명칭과 소재지 및 거소투표신고인수 등을 선거인명부작성기간만료일의 다음 날까지 관할 구·시·군선거관리위원회에 신고해야 한다. | 2017년 7급 |

02. 장애인복지법에 따른 장애인 거주시설로서 10명 이상 거소투표신고인을 수용하고 있는 시설의 장은 일시·장소를 정하여 해당 신고인의 거소투표를 위한 기표소를 설치하여야 한다. | 2020·2017년 7급 |

03. 대통령선거에서 후보자를 추천한 정당은 10명 미만의 거소투표신고인을 수용하고 있는 기관·시설의 장에게 거소투표를 위한 기표소의 설치를 요청할 수 없다. | 2017년 7급 |

04. 후보자·선거사무장·선거연락소장은 선거권자 중에서 1명을 선정하여 기관·시설의 장이 설치·운영하는 기표소의 투표상황을 참관하게 할 수 있다. | 2020년 7급 |

해설

01. 선거인명부작성기간만료일 후 3일까지 관할 구·시·군선거관리위원회에 신고하여야 한다(공직선거법 제149조 제1항).

02. (공직선거법 제149조 제3항)

03. 후보자(대통령선거에서 정당추천후보자의 경우에는 그 추천 정당을 말한다. 이하 이 조에서 같다)·선거사무장 또는 선거연락소장은 **10명 미만의 거소투표신고인을 수용하고 있는 기관·시설의 장에게 제2항에 따른 공고일 후 2일 이내에 거소투표를 위한 기표소 설치를 요청할 수 있다.** 이 경우 기관·시설의 장은 정당한 사유가 없는 한 이에 따라야 한다(공직선거법 제149조 제4항).

04. (공직선거법 제149조 제6항)

정답 01 ✕ 02 ○ 03 ✕ 04 ○

174

01. 헌법재판소는 투표용지의 후보자 게재순위를 정함에 있어서 정당·의석수를 기준으로 한 기호배정 방법이 위헌이라고 결정하였다. | 2016년 9급 |

해설

01. 투표용지의 후보자 게재순위를 정함에 있어서 정당 의석수를 기준으로 한 기호배정 방법이 무소속 후보자 등에게 상대적으로 불리하여 차별을 두었다고 할 수 있으나, 이는 정당제도의 존재의의 등에 비추어 그 목적이 정당할 뿐만 아니라 정당 의석을 우선함에 있어서도 당적 유무, 의석순, 정당명 또는 후보자 성명의 가, 나, 다 순 등 합리적 기준에 의하고 있으므로, 공직선거법 제150조 제3항이 청구인의 평등권을 침해한다고 볼 수 없고, 이 규정은 단지 후보자에 대한 투표용지 게재순위를 결정하는 방법에 관한 규정일 뿐, 공무담임권과는 직접 관련이 없다 할 것이므로, 이를 침해하는 것이라고 볼 수 없다(헌재 2011.3.31. 2009헌마286).

정답 01 ✕

175

01. 투표용지에는 후보자의 기호 정당추천후보자의 소속정당명 및 성명을 표시하여야 하되, 무소속후보자는 후보자의 정당추천후보자의 소속정당명의 나에 무소속으로 표시하고, 비례대표국회의원선거 및 비례대표지방의회의원선거에 있어서는 후보자를 추천한 정당의 기호와 정당명을 표시하여야 한다. | 2016년 7급 |

02. 후보자의 게재순위를 정함에 있어서는 후보자 등록마감일 현재 국회에서 의석을 갖고 있는 정당의 추천을 받은 후보자, 국회에서 의석을 갖고 있지 아니한 정당의 추천을 받은 후보자, 무소속후보자의 순으로 한다. | 2014년 7급, 2024년 9급 |

03. 후보자의 게재순위를 정함에 있어서는 무소속후보자, 후보자 등록마감일 현재 국회에서 의석을 갖고 있지 아니한 정당의 추천을 받은 후보자, 국회에서 의석을 갖고 있는 정당의 추천을 받은 후보자의 순으로 한다. | 2016년 7급, 2024년 9급 |

04. 국회에 5명 이상의 소속의원을 가진 정당은 전국적으로 통일된 기호를 우선하여 부여한다. | 2014년 7급 | ☐○☐×

05. 후보자 등록마감일 현재 국회에 5명 이상의 소속 지역구국회의원을 가진 정당에 전국적으로 통일된 기호를 우선하여 부여한다. | 2015년 7급 | ☐○☐×

06. 국회에서 의석을 가지고 있는 정당의 게재순위를 정함에 있어 국회에 5명 이상의 소속 지역구국회의원을 가진 정당은 전국적으로 통일된 기호를 우선하여 부여한다. | 2019년 7급 | ☐○☐×

07. 같은 의석을 가진 정당이 둘 이상인 때의 게재순위는 최근에 실시된 선거에서의 득표수 순에 따른다. | 2014년 7급 | ☐○☐×

08. 후보자 등록마감일 현재 국회에서 의석을 가지고 있지 아니한 정당이나 그 정당의 추천을 받은 후보자 사이의 게재순위는 관할선거구선거관리위원회에서 후보자 등록마감 후에 추첨하여 결정한다. | 2014년 7급 | ☐○☐×

09. 후보자 등록마감일 현재 국회에 의석을 가지고 있지 아니한 정당의 추천을 받은 후보자 사이의 게재순위는 그 정당 명칭의 가나다순으로 정한다. | 2015년 7급 | ☐○☐×

10. 무소속후보자 사이의 게재순위는 그 후보자 성명의 가나다순으로 정한다. | 2015년 7급 | ☐○☐×

11. 후보자 등록마감일 현재 국회에서 의석을 가지고 있지 아니한 정당이나 그 정당의 추천을 받은 후보자사이의 게재순위는 관할선거구선거관리위원회에서 추첨하여 결정한다. | 2016년 7급 | ☐○☐×

12. 지역구·자치구·시·군의원선거에서 정당이 같은 선거구에 2명 이상의 후보자를 추천한 경우에 그 정당이 추천한 후보자 사이의 투표용지 게재순위는 후보자 성명의 가나다순으로 정한다. | 2015년 7급 | ☐○☐×

13. 지역구·자치구·시·군의원선거에서 정당이 같은 선거구에 2명 이상의 후보자를 추천한 경우 그 정당이 추천한 후보자 사이의 투표용지 게재순위는 해당 정당이 정한 순위에 따르되, 정당이 정하지 아니한 경우에는 관할선거구선거관리위원회에서 추첨하여 결정한다. | 2019년 7급 | ☐○☐×

14. 후보자 등록기간이 지난 후에 후보자가 사퇴·사망하거나 등록이 무효로 된 때라도 투표용지에서 그 기호·정당명 및 성명을 말소한다. | 2016년 7급, 2019년 7급 | ☐○☐×

해설

01. (공직선거법 제150조 제1항)
02. (공직선거법 제150조 제3항)
03. 후보자 등록마감일 현재 국회에서 의석을 갖고 있는 정당의 추천을 받은 후보자, 국회에서 의석을 갖고 있지 아니한 정당의 추천을 받은 후보자, 무소속후보자의 순 (공직선거법 제150조 제3항)
04. 국회에 5명 이상의 소속 **지역구** 국회의원을 가진 정당은 전국적으로 통일된 기호를 우선하여 부여한다(공직선거법 제150조 제4항).
05. 06. (공직선거법 제150조 제4항)
07. 같은 의석을 가진 정당이 둘 이상인 때에는 최근에 실시된 비례대표국회의원선거에서의 득표수순 (공직선거법 제150조 제5항 제1호)
08. 후보자 등록마감일 현재 국회에서 의석을 가지고 있지 아니한 정당이나 그 정당의 추천을 받은 후보자 사이의 게재순위는 그 정당의 명칭의 가나다순 (공직선거법 제150조 제5항 제2호)
09. (공직선거법 제150조 제5항 제2호)
10. 후보자 등록마감일 현재 국회에서 의석을 가지고 있지 아니한 정당이나 그 정당의 추천을 받은 후보자 사이의 게재순위는 그 정당의 명칭의 가나다순 (공직선거법 제150조 제5항 제2호)
11. 무소속후보자 사이의 게재순위는 관할선거구선거관리위원회에서 추첨하여 결정하는 순 (공직선거법 제150조 제5항 제3호)
12. 해당 정당이 정한 순위에 따르되, 정당이 정하지 아니한 경우에는 관할선거구선거관리위원회에서 추첨하여 결정한다 (공직선거법 제150조 제7항).
13. (공직선거법 제150조 제7항)
14. 후보자 등록기간이 지난 후에 후보자가 사퇴·사망하거나 등록이 무효로 된 때라도 투표용지에서 그 기호·정당명 및 성명을 말소하지 아니한다(공직선거법 제150조 제8항).

정답 01 ○ 02 ○ 03 × 04 × 05 ○ 06 ○ 07 × 08 × 09 ○ 10 × 11 × 12 × 13 ○ 14 ×

관련 예상문제

01. 직전 대통령선거, 국회의원선거에서 전국 유효투표총수의 100분의 3 이상을 득표한 정당은 전국적으로 통일된 기호를 우선하여 부여한다. ○ ×
02. 지역구·자치구·시·군의장선거에서 같은 게재순위에 해당하는 정당 또는 후보자가 2 이상이 있을 때에는 소속정당의 대표자나 후보자 또는 그 대리인의 참여하에 관할선거구선거관리위원회에서 후보자 등록마감후에 추첨하여 결정한다. ○ ×
03. 지역구·자치구·시·군의원선거에서 정당이 같은 선거구에 2명 이상의 후보자를 추천한 경우 관할선거구선거관리위원회에서 추첨하여 결정한다. ○ ×

해설

01. 국회에 5명 이상의 소속 지역구국회의원을 가진 정당 또는 직전 대통령선거, 비례대표국회의원선거 또는 비례대표지방의회의원선거에서 전국 유효투표총수의 100분의 3 이상을 득표한 정당이 대상이다(공직선거법 제150조 제4항).
02. (공직선거법 제150조 제6항)
03. 그 정당이 추천한 후보자 사이의 투표용지 게재순위는 해당 정당이 정한 순위에 따르되, 정당이 정하지 아니한 경우에는 관할선거구선거관리위원회에서 추첨하여 결정한다(공직선거법 제150조 제7항).

정답 01 × 02 ○ 03 ×

176

01. 하나의 선거에 관한 투표에 있어서 투표구마다 선거구별로 동시에 2개의 투표함을 사용할 수 없다.
| 2018년 7급 | ○ ✕

02. 사전투표함과 우편투표함은 따로 작성하며, 그 수는 예상 사전투표자수 등을 감안하여 당해 구·시·군선거관리위원회가 정한다. | 2016년 9급 | ○ ✕

03. 사전투표소의 투표함과 우편으로 접수한 투표를 보관하는 투표함은 따로 작성하되, 그 수는 예상 사전투표자수 및 거소투표신고인수·선상투표신고인수를 감안하여 당해 읍·면·동선거관리위원회가 정한다. | 2018년 7급 | ○ ✕

04. 투표용지에는 중앙선거관리위원회규칙이 정하는 바에 따라 관할구·시·군선거관리위원회의 청인을 날인하여야 한다. 이 경우 그 청인의 날인은 인쇄날인으로 갈음할 수 있다. | 2019년 9급 | ○ ✕

05. 구·시·군선거관리위원회는 시각장애로 인하여 자신이 기표를 할 수 없는 선거인을 위하여 필요한 경우에는 중앙선거관리위원회규칙이 정하는 바에 따라 특수투표용지 또는 투표보조용구를 제작·사용할 수 있다. | 2015년 9급 | ○ ✕

해설

01. (공직선거법 제151조 제2항)
02. (공직선거법 제151조 제3항)
03. 당해 구·시·군선거관리위원회가 정한다(공직선거법 제151조 제3항).
04. (공직선거법 제151조 제4항)
05. (공직선거법 제151조 제8항)

✓ 정답 01 ○ 02 ○ 03 ✕ 04 ○ 05 ○

관련 예상문제

01. 투표용지와 투표함은 구·시·군선거관리위원회가 작성하여 선거일 전 2일까지 읍·면·동선거관리위원회에 송부하며, 이를 송부 받은 읍·면·동선거관리위원회위원장은 투표용지를 봉함하여 보관하였다가 투표함과 함께 투표관리관에게 인계하여야 한다. ○ ✕

02. 구·시·군선거관리위원회는 시각장애로 인하여 자신이 기표를 할 수 없는 선거인을 위하여 중앙선거관리위원회규칙이 정하는 바에 따라 특수투표용지 또는 투표보조용구를 제작하여야 한다. ○ ✕

해설

01. 선거일 전일까지이다(공직선거법 제151조 제1항).
02. 구·시·군선거관리위원회는 시각장애로 인하여 자신이 기표를 할 수 없는 선거인을 위하여 필요한 경우에는 중앙선거관리위원회규칙이 정하는 바에 따라 특수투표용지 또는 투표보조용구를 **제작·사용할 수 있다**(공직선거법 제151조 제8항).

✓ 정답 01 ✕ 02 ✕

177

01. 구·시·군선거관리위원회는 투표용지의 모형을 선거인명부 확정일 전 7일까지 공고하여야 한다.
| 2019년 9급 | ○ ✕

해설

01. 구·시·군선거관리위원회는 투표용지의 모형을 **선거일 전 7일**까지 공고하여야 한다(공직선거법 제152조 제1항).

정답 01 ✕

178

01. 구·시·군선거관리위원회는 세대별로 선거인의 성명·선거인명부등재번호·투표소의 위치·투표할 수 있는 시간·투표할 때 가지고 가야 할 지참물 그밖에 투표참여를 권유하는 내용 등이 기재된 투표안내문을 작성하여 선거인명부확정일 후 2일까지 관할구역 안의 매세대에 발송하여야 한다.
| 2020년 7급 | ○ ✕

02. 투표안내문의 작성은 전산조직에 의할 수 있으며 발송을 위한 우편요금은 국가가 부담한다. | 2019년 9급 |
 ○ ✕

해설

01. (공직선거법 제153조 제1항)
02. 투표안내문의 발송을 위한 우편요금은 국가 또는 당해 지방자치단체가 부담한다(공직선거법 제153조 제2항).

정답 01 ○ 02 ✕

179

01. 거소투표자에게 발송할 거소투표용지는 구·시·군 선거관리 위원회에서 당해 구·시·군 선거관리위원회 정당추천위원의 참여하에 투표용지의 일련번호를 절취한 후 바코드가 표시된 회송용 봉투에 넣고 다시 발송용 봉투에 넣어 봉함한 후 선거일 전 10일까지 거소투표자에게 발송하여야 한다. | 2019년 9급 |
 ○ ✕

해설

01. (공직선거법 제154조 제1항)

정답 01 ○

| 관련 예상문제 |

01. 거소투표자에게 발송할 거소투표용지는 구·시·군 선거관리 위원회에서 당해 구·시·군 선거관리위원회 정당추천위원의 참여하에 투표용지의 일련번호를 절취한 후 바코드가 표시된 회송용 봉투에 넣고 다시 발송용 봉투에 넣어 봉함한 후 선거일 전 9일까지 거소투표자에게 발송하여야 한다. ○ ×

02. 구·시·군선거관리위원회는 거소투표용지를 발송하지 아니한 거소투표자와 선거일까지 거소투표용지가 반송된 거소투표자의 명단을 작성하여 읍·면·동선거관리위원회에 통지하여야 하며, 읍·면·동선거관리위원회는 지체 없이 이를 투표관리관에게 통지하여야 한다. ○ ×

03. 거소투표용지의 발송과 회송은 등기우편으로 하되, 그 우편요금은 국가 또는 당해 지방자치단체가 부담한다. ○ ×

해설

01. 선거일 전 10일까지이다(공직선거법 제154조 제1항).
02. 선거일 전 2일까지 거소투표용지가 반송된 거소투표자의 명단을 작성하여 선거일 전일까지 읍·면·동선거관리위원회에 통지하여야 한다(공직선거법 제154조 제3항).
03. (공직선거법 제154조 제4항)

정답 01 × 02 × 03 ○

180

01. 구·시·군선거관리위원회는 선상투표자에게 보낼 선상투표 용지를 작성하여 해당 선상투표자가 승선하고 있는 선박의 선장에게 선거일 전 9일까지 팩시밀리를 이용하여 전송하여야 하나, 허위로 신고하거나 자신의 의사에 따라 신고된 것으로 인정되지 아니한 선상투표자에 대하여는 당해 구·시·군 선거 관리위원회의 의결로 선상투표용지를 발송하지 아니할 수 있다. | 2019년 9급 | ○ ×

해설

01. (공직선거법 제154조의2 제1항)

정답 01 ○

181

01. 부재자투표의 투표개시시간을 일과시간 이내인 오전 10시부터로 정한 것은 과잉금지원칙에 위배하여 청구인의 선거권과 평등권을 침해하는 것이다. | 2016년 7급, 2024년 9급 | ○ ×

해설

01. 부재자투표의 투표개시시간을 일과시간 이내인 오전 10시부터로 정한 것은 수단의 적정성, 법익균형성을 갖추지 못하므로 과잉금지원칙에 위배하여 청구인의 선거권과 평등권을 침해하는 것이다(헌재 2012.2.23, 2010헌마601).

✓ **정답** 01 ○

182

01. 사전투표소는 사전투표기간 중 매일 오전 6시에 열고 오후 6시에 닫는다. 다만, 마감할 때에 투표소에서 투표하기 위하여 대기하고 있는 선거인에게는 번호표를 부여하여 투표하게 한 후에 닫아야 한다. | 2018년 7급, 2017년 9급 | ○ ×

02. 투표를 개시하는 때에는 투표관리관은 투표함 및 기표소 내외의 이상 유무에 관하여 검사하여야 하며, 이에는 투표참관인이 참관하여야 한다. 다만, 투표개시시각까지 투표참관인이 참석하지 아니한 때에는 최초로 투표하러 온 선거인으로 하여금 참관하게 하여야 한다. | 2018년 7급 | ○ ×

03. 사전투표개시시각까지 사전투표참관인이 참석하지 아니한 때에는 최초로 투표하러 온 선거인으로 하여금 참관하게 하여야 한다. | 2017년 9급 | ○ ×

04. 사전투표소에서 투표를 개시하는 때에는 사전투표관리관은 사전투표함 및 기표소 내외의 이상 유무에 관하여 검사하여야 하며, 이에는 사전투표참관인이 참관하여야 한다. 다만, 사전투표개시시각까지 사전투표참관인이 참석하지 아니한 때에는 최초로 투표하러 온 선거인으로 하여금 참관하게 하여야 한다. | 2018년 7급 | ○ ×

05. 보궐선거에 있어서 사전투표는 선거일 오후 6시까지 관할구·시·군선거관리위원회에 도착되어야 한다. | 2021년 9급 | ○ ×

해설

01. (공직선거법 제155조 제2항)
02. 03. (공직선거법 제155조 제3항)
04. (공직선거법 제155조 제4항)
05. 보궐선거는 오후 8시까지 도착되어야 한다(공직선거법 제155조 제5항).

✓ **정답** 01 ○ 02 ○ 03 ○ 04 ○ 05 ×

183

01. 거소투표용지가 반송되어 거소투표용지를 송부 받지 못한 사람은 선거일에 해당 투표소에서 투표할 수 있다. | 2020년 7급 |

02. 거소투표용지를 송부받았으나 거소투표를 하지 못한 사람으로서 선거일에 해당 투표소에서 투표관리관에게 거소투표용지와 회송용 봉투를 반납한 사람은 선거일에 해당 투표소에서 투표할 수 있다. | 2020년 7급 |

해설

01. (공직선거법 제156조 제3항 제2호)
02. (공직선거법 제156조 제3항 제3호)

정답 01 ○ 02 ○

관련 예상문제

01. 선거인명부에 올라 있지 아니한 자는 투표할 수 없으나 선거인명부에 누락 또는 오기가 있어서 이의신청을 통해 당해 구·시·군의 장에게 정정 결정을 받은 자는 투표할 수 있다.

02. 선거인명부에 올라 있더라도 선거일에 선거권이 없는 자는 투표할 수 없다.

03. 허위로 신고한 자 및 자신의 의사에 의하여 신고된 것으로 인정되지 아니한 거소투표자는 선거일에 해당 투표소에서 투표할 수 있다.

04. 거소투표용지를 송부 받았으나 거소투표를 하지 못한 사람은 선거일에 해당 투표소에서 투표할 수 있다.

해설

01. 이유 있다는 결정통지서를 가지고 온 자는 투표할 수 있다(공직선거법 제156조 제1항).
02. (공직선거법 제156조 제2항)
03. (공직선거법 제156조 제3항 제1호)
04. 거소투표용지를 송부받았으나 거소투표를 하지 못한 사람으로서 선거일에 해당 투표소에서 투표관리관에게 거소투표용지와 회송용 봉투를 반납한 사람은 해당 선거일에 투표할 수 있다(공직선거법 제156조 제3항 제3호).

정답 01 × 02 ○ 03 ○ 04 ×

184

01. 시각 또는 신체의 장애로 인하여 자신이 기표할 수 없는 선거인은 그 가족 또는 본인이 지명한 2인을 동반하여 투표를 보조하게 할 수 있다. | 2015년 9급 |

해설

01. (공직선거법 제157조 제6항)

정답 01 ○

관련 예상문제

01. 신체에 장애가 있는 선거인에 대해 투표보조인이 가족이 아닌 경우 반드시 2인을 동반하도록 하는 것은 선거인이 자신에게 필요한 투표보조인의 수를 스스로 결정할 수 없게 하고, 2인의 투표보조인에게 투표의 내용을 공개하도록 하여 선거권 행사를 위축시키며 투표보조의 구체적 방법에 대하여 보다 명확한 절차를 마련한다면 투표보조인 1인을 동반하도록 하더라도 선거의 공정성을 확보하면서 투표 내용이 공개되는 범위를 축소할 수 있기 때문에 선거권을 침해한다.

해설

01. 중증장애인의 실질적인 선거권 보장과 선거의 공정성 확보는 매우 중요한 공익인 반면, 심판대상조항으로 인한 불이익은 투표보조인이 1인인 경우에 비하여 투표의 비밀이 더 유지되기 어렵고, 투표보조인을 추가로 섭외해야 한다는 불편에 불과한데, 앞에서 살펴본 것처럼 심판대상조항과 공직선거법 관련 규정 및 실무상 운영은 이를 최소화하고 있다. 따라서 심판대상조항은 법익의 균형성원칙에 반하지 않는다. 그러므로 심판대상조항은 과잉금지원칙에 반하여 청구인의 선거권을 침해하지 않는다(2020.05.27, 2018헌바264).

정답 01 ×

185

01. 거소투표자와 선상투표자를 제외한 선거인은 누구든지 사전투표기간 중에 사전투표소에 가서 투표할 수 있다. | 2013년 7급 | ○ ✕

02. 선거인은 누구든지 사전투표기간 중에 사전투표소에 가서 투표할 수 있다. | 2017년 9급 | ○ ✕

03. 선거인(거소투표자와 선상투표자는 제외한다)은 누구든지 사전투표기간 중에 사전투표소에 가서 투표할 수 있다. | 2020년 7급 | ○ ✕

04. 사전투표를 하려는 선거인은 사전투표소에서 신분증명서를 제시하여 본인임을 확인받은 다음 전자적 방식으로 손도장을 찍거나 서명한 후 투표용지를 받아야 하며, 이 경우 중앙선거관리위원회는 해당 선거인에게 투표용지가 교부된 사실을 확인할 수 있도록 신분증명서의 일부를 전자적 이미지 형태로 저장하여 선거일의 투표마감시각까지 보관하여야 한다. | 2016년 9급 | ○ ✕

05. 사전투표를 하려는 선거인은 사전투표소에서 신분증명서를 제시하여 본인임을 확인받은 다음 전자적 방식으로 손도장을 찍거나 서명한 후 투표용지를 받아야 한다. | 2017년 9급 | ○ ✕

06. 중앙선거관리위원회는 해당 선거인에게 투표용지가 교부된 사실을 확인할 수 있도록 신분증명서 일부를 전자적 이미지 형태로 저장하여 선거일의 투표마감시각까지 보관하여야 한다. | 2020년 7급 | ○ ✕

07. 사전투표관리관은 투표용지 발급기로 선거권이 있는 해당 선거의 투표용지를 인쇄하여 "사전투표관리관" 칸에 자신의 도장을 찍은 후 일련번호를 떼고 회송용 봉투와 함께 선거인에게 교부한다. | 2021년 9급 | ○ ✕

해설

01. (공직선거법 제158조 제1항)
02. 거소투표자와 선상투표자는 제외한다(공직선거법 제158조 제1항).
03. (공직선거법 제158조 제1항)
04. 05. 06. (공직선거법 제158조 제2항)
07. 사전투표관리관은 투표용지 발급기로 선거권이 있는 해당 선거의 투표용지를 인쇄하여 "사전투표관리관" 칸에 자신의 도장을 찍은 후 **일련번호를 떼지 아니하고** 회송용 봉투와 함께 선거인에게 교부한다(공직선거법 제158조 제3항).

✓ 정답 01 ○ 02 ✕ 03 ○ 04 ○ 05 ○ 06 ○ 07 ✕

| 관련 예상문제 |

01. 사전투표를 하려는 선거인은 사전투표소에서 신분증명서를 제시하여 본인임을 확인받은 다음 전자적 방식으로 손도장을 찍거나 서명한 후 투표용지를 받아야 한다. 이 경우 중앙선거관리위원회는 해당 선거인에게 투표용지가 교부된 사실을 확인할 수 있도록 신분증명서의 일부를 전자적 이미지 형태로 저장하여 선거일의 개표마감시각까지 보관하여야 한다. ○ ×

02. 사전투표관리관은 투표용지 발급기로 선거권이 있는 해당 선거의 투표용지를 인쇄하여 "사전투표관리관"칸에 자신의 도장을 찍은 후 일련번호를 떼고 회송용 봉투와 함께 선거인에게 교부한다. ○ ×

해설

01. 선거일의 투표마감시각까지 보관하여야 한다(공직선거법 제158조 제2항).
02. 일련번호를 떼지 아니하고 회송용 봉투와 함께 선거인에게 교부한다(공직선거법 제158조 제3항).

✓ 정답 01 × 02 ×

186

01. 거소투표자는 관할 구·시·군선거관리위원회에서 송부받은 투표용지에 1명의 후보자(비례대표국회의원선거 및 비례대표지방의회의원선거에서는 하나의 정당)를 선택하여 투표용지의 해당 칸에 기표한 다음, 회송용 봉투에 넣어 봉함한 후 등기우편으로 발송하여야 한다. | 2020년 7급 | ○ ×

해설

01. (공직선거법 제158조의2)

✓ 정답 01 ○

187

01. 선상투표의 경우, 선장은 선거일 전 8일부터 선거일 전 5일까지의 기간 중 해당 선박의 선상투표자의 수와 운항사정 등을 고려하여 선상투표를 할 수 있는 일시를 정하고, 해당 선박에 선상투표소를 설치하여야 한다. | 2016년 7급 | ⃝ ✕

02. 선장은 선거일 전 8일부터 선거일 전 5일까지의 기간 중 해당 선박의 선상투표자의 수와 운항사정 등을 고려하여 선상투표를 할 수 있는 일시를 정하고, 해당 선박에 선상투표소를 설치하여야 한다. | 2019년 9급 | ⃝ ✕

03. 선상투표용지를 교부받은 선상투표자는 선거인 확인란에 서명한 후 1명의 후보자를 선택하여 선상투표용지의 해당란에 기표한 다음 선상투표소에 설치된 팩시밀리로 직접 중앙선거관리위원회에 전송하여야 한다. | 2019년 9급 | ⃝ ✕

04. 선상투표기간 개시일 전에 국내에 도착한 선상투표자는 중앙 선거관리위원회규칙으로 정하는 서류를 첨부하여 관할 구·시·군 선거관리위원회에 신고한 후 선거일에 주소지를 관할하는 투표구의 투표소에서 투표할 수 있다. | 2019년 9급 | ⃝ ✕

해설

01. (공직선거법 제158조의3 제1항)
02. (공직선거법 제158조의3 제1항)
03. 직접 해당 시·도선거관리위원회에 전송하여야 한다(공직선거법 제158조의3 제5항).
04. (공직선거법 제158조의3 제13항)

정답 01 ⃝ 02 ⃝ 03 ✕ 04 ⃝

관련 예상문제

01. 선장은 선상투표가 진행되는 동안에는 해당 선박에 승선하고 있는 선원 중 대한민국 국민으로서 공정하고 중립적인 사람 2명 이상을 입회시켜야 한다. 다만, 해당 선박에 승선하고 있는 대한민국 국민이 1명뿐인 경우에는 그러하지 아니하다. ○ ×

02. 선상투표용지를 교부받은 선상투표자는 선거인 확인란에 서명한 후 1명의 후보자를 선택하여 선상투표용지의 해당란에 기표한 다음 선상투표지를 직접 봉투에 넣어 봉함한 후 선장에게 제출하여야 한다. ○ ×

03. 선장은 해당 선박의 선상투표를 마친 때에는 선상투표관리기록부를 작성하여 선거일 전일까지 해당 선박의 선박원부를 관리하는 지방해양항만청의 소재지를 관할하는 구·시·군선거관리위원회에 팩시밀리로 전송한다. ○ ×

04. 시·도선거관리위원회는 수신된 선상투표지의 투표부분을 절취하여 봉투에 넣고, 표지부분은 그 봉투에 붙여서 봉함한 후 선상투표자의 주소지 관할 구·시·군선거관리위원회에 보내야 한다. ○ ×

해설

01. 1명 이상 입회시켜야 한다(공직선거법 제158조의3 제3항).
02. 선상투표소에 설치된 팩시밀리로 직접 해당 시·도선거관리위원회에 전송하여야 한다. 전송을 마친 선상투표자는 선상투표지를 직접 봉투에 넣어 봉함한 후 선장에게 제출하여야 한다(공직선거법 제158조의3 제5·6항).
03. 시·도선거관리위원회에 팩시밀리로 전송한다(공직선거법 제158조의3 제8항).
04. (공직선거법 제158조의3 제10항)

✓ 정답 01 × 02 × 03 × 04 ○

188

01. 대통령선거에서 투표참관인은 정당·후보자·선거사무장 또는 선거연락소장이 후보자마다 투표소별로 2인을 선정하여 선거일 전 2일까지 읍·면·동선거관리위원회에 서면으로 신고하여야 한다. | 2018년 7급 |

02. 정당·후보자·선거사무장 또는 선거연락소장은 그가 선정한 투표참관인을 선거일에는 투표소에서 교체신고할 수 있다. | 2017년 7급 |

03. 투표관리관을 제외한 투표참관인 또는 투표사무원은 투표소 안에서 사고가 발생한 때에는 투표상황을 촬영할 수 없다. | 2017년 7급 |

해설

01. (공직선거법 제161조 제2항)
02. (공직선거법 제161조 제5항)
03. 투표참관인은 투표소안에서 사고가 발생한 때에는 투표상황을 촬영할 수 있다(공직선거법 제161조 제12항).

정답 01 ○ 02 ○ 03 ×

관련 예상문제

01. 투표참관인의 수가 투표소마다 8명을 넘는 때에는 읍·면·동선거관리위원회가 추첨에 의하여 지정한 자를 투표참관인으로 한다. 다만, 투표참관인의 선정이 없거나 선정·신고한 인원수가 4명에 미달하는 때에는 읍·면·동선거관리위원회가 그 투표구를 관할하는 구·시·군의 구역 안에 거주하는 선거권자중에서 본인의 승낙을 얻어 4명에 달할 때까지 선정한 자를 투표참관인으로 한다.

02. 투표관리관은 원활한 투표관리를 위하여 필요하다고 인정하는 경우에는 투표참관인을 교대로 참관하게 할 수 있다. 이 경우 정당·후보자별로 참관인수의 2분의 1씩 교대하여 참관하게 하여야 한다.

03. 후보자는 투표참관인이 될 수 없으나 개표참관인은 될 수 있다.

해설

01. (공직선거법 제161조 제3항)
02. (공직선거법 제161조 제8항)
03. (공직선거법 제161조 제7항, 제181조 제11항)

정답 01 ○ 02 ○ 03 ○

189

01. 정당은 후보자마다 사전투표소별로 2명의 사전투표참관인을 선정하여 선거일 전 7일까지 구·시·군선거관리위원회에 서면으로 신고하여야 하고, 필요한 경우 언제든지 신고한 후 교체할 수 있으나 사전투표기간 중에는 교체신고를 할 수 없다. | 2018년 9급 | ○ⅹ

해설

01. 사전투표기간 중에는 사전투표소에서 교체신고를 할 수 있다(공직선거법 제162조 제2항).

✓ 정답 01 ⅹ

관련 예상문제

01. 사전투표관리관은 사전투표참관인으로 하여금 사전투표 상황을 참관하게 하고 관할 우체국장에게 투표지를 인계하기까지 일련의 과정에 동행하게 할 수 있다. ○ⅹ

02. 정당·후보자·선거사무장 또는 선거연락소장은 후보자마다 사전투표소별로 2명의 사전투표참관인을 선정하여 선거일 전 7일까지 읍·면·동선거관리위원회에 서면으로 신고하여야 한다. ○ⅹ

03. 사전투표참관인의 선정이 없거나 한 후보자가 선정한 사전투표참관인밖에 없는 때에는 관할구·시·군선거관리위원회가 선거권자중에서 본인의 승낙을 얻어 4인에 달할 때까지 선정한 자를 사전투표참관인으로 한다. ○ⅹ

해설

01. 동행하게 하여야 한다. (공직선거법 제162조 제1항) 〈개정 2021.3.26.〉
02. 구·시·군선거관리위원회에 서면으로 신고하여야 하여야 한다.
03. (공직선거법 제162조 제3항)

✓ 정답 01 ⅹ 02 ⅹ 03 ○

190

01. 투표하려는 선거인, 투표참관인, 투표관리관, 읍·면·동선거관리위원회 및 그 상급선거관리위원회의 위원과 직원, 투표사무원을 제외하고는 누구든지 투표소에 들어갈 수 없다. | 2017년 7급 | ○ⅹ

해설

01. (공직선거법 제163조 제1항)

✓ 정답 01 ○

191

01. 투표사무원은 투표소의 질서가 심히 문란하여 공정한 투표가 실시될 수 없다고 인정하는 때에는 경찰관서장에게 원조를 요구할 수 있다. | 2013년 9급 | ○ ×

02. 투표사무원은 투표소의 질서가 심히 문란하여 공정한 투표가 실시될 수 없다고 인정하는 때에는 투표소의 질서를 유지하기 위하여 정복을 한 경찰공무원 또는 경찰관서장에게 원조를 요구할 수 있다. | 2017년 7급 | ○ ×

03. 투표사무원은 투표소의 질서가 심히 문란하여 공정한 투표가 실시될 수 없다고 인정하는 때 투표소의 질서를 유지하기 위하여 정복을 한 경찰공무원에게 원조를 요구할 수 있으며, 질서가 회복된 후에는 그 경찰공무원은 투표마감시각과 동시에 투표소 안에서 퇴거하여야 한다. | 2019년 7급 | ○ ×

> **해설**
> 01. 02. (공직선거법 제164조 제1항)
> 03. 질서가 회복되거나 투표관리관의 요구가 있는 때에는 즉시 투표소 안에서 퇴거하여야 한대(공직선거법 제164조 제3항).
>
> ✓ 정답 01 ○ 02 ○ 03 ×

192

01. 투표소의 질서유지를 위하여 투표사무원의 원조요구를 받은 경찰공무원은 투표소 안에 들어갈 때 무기를 소지할 수 없다. | 2019년 7급 | ○ ×

> **해설**
> 01. 투표소의 질서유지를 위하여 투표사무원의 원조요구를 받은 경찰공무원은 투표소 안에 들어갈 때 무기를 소지할 수 있다.
>
> ✓ 정답 01 ×

193

01. 기표소 안에서 투표지 촬영은 금지된다. | 2013년 9급 | ○ ×

02. 투표관리관 또는 사전투표관리관은 선거인이 기표소 안에서 투표지를 촬영한 경우 해당 선거인으로부터 그 촬영물을 회수하고 투표록에 그 사유를 기록하며, 해당 선거인에게는 새로운 투표지를 교부한다. | 2019년 7급 | ○ ×

> **해설**
> 01. (공직선거법 제166조의2 제1항)
> 02. 해당 선거인에게는 새로운 투표지를 교부하지는 않는다(공직선거법 제166조의2 제2항).
>
> ✓ 정답 01 ○ 02 ×

194

01. 텔레비전방송국이 선거의 결과를 예상하기 위하여 선거일에 투표소로부터 50미터 밖에서 투표의 비밀이 침해되지 않는 방법으로 질문하는 것은 허용된다. | 2013년 9급 |

02. 텔레비전방송국이 선거의 결과를 예상하기 위하여 선거일에 투표소로부터 50미터 밖에서 투표의 비밀이 침해되지 않는 방법으로 선거인에게 질문할 수 있으나 투표마감시각까지 그 경위와 결과를 공표할 수 없다. | 2016년 9급 |

03. 선거인은 자신이 기표한 투표지를 공개할 수 없으며, 공개된 투표지는 무효로 한다. | 2016년 7급 |

해설

01. 02. 03. (공직선거법 제167조 제2항)

✓ 정답 01 ○ 02 ○ 03 ○

195

01. 투표관리관이 투표함 및 그 열쇠와 투표록, 잔여투표용지를 관할구·시·군선거관리위원회에 송부할 때 후보자별로 투표참관인 2인과 호송에 필요한 정복을 한 경찰공무원 2인에 한하여 동반할 수 있다.

해설

01. 투표참관인 1인과 호송에 필요한 정복을 한 경찰공무원을 2인에 한하여 동반할 수 있다(공직선거법 제170조 제2항).

✓ 정답 01 ×

제12장 개표

196

01. 개표를 개시한 이후에는 개표소에 구·시·군선거관리위원회 재적위원의 과반수가 참석하여야 하고, 2개 이상의 개표소를 설치한 때에는 당해 개표소에 배치된 구·시·군선거관리 위원회 위원의 과반수가 참석하여야 한다. | 2015년 9급 |

02. 개표사무는 구·시·군선거관리위원회가 이를 행한다. | 2018년 7급 |

해설

01. (공직선거법 제172조 제3항)
02. (공직선거법 제172조 제1항)

✓ 정답 01 ○ 02 ○

197

01. 구·시·군선거관리위원회는 선거일 전 3일까지 그 구·시·군의 사무소 소재지 또는 당해 관할구역 안에 설치할 개표소를 공고하여야 한다.

해설

01. 선거일 전 5일까지 공고하여야 한다(공직선거법 제173조 제1항).

✓ 정답 01 ×

198

01. 구·시·군선거관리위원회는 관할구역 안에 2 이상의 선거구가 있는 경우에는 선거구 단위로 개표한다. | 2015년 9급 |

해설

01. (공직선거법 제175조 제2항)

✓ 정답 01 ○

199

01. 구·시·군선거관리위원회는 우편으로 송부된 사전투표를 접수한 때에는 당해 구·시·군선거관리위원회위원장의 입회하에 이를 즉시 우편투표함에 투입·보관하여야 한다. | 2018년 9급 |

02. 보궐선거에서 우편투표함은 개표참관인의 참관하에 선거일 오후 6시 후에 개표소로 옮겨서 일반투표함의 투표지와 별도로 먼저 개표할 수 있다. | 2015년 9급 |

03. 우편투표함과 사전투표함은 개표참관인의 참관 하에 선거일 오후 6시(보궐선거 등은 오후 8시) 후에 개표소로 옮겨서 일반투표함의 투표지와는 별도로 먼저 개표할 수 있다. | 2015년 7급 |

해설

01. **당해 구·시·군선거관리위원회의 정당추천위원**의 참여하에 이를 즉시 우편투표함에 투입·보관하여야 한다(공직선거법 제176조 제1항).
02. **보궐선거** 등에 있어서는 **오후 8시** 후에 개표소로 옮겨서 일반투표함의 투표지와 별도로 먼저 개표할 수 있다(공직선거법 제176조 제4항).
03. (공직선거법 제176조 제4항)

정답 01 × 02 × 03 ○

관련 예상문제

01. 구·시·군선거관리위원회는 우편투표함과 사전투표함을 개인정보보호법 제2조 제7호에 따른 영상정보처리기기가 설치된 장소에 보관하여야 하고, 해당 영상정보는 해당 선거의 선거일 후 6개월까지 보관하여야 한다.

해설

01. (공직선거법 제176조 제3항)

정답 01 ○

200

01. 투표함을 개함하는 때에는 구·시·군선거관리위원회위원장은 당해 구·시·군선거관리위원회의 정당추천위원의 참여하에 투표함의 봉쇄와 봉인을 검사한 후 이를 열어야 한다.

02. 구·시·군선거관리위원회위원장은 투표함을 개함한 후 투표수를 계산하여 투표록에 기재된 투표용지 교부수와 대조하여야 한다.

해설

01. 개표참관인의 참관하에 투표함의 봉쇄와 봉인을 검사한 후 이를 열어야 한다(공직선거법 제177조 제1항).
02. (공직선거법 제177조 제2항)

정답 01 × 02 ○

201

01. 공직선거법 제178조에 따른 개표의 진행과 관련하여 동시계표 투표함 수에 대한 제한을 두지 아니한 것은 입법자의 합리적 재량의 범위 안에 있는 것으로 인정되고, 일부 개표소에서 동시계표 투표함 수에 비하여 상대적으로 적은 수의 개표참관인이 선정될 수 있다는 사정만으로 입법자의 선택이 현저히 불합리하거나 불공정하여 유권자의 선거권이 침해되었다고 볼 수 없다. | 2019년 7급 |

02. 동시계표 투표함 수에 비하여 상대적으로 적은 수의 개표참관인이 선정될 수 있는 경우에도 동시계표 투표함 수를 제한하지 않는 것은 헌법에 위반되지 않는다. | 2015년 7급 |

03. 동시계표 투표함 수를 제한하지 않는 것은 유권자들의 선거권이 침해되었다고 볼 수 없다. | 2021년 9급 |

04. 개표사무에 소모되는 예산 및 인력 절감, 개표의 신속성과 정확성을 제고하기 위하여 공직선거 개표를 보조하는 기계장치 등을 이용할 수 있도록 한 것은 선거권자의 선거권을 침해하는 것이 아니다. | 2018년 9급 |

해설

01. 개표부정에 대하여 가장 큰 이해관계를 가진 정당 및 후보자들은 공직선거법이 허용하는 범위 내에서 스스로 개표참관인을 선정 신고함으로써 개표절차를 감시할 수 있고, 그 외에도 개표사무원을 중립적인 자들로 위촉하고, 개표관람을 실시하는 등 개표의 공정성을 확보하기 위해 다양한 조치들이 시행되고 있는 점에 비추어, 동시계표 투표함 수에 대한 제한을 두지 아니한 것은 입법자의 합리적 재량의 범위 안에 있는 것으로 인정되고, 일부 개표소에서 동시계표 투표함 수에 비하여 상대적으로 적은 수의 개표참관인이 선정될 수 있다는 사정만으로 입법자의 선택이 현저히 불합리하거나 불공정하여 청구인들의 선거권이 침해되었다고 볼 수 없다(헌재 2013.8.29, 2012헌마326).

02. 03. (헌재 2013.8.29, 2012헌마326)

04. 선거관리위원회의 개표실무에 따르면, 이 사건 투표지분류기 등에 의하여 후보자 또는 정당별로 분류된 투표지를 넘겨받은 개표사무원은 육안으로 잘못 분류된 투표지(혼표)나 무효표가 있는지 여부를 심사·확인하여 무효와 후보별 유효표로 다시 분류하는 절차를 거치고, 다시 구·시·군선거관리위원회 위원 및 위원장이 육안으로 투표지 확인 및 득표수 검열을 한다. 따라서 이 사건 개표 조항에 근거하여 이 사건 투표지분류기 등을 이용한다고 하여 공직선거법상 육안에 의한 확인·심사·검열이 완전히 배제되는 것은 아니다. 한 개표 이후에도 실물 투표지를 봉인하여 그 당선인의 임기 중 보관하도록 하고 있으므로(공직선거법 제184조, 제186조), 선거 이후에 실물 투표를 통하여 충분히 투표결과를 검증할 수 있고, 공직선거법은 개표의 공정성을 확보하기 위하여 개표참관인, 관람인 등 여러 가지 제도를 두고 있다. 위와 같은 내용을 종합해 볼 때, 이 사건 개표 조항에서 개표사무를 보조하기 위하여 투표지를 구분하거나 계산에 필요한 기계장치 등을 이용할 수 있도록 한 입법자의 선택이 현저히 불합리하거나 불공정하여 청구인들의 선거권을 침해하였다고 볼 수 없다(헌재 2016.3.31, 2015헌마1056).

정답 01 ○ 02 ○ 03 ○ 04 ○

202

01. 거소투표자의 기표 및 봉함이 투표자 본인의 의사에 따라 직접 행하여졌으나 그 회송용 겉봉투의 봉함 부분에 거소투표자의 사인 대신 당해 투표자들이 요양치료 중인 정신병원장의 직인이 날인 된 경우 해당 투표는 무효이다. | 2016년 7급 | ○ ✕

02. 투표지의 기표가 어느 후보자의 기표란 밖에 표시된 것이라 하더라도 그 기표의 외곽선이 오로지 어느 특정 후보자의 기호란이나 성명란 등에만 접선되어 있는 것이라면 그 접선된 후보자에게 기표한 것으로 본다. | 2015년 7급 | ○ ✕

03. 투표용지의 기표가 어느 후보자의 기표란 밖에 표시된 것이라 하더라도 그 기표의 외곽선이 오로지 어느 특정 후보자의 기호란, 정당란, 성명란 또는 기표란 등에만 접선되어 있는 것이라면 이는 유효표에 해당한다. | 2021년 9급 | ○ ✕

해설

01. 거소투표자의 기표 및 봉함이 투표자 본인의 의사에 따라 직접 행하여졌으나 그 회송용 겉봉투의 봉함 부분에 거소투표자의 사인 대신 당해 투표자들이 요양치료 중인 정신병원장의 직인이 날인된 경우, 공직선거 및 선거부정방지법 제158조 제4항, 제179조 제2항 제3호의 규정은 거소투표자의 경우 기표 및 봉함이 이루어진 실제의 경위가 어떠하였는지를 묻지 아니하고 회송용 겉봉투 봉함 부분의 상 중 하 3개소에 사인날인이 전부 누락된 사실 그 자체만으로 투표를 무효로 한다는 취지이므로, 설사 거소투표자들의 기표 및 봉함이 투표자 본인들의 의사에 따라 그들에 의하여 직접 행해진 것이라고 하더라도 그 회송용 겉봉투의 봉함 부분에 투표자의 사인날인이 전부 누락된 이상 이를 무효로 처리하여야 한다(대판 2000.10.6. 2000수63).

02. 어느 투표용지의 기표가 어느 후보자의 기표란 밖에 표시된 것이라 하더라도 그 기표의 외곽선이 오로지 어느 특정 후보자의 기호란, 정당란, 성명란 또는 기표란 등에만 접선되어 있는 것이라면 이는 그 접선된 후보자에게 기표한 것이 명확한 것으로서 유효표에 해당하는 것으로 보아야 한다(대판 1997.2.25, 96우85).

03. (대판 1997.2.25, 96우85).

정답 01 ○ 02 ○ 03 ○

203

01. 공직선거법 투표용지에서 한 후보자란에만 2 이상 기표된 것은 개표시 무효가 된다. | 2020년 9급 |
　　○ ×

02. 한 후보자란에만 2 이상 기표된 투표는 무효로 한다. | 2021년 9급 |　　　　　○ ×

03. 후보자란 외에 추가 기표되었으나 추가 기표된 것이 어느 후보자에게도 기표한 것으로 볼 수 없는 것이라면 무효표에 해당되지 않는다. | 2020년 9급 |　　　　　　　　○ ×

04. 거소투표의 경우 무인으로 표를 하였으나 어느 후보자에게 기표한 것인지 명확한 것은 무효로 하지 아니한다. | 2015년 7급 |　　　　　　　　　　　　　　　　○ ×

05. 회송용 봉투에 성명 또는 거소가 기재되거나 사인이 날인된 것 개표시 무효가 된다. | 2014년 7급 |
　　○ ×

06. 회송용 봉투에 성명 또는 거소가 기재되거나 사인이 날인되었다는 이유로 투표를 무효로 하지 아니한다. | 2015년 7급 |　　　　　　　　　　　　　　　　○ ×

07. 회송용 봉투에 성명 또는 거소가 기재되거나 사인이 날인된 것은 무효표가 아니다. | 2020년 9급 |
　　○ ×

08. 사전투표소에서 투표한 선거인이 선거일의 투표개시 전에 사망한 경우 해당 선거인의 투표는 무효로 하지 아니한다. | 2015년 9급 |　　　　　　　　　　　　○ ×

09. 사전투표소에서 투표한 선거인이 선거일의 투표개시 전에 사망한 경우 해당 선거인의 투표는 무효로 한다. | 2015년 7급 |　　　　　　　　　　　　　　○ ×

해설

01. 02. 유효투표이다(공직선거법 제179조 제4항 제2호).
03. (공직선거법 제179조 제4항 제3호)
04. (공직선거법 제179조 제4항 제7호)
05. 유효투표이다(공직선거법 제179조 제4항 제8호).
06. 07. (공직선거법 제179조 제4항 제8호)
08. (공직선거법 제179조 제4항 제10호)
09. 유효투표이다(공직선거법 제179조 제4항 제10호).

✓ **정답** 01 × 02 × 03 ○ 04 ○ 05 × 06 ○ 07 ○ 08 ○ 09 ×

| 관련 예상문제 |

01. 사전투표 및 거소투표에서 회송용 봉투가 봉함되지 않더라도 기표 등에서 문제가 없다면 무효표로 보지 아니한다. ○/×

02. 선상투표에서 같은 선거인의 투표지가 2회 이상 수신되면 무효로 한다. ○/×

03. 거소투표자 또는 선상투표자가 투표 후 선거일의 투표개시 전에 사망한 경우 그 거소투표 또는 선상투표는 무효로 한다. ○/×

해설

01. 회송용 봉투가 봉함되지 않으면 무효로 한다(공직선거법 제179조 제2항 제2호).
02. 같은 선거인의 투표지가 2회 이상 수신된 경우 정상적으로 수신된 최초의 투표지 외의 것이 무효가 된다(공직선거법 제179조 제3항 제2호).
03. 유효투표이다(공직선거법 제179조 제4항 제9호).

정답 01 × 02 × 03 ×

204

01. 투표의 효력에 관하여 이의가 있는 때에는 구·시·군선거관리위원회는 재적위원 과반수의 출석과 출석위원 과반수의 의결로 결정한다. | 2018년 7급 | ○/×

02. 투표의 효력에 관하여 이의가 있는 때에는 구·시·군선거관리위원회는 최소한 재적위원 과반수의 의결로 결정한다. | 2018년 7급 | ○/×

해설

01. (공직선거법 제180조 제1항)
02. 재적위원 과반수의 출석과 출석위원 과반수의 의결로 결정한다(공직선거법 제180조 제1항).

정답 01 ○ 02 ×

205

01. 개표참관인은 구·시·군선거관리위원회의 관할구역 안에서 실시되는 선거에 후보자를 추천하는 정당은 6인을, 무소속후보자는 3인을 선정하여 선거일 전일까지 당해 구·시·군선거관리위원회에 서면으로 신고하여 참관하게 하되, 신고 후 언제든지 교체할 수 있으나 개표일에는 교체신고를 할 수 없다. | 2014년 7급 |

02. 지역구·자치구·시·군의원선거에서 한 후보자가 선정한 개표참관인밖에 없는 때에는 구·시·군선거관리위원회가 선거권자 중에서 본인의 승낙을 얻어 6인에 달할 때까지 선정한 자를 개표참관인으로 한다. | 2014년 7급 |

03. 구·시·군선거관리위원회는 개표장소, 선거인수 등을 고려하여 선거권자의 신청을 받아 정당 또는 후보자가 신고할 수 있는 개표참관인 수의 100분의 20 이내에서 개표참관인을 추가로 선정하여 참관하게 할 수 있다. | 2018년 9급 |

04. 구·시·군선거관리위원회는 개표내용을 식별할 수 있는 가까운 거리(1미터 이상 2미터 이내)에서 관람할 수 있도록 개표관람인석을 마련하여야 한다. | 2018년 9급 |

05. 개표참관인은 개표소 안에서 개표상황을 언제든지 순회 감시 또는 촬영할 수 있으며, 당해 구·시·군선거관리위원회위원장이 개표소 안 또는 일반관람인석에 지정한 장소에 전화 컴퓨터 기타의 통신설비를 설치하고, 이를 이용하여 개표상황을 후보자 또는 정당에 통보할 수 있다. | 2014년 7급 |

06. 개표참관인은 당해 구·시·군선거관리위원회위원장이 개표소 안 또는 일반관람인석에 지정한 장소에 전화·컴퓨터 기타의 통신설비를 설치하여 개표상황을 후보자 또는 정당에 통보할 수 있다. | 2015년 7급, 2018년 9급 |

07. 개표참관인은 개표소 안에서 개표상황을 언제든지 순회·감시 또는 촬영할 수 있다. | 2019년 7급 |

08. 시·군선거관리위원회는 원활한 개표관리를 위하여 필요한 경우에는 개표참관인을 교대하여 참관하게 할 수 있으며, 이 경우 정당 후보자별로 참관인수의 2분의 1씩 교대하여 참관하게 하여야 한다. | 2014년 7급 |

09. 지역구국회의원선거 후보자인 甲과 甲의 배우자인 乙은 투표참관인이나 개표참관인이 될 수 없다. | 2013년 9급 |

10. 영주의 체류자격 취득일 후 3년이 경과하고 해당 지방자치단체의 외국인등록대장에 올라 있는 중국 국적자는 공직선거법상 지방선거에서 선거권자로서 개표참관인이 될 수 없다. | 2017년 7급 |

11. 징역 1년에 집행유예 2년을 선고받고 집행유예기간 중에 있는 대한민국 국민은 공직선거법상 지방선거에서 선거권자로서 개표참관인이 될 수 없다. | 2017년 7급 |

12. 바르게살기운동회의 대표자는 공직선거법상 지방선거에서 선거권자로서 개표참관인이 될 수 없다. | 2017년 7급 | ○ ×

13. 농업협동조합법에 의하여 설립된 조합의 상근임원은 공직선거법상 지방선거에서 선거권자로서 개표참관인이 될 수 없다. | 2017년 7급 | ○ ×

14. 정당법상 정당의 당원이 될 수 없는 사립학교교원은 개표참관인이 될 수 없다. | 2019년 7급 | ○ ×

해설

01. **선거일 전 2일까지** 당해 구·시·군선거관리위원회에 서면으로 신고하여 참관하게 하되, 신고 후 언제든지 교체할 수 있으며 개표일에는 개표소에서 **교체신고를 할 수 있다**(공직선거법 제181조 제2항).

02. (공직선거법 제181조 제3항)

03. (공직선거법 제181조 제5항)

04. 개표참관인석을 마련하여야 한다(공직선거법 제181조 7항).

05. 06. 07. (공직선거법 제181조 제9항)

08. (공직선거법 제181조 제10항)

09. 개표참관인은 될 수 있다(공직선거법 제181조 제11항).

10. (공직선거법 제181조 제11항 제1호)

11. (공직선거법 제181조 제11항 제3호)

> **공직선거법 제18조 제1항**
> 1. 금치산선고를 받은 자
> 2. 1년 이상의 징역 또는 금고의 형의 선고를 받고 그 집행이 종료되지 아니하거나 그 집행을 받지 아니하기로 확정되지 아니한 사람. 다만, **그 형의 집행유예를 선고받고 유예기간 중에 있는 사람은 제외한다.**
> 3. 선거범, 정치자금법 제45조(정치자금부정수수죄) 및 제49조(선거비용관련 위반행위에 관한 벌칙)에 규정된 죄를 범한 자 또는 대통령·국회의원·지방의회의원·지방자치단체의 장으로서 그 재임 중의 직무와 관련하여 형법(「특정범죄가중처벌 등에 관한 법률」 제2조에 의하여 가중처벌되는 경우를 포함한다) 제129조(수뢰, 사전수뢰) 내지 제132조(알선수뢰)·「특정범죄가중처벌 등에 관한 법률」 제3조(알선수재)에 규정된 죄를 범한 자로서, 100만원 이상의 벌금형의 선고를 받고 그 형이 확정된 후 5년 또는 형의 집행유예의 선고를 받고 그 형이 확정된 후 10년을 경과하지 아니하거나 징역형의 선고를 받고 그 집행을 받지 아니하기로 확정된 후 또는 그 형의 집행이 종료되거나 면제된 후 10년을 경과하지 아니한 자(형이 실효된 자도 포함한다)
> 4. 법원의 판결 또는 다른 법률에 의하여 선거권이 정지 또는 상실된 자

12. 13. (공직선거법 제181조 제11항 제4호)

14. (공직선거법 제181조 제11항 제5호)

> **공직선거법 제53조 제1항**
> 1. 국가공무원법 제2조(공무원의 구분)에 규정된 국가공무원과 지방공무원법 제2조(공무원의 구분)에 규정된 지방공무원. 다만, 정당법 제22조(발기인 및 당원의 자격) 제1항 제1호 단서의 규정에 의하여 정당의 당원이 될 수 있는 공무원(정무직공무원을 제외한다)은 그러하지 아니하다.
> 2. 각급선거관리위원회위원 또는 교육위원회의 교육위원
> 3. 다른 법령의 규정에 의하여 공무원의 신분을 가진 자
> 4. 「공공기관의 운영에 관한 법률」 제4조 제1항 제3호에 해당하는 기관 중 정부가 100분의 50 이상의 지분을 가지고

있는 기관(한국은행을 포함한다)의 상근 임원
5. **농업협동조합법**·수산업협동조합법·산림조합법·엽연초생산협동조합법에 의하여 설립된 조합의 **상근 임원**과 이들 조합의 중앙회장
6. 지방공기업법 제2조(適用範圍)에 규정된 지방공사와 지방공단의 상근 임원
7. **정당법 제22조 제1항 제2호의 규정에 의하여 정당의 당원이 될 수 없는 사립학교교원**
8. 「신문 등의 진흥에 관한 법률」제2조에 따른 신문 및 인터넷신문,「잡지 등 정기간행물의 진흥에 관한 법률」제2조에 따른 정기간행물, 방송법 제2조에 따른 방송사업을 발행·경영하는 자와 이에 상시 고용되어 편집·제작·취재·집필·보도의 업무에 종사하는 자로서 중앙선거관리위원회규칙으로 정하는 언론인
9. 특별법에 의하여 설립된 국민운동단체로서 국가 또는 지방자치단체의 출연 또는 보조를 받는 단체(**바르게살기운동협의회**·새마을운동협의회·한국자유총연맹을 말하며, 시·도조직 및 구·시·군조직을 포함한다)의 **대표자**

✓ 정답 01 ✕ 02 ◯ 03 ◯ 04 ✕ 05 ◯ 06 ◯ 07 ◯ 08 ◯ 09 ✕ 10 ◯ 11 ✕ 12 ◯ 13 ◯ 14 ◯

┤ 관련 예상문제 ├

01. 개표참관인의 신고가 없거나 한 정당 또는 한 후보자가 선정한 개표참관인밖에 없는 때에는 구·시·군선거관리위원회가 선거권자 중에서 본인의 승낙을 얻어 12인에 달할 때까지 선정한 자를 개표참관인으로 한다. ◯ ✕

02. 지역구·자치구·시·군의원선거에서 한 정당이 선정한 개표참관인밖에 없는 때에는 구·시·군선거관리위원회가 선거권자 중에서 본인의 승낙을 얻어 6인에 달할 때까지 선정한 자를 개표참관인으로 한다. ◯ ✕

03. 정당의 당원이 될 수 있는 공무원(政務職公務員을 제외한다)은 개표참관인이 될 수 있다. ◯ ✕

04. 구·시·군선거관리위원회는 원활한 개표관리를 위하여 필요한 경우에는 개표참관인을 3분의 1씩 교대하여 참관하게 할 수 있다. ◯ ✕

🔍 해설

01. (공직선거법 제181조 제3항)
02. 지역구·자치구·시·군의원선에 있어서 한 정당이 선정한 개표참관인밖에 없는 때에는 9인에 달할 때까지 선정한 자를 개표참관인으로 한다(공직선거법 제181조 제3항).
03. (공직선거법 제181조 제11항 제3호)
04. 구·시·군선거관리위원회는 원활한 개표관리를 위하여 필요한 경우에는 개표참관인을 교대하여 참관하게 할 수 있다. 이 경우 정당·후보자별로 참관인수의 2분의 1씩 교대하여 참관하게 하여야 한다(공직선거법 제181조 제11항 제3호).

✓ 정답 01 ◯ 02 ✕ 03 ◯ 04 ✕

206

01. 누구든지 구·시·군선거관리위원회가 발행하는 관람증을 받아 구획된 장소에서 개표상황을 관람할 수 있다. | 2019년 7급 | ○ ✕

02. 누구든지 중앙선거관리위원회가 발행하는 관람증을 받아 구획된 장소에서 개표상황을 관람할 수 있다. | 2021년 9급 | ○ ✕

03. 관람증의 매수는 개표장소를 참작하여 적당한 수로 하되, 정당별로 균등하게 배부되도록 하여야 한다. | 2019년 7급 | ○ ✕

해설

01. (공직선거법 제182조 제1항)
02. 구·시·군선거관리위원회가 발행하는 관람증을 받아 구획된 장소에서 개표상황을 관람할 수 있다(공직선거법 제182조 제1항).
03. 후보자별로 균등하게 배부되도록 하여야 한다(공직선거법 제182조 제2항).

정답 01 ○ 02 ✕ 03 ✕

관련 예상문제

01. 대통령선거에 있어서 투표권이 없고 개표참관인이 될 수 없는 외국인과 미성년자는 개표 관람을 할 수 없다. ○ ✕

02. 누구든지 읍·면·동선거관리위원회가 발행하는 관람증을 받아 구획된 장소에서 개표상황을 관람할 수 있다. ○ ✕

해설

01. 누구든지 관람증을 받아 구획된 장소에서 개표상황을 관람할 수 있다(공직선거법 제182조 제1항).
02. 구·시·군선거관리위원회가 발행한다(공직선거법 제182조 제1항).

정답 01 ✕ 02 ✕

207

01. 구·시·군선거관리위원회와 그 상급선거관리위원회의 위원·직원, 후보자, 개표사무원·개표사무협조요원 및 개표참관인을 제외하고는 누구든지 개표소에 들어갈 수 없다. | 2018년 7급 | ○ ✕

해설

01. 후보자는 들어갈 수 없다(공직선거법 제183조 제1항).

정답 01 ✕

208

01. 구·시·군선거관리위원회는 개표결과를 즉시 공표하고 개표록을 작성하여 관할선거구선거관리위원회(대통령선거 및 비례대표 국회의원선거에 있어서는 시·도선거관리위원회)에 송부하여야 한다.
| 2017년 9급 | ◯ ✕

02. 대통령선거 및 비례대표국회의원선거에 있어서 시·도선거관리위원회가 개표록을 송부받은 때에는 대통령선거에 있어서는 후보자별 득표수를, 비례대표국회의원선거에 있어서는 정당별 득표수를 계산·공표하고 집계록을 작성하여 중앙선거관리위원회에 송부하여야 한다. | 2017년 9급 | ◯ ✕

03. 개표록·집계록 및 선거록에 정당한 사유없이 서명 또는 날인을 거부하는 위원이 있는 때에는 그 권한을 포기한 것으로 보고, 개표록·집계록 및 선거록에 그 사유를 기재하지 아니한다. | 2017년 9급 | ◯ ✕

해설

01. (공직선거법 제185조 제1항)
02. (공직선거법 제185조 제3항)
03. 정당한 사유없이 서명 또는 날인을 거부하는 위원이 있는 때에는 그 권한을 포기한 것으로 보고, 개표록·집계록 및 선거록에 그 사유를 기재한다(공직선거법 제185조 제5항).

✓ 정답 01 ◯ 02 ◯ 03 ✕

209

01. 구·시·군선거관리위원회, 시·도선거관리위원회 그리고 중앙선거관리위원회는 선거에 관한 모든 서류를 그 당선인의 임기 중 각각 보관하여야 하나, 선거에 관한 쟁송이 제기되지 아니하거나 계속되지 아니하게 된 때에는 중앙선거관리위원회 규칙이 정하는 바에 따라 그 보존기간을 단축할 수 있다.
| 2017년 9급 | ◯ ✕

해설

01. (공직선거법 제186조)

✓ 정답 01 ◯

제13장 당선인의 결정 및 공고

210

01. 중앙선거관리위원회는 대통령선거의 후보자가 1인인 때에는 그 득표수가 유효투표총수의 3분의 1 이상에 달하여야 당선인으로 결정한다. |2015년 9급|

02. 대통령선거에서 최고득표자가 2인 이상인 때에는 중앙선거관리위원회의 통지에 의하여 국회는 재적의원 과반수가 출석한 공개회의에서 다수표를 얻은 자를 당선인으로 결정한다. |2013년 9급|

03. 대통령선거에서 최고득표자가 2인 이상인 경우에는 국회 재적의원 과반수가 출석한 공개회의에서 다수표를 얻은 자를 당선인으로 결정하고, 중앙선거관리위원회위원장이 이를 공고한다. |2013년 9급|

04. 대통령선거에서 최고득표자가 2인 이상인 때에는 국회는 재적의원 과반수가 출석한 공개회의에서 다수표를 얻은 자를 당선인으로 결정하고, 이를 국회의장이 공고하며 중앙선거관리위원회위원장이 당선증을 교부한다. |2018년 7급|

05. 대통령선거에서 최고득표자가 2인 이상인 때에는 중앙선거관리위원회의 통지에 의하여 국회는 재적의원 과반수가 출석한 공개회의에서 다수표를 얻은 자를 당선인으로 결정하고, 중앙선거관리위원회위원장이 이를 공고하며, 지체 없이 당선인에게 당선증을 교부하여야 한다. |2019년 7급|

06. 대통령선거에서 최고득표자가 2인 이상인 때에는 중앙선거관리위원회의 통지에 의하여 국회는 재적의원 과반수가 출석한 공개회의에서 다수표를 얻은 자를 당선인으로 결정하고, 중앙선거관리위원회위원장이 이를 공고하며, 지체없이 당선인에게 당선증을 교부하여야 한다. |2021년 9급|

07. 대통령선거에서 천재·지변 기타 부득이한 사유로 인하여 개표를 모두 마치지 못하였다 하더라도 개표를 마치지 못한 지역의 투표가 선거의 결과에 영향을 미칠 염려가 없다고 인정되는 때에는 중앙선거관리위원회는 우선 당선인을 결정할 수 있다. |2018년 9급|

해설

01. 후보자가 1인인 때에는 그 득표수가 **선거권자총수**의 3분의 1 이상에 달하여야 당선인으로 결정한다(공직선거법 제187조 제1항).
02. (공직선거법 제187조 제2항)
03. 04. 05. 06. 국회의장이 공고하고 당선인에게 당선증을 교부한다(공직선거법 제187조 제3항).
07. (공직선거법 제187조 제4항)

정답 01 × 02 ○ 03 × 04 × 05 × 06 × 07 ○

211

01. 지역구국회의원선거에서 최고득표자가 2인 이상인 때에는 연장자를 당선인으로 결정한다. | 2013년 9급 | ◯☒

02. 지역구국회의원선거에서는 유효투표의 다수를 얻은 자를 당선인으로 결정하며, 최고득표자가 2인 이상인 때에는 연장자를 당선인으로 결정한다. | 2013년 7급, 2018년 9급 | ◯☒

03. 후보자 등록마감시각에 지역구국회의원후보자가 1인인 경우 당해 지역구국회의원후보자에 대한 투표는 실시하지 아니한다. | 2014년 9급 | ◯☒

04. 선거일의 투표개시시각부터 투표마감시각까지 지역구국회의원후보자가 사망하여 후보자수가 1인이 된 때에는 그 후보자를 당선인으로 결정한다. | 2014년 9급 | ◯☒

05. 선거일의 투표마감시각 후 당선인결정 전까지 지역구국회의원후보자가 사퇴·사망하거나 등록이 무효로 된 경우에는 개표결과 유효투표의 다수를 얻은 자를 당선인으로 결정하되, 사퇴·사망하거나 등록이 무효로 된 자가 유효투표의 다수를 얻은 때에는 그 국회의원지역구는 당선인이 없는 것으로 한다. | 2018년 7급, 2024년 9급 | ◯☒

> **해설**
>
> **01. 02.** (공직선거법 제188조 제1항)
> **03.** (공직선거법 제188조 제2항)
> **04.** (공직선거법 제188조 제3항)
> **05.** (공직선거법 제188조 제4항)
>
> ✓ **정답** 01 ◯ 02 ◯ 03 ◯ 04 ◯ 05 ◯

| 관련 예상문제 |

01. 후보자 등록마감시각에 지역구국회의원후보자가 1인이거나 후보자 등록마감후 선거일 투표개시 시각전까지 지역구국회의원후보자가 사퇴·사망하거나 등록이 무효로 되어 지역구국회의원후보자수가 1인이 된 때에는 당해 선거구선거관리위원회위원장은 이를 공고하고 지체없이 당선인에게 당선증을 교부하여야 하며, 상급선거관리위원회에 보고하여야 한다. ○×

02. 선거일의 투표개시시각부터 투표마감시각까지 지역구국회의원후보자가 사퇴·사망하거나 등록이 무효로 되어 지역구국회의원후보자수가 1인이 된 때에는 당해 선거구선거관리위원회는 지체없이 이를 공고하고 중앙선거관리위원회에 보고하여야 하며, 하급선거관리위원회에 통지하여야 한다. ○×

03. 선거일의 투표마감시각 후 당선인결정전까지 지역구국회의원후보자가 사퇴·사망하거나 등록이 무효로 되어 개표결과 유효투표의 다수를 얻은 자가 당선인으로 결정된 때에는 당해 선거구선거관리위원회위원장은 이를 공고하고 지체없이 당선인에게 당선증을 교부하여야 하며, 중앙선거관리위원회에 보고하여야 한다. ○×

04. 지역구국회의원선거에 있어서 천재·지변 기타 부득이한 사유로 인하여 개표를 모두 마치지 못하였다 하더라도 개표를 마치지 못한 지역의 투표가 선거의 결과에 영향을 미칠 염려가 없다고 인정되는 때에는 당해선거관리위원회는 우선 당선인을 결정할 수 있다. ○×

해설
01. 지역구국회의원후보자수가 1인이 되어 투표를 실시하지 아니하는 때에는 당해 선거구선거관리위원회는 지체없이 이를 공고하고 상급선거관리위원회에 보고하여야 하며, 하급선거관리위원회에 통지하여야 한다(공직선거법 제188조 제5항).
02. 03. 상급선거관리위원회에 보고하여야 한다(공직선거법 제188조 제5항).
04. 관할선거관리위원회는 우선 당선인을 결정할 수 있다(공직선거법 제188조 제7항).

정답 01 × 02 × 03 × 04 ×

212

01. 비례대국회의원선거에서 유효투표총수의 100분의 3 이상을 득표하고 지역구국회의원총선거에서 5석 이상의 의석을 차지한 각 정당에 대하여 당해 의석할당정당이 비례대표국회의원 선거에서 얻은 득표비율에 따라 비례대표국회의원의석을 배분한다. | 2013년 9급 | ○×

02. 비례대표국회의원선거에서 유효투표총수의 100분의 3 이상을 득표한 정당은 비례대표국회의원선거에서 얻은 득표비율에 따라 비례대표국회의원의석을 배분받을 수 있다. | 2013년 7급 | ○×

03. 중앙선거 관리 위원회는 임기만료에 따른 비례대표국회의원선거에서 전국 유효투표 총수의 100분의 3 이상을 득표한 정당은 비례대표국회의원의석을 배분한다. | 2017년 9급 | ○×

04. 제1호에 따른 각 정당별 연동배분의석수의 합계가 비례대표국회의원 의석정수에 미달할 경우 각 의석할당정당에 배분할 잔여의석수(이하 이 조에서 "잔여배분의석수"라 한다)는 다음 계산식에 따라 산정한다. 이 경우 정수(整數)의 의석을 먼저 배정하고 잔여의석은 소수점 이하 수가 큰 순으로 각 의석할당정당에 1석씩 배분하되, 그 수가 같은 때에는 해당 정당 사이의 추첨에 따른다. | 2019년 7급 | ○ ×

05. 비례대표국회의원의 의석배분을 위한 득표비율은 각 의석 할당정당의 득표수를 모든 의석할당정당의 득표수의 합계로 나누어 산출한다. | 2013년 7급, 2017년 9급 | ○ ×

06. 정당에 배분된 비례대표국회의원의석수가 그 정당이 추천한 비례대표국회의원후보자수를 넘는 때에는 그 넘는 의석은 공석으로 한다. | 2015·2013년 9급 | ○ ×

07. 정당에 배분된 비례대표국회의원의석수가 그 정당이 추천한 비례대표국회의원후보자수를 넘는 때에는 그 넘는 의석은 득표율이 가장 높은 정당에 배분한다. | 2013년 7급 | ○ ×

08. 정당에 배분된 비례대표국회의원의석수가 그 정당이 추천한 비례대표국회의원후보자수를 넘는 때에는 그 넘는 의석만큼 추가로 후보자를 추천 받는다. | 2017년 9급 | ○ ×

해설

01. 임기만료에 따른 비례대표국회의원선거에서 전국 유효투표총수의 100분의 3 이상을 득표한 정당이거나 임기만료에 따른 지역구국회의원선거에서 5 이상의 의석을 차지한 정당에 배분한다(공직선거법 제189조 제1항).
02. 03. (공직선거법 제189조 제1항 제1호)
04. 그 수가 같은 때에는 해당 정당 사이의 추첨에 따른다(공직선거법 제189조 제2항 제2호).
05. (공직선거법 제189조 제3항)
06. (공직선거법 제189조 제5항)
07. 08. 정당이 추천한 비례대표국회의원후보자수를 넘는 때에는 그 넘는 의석은 공석으로 한다(공직선거법 제189조 제5항).

정답 01 × 02 ○ 03 ○ 04 × 05 ○ 06 ○ 07 × 08 ×

213

01. 지역구지방의회의원선거에서 후보자 등록마감시각에 후보자가 당해 선거구에서 선거할 의원정수를 넘지 아니하게 된 때에는 투표를 실시하지 아니하고, 선거일에 그 후보자를 당선인으로 결정한다. | 2013년 9급 | ○ ×

02. 지역구지방의회의원선거에서 후보자 등록 마감시각에 후보자가 당해 선거구에서 선거할 의원정수를 넘지 아니하거나 후보자 등록 마감 후 선거일 투표개시 시각까지 후보자가 사퇴·사망하거나 등록이 무효로 되어 후보자수가 당해 선거구에서 선거할 의원정수를 넘지 아니하게 된 때에는 투표를 실시하지 아니하고, 선거일에 그 후보자를 당선인으로 결정한다. | 2019년 7급 | ○ ×

해설

01. 02. (공직선거법 제190조 제2항)

정답 01 ○ 02 ○

214

01. 비례대표지방의회의원선거에 있어서는 유효투표총수의 100분의 3 이상을 득표한 각 정당에 대하여 의석을 배분한다. | 2013년 9급 | ○ ×

02. 비례대표지방의회의원선거에 있어서는 유효투표총수의 100분의 5 이상을 득표한 각 정당이 의석을 배분받을 수 있다. | 2013년 7급 | ○ ×

03. 비례대표구·시·군의원선거에 있어서 하나의 정당에 의석정수의 3분의 2 이상의 의석이 배분될 때에는 그 정당에 3분의 2에 해당하는 수의 정수의 의석을 먼저 배분하고, 잔여의석은 나머지 의석할당정당 간의 득표비율에 잔여의석을 곱하여 산출된 수의 정수의 의석을 각 나머지 의석할당정당에 배분한다. | 2018년 7급 | ○ ×

해설

01. 100분의 5 이상을 득표한 각 정당에 배분한다(공직선거법 제190조의2 제1항).
02. (공직선거법 제190조의2 제1항)
03. 비례대표시·도의원선거에 해당한다(공직선거법 제190조의2 제2항).

◎ 정답 01. ○ 02 × 03. ○

관련 예상문제

01. 비례대표시·도의원선거에 있어서 하나의 정당에 의석정수의 5분의 3 이상의 의석이 배분될 때에는 그 정당에 5분의 3에 해당하는 수의 정수(整數)의 의석을 먼저 배분한다. ○ ×

해설

01. 비례대표시·도의원선거에 있어서 하나의 정당에 의석정수의 **3분의 2 이상의** 의석이 배분될 때에는 그 정당에 **3분의 2**에 해당하는 수의 정수(整數)의 의석을 먼저 배분한다(공직선거법 제190조의2 제2항).

◎ 정답 01 ×

215

01. 지방자치단체의 장 선거에서 후보자 등록 마감시간까지 후보자 1인만 등록한 경우에 투표를 실시하지 않고 그 후보자를 당선인으로 결정하도록 하는 것은 해당 선거구 선거권자의 선거권을 침해한 것이 아니다. | 2017년 7급 | ⓞⓧ

02. 지방자치단체의 장 선거에서 후보자 등록 마감시간까지 후보자 1인만이 등록한 경우 투표를 실시하지 않고 그 후보자를 당선인으로 결정하도록 하는 것은 국민의 선거권을 전면적으로 제한하는 것이라고 할 수 있으므로 유권자의 선거권을 침해한다. | 2019년 7급 | ⓞⓧ

03. 지방자치단체의 장 선임방법은 '선거'로 규정되어 왔고, 지방자치단체의 장을 선거로 선출하여 온 우리 지방자치제의 역사에 비추어 볼 때, 지방자치단체의 장에 대한 주민직선제 이외의 다른 선출방법을 허용할 수 없다는 관행과 이에 대한 국민적 인식이 광범위하게 존재한다고 볼 수 있으므로 지방자치단체의 장 선거권 역시 다른 선거권과 마찬가지로 헌법 제24조에 의해 보호되는 기본권으로 인정하여야 한다. | 2018년 7급 | ⓞⓧ

04. 지방자치단체의 장 선거에서 후보자 등록 마감 시간까지 후보자 1인만이 등록한 경우 투표를 실시하지 않고 그 후보자를 당선인으로 결정하도록 하는 것은 지방자치단체 주민의 선거권을 침해하지 않는다. | 2021년 9급 | ⓞⓧ

해설

01. 지방자치단체의 장 선거에서 후보자가 1인일 경우 투표를 실시하지 않고 해당 후보자를 지방자치단체의 장 당선자로 정하도록 결단한 것은 입법목적 달성에 필요한 범위를 넘은 과도한 제한이라 할 수 없으므로 심판대상조항은 청구인의 선거권을 침해하지 않는다(헌재 2016.10.27. 2014헌마797).

02. 03. 04. (헌재 2016.10.27. 2014헌마797)

✓ 정답 01. ◯ 02. ✕ 03. ◯ 04. ◯

216

01. 지방자치단체의 장 선거에서 최고득표자가 2인 이상인 때에는 연장자를 당선인으로 결정한다. |2017년 9급|

02. 지방자치단체의 장 선거에서 선거구선거관리위원회는 최고 득표자가 2인 이상인 때에는 연장자를 당선인으로 결정하고, 이를 당해 지방의회의장에게 통지하여야 한다. |2019년 9급|

03. 지방자치단체의 장 선거에서 최고득표자가 2인 이상인 때에 지방의회는 재적의원 과반수가 출석한 공개회의에서 다수표를 얻은 자를 당선인으로 결정한다. |2018년 7급|

04. 지방자치단체의 장의 선거에서 후보자 등록마감시각에 후보자가 1인인 경우에는 투표를 실시하지 아니하고 선거일에 그 후보자를 당선인으로 결정한다. |2013년 7급|

05. 지방자치단체의 장 선거에서 후보자 등록마감시각에 후보자가 1인이 된 때에는 투표를 실시하여 그 득표수가 투표자총수의 3분의 1 이상에 달하여야 당선인으로 결정한다. |2018년 9급|

06. 지방자치단체의 장 선거에 있어서는 선거구선거관리위원회가 유효투표의 다수를 얻은 자를 당선인으로 결정하고, 이를 당해 지방의회의장에게 통지하여야 하며, 지방의회의장이 당선증을 교부한다. |2018년 7급|

07. 후보자 등록마감시각에 지방자치단체의 장 선거의 후보자가 1인이거나 후보자 등록마감 후 선거일 투표개시시각 전까지 지방자치단체의 장 선거의 후보자가 사퇴·사망하거나 등록이 무효로 되어 지방자치단체의 장 선거의 후보자 수가 1인이 된 때에는 지방자치단체의 장 선거의 후보자에 대한 투표를 실시하지 아니하고, 선거일에 그 후보자를 당선인으로 결정한다. |2019년 9급|

08. 선거일의 투표마감시각 후 당선인결정 전까지 지방자치단체의 장 선거의 후보자가 후보자 등록기간 중 당적을 이탈하여 후보자 등록을 한 것이 발견된 경우에 개표결과 그 후보자가 유효 투표의 다수를 얻은 때에는 차 순위자를 당선인으로 결정한다. |2019년 9급|

09. 선거일의 투표개시시각부터 투표마감시각까지 지방자치단체의 장 선거의 후보자가 사퇴·사망하거나 등록이 무효로 되어 지방자치단체의 장 선거의 후보자 수가 1인이 된 때에는 나머지 투표는 실시하지 아니하고 그 후보자를 당선인으로 결정한다. |2019년 9급|

해설

01. 02. (공직선거법 제191조 제1항)
03. 지방자치단체의 장 선거에 있어서 최고득표자가 2인 이상인 때에는 연장자를 당선인으로 결정한다(공직선거법 제191조 제1항).
04. (공직선거법 제191조 제3항)

05. 투표를 실시하지 아니하고 선거일에 그 후보자를 당선인으로 결정한다(공직선거법 제191조 제3항).
06. 당해 선거구선거관리위원회위원장은 이를 공고하고 지체없이 당선인에게 당선증을 교부하여야 하며, 상급선거관리위원회에 보고하여야 한다(공직선거법 제191조 제3항).
07. (공직선거법 제191조 제3항)
08. 당선인이 없는 것으로 한다(공직선거법 제191조 제3항).
09. (공직선거법 제191조 제3항)

✓ 정답 01 ○ 02 ○ 03 × 04 ○ 05 × 06 × 07 ○ 08 × 09 ○

217

01. 지방자치단체의 장 선거에서 당선인이 임기개시 전에 사퇴 하려는 때에는 직접 해당 선거구선거관리위원회에 서면으로 신고하여야 하고, 정당추천으로 입후보하여 당선된 경우 소속정당의 사퇴승인서를 첨부하여야 한다. | 2017년 9급 | ○ ×

02. 지역구국회의원선거의 당선인이 임기개시 전에 사퇴하려는 때에는 직접 중앙선거관리위원회에 서면으로 신고하여야 하고, 비례대표국회의원선거의 당선인이 사퇴하려는 때에는 소속정당의 사퇴승인서를 첨부하여야 한다. | 2021년 9급 | ○ ×

해설

01. 비례대표국회의원선거 또는 비례대표지방의회의원선거의 당선인이 사퇴하려는 때에는 소속정당의 사퇴승인서를 첨부하여야 한다(공직선거법 제191조의2).
02. 당선인이 임기개시 전에 사퇴하려는 때에는 **직접 해당 선거구선거관리위원회에 서면으로 신고하여야** 하고, 비례대표국회의원선거 또는 비례대표지방의회의원선거의 당선인이 사퇴하려는 때에는 소속정당의 사퇴승인서를 첨부하여야 한다(공직선거법 제191조의2).

✓ 정답 01 × 02 ×

218

01. 국회의원선거의 당선인이 임기개시 전에 피선거권이 없게 된 때에는 당선의 효력이 상실된다. | 2015년 9급 |

02. 정당 추천으로 지방의회의원선거에 입후보한 자가 당선인으로 결정되었더라도 해당 선거에서 후보등록기간 중 당적을 이탈한 경우 그 당선을 무효로 한다. | 2013년 7급 |

03. 비례대표국회의원 당선인의 임기 개시 전에 그 당선인이 소속된 정당의 합당으로 인하여 당적이 변경된 경우 그 당선을 무효로 한다. | 2018년 9급 |

해설

01. (공직선거법 제192조 제2항)
02. (공직선거법 제192조 제3항 제2호)
03. 비례대표국회의원 또는 비례대표지방의회의원의 당선인이 소속정당의 합당·해산 또는 제명 **외의 사유**로 당적을 이탈·변경하거나 2 이상의 당적을 가지고 있는 때 당선이 무효가 된다(공직선거법 제192조 제3항 3호).

✓ 정답 01 ○ 02 ○ 03 ×

관련 예상문제

01. 국회에서 대통령당선인이 결정되었으나 임기개시 전에 피선거권이 없게 된 때에는 중앙선거구관리위원회는 그 사실을 공고하고 당해 당선인 및 그 당선인의 추천정당에 통지하여야 한다.

해설

01. 국회에서 대통령당선인이 결정되었으면 국회가 그 사실을 공고하고 당해 당선인 및 그 당선인의 추천정당에 통지하여야 한다(공직선거법 제192조 제5항).

✓ 정답 01 ×

219

01. 선거구선거관리위원회가 당선인 결정에 명백한 착오가 있는 것을 발견한 때에는 선거일 후 10일 이내에 당선인의 결정을 시정하여야 한다. | 2016년 9급 | ○ ×

02. 대통령선거의 최고득표자가 2인 이상이어서 국회에서 대통령당선인을 결정하는 경우, 국회는 당선인 결정에 명백한 착오가 있는 것을 발견한 때에는 선거일후 10일 이내에 당선인의 결정을 시정하여야 한다. | 2018년 9급 | ○ ×

03. 지역구국회의원선거에서 당선인결정에 명백한 착오가 있는 것을 발견한 때에는 관할선거구선거관리위원회는 선거일 후 10일 이내에 당선인의 결정을 시정하여야 하며, 이때 중앙선거관리위원회의 심사를 받아야 한다. | 2021년 9급 | ○ ×

04. 선거구선거관리위원회가 당선인 결정에 명백한 착오가 있어 이를 시정하려는 때에는 후보자를 추천한 정당과 협의하여야 한다. | 2013년 7급 | ○ ×

해설

01. 02. (공직선거법 제193조 제1항)
03. (공직선거법 제193조 제1, 2항)
04. 지역구국회의원선거, 비례대표시·도의원선거, 지역구세종특별자치시의회의원선거 및 시·도지사선거에 있어서는 중앙선거관리위원회, 지역구시·도의원선거(지역구세종특별자치시의회의원선거는 제외한다) 및 자치구·시·군의 의회의원과 장의 선거에 있어서는 시·도선거관리위원회의 심사를 받아야 한다(공직선거법 제193조 제2항).

✓ 정답 01 ○ 02 ○ 03 ○ 04 ×

220

01. 비례대표지방의회의원선거의 당선인이 그 임기개시 전에 사퇴 사망한 때에, 선거구선거관리위원회는 그 선거 당시의 소속정당이 추천한 후보자를 비례대표지방의회의원후보자명부에 기재된 순위에 따라 당선인으로 결정한다. | 2014년 7급 | ○ ×

해설

01. (공직선거법 제194조 제3항)

✓ 정답 01 ○

제14장 재선거와 보궐선거

221

01. 대통령선거에서 후보자가 1인인 경우에 그 득표수가 선거권자총수의 3분의 1 이상이 되지 아니한 때에 보궐선거를 실시한다. | 2014년 9급 |

02. 당해 선거구의 후보자가 없거나, 당선인이 없을 때에는 재선거를 실시한다. | 2015년 9급 |

03. 당선인이 없거나 지역구·자치구·시·군의원선거에 있어 당선인이 당해 선거구에서 선거할 지방의회의원정수에 달하지 아니한 때에는 재선거를 실시한다. | 2020년 9급 |

04. 선거의 전부무효의 결정이 있는 때에 보궐선거를 실시한다. | 2014년 9급 |

05. 지역구국회의원선거의 당선인이 임기개시 전에 사퇴하거나 사망한 때에는 보궐선거를 실시한다. | 2018년 7급 |

06. 당선인이 임기개시 전에 피선거권이 없게 된 때에는 보궐선거를 실시한다. | 2014년 9급 |

07. 당선인이 당해 선거에 있어 선거비용의 초과지출로 인하여 공직선거법을 위반한 결과 임기개시 후에 당선이 무효로 된 때에는 보궐선거를 실시한다. | 2013년 7급 |

08. 선거사무장의 선거범죄로 인하여 당선이 무효로 된 때에는 보궐선거를 실시하여야 한다. | 2020년 7급 |

09. 하나의 선거의 같은 선거구에 보궐선거의 실시사유가 확정된 후 재선거 실시사유가 확정된 경우로서 그 선거일이 같은 때에는 보궐선거로 본다. | 2018년 7급 |

10. 하나의 선거의 같은 선거구에 공직선거법의 규정에 의한 보궐선거의 실시사유가 확정된 후 재선거 실시사유가 확정된 경우로서 그 선거일이 같은 때에는 보궐선거로 본다. | 2019년 9급 |

11. 하나의 선거의 같은 선거구에 보궐선거의 실시사유가 확정된 후 재선거 실시사유가 확정된 경우로서 그 선거일이 같은 때에는 재선거로 본다. | 2020년 9급 |

해설

01. 당선인이 없을 때 재선거를 실시한다(공직선거법 제195조 제1항 제2호).
02. 03. (공직선거법 제195조 제1항 제2호)
04. 선거의 전부무효 판결 또는 결정이 있을 때는 재투표를 실시한다(공직선거법 제195조 제1항 제3호).
05. 당선인이 임기개시 전에 사퇴하거나 사망한 때 재투표를 실시한다(공직선거법 제195조 제1항 제4호).
06. 당선인이 임기개시 전에 피선거권이 없게 된 때에는 재선거를 실시한다(공직선거법 제195조 제1항 제5호).
07. 선거비용의 초과지출로 인한 당선무효는 재선거를 실시한다(공직선거법 제195조 제1항 제6호).
08. 선거사무장등의 선거범죄로 인한 당선무효로 인한 당선무효는 재선거를 실시한다(공직선거법 제195조 제1항 6호).
09. 10. 선거일이 같은 때에는 재선거로 본다(공직선거법 제195조 제2항).
11. (공직선거법 제195조 제2항)

정답 01 × 02 ○ 03 ○ 04 × 05 × 06 × 07 × 08 × 09 × 10 × 11 ○

222

01. 국회의원선거에 있어 천재 지변 기타 부득이한 사유로 인하여 선거를 실시할 수 없거나 실시하지 못한 때에는 대통령이 선거를 연기하여야 한다. | 2013년 7급 |

02. 천재·지변 기타 부득이한 사유로 인하여 선거를 실시할 수 없거나 실시하지 못한 때에는 대통령선거와 국회의원선거에 있어서는 대통령이, 지방의회의원 및 지방자치단체의 장의 선거에 있어서는 관할 선거구 선거관리위원회위원장이 당해 지방자치단체의 장과 협의하여 선거를 연기하여야 한다. | 2016년 9급 |

03. 천재·지변 기타 부득이한 사유로 인하여 선거를 실시할 수 없는 경우, 지방의회의원 및 지방자치단체의 장의 선거에 있어서는 당해 지방자치단체의 장(직무대행자를 포함한다)이 관할선거구선거관리위원회위원장과 협의하여 선거를 연기하여야 한다. | 2017년 7급 |

04. 천재·지변 기타 부득이한 사유로 인하여 선거를 실시할 수 없거나 실시하지 못한 때에는 국회의원선거에 있어서는 중앙선거관리위원회위원장이 선거를 연기하여야 한다. | 2020년 9급 |

05. 천재·지변 기타 부득이한 사유로 인하여 선거를 실시할 수 없거나 실시하지 못한 때에는 대통령선거와 국회의원선거에 있어서는 대통령이, 지방의회의원 및 지방자치 단체의 장의 선거에 있어서는 당해 지방자치단체의 장이 선거를 연기하여야 한다. | 2020년 7급 |

해설

01. 02. (공직선거법 제196조 제1항)
03. 관할선거구선거관리위원회위원장이 당해 지방자치단체의 장(직무대행자를 포함한다)과 협의하여 선거를 연기하여야 한다(공직선거법 제196조 제1항).
04. 국회의원선거에 있어서는 대통령이 선거를 연기하여야 한다(공직선거법 제196조 제1항).
05. 지방의회의원 및 지방자치단체의 장의 선거에 있어서는 관할선거구선거관리위원회위원장이 당해 지방자치단체의 장(직무대행자를 포함한다)과 협의하여 선거를 연기하여야 한다(공직선거법 제196조 제1항).

정답 01 ○ 02 ○ 03 × 04 × 05 ×

223

01. 재선거를 실시함에 있어서 판결 또는 결정에 특별한 명시가 없는 한 선거인명부를 다시 작성하여야 한다. | 2014년 9급 | ○ ×

02. 선거의 일부무효의 판결이 확정되어 재선거를 실시하는 때에는 판결 또는 결정에 특별한 명시가 없는 한 당초 선거에 사용된 선거인명부를 사용한다. | 2015년 9급 | ○ ×

03. 선거의 일부무효의 판결이 확정되어 재선거를 실시하는 경우, 판결에 특별한 명시가 없는 한 당초 선거에 사용된 선거인명부를 사용할 수는 없다. | 2017년 7급 | ○ ×

04. 재선거를 실시함에 있어서 정당이 합당된 경우, 합당된 정당은 합당 전 후보자 중 1인을 후보자로 추천하여야 한다. | 2014년 9급 | ○ ×

05. 선거의 일부무효판결이 확정되어 당해 투표구의 재선거를 실시함에 있어서 정당이 합당한 경우, 합당된 정당은 그 재선거의 선거기간 개시일부터 그다음 날까지 당해 선거구선거관리위원회에 합당 전 후보자 중 1인을 후보자로 추천하고, 비례대표국회의원선거 및 비례대표 지방의회의원선거에 있어서는 하나의 후보자명부를 제출하되 합당 전 각 정당이 제출한 후보자명부에 등재되지 아니한 자를 추가할 수 없다. | 2020 · 2017년 7급, 2019년 9급 | ○ ×

06. 재선거를 실시함에 있어서 합당된 정당의 후보자의 기호는 당초 선거 당시의 그 후보자의 기호로 한다. | 2014년 9급 | ○ ×

07. 선거의 일부무효로 인한 재선거의 경우 합당된 정당의 후보자(비례대표국회의원선거 및 비례대표지방의회의원선거에 있어서는 후보자를 추천한 정당을 말한다)의 기호는 당초 선거 당시의 그 후보자의 기호로 한다. | 2019년 9급 | ○ ×

해설

01. 재선거를 실시함에 있어서 판결 또는 결정에 특별한 명시가 없는 한 당초 선거에 사용된 선거인명부를 사용한다(공직선거법 제197조 제2항).
02. (공직선거법 제197조 제2항)
03. 재선거를 실시함에 있어서 판결 또는 결정에 특별한 명시가 없는 한 당초 선거에 사용된 선거인명부를 사용한다(공직선거법 제197조 제2항).
04. 05. (공직선거법 제197조 제3항)
06. 07. (공직선거법 제197조 제5항)

✓ 정답 01 × 02 ○ 03 × 04 ○ 05 ○ 06 ○ 07 ○

| 관련 예상문제 |

01. 선거의 일부무효의 판결에 의한 재선거를 실시함에 있어서 판결에 특별한 명시가 없는 한 당초의 선거에 사용된 선거인명부를 사용한다. ○ ×

해설
01. (공직선거법 제197조 제2항)

정답 01 ○

224

01. 천재·지변 기타 부득이한 사유로 인하여 어느 투표구의 투표를 실시하지 못한 때, 관할선거구선거관리위원회는 당해 투표구의 재투표를 실시하여야 하나, 재투표가 당해 선거구의 선거결과에 영향을 미칠 염려가 없다고 인정되는 때에는 재투표를 실시하지 아니하고 당선인을 결정한다. | 2017년 7급 | ○ ×

02. 천재·지변 기타 부득이한 사유로 인하여 어느 투표구의 투표를 실시하지 못한 때와 투표함의 분실·멸실 등의 사유가 발생한 때에는 관할선거구선거관리위원회는 당해 투표구의 재투표를 실시한 후 당해 선거구의 당선인을 결정한다. | 2020년 9급 | ○ ×

해설
01. (공직선거법 제198조 제1·2항)
02. (공직선거법 제198조 제1항)

정답 01 ○ 02 ○

225

01. 현행 비례대표선거제하에서 선거에 참여한 선거권자들의 정치적 의사표명에 의하여 직접 결정되는 것은, 어떠한 비례대표지방의회의원후보자가 비례대표지방의회의원으로 선출되느냐의 문제라기보다는 비례대표지방의회의원의석을 할당받을 정당에 배분되는 비례대표지방의회의원의 의석수라고 할 수 있다.
| 2014년 7급 | ○ ×

02. 선거범죄로 인하여 당선이 무효로 된 때를 비례대표지방의회의원의 의석 승계 제한사유로 규정한 구 공직선거법 제200조 제2항 단서 중 '비례대표지방의회의원 당선인이 제264조(당선인의 선거범죄로 인한 당선무효)의 규정에 의하여 당선이 무효로 된 때'의 부분은 대의제 민주주의 원리에 위배되는 것이 아니다. | 2014년 7급 | ○ ×

해설
01. (헌재 2009.6.25, 2007헌마40)
02. 선거범죄로 인하여 당선이 무효로 된 때를 비례대표지방의회의원의 의석 승계 제한사유로 규정한 공직선거법 제200조 제2항 단서 중 '비례대표지방의회의원 당선인이 제264조(당선인의 선거범죄로 인한 당선무효)의 규정에 의하여 당선이 무효로 된 때' 부분은 대의제 민주주의 원리에 위배된다(헌재 2009.6.25, 2007헌마40).

정답 01 ○ 02 ×

226

01. 비례대표지방의회의원에 궐원이 생긴 때에는 선거구선거관리위원회는 궐원통지를 받은 후 10일 이내에 그 궐원된 의원이 그 선거 당시에 소속한 정당의 비례대표지방의회의원후보자명부에 기재된 순위에 따라 궐원된 지방의회의원의 의석을 승계 할 자를 결정하여야 한다. | 2020년 9급 | ○ ✕

02. 비례대표지방의회의원에 궐원이 생긴 때에, 선거구선거관리위원회는 그 궐원된 의원이 그 선거 당시에 소속한 정당이 해산되거나 임기만료일 전 120일 이내에 궐원이 생긴 때에는 궐원된 지방의회의원의 의석을 승계할 자를 결정하지 아니한다. | 2014년 7급 | ○ ✕

03. 비례대표국회의원에 궐원이 생긴 때라 하더라도 그 궐원된 의원이 그 선거 당시에 소속한 정당이 해산되거나 임기만료일 전 180일에 궐원이 생긴 때에는 궐원된 의석을 승계하지 않는다. | 2015년 9급 | ○ ✕

04. 의석을 승계할 후보자를 추천한 정당이 해산되거나 임기만료일 전 120일 이내에 궐원이 생긴 때에는 의석을 승계할 사람을 결정하지 아니한다. | 2014년 7급 | ○ ✕

05. 대통령이 궐위된 때에는 국회의장이 중앙선거관리위원회에 지체 없이 이를 통보하여야 한다. | 2014년 7급 | ○ ✕

06. 지방의회의원에 궐원이 생긴 때에는 당해 지방의회의장이 당해 지방자치단체의 장과 관할선거구선거관리위원회에 이를 통보하여야 하며, 지방자치단체의 장이 궐위된 때에는 당해 지방의회의장이 관할선거구선거관리위원회에 이를 통보하여야 한다. | 2018년 7급 | ○ ✕

07. 지방자치단체의 장이 궐위된 때에는 궐위된 지방자치단체의 장의 직무를 대행하는 자가 당해 지방의회의장과 관할선거구 선거관리위원회에 이를 통보하여야 한다. | 2019년 9급 | ○ ✕

해설

01. (공직선거법 제200조 제2항)

02. (공직선거법 제200조 제3항)

03. 의석을 승계할 후보자를 추천한 정당이 해산되거나 **임기만료일 전 120일 이내에** 궐원이 생긴 때에는 의석을 승계할 사람을 결정하지 아니한다(공직선거법 제200조 제3항).

04. (공직선거법 제200조 제3항)

05. **대통령권한대행자는** 대통령이 궐위된 때에는 중앙선거관리위원회에, 국회의장은 국회의원이 궐원된 때에는 대통령과 중앙선거관리위원회에 그 사실을 지체 없이 통보하여야 한다(공직선거법 제200조 제4항).

06. 지방의회의장은 당해 지방의회의원에 궐원이 생긴 때에는 당해 지방자치단체의 장과 관할선거구선거관리위원회에 이를 통보하여야 하며, 지방자치단체의 장이 궐위된 때에는 **궐위된 지방자치단체의 장의 직무를 대행하는 자**가 당해 지방의회의장과 관할선거구선거관리위원회에 이를 통보하여야 한다(공직선거법 제200조 제5항).

07. (공직선거법 제200조 제5항)

정답 01 ○ 02 ○ 03 ✕ 04 ○ 05 ✕ 06 ✕ 07 ○

227

01. 지방의회의원의 보궐선거를 실시하는 경우에 지방자치단체의 관할구역의 변경에 따라 그 선거구의 구역이 그 지방의회의원이 속하는 지방자치단체에 상응하는 다른 지방자치단체의 관할구역에 걸치게 된 때에는 당해 지방자치단체에 속한 구역만을 그 선거구의 구역으로 한다. | 2018년 7급 |

> 해설
> **01.** (공직선거법 제201조 제3항)
>
> 정답 01 ○

관련 예상문제

01. 지역구국회의원과 지역구지방의회의원의 보궐선거는 그 선거일부터 임기만료일까지의 기간이 1년 미만인 경우에는 실시하지 아니할 수 있다.

> 해설
> **01.** (공직선거법 제201조 제1항)
>
> 정답 01 ○

제15장 동시선거에 관한 특례

228

01. 동시선거에 있어서 선거인명부와 거소·선상투표신고인명부는 각각 하나의 선거인명부와 거소·선상투표신고인명부로 한다. | 2013년 7급 |

해설

01. (공직선거법 제204조 제1항)

정답 01 ○

229

01. 동시선거에 있어서 같은 정당의 추천을 받은 2인 이상의 후보자(비례대표지방의회의원선거에 있어서는 후보자를 추천한 정당을 포함한다)는 선거사무소와 선거연락소를 공동으로 설치할 수 있다. | 2013년 7급 |

02. 동시선거에 있어서 같은 정당의 추천을 받은 2인 이상의 후보자는 선거사무장·선거연락소장 또는 선거사무원을 공동으로 선임할 수 있다. | 2020·2017년 9급 |

해설

01. (공직선거법 제205조 제1항)
02. (공직선거법 제205조 제2항)

정답 01 ○ 02 ○

230

01. 동시선거에 있어서 같은 정당의 추천을 받은 2인 이상의 후보자는 하나의 공개장소에서의 연설·대담을 공동으로 할 수 있다. | 2013년 7급 |

02. 같은 정당의 추천을 받은 2인 이상의 후보자는 한 장소에서 공직선거법에 따른 공개 장소에서의 연설·대담을 공동으로 할 수 있다. | 2020년 9급 |

해설

01. 02. (공직선거법 제209조)

정답 01 ○ 02 ○

231

01. 동시선거에 있어서 투표용지는 색도 또는 지질 등을 달리하는 등 중앙선거관리위원회규칙이 정하는 바에 따라 선거별로 구분이 되도록 작성·교부할 수 있다. | 2017년 9급 |

02. 투표용지는 색도 또는 지질 등을 달리하는 등 중앙선거관리위원회규칙이 정하는 바에 따라 선거별로 구분이 되도록 작성·교부할 수 있다. | 2020년 9급 |

> **해설**
>
> 01. 02. (공직선거법 제211조 제1항)
>
> ⊘ 정답 01 ○ 02 ○

232

01. 동시선거에서 거소투표자에 대한 투표용지의 발송 및 투표지 회송의 경우 해당 선거인마다 하나의 회송용 봉투 또는 발송용 봉투를 사용하여 행할 수 있다. | 2017년 9급 |

> **해설**
>
> 01. (공직선거법 제212조)
>
> ⊘ 정답 01 ○

233

01. 동시선거에 있어서 개표순서는 선거별 또는 그 선거구의 관할구역이 큰 선거구별로 구분하여 행한다.

> **해설**
>
> 01. 동시선거에 있어서 제175조(개표개시)제2항의 규정에 의한 개표순서는 선거별 또는 그 선거구의 관할구역이 **작은** 선거구별로 구분하여 행한다(공직선거법 제214조).
>
> ⊘ 정답 01 ×

234

01. 동시선거에 있어서 구·시·군선거관리위원회는 거소투표·선상투표 및 사전투표의 개표를 하는 때에는 정당 또는 후보자가 개표참관인으로 선정·신고한 자 중에서 정당은 8인씩을, 무소속 후보자는 2인씩을 참관하게 한다. | 2020년 9급 |

> **해설**
>
> **01.** 동시선거에 있어서 구·시·군선거관리위원회는 거소투표·선상투표 및 사전투표의 개표를 하는 때에는 정당 또는 후보자가 선정·신고한 자중에서 정당은 **4인씩**을, 무소속후보자는 **1인씩**을 참관하게 한다(공직선거법 제215조 제1항).
>
> 정답 01 ✕

235

01. 동시선거에 있어 투표록 및 개표록은 선거별로 각각 구분하여 작성되어야 한다. | 2013년 7급 |

> **해설**
>
> **01.** 동시선거에 있어 투표록 및 개표록은 선거의 **구분 없이** 하나의 투표록 및 개표록으로 각각 작성할 수 있다(공직선거법 제217조).
>
> 정답 01 ✕

제16장 재외선거에 관한 특례

236

01. 중앙선거관리위원회는 대통령의 궐위로 인한 선거 또는 재선거의 경우, 그 선거의 실시사유가 확정된 날부터 10일 이내에 재외선거관리위원회를 설치하여야 한다. | 2014년 7급 | ○✕

02. 중앙선거관리위원회는 임기만료로 인한 대통령선거를 실시하는 경우, 선거일 전 150일부터 선거일 후 30일까지 공관마다 재외선거관리위원회를 설치·운영하여야 한다. | 2016년 7급 | ○✕

03. 중앙선거관리위원회는 대통령선거와 임기만료에 따른 국회의원선거를 실시하는 때마다 선거일 전 180일부터 선거일 후 30일까지 「대한민국재외공관 설치법」 제2조에 따른 공관마다 재외선거의 공정한 관리를 위하여 재외선거관리위원회를 설치·운영하여야 한다. | 2018년 7급 | ○✕

04. 국가공무원법상의 공무원과 정당의 당원인 사람은 재외선거관리위원회 위원이 될 수 없다. | 2020년 7급 | ○✕

05. 재외선거관리위원회는 중앙선거관리위원회가 지명하는 2명 이내의 위원과 국회에 교섭단체를 구성한 정당이 추천하는 각 1명, 공관의 장, 공관의 장이 공관원 중에서 추천하는 1명을 중앙선거관리위원회가 위원으로 위촉하여 구성하며, 공관의 장이 위원장이 된다. | 2021년 9급 | ○✕

해설

01. (공직선거법 제218조 제1항)
02. 대통령선거와 임기만료에 따른 국회의원선거를 실시하는 때마다 **선거일 전 180일부터 선거일 후 30일까지 「대한민국재외공관 설치법」 제2조에 따른 공관마다** 재외선거의 공정한 관리를 위하여 재외선거관리위원회를 설치·운영하여야 한다(공직선거법 제218조 제1항).
03. (공직선거법 제218조 제1항)
04. 국회의원의 선거권이 없는 사람, 정당의 당원인 사람, 재외투표관리관은 재외선거관리위원회 위원이 될 수 없다(공직선거법 제218조 제3항).
05. 공관의 장과 그가 추천하는 공관원은 위원장이 될 수 없다(공직선거법 제218조 제4항).

✓ 정답 01 ○ 02 ✕ 03 ○ 04 ✕ 05 ✕

237

01. 주민등록이 되어 있는 사람이 사전투표기간 개시일 전 출국하여 선거일 후에 귀국이 예정된 경우, 외국에서 대통령선거에 대한 투표를 하려면 선거일 전 150일부터 선거일 전 60일까지 서면으로 관할 구·시·군의 장에게 국외부재자 신고를 하여야 한다. | 2014년 7급 | ○ ×

> **해설**
>
> **01.** (공직선거법 제218조의4 제1항 제1호)
>
> ⊘ 정답 01 ○

238

01. 재외선거인에게 국회의원 재·보궐선거의 선거권을 인정하지 않은 재외선거인 등록신청조항이 재외선거인의 선거권을 침해하거나 보통선거원칙에 위배된다고 볼 수 없다. | 2013년 7급 | ○ ×

02. 국회의원은 전체 국민의 이익을 위하여 직무를 수행하는 자이므로, 재외선거인에게 임기만료 지역구 국회의원선거권을 인정하지 않은 것은 보통선거원칙에 위배된다. | 2016년 9급 | ○ ×

03. 재외선거권자로 하여금 선거를 실시할 때마다 재외선거인 등록신청을 하도록 규정한 조항은 재외선거인의 선거권을 침해하지 않는다. | 2016년 9급 | ○ ×

04. 입법자가 재외선거에서 우편투표방법을 채택하지 아니하고 원칙적으로 공관에 설치된 재외투표소에 직접 방문하여 투표하는 방법을 채택한 것은 재외선거인의 선거권을 침해하지 않는다. | 2016년 9급 | ○ ×

05. 재외선거인은 대의기관을 선출할 권리가 있는 국민으로서 대의기관의 의사결정에 대해 승인할 권리가 있으므로, 국민투표권자에는 재외선거인이 포함된다. | 2016년 9급 | ○ ×

> **해설**
>
> **01. 02.** 재외선거인의 등록신청서에 따라 재외선거인명부를 작성하는 방법은 해당 선거에서 투표할 권리가 있는지 확인함으로써 투표의 혼란을 막고, 선거권이 있는 재외선거인을 재외선거인명부에 등록하기 위한 합리적인 방법이다. 따라서 재외선거인 등록신청조항이 재외선거권자로 하여금 선거를 실시할 때마다 재외선거인 등록신청을 하도록 규정한 것이 재외선거인의 선거권을 침해한다고 볼 수 없다(헌재 2014.7.24. 2009헌마256).
>
> **03.** (헌재 2014.7.24. 2009헌마256)
>
> **04.** 입법자가 선거 공정성 확보의 측면, 투표용지 배송 등 선거기술적인 측면, 비용 대비 효율성의 측면을 종합적으로 고려하여, 인터넷투표방법이나 우편투표방법을 채택하지 아니하고 원칙적으로 공관에 설치된 재외투표소에 직접 방문하여 투표하는 방법을 채택한 것이 현저히 불공정하고 불합리하다고 볼 수는 없으므로, 재외선거 투표절차조항은 재외선거인의 선거권을 침해하지 아니한다(헌재 2014.7.24. 2009헌마256).
>
> **05.** 헌법 제72조의 중요정책 국민투표와 헌법 제130조의 헌법개정안 국민투표는 대의기관인 국회와 대통령의 의사결정에 대한 국민의 승인절차에 해당한다. 대의기관의 선출주체가 곧 대의기관의 의사결정에 대한 승인주체가 되는 것은 당연한 논리적 귀결이다. 재외선거인은 대의기관을 선출할 권리가 있는 국민으로서 대의기관의 의사결정에 대해 승인할 권리가 있으므로, 국민투표권자에는 재외선거인이 포함된다고 보아야 한다(헌재 2014.7.24. 2009헌마256).
>
> ⊘ 정답 01 ○ 02 × 03 ○ 04 ○ 05 ○

239

01. 주민등록이 되어 있지 아니한 사람으로서 외국에서 투표하려는 선거권자는 대통령선거와 임기만료에 따른 비례대표국회의원선거를 실시하는 때마다 선거일 전 150일부터 선거일 전 60일까지 중앙선거관리위원회에 재외선거인 등록신청을 하여야 하며, 이 경우 전자우편을 이용하여 신청하는 방법을 사용할 수 있다. | 2013년 7급 | ○ ×

02. 주민등록이 되어 있지 않은 사람이 외국에서 대통령선거에 대한 투표를 하려면 선거일 전 150일부터 선거일 전 60일까지 공관을 직접 방문하여 중앙선거관리위원회에 재외선거인 등록신청을 하여야 한다. | 2014년 7급 | ○ ×

03. 공직선거법상 주민등록이 되어 있지 아니하고 재외선거인명부에 올라 있지 아니한 사람으로서 외국에서 투표하려는 선거권자는 재외선거관리위원회의 홈페이지를 통하여 재외선거인 등록신청을 할 수 있다. | 2016년 9급 | ○ ×

04. 주민등록이 되어 있지 아니하고 재외선거인명부에 올라 있지 아니한 사람으로서 외국에서 투표하려는 선거권자는 임기만료에 따른 비례대표국회의원선거를 실시하는 때마다 선거일 전 60일까지 중앙선거관리위원회에 재외선거인 등록신청을 하여야 한다. | 2018년 7급 | ○ ×

05. 주민등록이 되어 있지 아니하고 재외선거인명부에 올라 있지 아니한 사람으로서 외국에서 임기만료에 따른 지역구국회의원선거에서 투표하려는 선거권자는 임기만료에 따른 지역구국회의원선거를 실시하는 때마다 관할 지역구선거관리위원회에 재외선거인 등록신청을 하여야 한다. | 2020년 7급 | ○ ×

06. 재외선거인 등록신청을 하려는 사람은 그 신청서에 성명과 여권번호 등을 적고 여권사본과 자신이 거주하는 지역을 관할하는 공관의 재외투표관리관이 공고한 서류의 사본을 덧붙여야 한다. | 2020년 7급 | ○ ×

07. 재외투표관리관은 매년 1월 31일까지 비자·영주권증명서·장기체류증 또는 거류국의 외국인등록증 등 재외선거인의 국적확인에 필요한 서류의 종류를 공고하여야 하며, 이 경우 둘 이상의 공관을 둔 국가에서는 대사관의 재외투표관리관이 일괄하여 공고한다. | 2019년 9급 | ○ ×

해설

01. 02. 해당 선거의 선거일 전 60일까지이다(공직선거법 제218조의5 제1항).
03. 우편 또는 전자우편을 이용하거나 **중앙선거관리위원회 홈페이지**를 통하여 신청할 수 있다. 이 경우 외국에 머물거나 거주하는 사람은 공관을 경유하여 신고하여야 한다(공직선거법 제218조의5 제1항 제3호).
04. (공직선거법 제215조의5 제1항)
05. 주민등록이 되어 있지 아니하고 재외선거인명부에 올라 있지 아니한 사람으로서 외국에서 투표하려는 선거권자는 **대통령선거와 임기만료에 따른 비례대표국회의원선거를** 실시하는 사람이 대상이다(공직선거법 제218조의5 제1항).
06. 성명, 여권번호·생년월일 및 성별, 국내의 최종주소지(국내의 최종주소지가 없는 사람은 「가족관계의 등록 등에 관한 법률」에 따른 등록기준지), 거소, 「가족관계의 등록 등에 관한 법률」 제15조 제1항 제1호에 따른 가족관계증명서에 기재된 부 또는 모의 성명 등 중앙선거관리위원회규칙으로 정하는 사항을 적어야 한다(공직선거법 제218조의5 제1항 제5호).
07. (공직선거법 제218조의5 제4항)

◎ 정답 01 × 02 × 03 × 04 ○ 05 × 06 × 07 ○

240

01. 중앙선거관리위원회는 해당 선거의 선거일 전 60일까지 해당 선거 직전에 실시한 대통령선거 또는 임기만료에 따른 비례 대표국회의원선거에서 확정된 재외선거인명부에 올라 있는 선거인의 선거권유무 등을 확인하여 그 재외선거인명부를 정비하여야 한다. | 2019년 9급 |

해설

01. (공직선거법 제218조의8 제2항)

◎ 정답 01 ○

241

01. 중앙선거관리위원회와 구·시·군의 장은 재외선거인명부 및 국외부재자신고인 명부의 작성기간 만료일의 다음 날부터 5일간 장소를 정하여 재외선거인명부 등을 열람할 수 있도록 하여야 하는데, 국외부재자신고명부는 인터넷 홈페이지에서의 열람에 한한다. | 2021년 9급 | ⭕❌

> **해설**
>
> **01.** 중앙선거관리위원회와 구·시·군의 장은 재외선거인명부 및 국외부재자신고인명부의 작성기간 만료일의 다음 날부터 5일간(이하 이 장에서 "재외선거인명부등의 열람기간"이라 한다) 장소를 정하여 재외선거인명부등을 열람할 수 있도록 하여야 한다. **다만, 재외선거인명부는 인터넷 홈페이지에서의 열람에 한한다**(공직선거법 제218조의10 제1항).
>
> ✅ 정답 01 ❌

관련 예상문제

01. 중앙선거관리위원회와 구·시·군의 장은 재외선거인명부 및 국외부재자신고인명부의 작성기간 만료일의 다음 날부터 10일간 장소를 정하여 재외선거인명부등을 열람할 수 있도록 하여야 한다. ⭕❌

02. 명부작성권자는 재외선거인명부등의 열람기간 동안 자신이 개설·운영하는 인터넷 홈페이지에서 누구나 재외선거인명부등을 열람할 수 있도록 하는 기술적 조치를 하여야 한다. ⭕❌

03. 행정안전부장관은 명부작성권자의 협조를 받아 재외선거인 및 국외부재자신고인이 재외선거인명부등의 열람기간 동안 행정안전부가 개설·운영하는 인터넷 홈페이지에서 자신이 재외선거인명부등에 올라 있는지 여부를 확인할 수 있도록 기술적 조치를 하여야 한다. ⭕❌

> **해설**
>
> **01.** 작성기간 만료일의 다음 날부터 **5일간** 장소를 정하여 재외선거인명부등을 열람할 수 있도록 하여야 한다(공직선거법 제218조의10 제1항).
> **02.** 명부작성권자는 재외선거인명부등의 열람기간 동안 자신이 개설·운영하는 인터넷 홈페이지에서 **국외부재자 신고를 한 사람이나 재외선거인등록을 신청한 사람이 자신의 정보에 한하여** 재외선거인명부등을 열람할 수 있도록 하는 기술적 조치를 하여야 한다(공직선거법 제218조의10 제3항).
> **03.** (공직선거법 제218조의10 제4항)
>
> ✅ 정답 01 ❌ 02 ❌ 03 ⭕

242

01. 대통령의 궐위로 인한 대통령선거를 실시하는 경우, 외국에서 투표하려는 선거권자는 선거의 실시사유가 확정된 때부터 선거일 전 60일까지 중앙선거관리위원회에 재외선거인 등록신청을 하여야 한다.
| 2016년 9급 | ○ ×

해설

01. 대통령의 궐위로 인한 대통령선거를 실시하는 경우 선거의 실시사유가 확정된 때부터 선거일 전 40일까지 신청하여야 한다(공직선거법 제218조의12 제1호).

✓ 정답 01 ×

243

01. 재외선거인명부 등은 선거일 전 60일에 확정되며, 국외부재자 신고인명부는 해당 선거에 한정하여 효력을 가진다. | 2019년 9급 | ○ ×

해설

01. 재외선거인명부등은 **선거일 전 30일에** 확정되며, 국외부재자신고인명부는 해당 선거에 한정하여 효력을 가진다(공직선거법 제218조의13 제1항).

✓ 정답 01 ×

244

01. 전화(송·수화자 간 직접 통화하는 방식)를 이용하거나 말로 하는 선거운동의 방법에 의하여 재외선거권자(재외선거인명부 등에 올라 있거나 오를 자격이 있는 사람)를 대상으로 한 선거운동은 허용되지 아니한다. | 2013년 7급 | ○ ×

02. 대통령의 궐위로 인한 대통령선거를 실시하는 경우, 후보자는 재외선거권자를 대상으로 위성방송시설을 이용한 방송광고 선거운동을 텔레비전 및 라디오 방송시설별로 각 10회 이내에서 할 수 있다.
| 2016년 9급 | ○ ×

해설

01. (공직선거법 제218조의14 제1항 제6호) 〈삭제 2020.12.29.〉
02. (공직선거법 제218조의14 제2항 제1호)

✓ 정답 01 × 02 ○

┤ 관련 예상문제 ├

01. 한국국제교류재단법에 따라 설립된 한국국제교류재단의 상근 임직원 및 대표자는 재외선거권자를 대상으로 선거운동을 할 수 없다. ○ ✕

🔍 해설

01. (공직선거법 제218조의14 제6항)

◎ 정답 01 ○

245

01. 후보자가 국외에서 재외선거권자를 대상으로 하는 선거운동을 위하여 지출한 비용은 선거비용으로 본다. | 2013년 9급 | ○ ✕

02. 재외선거권자를 대상으로 하는 선거운동을 위하여 국외에서 지출한 비용은 선거비용으로 보지 아니한다. | 2018년 7급 | ○ ✕

🔍 해설

01. 재외선거권자를 대상으로 하는 선거운동을 위하여 국외에서 지출한 비용은 선거비용으로 보지 아니한다(공직선거법 제218조의15).
02. (공직선거법 제218조의15)

◎ 정답 01 ✕ 02 ○

246

01. 재외선거의 투표방법은 국내와 동일하다. | 2013년 7급 | ○ ✕

02. 임기만료로 인한 대통령선거를 실시하는 경우, 재외투표는 선거일 오후 8시까지 관할 구·시·군선거관리위원회에 도착되어야 한다. | 2016년 9급 | ○ ✕

03. 재외투표기간 개시일 전에 귀국한 재외선거인은 재외투표기간 개시일 전에 귀국한 사실을 증명할 수 있는 서류를 첨부하여 주소지 또는 최종 주소지를 관할하는 구·시·군선거관리위원회에 신고한 후 선거일에 해당 선거관리위원회가 지정하는 투표소에서 투표할 수 있다. | 2020·2018년 7급 | ○ ✕

해설

01. (공직선거법 제218조의16 제1항)
02. 재외투표는 선거일 오후 6시(**대통령의 궐위로 인한 선거 또는 재선거는 오후 8시**를 말한다)까지 관할 구·시·군선거관리위원회에 도착되어야 한다(공직선거법 제218조의16 제2항).
03. (공직선거법 제218조의16 제3항)

정답 01 ○ 02 × 03 ○

247

01. 재외선거관리위원회가 선거일 전 14일부터 선거일 전 9일까지의 기간 중 6일 이내의 기간을 정하여 공관에 설치·운영하는 재외투표소는 재외투표기간 중 공휴일에도 불구하고 매일 오전 8시에 열고 오후 5시에 닫는다. |2013년 7급|

02. 재외선거관리위원회는 선거일 전 14일부터 선거일 전 9일까지의 기간 중 6일 이내의 기간을 정하여 공관에 재외투표소를 설치·운영하여야 하며, 이 경우 공관의 협소 등의 사유로 부득이 공관에 재외투표소를 설치할 수 없는 경우에는 공관의 대체 시설에 재외투표소를 설치할 수 있다. |2019년 9급|

03. 재외선거관리위원회는 선거일 전 14일부터 선거일 전 9일까지의 기간 중 6일 이내의 기간을 정하여 공관에 재외투표소를 설치·운영하여야 하는데, 공관의 협소 등의 사유로 부득이 공관에 재외투표소를 설치할 수 없는 경우에는 공관의 대체시설에 재외투표소를 설치할 수 있다. |2021년 9급|

04. 재외선거관리위원회 선거일 전 20일까지 재외투표소의 명칭·소재지와 운영기간 등을 인터넷 홈페이지 등에 공고하여야 한다. |2018년 7급|

05. 재외선거관리위원회는 재외투표소의 투표관리를 행하기 위하여 정당추천위원이 아닌 1명의 위원을 책임위원으로 지정하되, 책임위원으로 지정되지 아니한 위원은 재외투표소의 투표관리에 참여할 수 없다. |2014년 7급, 2023년 8급|

해설

01. (공직선거법 제218조의17 제1·7항)
02. 03. (공직선거법 제218조의17 제1항)
04. (공직선거법 제218조의17 제3항)
05. 책임위원으로 지정되지 아니한 위원도 본인의 의사에 따라 투표관리에 참여할 수 있으며, 재외투표소의 책임위원에게 투표관리에 관하여 의견을 개진할 수 있다(공직선거법 제218조의17 제5항).

정답 01 ○ 02 ○ 03 ○ 04 ○ 05 ×

248

01. 대통령선거의 경우 후보자가 선거일 전 17일까지 재외선거관리위원회에 재외투표소별로 재외선거인 등 중 2명을 투표참관인으로 신고할 수 있다. | 2018년 9급 | ⓞ ⓧ

> **해설**
>
> **01.** (공직선거법 제218조의20 제2항)
>
> ✓ 정답 01 ⓞ

249

01. 재외투표관리관은 재외투표의 수가 많다고 하더라도 재외투표기간 중에는 그 일부를 국내로 먼저 보낼 수 없다. | 2020년 9급 | ⓞ ⓧ

> **해설**
>
> **01.** 재외투표관리관은 재외투표를 재외투표기간 만료일 후 지체 없이 국내로 회송하고, 외교부장관은 외교행낭의 봉함·봉인 상태를 확인한 후 중앙선거관리위원회에 보내야 한다. 이 경우 재외투표의 수가 많은 때에는 재외투표기간 중 그 일부를 먼저 보낼 수 있다(공직선거법 제218조의21 제2항).
>
> ✓ 정답 01 ⓧ

250

01. 재외투표는 시·도선거관리위원회가 개표한다. | 2021년 9급 | ⓞ ⓧ

02. 중앙선거관리위원회는 천재지변 또는 전쟁·폭동, 그밖에 부득이한 사유로 재외투표가 선거일 오후 6시까지 관할 구·시·군선거관리위원회에 도착할 수 없다고 인정하는 때에는 해당 재외선거관리위원회로 하여금 재외투표를 보관하였다가 개표하게 할 수 있다. | 2020년 7·9급 | ⓞ ⓧ

> **해설**
>
> **01.** 재외투표는 구·시·군선거관리위원회가 개표한다(공직선거법 제218조의24 제1항).
> **02.** (공직선거법 제218조의24 제3항)
>
> ✓ 정답 01 ⓧ 02 ⓞ

| 관련 예상문제 |

01. 재외투표함은 개표참관인의 참관 아래 선거일 오후 6시(대통령의 궐위로 인한 선거 또는 재선거는 오후 8시를 말한다) 후에 개표소로 옮겨서 다른 투표함의 투표지와 함께 개표한다. ○✗

02. 천재지변 또는 전쟁·폭동, 그밖에 부득이한 사유로 재외선거관리위원회가 개표하는 때에는 선거일 오후 6시 이후에 개표참관인의 참관 아래 공관에서 개표하고 관할 선거구선거관리위원회에 그 결과를 통지한다. ○✗

해설
01. 다른 투표함의 투표지와 별도로 먼저 개표할 수 있다(공직선거법 제218조의24 제2항).
02. 결과를 중앙선거관리위원회에 보고하며, 중앙선거관리위원회는 관할 선거구선거관리위원회에 그 결과를 통지한다(공직선거법 제218조의24 제4항).

정답 01 ✗ 02 ✗

251

01. 재외투표의 효력과 관련하여 같은 선거에서 한 사람이 2회 이상 투표를 한 경우 해당 선거에서 본인이 한 최초의 재외투표만을 유효로 한다. |2020년 7급| ○✗

해설
01. 같은 선거에서 한 사람이 2회 이상 투표를 한 경우 해당 선거에서 본인이 한 재외투표는 모두 무효로 한다(공직선거법 제218조의25 제3항).

정답 01 ✗

252

01. 국외에서 공직선거법에 규정된 죄를 범한 자로서 형사소송법에 따라 법원의 관할을 특정할 수 없는 자의 제1심 재판 관할은 서울고등법원으로 한다. |2020년 9급| ○✗

해설
01. 서울중앙지방법원으로 한다(공직선거법 제218조의26 제2항).

정답 01 ✗

| 관련 예상문제 |

01. 국외에서 범한 공직선거법에 규정된 죄의 공소시효는 해당 선거일 후 5년을 경과함으로써 완성한다. ○ ×

해설

01. (공직선거법 제218조의26 제1항)

⊘ 정답 01 ○

253

01. 중앙선거관리위원회는 부득이한 사유로 해당 공관 관할구역에서 재외선거를 실시할 수 없다고 인정하는 때에는 해당 공관에 설치·운영 중인 재외선거관리위원회 및 재외투표관리관의 재외선거사무를 중지할 것을 결정할 수 있다. | 2020년 7급 | ○ ×

02. 천재지변 또는 전쟁·폭동, 그밖에 부득이한 사유를 근거로 한 중앙선거관리위원회의 재외선거사무 중지결정에 따라 재외투표기간 중에 투표를 마치지 못한 경우 재외투표기간이 지난 후에 다시 투표를 실시하여야 한다. | 2020년 9급 | ○ ×

해설

01. (공직선거법 제218조의29 제1항)
02. 재외선거사무 중지결정에 따라 재외투표기간 중에 투표를 마치지 못한 경우에도 재외투표기간이 지난 후에는 다시 투표를 실시하지 아니한다. 이 경우 재외투표관리관은 이미 실시된 재외투표를 국내로 회송하여야 한다(공직선거법 제218조의29 제2항).

⊘ 정답 01 ○ 02 ×

254

01. 외교부장관은 국외에서 공직선거법에 따른 장기 3년 이상의 형에 해당하는 죄를 범하여 기소중지된 사람에 대하여 검사의 요청이 있는 때에는 여권의 발급·재발급을 제한하거나 반납을 명하여야 한다. | 2020년 7급 | ○ ×

02. 외교부장관은 국외에서 공직선거법에 따른 장기 3년 이상의 형에 해당하는 죄를 범하여 기소중지된 사람에 대하여 법원의 요청이 있는 때에는 여권법에 따른 여권의 발급·재발급을 제한하거나 반납을 명하여야 한다. | 2018년 7급 | ○ ×

해설

01. (공직선거법 제218조의30 제1항 제2호)
02. 외교부장관은 중앙선거관리위원회나 **검사 또는 사법경찰관의 요청**이 있는 때에는 여권법에 따른 여권의 발급·재발급을 제한하거나 반납을 명하여야 한다(공직선거법 제218조의30 제1항). 〈개정 2021.3.23.〉

✓ 정답 01 ○ 02 ✗

255

01. 법무부장관은 국외에서 공직선거법상 금지행위를 하였다고 인정할 만한 상당한 이유가 있는 외국인에 대하여는, 수사에 응하는 경우를 제외하고는, 해당 선거 당선인의 임기만료일까지 입국을 금지할 수 있다. | 2013년 9급 |

02. 법무부장관은 국외에서 공직선거법에서 금지하는 행위를 하였다고 인정할 만한 상당한 이유가 있는 외국인에 대하여 입국을 금지할 수 있지만, 수사에 응하기 위하여 입국하려는 때에는 그러하지 아니하다. | 2018년 7급 |

03. 법무부장관이 국외에서 공직선거법에서 금지하는 행위를 하였다고 인정할 만한 상당한 이유가 있는 외국인에 대하여 입국을 금지한 경우, 입국 금지기간은 해당 선거 당선인의 임기만료일까지로 한다. | 2018년 7급 |

해설

01. 02. 03. (공직선거법 제218조의31 제1항)

✓ 정답 01 ○ 02 ○ 03 ○

256

01. 법원 또는 검사가 영사에게 공직선거법상의 위반행위와 관련된 피의자의 진술 청취를 의뢰할 때에는 법무부 및 외교부를 경유하여야 하며, 사법경찰관은 검사에게 영사에 대한 진술 청취의 의뢰를 신청할 수 있다. | 2018년 7급 |

해설

01. (공직선거법 제218조의32 제2항)

✓ 정답 01 ○

257

01. 검사 또는 사법경찰관은 형사소송법 규정에 따라 재외공관에 출석한 공직선거법의 위반행위와 관련된 피의자 또는 피의자 아닌 자를 상대로 인터넷 화상 장치를 이용하여 진술을 들을 수 있다. | 2020년 9급 |

해설

01. (공직선거법 제218조의33 제1항)

✓ 정답 01 ○

제17장 선거에 관한 쟁송

258

01. 지역구 세종특별자치시의회의원선거에서 선거의 효력에 관하여 이의가 있는 선거인은 중앙선거관리위원회에 소청할 수 있다. | 2013년 9급 |

02. 선거소청제도는 대통령선거 및 국회의원선거에는 적용되지 않고 지방의회의원 및 지방자치단체의 장의 선거에 적용된다. | 2013년 9급 |

03. 군의회의원선거에서 선거의 효력에 이의가 있는 선거인은 선거일부터 14일 이내에 중앙선거관리위원회에 소청할 수 있다. | 2013년 7급 |

04. 선거의 효력을 다투는 선거소청의 경우 당해 선거구선거관리위원회위원장이 피소청인이 된다. | 2013년 9급 |

05. 대통령선거와 지역구국회의원선거 및 지방선거에 있어서 선거의 효력에 이의가 있으면 선거소청을 할 수 있다. | 2016년 7급 |

06. 당해 선거에 후보자를 추천하지 않은 정당은 선거소청을 제기할 수 없다. | 2016년 7급 |

07. 후보자를 추천하지 아니한 정당이라도 지역구시·도의원의 선거에 있어서 선거의 효력에 관하여 이의가 있는 때에는 선거일로부터 14일 이내에 당해 선거구선거관리위원회위원장을 피소청인으로 하여 시·도선거구선거관리위원회에 소청할 수 있다. | 2018년 9급 |

08. 당선의 효력을 다투는 선거소청의 경우 후보자를 추천한 정당 또는 후보자는 소청인이 되나, 선거인은 소청인이 될 수 없다. | 2013년 9급 |

09. 지역구 세종특별자치시의회의원선거에서 후보자가 당선의 효력에 관하여 이의를 제기하는 경우에는 당선인 또는 당해 선거구선거관리위원회위원장을 피소청인으로 하여 시·도선거관리위원회에 소청할 수 있다. | 2020년 9급 |

10. 선거소청에 있어서 피소청인으로 될 당해 선거구선거관리위원회위원장이 궐위된 때에는 당해 선거구선거관리위원회위원 전원을 피소청인으로 한다. | 2023·2016년 7급 |

11. 지방의회의원 및 지방자치단체의 장 선거의 선거소청에서 피소청인으로 될 당해 선거구선거관리위원회의 위원장이 궐위된 때에는 직근 상급선거관리위원회의 위원장을 피소청인으로 한다. | 2018년 7급 |

12. 공직선거법 규정에 의하여 피소청인으로 될 당해 선거구선거관리위원회위원장이 궐위된 때에는 당해 선거구선거관리위원회위원 전원을 피소청인으로 한다. | 2020년 9급 | ○ ×

> **해설**
>
> 01. 02. (공직선거법 제219조 제1항)
> 03. 자치구·시·군의원선거 및 자치구·시·군의 장 선거에 있어서는 시·도선거관리위원회에 소청할 수 있다(공직선거법 제219조 제1항).
> 04. (공직선거법 제219조 제1항)
> 05. 지방의회의원 및 지방자치단체의 장의 선거에서 소청할 수 있다(공직선거법 제219조 제1항).
> 06. (공직선거법 제219조 제1항)
> 07. 선거인·정당(후보자를 추천한 정당에 한한다) 또는 후보자가 할 수 있다(공직선거법 제219조 제1항).
> 08. (공직선거법 제219조 제2항)
> 09. 지역구 세종특별자치시의회의원선거에 있어서 중앙선거관리위원회에 소청할 수 있다(공직선거법 제219조 제2항).
> 10. (공직선거법 제219조 제3항)
> 11. 당해 선거구선거관리위원회위원 전원을 피소청인으로 한다(공직선거법 제219조 제3항).
> 12. (공직선거법 제219조 제3항)
>
> ✓ **정답** 01 ○ 02 ○ 03 × 04 ○ 05 × 06 ○ 07 × 08 ○ 09 × 10 ○ 11 × 12 ○

259

01. 공직선거법 관련 규정에 따라 적법하게 제기된 소청을 접수한 중앙선거관리위원회 또는 시·도선거관리위원회는 소청을 접수한 날부터 30일 이내에 그 소청에 대한 결정을 하여야 한다. | 2018년 9급 | ○ ×

02. 지방의회의원 및 지방자치단체의 장의 선거에 있어서 선거소청을 접수한 중앙선거관리위원회 또는 시·도선거관리위원회는 소청을 접수한 날부터 60일 이내에 그 소청에 대한 결정을 하여야 한다. | 2018년 7급 | ○ ×

03. 선거소청의 결정은 결정의 요지를 공고한 때에 그 효력이 생긴다. | 2013년 9급 | ○ ×

04. 소청의 결정은 소청인에게 송달이 있는 때에 그 효력이 생긴다. | 2018년 7급 | ○ ×

> **해설**
>
> 01. 소청을 접수한 날부터 60일 이내에 그 소청에 대한 결정을 하여야 한다(공직선거법 제220조 제1항).
> 02. (공직선거법 제220조 제1항)
> 03. 소청인에게 송달이 있는 때에 그 효력이 생긴다(공직선거법 제220조 제4항).
> 04. (공직선거법 제220조 제4항)
>
> ✓ **정답** 01 × 02 ○ 03 × 04 ○

260

01. 선거에 관한 소청에 필요한 경비는 소청인이 부담한다. | 2013년 7급 | ○ ×

02. 행정심판법상 사정재결에 관한 규정은 선거소청에 준용되지 아니한다. | 2014년 7급 | ○ ×

03. 정당인 소청인이 합병에 따라 소멸하였을 때에는 합병 후 존속하는 정당이나 합병에 따라 설립된 정당이 소청인의 지위를 승계한다. | 2014년 7급 | ○ ×

04. 중앙선거관리위원회에서 심리·결정하는 소청의 경우 당해 선거구선거관리위원회위원장은 의견서를 제출하거나 중앙선거관리위원회에 출석하여 의견을 진술할 수 있다. | 2014년 7급 | ○ ×

05. 소청인이 피소청인을 잘못 지정한 경우에는 중앙선거관리위원회 또는 시·도선거관리위원회는 직권으로 또는 당사자의 신청에 의하여 결정으로써 피소청인을 경정할 수 있으며, 이때 종전의 피소청인에 대한 소청은 취하되고 종전의 피소청인에 대한 선거소청이 청구된 때에 새로운 피소청인에 대한 선거 소청이 청구된 것으로 본다. | 2014년 7급 | ○ ×

06. 선거소청에 관하여는 공직선거법에 규정된 것을 제외하고는 「행정심판법」 관련 규정을 준용하되, 선거소청비용에 관하여는 행정소송법을 준용한다. | 2018년 9급 | ○ ×

해설

01. 선거소청비용에 관하여는 민사소송법을 준용하기 때문에 패소자가 부담한다(공직선거법 제221조 제1항).
02. (공직선거법 제221조 제1항)
03. 행정심판법 제16조 제2항부터 제4항까지 준용 (공직선거법 제221조 제1항)
04. 행정심판법 제35조 제1항부터 제3항까지 (공직선거법 제221조 제1항)
05. 행정심판법 제17조 제2항부터 제6항까지 준용 (공직선거법 제221조 제1항)
06. 선거소청비용에 관하여는 민사소송법을 준용한다(공직선거법 제221조 제1항).

정답 01 × 02 ○ 03 ○ 04 × 05 ○ 06 ×

261

01. 지역구국회의원선거에서 선거인은 중앙선거관리위원회위원장을 피고로 하여 대법원에 선거소송을 제기할 수 있다. | 2013년 7급 | ○ ×

02. 국회의원선거에서 선거인이 선거소송을 하기 위해서는 우선 중앙선거관리위원회위원장을 피소청인으로 하여 선거소청을 제기하여야 한다. | 2013년 7급 | ○ ×

03. 대통령선거에서 선거의 효력에 관하여 이의가 있는 선거인 정당 또는 후보자는 선거일부터 30일 이내에 당해 선거구선거관리위원회위원장을 피고로 하여 헌법재판소에 소를 제기할 수 있다. | 2015년 7급 |
  ○ ×

04. 대통령선거 및 국회의원선거에 있어서 선거의 효력에 관하여 이의가 있는 선거인 정당(후보자를 추천한 정당에 한한다) 또는 후보자는 선거일로부터 30일 이내에 당해 선거구선거관리위원회 위원장을 피고로 하여 대법원에 소를 제기할 수 있다. | 2017년 9급 | ○ ×

05. 대통령선거의 후보자를 추천한 정당은 선거효력에 이의가 있는 경우 선거일부터 30일 이내에 대법원에 소(訴)를 제기할 수 있다. | 2014년 9급 | ○ ×

06. 국회의원선거에 있어서 선거의 효력에 관하여 이의가 있는 선거인, 후보자를 추천한 정당 또는 후보자는 선거일부터 30일 이내에 당해 선거구선거관리위원회위원장을 피고로 하여 대법원에 소를 제기할 수 있다. | 2020년 9급 | ○ ×

07. 선거소청은 지방의회의원 및 지방자치단체의 장 선거에서 인정되고, 선거소청을 거칠 것인지에 대하여는 임의적 전치주의가 적용된다. | 2017년 9급 | ○ ×

08. 지역구시·도의원선거에서 선거소청결정에 불복이 있는 소청인은 해당 소청에 대한 기각결정 또는 각하결정이 있는 경우 그 결정서를 받은 날부터 10일 이내에 지역구시·도의원선거구를 관할하는 고등법원에 소를 제기할 수 있다. | 2013년 7급 | ○ ×

09. 비례대표시·도의원선거의 효력에 관한 소청 결정에 불복이 있는 소청인은 결정서를 받은 날부터 10일 이내에 그 선거구를 관할하는 고등법원에 소(訴)를 제기할 수 있다. | 2014년 9급 | ○ ×

10. 선거소송에서 피고가 될 선거구선거관리위원회위원장이 궐위된 때에는 해당 선거관리위원회 위원 중 최고 연장자를 피고로 한다. | 2015년 7급 | ○ ×

해설

01. (공직선거법 제222조 제1항)
02. 선거소청 없이 당해 선거구선거관리위원회위원장을 피고로 하여 대법원에 소를 제기할 수 있다(공직선거법 제222조 제1항).

03. 대법원에 소를 제기할 수 있다(공직선거법 제222조 제1항).
04. 05. 06. (공직선거법 제222조 제1항)
07. 필요적 전치주의이다(공직선거법 제222조 제2항).
08. (공직선거법 제222조 제2항)
09. 10일 이내에 비례대표시·도의원선거 및 시·도지사선거에 있어서는 대법원에 소를 제기할 수 있다(공직선거법 제222조 제2항).
10. 해당 선거관리위원회 위원 전원을 피고로 한다(공직선거법 제222조 제3항).

✓ 정답 01 × 02 × 03 × 04 ○ 05 ○ 06 ○ 07 × 08 ○ 09 × 10 ×

262

01. 국회의원선거에 있어서 당선의 효력에 이의가 있는 후보자는 당선인 결정일부터 30일 이내에 당선인에게 피선거권이 없는 것을 이유로 당선인을 피고로 하여 대법원에 소를 제기할 수 있다. | 2017년 9급 | ○ ×

02. 선거인은 당선의 효력에 관하여 이의가 있는 경우 선거소청을 제기할 수 없다. | 2016년 7급 | ○ ×

03. 국회의원선거의 후보자는 당선의 효력에 이의가 있는 경우 당선인 결정일부터 30일 이내에 대법원에 소(訴)를 제기할 수 있다. | 2014년 9급 | ○ ×

해설

01. (공직선거법 제223조 제1항)
02. 당선소송을 제기할 수 있다(공직선거법 제223조 제1항).
03. (공직선거법 제223조 제1항)

✓ 정답 01 ○ 02 ○ 03 ○

263

01. 공직선거법 제224조에서 규정하고 있는 선거무효의 사유가 되는 '선거에 관한 규정에 위반된 사실'은 선거관리의 주체인 선거관리위원회에 책임을 돌릴 만한 선거사무 관리집행상의 하자가 없더라도, 후보자 등 제3자에 의한 선거 과정상의 위법행위로 인하여 선거인들이 자유로운 판단에 의하여 투표를 할 수 없게 됨으로써 선거의 자유와 공정이 현저히 저해되었다고 인정되는 경우를 포함한다. | 2021년 9급 | ○ ×

02. 공직선거법 제224조에서 규정하고 있는 '선거의 결과에 영향을 미쳤다고 인정하는 때'란 선거에 관한 규정의 위반이 없었더라면 선거의 결과, 즉 후보자의 당락에 관하여 현실로 있었던 것과 다른 결과가 발생하였을지도 모른다고 인정되는 때를 의미한다. | 2021년 9급 | ○ ×

03. 선거무효소송은 선거일의 지정, 선거인명부의 작성, 후보자 등록, 투·개표관리, 당선인 결정 등 여러 행위를 포괄하는 집합행위인 선거의 효력을 다투는 쟁송이므로 당선인 결정의 내용상의 오류, 즉 구체적으로 득표수 산정이나 확정에서의 판단의 위법도 선거무효사유로 삼을 수 있다. | 2021년 9급 | ○ ×

> **해설**
>
> **01. 02.** (대판 2017.5.17. 2016수19)
> **03.** 선거무효소송은 선거일 지정, 선거인 명부작성, 후보자 등록, 투·개표 관리, 당선인 결정 등 여러 행위를 포괄하는 집합행위인 선거의 효력을 다투는 쟁송이므로 당선인 결정의 내용상의 오류, 즉 구체적으로 득표수 산정이나 확정에서의 판단의 위법은 선거무효사유로 삼을 수 없다(대판 2016.9.8, 2016수3).
>
> ✅ **정답** 01 ○ 02 ○ 03 ×

264

01. 대법원이나 고등법원은 선거에 관한 규정에 위반된 사실이 있으면 선거의 전부나 일부의 무효 또는 당선의 무효를 판결해야 한다. |2015년 7급| ○×

02. 법원은 선거쟁송에 있어 선거에 관한 규정에 명백히 위반된 사실이 있으면, 선거의 결과에 영향을 미쳤다고 인정되지 않더라도 선거의 전부나 일부의 무효 또는 당선의 무효를 결정하거나 판결할 수 있다. |2019년 9급| ○×

03. 소청이나 소장을 접수한 선거관리위원회 또는 대법원이나 고등법원은 선거쟁송에 있어 선거에 관한 규정에 위반된 사실이 있는 때라도 선거의 결과에 영향을 미쳤다고 인정하는 때에 한하여 선거의 전부나 일부의 무효 또는 당선의 무효를 결정하거나 판결한다. |2021년 9급| ○×

> **해설**
>
> **01.** **선거의 결과에 영향을 미쳤다고 인정하는 때에 한하여** 선거의 전부나 일부의 무효 또는 당선의 무효를 결정하거나 판결한다(공직선거법 제224조).
> **02. 03.** (공직선거법 제224조)
>
> ✅ **정답** 01 × 02 × 03 ○

265

01. 선거소송에서 선거무효의 사유가 되는 '선거에 관한 규정에 위반된 사실'에, 선거구선거관리위원회 직원들이 후보자정보공개자료 등 제출서의 기재사항과 증명 서류와의 일치 여부를 제대로 심사하지 아니하여 당선인의 체납사실의 누락을 밝혀 내지 못하였을 때가 포함된다. | 2020년 7급 | ○ ×

02. 선거소송에서 선거무효의 사유가 되는 '선거에 관한 규정에 위반된 사실'에 선거관리 주체인 선거관리위원회가 선거의 관리집행에 관한 규정에 위반한 때가 포함된다. | 2020년 7급 | ○ ×

03. 선거소송에서 선거무효의 사유가 되는 '선거에 관한 규정에 위반된 사실'에, 선거관리위원회가 후보자 등 제3자의 선거과정상 위법행위에 대해서 적절한 시정조치를 취함이 없이 묵인·방치하는 것 등 그 책임에 돌릴 만한 선거사무 관리집행상 하자가 따로 있는 때가 포함된다. | 2020년 7급 | ○ ×

04. 선거소송에서 선거무효의 사유가 되는 '선거에 관한 규정에 위반된 사실'에, 후보자 등 제3자의 선거과정상 위법행위로 말미암아 선거인들이 자유로운 판단을 통해서 투표할 수 없게 됨으로써 선거의 기본이념인 선거의 자유와 공정이 현저히 저해되었다고 인정되는 때가 포함된다. | 2020년 7급 | ○ ×

해설

01. 선거구선거관리위원회 직원들이 후보자정보공개자료등 제출서의 기재사항과 증명서류와의 일치 여부를 제대로 심사하지 아니하여 당선인의 체납사실의 누락을 밝혀내지 못하였다거나 그 적정 여부를 위 심사조서에 기재하지 아니하는 등으로 위 심사조서의 심사사항을 위반하였다 하더라도 그러한 사유만으로 곧바로 선거구선거관리위원회가 선거에 관한 규정에 위반한 때에 해당한다고 할 수 없다. 후보자등록신청서류심사조서는 중앙선거관리위원회의 공직선거에관한사무처리예규(2004.3.12. 개정, 중앙선거관리위원회 예규 제26호)로서 그 형식과 내용에 비추어 선거구선거관리위원회 내부의 사무처리준칙에 불과하여 국민이나 법원을 구속하는 효력이 있는 공직선 거및선거부정방지법 소정의 선거에 관한 규정에 해당한다고 볼 수 없다(대판 2005.6.9. 2004수54).

02. 공직선거및선거부정방지법 제222조와 제224조에서 규정하고 있는 선거소송은 집합적 행위로서의 선거에 관한 쟁송으로서 선거라는 일련의 과정에서 선거에 관한 규정에 위반된 사실이 있고, 그로써 선거의 결과에 영향을 미쳤다고 인정하는 때에 선거의 전부나 일부를 무효로 하는 소송을 가리키며, 이러한 선거소송에서 선거무효의 사유가 되는 '선거에 관한 규정에 위반된 사실'이라 함은 **기본적으로 선거관리의 주체인 선거관리위원회가 선거사무의 관리집행에 관한 규정에 위반한 경우와 후보자 등 제3자에 의한 선거과정상의 위법 행위에 대하여 적절한 시정조치를 취함이 없이 묵인·방치하는 등 그 책임에 돌릴 만한 선거사무의 관리집행상의 하자가 따로 있는 경우를** 말하지만, **그밖에도 후보자 등 제3자에 의한 선거과정 상의 위법행위로 인하여 선거인들이 자유로운 판단에 의하여 투표를 할 수 없게 됨으로써 선거의 기본이념 인 선거의 자유와 공정이 현저히 저해되었다고 인정되는 경우를 포함**하고, '선거의 결과에 영향을 미쳤다고 인정하는 때'라고 함은 선거에 관한 규정의 위반이 없었더라면 선거의 결과, 즉 후보자의 당락에 관하여 현실로 있었던 것과 다른 결과가 발생하였을지도 모른다고 인정되는 때를 말한다(대판 2005.6.9. 2004수54).

03. 04. (대판 2005.6.9. 2004수54)

✓ **정답 01** × **02** ○ **03** ○ **04** ○

266

01. 선거에 관한 소송은 다른 쟁송에 우선하여 신속히 재판하여야 하며 수소법원은 소(訴)가 제기된 날부터 180일 이내에 처리하여야 한다. | 2014년 9급 | ○ ✕

02. 선거에 관한 소청이나 소송은 다른 쟁송에 우선하여 신속히 결정 또는 재판하여야 하며, 선거에 관한 소송에 있어서는 수소법원은 소가 제기된 날부터 180일 이내에 처리하여야 한다. | 2019년 9급 | ○ ✕

해설

01. 02. (공직선거법 제225조)

✓ 정답 01 ○ 02 ○

267

01. 후보자를 추천한 정당 또는 후보자는 개표완료 후에 선거쟁송을 제기하는 때의 증거를 보전하기 위하여 그 구역을 관할하는 지방법원 또는 그 지원에 투표함·투표지 및 투표록 등의 보전신청을 할 수 있다. | 2015년 7급, 2020·2019년 | ○ ✕

02. 정당은 개표완료 후에 선거쟁송을 제기하는 때의 증거를 보전하기 위하여 그 구역을 관할하는 지방검찰청에 투표함·투표지 및 투표록 등의 보전신청을 할 수 있다. | 2018년 7급 | ○ ✕

해설

01. (공직선거법 제228조 제1항)

02. 그 구역을 관할하는 **지방법원 또는 그 지원**에 투표함·투표지 및 투표록 등의 보전신청을 할 수 있다(공직선거법 228조 제1항).

✓ 정답 01 ○ 02 ✕

268

01. 선거에 관한 소송에 있어서는 민사소송 등 인지법의 규정에 불구하고 소송서류에 붙여야 할 인지는 민사소송 등 인지법에 규정된 금액의 10배로 한다. | 2019·2017년 | ○ ✕

해설

01. (공직선거법 제229조)

✓ 정답 01 ○

269

01. 공직선거법상 후보자뿐만 아니라 '후보자가 되고자 하는 자'에 대한 비방 행위도 처벌한다고 하더라도 과잉금지원칙에 반하여 선거운동의 자유를 침해하는 것은 아니다. | 2016년 7급 | ○ ×

02. 특별법에 따라 설립된 국민운동단체로서 국가나 지방자치단체의 출연 또는 보조를 받은 단체에게 선거기간 중 회의 · 그 밖의 어떠한 명칭의 모임도 개최할 수 없도록 하는 것은 관권 개입 및 탈법행위 위험성의 차단을 위한 것으로 과잉금지의 원칙에 위배되지 않는다. | 2015년 7급 | ○ ×

03. 공직선거법에서 국내 정규학력의 경우와는 달리 정규학력에 준하는 외국의 교육과정을 이수한 학력을 게재하는 때에 그 수학기간을 기재하도록 하면서 이를 위반한 경우 처벌하는 것은 평등권 침해가 아니다. | 2015년 9급 | ○ ×

해설

01. '후보자가 되고자 하는 자'는 비방행위자가 당선되거나 당선되게 하거나 되지 못하게 할 목적을 가지고 있었던 선거를 기준으로, 비방행위 당시 후보자가 되고자 하는 의사를 인정할 수 있는 객관적 징표가 존재하는 자를 의미한다고 할 것인바, 심판대상조항이 규정하는 '후보자가 되고자 하는 자' 부분이 명확성 원칙에 위배된다고 단정하기 어렵다. 심판대상조항은 과도한 인신공격을 방지함으로써 후보자가 되고자 하는 자와 그 가족의 명예를 보호하고, 공직선거법상 선거운동기간 제한의 회피를 방지함과 동시에, 유권자들로 하여금 장차 후보자가 될 가능성이 있는 자에 대하여 올바른 판단을 하게 함으로써 선거의 공정성을 보장하고자 하는 것으로 그 목적의 정당성과 수단의 적절성이 인정된다. 그러므로 심판대상조항은 과잉금지원칙에 위배되어 선거운동의 자유나 정치적 표현의 자유를 침해하지 아니한다(헌재 2013.6.27, 2011헌바75).

02. 국민운동단체인 바르게살기운동협의회는 목적과 활동에서 정치적 성향을 지니고 있으면서 국가나 지방자치단체로부터 예산을 지원받아 사용하고, 국·공유시설을 무상으로 사용하는 등 각종 지원을 받으면서 국가나 지방자치단체의 시책에 참여하는 일이 많은 특성을 가지는데, 심판대상조항은 다른 시기에 개최할 수도 있는 모임을 굳이 본격적인 선거운동이 이루어지는 선거기간 중에 개최하는 경우에는 그 모임을 개최하는 행위 자체가 선거에 영향을 미치는 것으로 보고, 그 모임을 개최한 자를 처벌하는 것이다. 따라서 심판대상조항은 법적으로 비난가능성이 없는 자를 형사처벌하는 것이라고 볼 수 없으므로 **책임주의원칙에 위반되지 않는다**. 바르게살기운동협의회가 위와 같은 특성을 가진 점, 모임 개최가 금지되는 기간이 대통령선거의 경우 23일, 국회의원 등 선거의 경우 14일 등으로 비교적 짧고 그 기간이 예정되어 있는 점, 모임 개최를 금지함으로써 얻는 관권 개입이나 탈법행위의 위험성 차단이라는 공익이 큰 점을 고려하면, 심판대상조항은 **과잉금지원칙에 위반된다고 볼 수 없으며**, 선거기간 중 개최되는 모임에 관하여 바르게살기운동협의회와 일반단체를 달리 취급하는 데에는 위와 같은 합리적인 이유가 있으므로 **평등원칙에 반하지 않는다**(헌재 2013.12.26, 2010헌가90).

03. 국내의 정규학력의 경우에는 학교명과 학위명 등에 관한 정보와 관련 법령의 내용을 통해 수학기간을 쉽게 파악할 수 있는 반면, 외국의 교육과정에 대해서는 학교명이나 학위명만으로 그 수학기간을 알기 어려울 뿐 아니라 각 나라의 관련 법령을 통해 그것을 확인한다는 것도 쉽지 않으므로, 국내의 정규학력에 대해서는 수학기간의 기재를 요구하지 않으면서 정규학력에 준하는 외국의 교육과정을 이수한 경력에 대해서만 수학기간을 기재하도록 요구하는 것이 불합리한 차별이라고 볼 수 없으며, 국내 정규교육과정이라 하더라도 중퇴의 경우에는 수학기간을 기재하지 않으면 학력의 차이를 비교할 수 없으므로 외국의 정규교육과정을 모두 마친 자를 국내 정규교육과정의 중퇴자와 마찬가지로 수학기간의 기재를 요구하는 것도 불합리한 차별이라고 할 수 없다(헌재 2010.3.25, 2009헌바121).

정답 01 ○ 02 ○ 03 ○

제18장 보칙

270

01. 공직선거법 규정에 의하여 공고된 선거비용제한액의 200분의 1이상을 초과 지출한 이유로 선거사무장이 300만원 이상의 벌금형의 선고를 받은 때에는 그 후보자의 당선은 무효로 한다. |2018년 9급|

02. 공고된 선거비용제한액의 200분의 1 이상을 초과지출한 이유로 선거사무소의 회계책임자가 500만원 벌금형의 선고를 받은 때 다른 사람의 유도 또는 도발에 의하여 당해 후보자의 당선을 무효로 되게 하기 위하여 지출한 것이 아니라면 그 후보자의 당선은 무효가 된다. |2019년 7급|

03. 대통령후보자의 선거사무소 회계책임자가 정당한 사유 없이 정치자금법 규정에 의한 선거비용 회계보고를 하지 아니하여 회계책임자가 300만원 이상의 벌금형의 선고를 받은 때 그 후보자의 당선은 무효가 된다. |2018년 9급|

04. 공고된 선거비용제한액의 200분의 1이상을 초과지출한 이유로 선거사무장이 100만원 이상의 벌금형의 선고를 받은 때에는 그 후보자의 당선은 무효로 한다. |2021년 9급|

05. 정치자금법상 선거비용관련 죄를 범하여 비례대표국회의원선거 선거사무소의 회계책임자가 300만원의 벌금형의 선고를 받은 때에는 비례대표국회의원후보자의 당선은 무효로 한다. |2021년 9급|

해설

01. (공직선거법 제263조 제1항)
02. 300만원 이상의 벌금형의 선고를 받을 때이다(공직선거법 제263조 제1항).
03. 대통령후보자, 비례대표국회의원후보자 및 비례대표지방의회의원후보자를 제외한다(공직선거법 제263조 제1항).
04. 300만원 이상의 벌금형의 선고를 받은 때에는 그 후보자의 당선은 무효로 한다(공직선거법 제263조 제1항).
05. 정치자금법 제49조(선거비용관련 위반행위에 관한 벌칙)제1항 또는 제2항 제6호의 죄를 범함으로 인하여 선거사무소의 회계책임자가 징역형 또는 300만원 이상의 벌금형의 선고를 받은 때에는 그 후보자(**대통령후보자, 비례대표국회의원후보자 및 비례대표지방의회의원후보자를 제외한다**)의 당선은 무효로 한다(공직선거법 제263조 제2항).

✓ 정답 01 ○ 02 ○ 03 × 04 × 05 ×

| 관련 예상문제 |

01. 다른 사람의 유도 또는 도발에 의하여 당해 후보자의 당선을 무효로 되게 하기 위하여 지출한 때를 제외하고, 선거비용제한액의 200분의 1 이상을 초과지출한 이유로 선거사무장이 징역형의 선고를 받은 때에는 그 후보자의 당선은 무효로 한다. ⃞○⃞×

해설

01. (공직선거법 제263조 제1항)

✓ 정답 01 ○

271

01. 당선인이 당해 선거에 있어 공직선거법에 규정된 죄를 범하여 100만원의 벌금형의 선고를 받은 때에는 그 당선은 무효로 한다. | 2013년 9급 | ⃞○⃞×

02. 당선인이 당해 선거에 있어 정치자금법 제49조의 선거비용관련 범죄로 인하여 100만원 이상의 벌금형의 선고를 받은 때 그 당선은 무효로 한다. | 2018년 9급 | ⃞○⃞×

03. 당선인이 당해 선거에 있어 공직선거법에 규정된 죄를 범하였다는 이유로 200만원의 벌금형을 선고받은 때에는 그 당선은 무효가 된다. | 2019년 7급 | ⃞○⃞×

04. 당선인이 당해 선거에 있어 공직선거법 위반이나 정치자금법상 선거비용관련 위반행위로 100만원의 벌금형의 선고를 받은 때에는 그 당선은 무효로 한다. | 2020년 7급 | ⃞○⃞×

05. 당선인이 당해 선거에 있어 공직선거법에 규정된 죄를 범함으로 인하여 100만원 이상의 벌금형의 선고를 받은 때에는 그 당선을 무효로 한다. | 2021년 9급 | ⃞○⃞×

해설

01. 02. 03. 04. 05. (공직선거법 제264조)

✓ 정답 01 ○ 02 ○ 03 ○ 04 ○ 05 ○

272

01. 후보자의 배우자가 범한 선거범죄로 인해 후보자의 당선을 무효로 하는 것은 헌법 제13조 제3항에서 금지하는 연좌제에 해당된다. | 2015년 9급 |

해설

01. 배우자가 선거범죄로 300만원 이상의 벌금형을 선고받은 경우 그 선거구 후보자의 당선을 무효로 하는 공직선거법 제265조는, '친족인 배우자의 행위와 본인 간에 실질적으로 의미 있는 아무런 관련성을 인정할 수 없음에도 불구하고 오로지 배우자라는 사유 그 자체만으로' 불이익한 처우를 가하는 것이 아니라, 후보자와 불가분의 선거운명공동체를 형성하여 활동하게 마련인 배우자의 실질적 지위와 역할을 근거로 후보자에게 연대책임을 부여한 것이므로, 헌법 제13조 제3항에서 금지하고 있는 연좌제에 해당하지 아니하고, 자기책임의 원칙에도 위배되지 아니한다(헌재 2011.9.29, 2010헌마68).

✓ 정답 01 ×

273

01. 선거사무장이 당해 선거에 있어 공직선거법에 규정된 죄를 범하여 100만원의 벌금형의 선고를 받은 때에는 그 후보자의 당선은 무효로 한다. | 2013년 9급 |

02. 대통령후보자의 아버지가 해당 선거에서 기부행위를 한 죄를 범하여 징역형의 선고를 받고 형이 확정된 때에도 그 후보자의 당선은 무효로 되지 아니한다. | 2013년 9급 |

03. 지역구국회의원선거 후보자의 배우자가 해당 선거에 있어서 공직선거법 제230조의 매수 및 이해 유도죄 위반으로 300만원 이상의 벌금형을 선고받은 것은 당선 무효 사유에 해당된다. | 2018년 9급 |

04. 비례대표지방의회의원선거 후보자의 직계존속이 해당 선거에 있어서 '기부행위의 금지제한 등 위반죄'를 범하였다는 이유로 400만원의 벌금형의 선고를 받은 때에는 그 비례대표지방의회의원선거 후보자의 당선은 무효로 한다. | 2019년 7급 |

해설

01. 징역형 또는 300만원 이상의 벌금형의 선고를 받은 때 그 선거구 후보자의 당선은 무효로 한다(공직선거법 제265조).
02. 대통령후보자, 비례대표국회의원후보자 및 비례대표지방의회의원후보자를 제외한다(공직선거법 제265조).
03. (공직선거법 제265조)
04. 대통령후보자, 비례대표국회의원후보자 및 비례대표지방의회의원후보자를 제외한다(공직선거법 제265조).

✓ 정답 01 × 02 ○ 03 ○ 04 ×

274

01. 당선인의 선거범죄로 인하여 당선무효된 자가 반환받은 기탁금을 다시 반환하도록 한 공직선거법 규정은 공직취임의 기회를 배제하는 내용이라고 볼 수 없고, 공무원 신분의 부당한 박탈에 관한 규정이라고 할 수 없으므로 공무담임권의 보호 영역에 속하는 사항을 규정한 것이 아니다. |2015년 9급|

해설

01. 선거범죄로 당선이 무효로 된 자에게 이미 반환받은 기탁금과 보전받은 선거비용을 다시 반환하도록 한 구 공직선거법 규정의 제재는 공직취임을 배제하거나 공무원 신분을 박탈하는 내용이 아니므로 공무담임권의 보호영역에 속하는 사항을 규정한 것이라고 할 수 없고, 선거범죄를 저지르지 않고 선거를 치르는 대부분의 후보자는 제재대상에 포함되지 아니하여 자력이 충분하지 못한 국민의 입후보를 곤란하게 하는 효과를 갖는다고 할 수 없으므로 이 사건 법률조항은 공무담임권을 제한한다고 할 수 없다(헌재 2011.4.28, 2010헌바232).

정답 01 ○

275

01. 배우자의 선거범죄로 당선이 무효로 된 사람은 반환받은 기탁금과 보전받은 선거비용을 반환하여야 한다. |2013년 9급|

02. 당선인의 선거범죄로 인하여 그 당선이 무효로 된 경우 반환받은 기탁금과 선거비용으로 보전받은 금액을 반환하여야 한다. |2013년 7급|

03. 지역구국회의원선거에서 선거사무장의 선거범죄로 당선이 무효로 된 사람은 반환된 기탁금과 보전된 선거비용을 반환하여야 한다. |2020년 7급|

04. 당선인의 선거범죄로 당선무효된 사람은 공직선거법에 따라 반환·보전 받은 금액을 반환하여야 하지만, 기소 후 확정판결 전에 사직한 사람은 반환하지 않아도 된다. |2021년 9급|

해설

01. 02. 03. (공직선거법 제265조의2 제1항)

04. 공직선거법 제263조부터 제265조까지의 규정에 따라 당선이 무효로 된 사람(그 기소 후 확정판결 전에 사직한 사람을 포함한다)과 당선되지 아니한 사람으로서 제263조부터 제265조까지에 규정된 자신 또는 선거사무장 등의 죄로 당선무효에 해당하는 형이 확정된 사람은 제57조와 제122조의2에 따라 반환·보전받은 금액을 반환하여야 한다. 이 경우 대통령선거의 정당추천후보자는 그 추천 정당이 반환하며, 비례대표국회의원선거 및 비례대표지방의회의원선거의 경우 후보자의 당선이 모두 무효로 된 때에 그 추천 정당이 반환한다(공직선거법 제265조의2 제1항).

정답 01 ○ **02** ○ **03** ○ **04** ×

276

01. 국립대학의 교수가 정치자금법 제49조(선거비용관련 위반행위에 관한 벌칙)에 규정된 죄를 범하여 100만원 이상의 벌금형이 확정되면 당연퇴직된다. | 2016년 9급 |

02. 선거사무장의 선거범죄로 인하여 당선이 무효로 된 사람은 당선인의 당선무효로 실시사유가 확정된 재선거의 후보자가 될 수 없지만, 당선인이 그 기소 후 확정판결 전에 사직함으로 인하여 실시사유가 확정된 보궐선거에서는 그러하지 아니하다. | 2019년 7급 |

03. 서울특별시의회의원이 임기 중 서울시장선거에 입후보하기 위하여 그 직을 그만둔 경우 그로 인한 서울특별시의회의원 보궐선거에 입후보할 수 없다. | 2013년 7급 |

04. 교육감선거에 입후보하기 위하여 임기 중 그 직을 그만 둔 지방자치단체의장은 그 사직으로 인하여 실시사유가 확정된 보궐선거의 후보자가 될 수 없다. | 2018년 9급 |

해설

01. (공직선거법 제266조 제1항)
02. 당선인이 그 기소 후 확정판결 전에 사직함으로 인하여 실시사유가 확정된 보궐선거를 포함한다(공직선거법 제266조 제2항).
03. 04. (공직선거법 제266조 제3항)

정답 01 ○ 02 × 03 ○ 04 ○

277

01. 공직선거법상 선거범죄에 있어서 일반 형사소송법상의 공소시효를 적용하지 않고 '당해 선거일 후 6개월'의 단기 공소시효의 특칙을 규정하는 것은 선거범죄에 대하여 짧은 공소시효를 정함으로써 사건을 조속히 처리하여 선거로 인한 법적 불안정 상태를 신속히 해소하고 특히 선거에 의하여 선출된 자들이 안정적으로 업무를 수행할 수 있게 하기 위한 것이다. | 2018년 7급 |

02. 공직선거법상 선거범죄의 공소시효의 기산일인 당해 선거일은 그 선거범죄와 직접 관련된 선거의 투표일을 의미하고, 그 선거범죄의 기산일을 당해 선거일로 할 것인지 아니면 당해 선거일 후에 행하여진 것으로 할 것인지 여부는 그 선거범죄가 범행 전후의 어느 선거와 관련하여 행하여진 것인지에 따라 결정한다. | 2020년 7급 |

03. 선거범죄가 당내경선운동에 관한 공직선거법 위반죄의 경우, 그 선거범죄에 대한 공소시효의 기산일은 당내경선의 투표일을 기준으로 한다. | 2020년 7급 |

04. 당내경선의 실시 여부가 확정되지 아니하였다거나 예비후보자로 등록하기 이전이라 할지라도 당내경선에 참여하려고 하는 사람이 당내경선에 대비하여 공직선거법이 허용하는 범위를 넘어서 경선운동을 한 경우에는 당내경선운동 위반행위에 해당한다. | 2021년 9급 |

05. 정당이 당원과 당원이 아닌 자에게 경선후보자 중 누가 선거의 후보자가 되어야 하는지에 관한 선택의 의사표시하게 하는 당내경선은 공직선거법 관련 조항에서 정한 '당원과 당원이 아닌 자에게 투표권을 부여하여 실시하는 당내경선'에 해당하며, 그 투표권을 행사하는 방식이란 투표용지에 기표하는 경우만 의미한다. | 2021년 9급 | ○ ✕

06. 선거범죄에 대한 공소장변경이 있는 경우에 공직선거법상의 공소시효의 완성 여부는 당초의 공소제기가 있었던 시점을 기준으로 판단하여야 한다. | 2020년 7급 | ○ ✕

해설

01. 선거로 인한 법적 불안정 상태를 신속히 해소하려는 단기 공소시효의 입법취지 및 선거일 후의 범죄에 대하여도 실효성 있는 단속과 처벌을 유지하려는 입법취지를 감안하면, 심판대상조항이 의미하는 '선거일'은 그 선거범죄와 직접 관련된 선거일을 의미하는 것임을 합리적으로 해석할 수 있고, 법관의 보충적인 가치판단을 통해서 개개의 사안에서 해당 선거범죄와 직접 관련된 선거일이 언제인지 구체화할 수 있다. 따라서 '선거일'의 의미가 불명확하다거나 법을 해석·집행하는 기관이 '선거일'의 의미를 자의적으로 해석하거나 집행할 우려가 있다고 보기 어려우므로, 심판대상조항이 명확성원칙에 위반된다고 볼 수 없다. 선거일 후에 행하여진 선거범죄에 대하여 선거일까지의 선거범죄와 동일하게 공소시효를 기산하게 되면 지나치게 공소시효의 기간이 짧아지게 되고, 선거일 후 6월이 지나 행해진 선거범죄에 대하여는 범죄행위가 있기도 전에 이미 공소시효가 지나 처벌할 수 없는 문제점이 발생하게 되므로, 선거일 후의 범죄에 대하여도 실효성 있는 단속과 처벌을 하기 위하여 심판대상조항이 공소시효의 기산점을 다르게 규정하고 있는 것이다. 또한 심판대상조항은 공직선거법상 선거일 후의 행위가 성립될 수 있는 모든 선거 범죄에 대하여 적용된다. 공직선거법 제232조 제1항 제2호 위반 행위는 선거가 언제 종료되었는지와 상관없이 그 위반 행위를 한 때부터 6개월간 형사소추의 위험성이 발생하게 되나, 이는 공직선거법 제232조 제1항 제2호에서 그 위반 행위가 성립할 수 있는 기간 제한을 두고 있지 않은 점에서 발생하는 것이지, 공소시효의 기산점과 그 기간만을 규정하고 있는 심판대상조항 자체에서 기인하는 것은 아니다. 따라서 심판대상조항은 평등원칙에 위배되지 않는다(헌재 2014.5.29. 2012헌바383).

02. "이 법에 규정한 죄의 공소시효는 당해 선거일 후 6월(선거일 후에 행하여진 범죄는 그 행위가 있는 날로부터 6월)을 경과함으로써 완성 한다."고 규정하고 있는바, 여기서 말하는 "당해 선거일"이란 그 선거범죄와 직접 관련된 선거의 투표일을 의미 하는 것이므로, 그 선거범죄를 당해 선거일 전에 행하여진 것으로 보고 그에 대한 단기 공소시효의 기산일을 당해 선거일로 할 것인지 아니면 그 선거범죄를 당해 선거일 후에 행하여진 것으로 보고 그에 대한 단기 공소시효의 기산일을 행위가 있는 날로 할 것인지의 여부는 그 선거범죄가 범행 전후의 어느 선거와 관련하여 행하여진 것인지에 따라서 좌우된다고 할 것이다(대판 2006.8.25. 2006도3026).

03. "이 법에 규정한 죄의 공소시효는 당해 선거일 후 6개월(선거일 후에 행하여진 범죄는 그 행위가 있는 날부터 6개월)을 경과함으로써 완성한다."라고 규정하고 있다. 여기서 말하는 '당해 선거일'이란 그 선거범죄와 직접 관련된 공직선거의 투표일을 의미한다. 이는 선거범죄가 당내경선운동에 관한 공직선거법 위반죄인 경우에도 마찬가지이므로, 그 선거범죄에 대한 공소시효의 기산일은 당내경선의 투표일이 아니라 그 선거범죄와 직접 관련된 공직선거의 투표일이다(대판 2019.10.31. 2019도8815).

04. (대판 2019.10.31. 2019도8815)

05. 그 투표권을 행사하는 방식은 반드시 투표용지에 기표하는 방법으로 제한되지 않으며, 특별한 사정이 없는 한 여론조사 방식을 통하여 위와 같은 선택의 의사표시를 하도록 하는 방법도 포함한다(대판 2019.10.31. 2019도8815).

06. 공소장 변경이 있는 경우에 공직선거법상의 공소시효의 완성 여부는 당초의 공소제기가 있었던 시점을 기준으로 판단할 것이고 공소장 변경시를 기준으로 삼을 것은 아니다(대판 2002.1.22. 2001도4014).

✓ **정답** 01 ○ 02 ○ 03 ✕ 04 ○ 05 ✕ 06 ○

278

01. 선상투표와 관련하여 선박에서 범한 공직선거법에 규정된 죄의 공소시효는 범인이 국내에 들어온 날부터 6개월을 경과함으로써 완성된다. | 2013년 7급, 2018년 9급 |

02. 공무원이 아닌 사람이 선상투표와 관련하여 선박에서 범한 공직선거법에 규정된 죄의 공소시효는 범인이 국내에 들어온 날부터 6개월을 경과함으로써 완성된다. | 2020년 7급 |

해설

01. 02. (공직선거법 제268조 제2항)

정답 01 ○ 02 ○

279

01. 군사법원이 재판권을 갖는 선거범과 그 공범에 관한 제1심 재판은 보통군사법원의 관할로 한다.
| 2015년 7급 |

02. 선거범에 관한 제1심 재판은 지방법원합의부나 그 지원의 합의부 또는 보통군사법원의 관할로 한다.
| 2018년 7급 |

03. 선거범과 그 공범에 관한 제1심 재판은 법원조직법의 규정에 의한 지방법원 합의부 또는 그 지원의 합의부의 관할로 하고, 군사법원이 재판권을 갖는 선거범과 그 공범에 관한 제1심 재판은 군사법원법의 규정에 의한 보통군사법원의 관할로 한다. | 2020년 7급, 2024년 9급 |

해설

01. 02. 03. (공직선거법 제269조)

정답 01 ○ 02 ○ 03 ○

280

01. 선거범에 대한 제2심 판결의 선고는 제1심 판결의 선고가 있은 날부터 3월 이내에 반드시 하여야 한다. | 2015년 7급 | ○ ✕

02. 선거범에 관한 판결의 선고는 제1심에서는 공소가 제기된 날부터 6월 이내에, 제2심 및 제3심에서는 전심의 판결의 선고가 있은 날부터 각각 60일 이내에 반드시 하여야 한다. | 2018년 9급 | ○ ✕

03. 선거범에 관한 재판은 다른 재판에 우선하여 신속히 하여야 하며, 그 판결의 선고는 제1심에서는 공소가 제기된 날부터 1년 이내에 반드시 하여야 한다. | 2018년 7급 | ○ ✕

해설

01. (공직선거법 제270조)
02. 제2심 및 제3심에서는 전심의 판결의 선고가 있은 날부터 각각 3월 이내에 반드시 하여야 한다(공직선거법 제270조).
03. 제1심에서는 공소가 제기된 날부터 6월 이내에 하여야 한다(공직선거법 제270조).

정답 01 ○ 02 ✕ 03 ✕

281

01. 선거범에 관한 재판에서 피고인이 공시송달에 의하지 아니한 적법한 소환을 받고서도 공판기일에 출석하지 아니한 때에는 피고인의 출석 없이 재판을 진행하여야 한다. | 2013년 7급 | ○ ✕

02. 선거범에 관한 재판에서 피고인이 공시송달에 의하지 아니한 적법한 소환을 받고서도 공판기일에 출석하지 아니한 때에는 다시 기일을 정하여야 하며, 피고인이 정당한 사유 없이 다시 정한 기일 또는 그 후에 열린 공판기일에 출석하지 아니한 때에는 피고인의 출석없이 공판절차를 진행할 수 있다. | 2018년 7급, 2024년 9급 | ○ ✕

03. 선거범에 관한 재판에서 피고인이 공시송달에 의하지 아니한 적법한 소환을 받고서도 공판기일에 출석하지 아니하여 다시 기일을 정한 경우에, 피고인이 정당한 사유 없이 그 기일 또는 그 후에 열린 공판 기일에 출석하지 아니한 때에는 피고인의 출석 없이 공판절차를 진행할 수 있다. | 2018년 9급 | ○ ✕

해설

01. 선거범에 관한 재판에서 피고인이 공시송달에 의하지 아니한 적법한 소환을 받고서도 공판기일에 출석하지 아니한 때에는 **다시 기일을 정하여야 한다**(공직선거법 제270조의2 제1항).
02. 03. (공직선거법 제270조의2 제2항)

정답 01 ✕ 02 ○ 03 ○

282

01. 각급선거관리위원회는 공직선거법의 규정에 위반되는 선거에 관한 벽보·인쇄물·현수막 기타 선전물을 발견한 때에는 지체 없이 그 첩부 등의 중지 또는 철거·수거·폐쇄 등을 명하고, 이에 불응할 때에는 대집행을 할 수 있다. | 2017년 7급 |

해설

01. (공직선거법 제271조 제1항)

정답 01 ○

283

01. 선거관리위원회는 방송·신문·잡지 기타 간행물에 방영·게재하고자 하는 광고내용이 공직선거법에 위반된다고 인정되는 때에는 당해 방송사 또는 일간신문사 등을 경영·관리하는 자와 광고주에게 광고 중지를 요청할 수 있다. | 2017년 7급 |

해설

01. (공직선거법 제271조의2 제1항)

정답 01 ○

284

01. 읍·면·동선거관리위원회는 직권 또는 정당·후보자의 요청에 의하여 공직선거법에 규정된죄에 해당하는 범죄의 혐의가 있는 선전물을 우송하려 하거나 우송 중임을 발견한 때에는 당해 우체국장에게 그 선전물에 대한 우송의 금지 또는 중지를 요청할 수 있다. | 2017년 7급 |

해설

01. 읍·면·동선거관리위원회를 제외한다(공직선거법 제272조 제1항).

정답 01 ×

285

01. 각급선거관리위원회(읍·면·동선거관리위원회 제외) 위원은 선거범죄를 조사할 수 있다. | 2014년 9급 |

02. 읍·면·동선거관리위원회 위원·직원은 선거범죄 현장에서 선거범죄에 사용된 증거물품으로서 증거인멸의 우려가 있다고 인정되는 때에는 조사에 필요한 범위 안에서 현장에서 이를 수거할 수 있다. | 2017년 7급 |

03. 각급선거관리위원회 위원·직원은 선거범죄의 혐의가 있다고 인정되면 그 장소에 출입하여 관계인에 대하여 질문·조사를 할 수 있다. | 2019년 7급 |

04. 각급선거관리위원회 위원·직원은 선거범죄 현장에서 선거범죄에 사용된 증거물품으로서 증거인멸의 우려가 있다고 인정되는 때에는 조사에 필요한 범위에서 현장에서 이를 수거할 수 있다. | 2019년 7급 |

05. 누구든지 선거범죄의 조사에 필요한 장소의 출입을 방해하여서는 아니되며, 질문·조사를 받거나 자료의 제출을 요구받은 자는 이에 응하여야 한다. | 2014년 9급 |

06. 각급선거관리위원회(읍·면·동선거관리위원회 제외) 위원은 선거기간 중 후보자에 대하여 선거범죄의 조사를 위하여 선거관리위원회에 동행 또는 출석을 요구할 수 있다. | 2014년 9급 |

07. 각급선거관리위원회위원·직원은 선거범죄 조사와 관련하여 관계자에게 질문·조사하기 위하여 필요하다고 인정되는 때에는 선거관리위원회에 동행 또는 출석할 것을 요구할 수 있다. 다만, 선거기간 중 후보자에 대하여는 동행 또는 출석을 요구할 수 없다. | 2019년 7급 |

08. 각급선거관리위원회 위원·직원은 피조사자자 변호인의 조력을 받으려는 의사를 밝힌 경우 지체 없이 변호인(변호인이 되려는 자를 포함한다)으로 하여금 조사에 참여하게 하거나 의견을 진술하게 하여야 한다. | 2019년 7급 |

해설

01. (공직선거법 제272조의2 제1항)
02. 읍·면·동선거관리위원회는 공직선거법 제272조의2 규정에 의한 선거조사를 할 수 없다(공직선거법 제272조의2 제1항).
03. (공직선거법 제272조의2 제1항)
04. (공직선거법 제272조의2 제2항)
05. (공직선거법 제272조의2 제3항)
06. 선거기간 중 후보자에 대하여는 동행 또는 출석을 요구할 수 없다(공직선거법 제272조의2 제4항).
07. (공직선거법 제272조의2 제4항)
08. (공직선거법 제272조의2 제8항)

정답 01 ○ 02 × 03 ○ 04 ○ 05 ○ 06 × 07 ○ 08 ○

286

01. 후보자비방죄는 재정신청 대상범죄가 아니다. | 2015년 9급 |

02. 고발을 한 시·도당이 재정신청을 할 수 있다. | 2015년 9급 |

03. 공직선거법상의 재정신청은 고발을 한 후보자와 정당(중앙당에 한한다)만이 할 수 있다. | 2015년 7급 |

04. 재정신청서가 지방검찰청검사장 또는 지청장에게 접수된 때에는 그때부터 재정신청의 기각결정 또는 공소제기의 결정이 있을 때까지 공소시효의 진행이 정지된다. | 2015년 9급 |

05. 재정신청 이후 검사가 당해 선거범죄의 공소시효만료일 전 10일까지 공소를 제기하지 아니한 때에는 그때 검사로부터 공소를 제기하지 아니한다는 통지가 있는 것으로 본다. | 2015년 9급 |

해설

01. 공직선거법 제251조(후보자비방죄)는 재정신청 대상 범죄가 아니다(공직선거법 제273조 제1항).
02. 재정신청은 중앙당에 한한다(공직선거법 제273조 제1항).
03. 고발을 한 후보자와 정당(중앙당에 한한다) 및 해당 선거관리위원회가 할 수 있다(공직선거법 제273조 제1항).
04. (공직선거법 제273조 제3항)
05. 3개월이 경과한 때 각각 검사로부터 공소를 제기하지 아니한다는 통지가 있는 것으로 본다(공직선거법 제273조 제4항).

정답 01 ○ 02 × 03 × 04 ○ 05 ×

287

01. 공직선거법에 특별한 규정이 있는 경우를 제외하고는 선거기간 중 각급행정기관과 각급선거관리위원회에 대하여 행하는 신고 신청 제출 보고 등은 공휴일을 제외하고 매일 오전 9시부터 오후 6시까지 하여야 한다. | 2015년 7급 |

해설

01. 공휴일에도 불구하고 매일 오전 9시부터 오후 6시까지 하여야 한다(공직선거법 제274조 제1항).

정답 01 ×

288

01. 지방의회의원선거에서 후보자 등록마감 후 후보자가 사망한 경우 해당 선거구의 후보자가 그 선거구에서 선거할 정수범위를 넘지 아니하게 되어 투표를 하지 아니하게 된 때라도 해당 지방의회의원선거의 선거운동은 이를 중지하지 아니한다. | 2020년 9급 |

해설

01. 그 사유가 확정된 때부터 이 법에 의한 해당 지역구국회의원선거, 해당 지방의회의원선거 및 지방자치단체의 장선거의 선거운동은 이를 중지한다(공직선거법 제275조).

정답 01 ×

289

01. 대통령선거 및 국회의원선거의 관리준비와 실시에 필요한 법정경비는 국가가 부담한다. | 2013년 7급 |

02. 지방의회의원 및 지방자치단체의 장의 선거에 관한 사무 중 통일적인 수행을 위하여 중앙선거관리위원회 및 시·도선거관리위원회가 집행하는 경비는 국가가 부담한다. | 2013년 7급, 2024년 9급 |

해설

01. 02. (공직선거법 제277조 제1항 제1호)

정답 01 ○ 02 ○

290

01. 중앙선거관리위원회는 투표 및 개표 사무관리를 전산화하여 실시하려는 경우 그 실시 여부를 국회에 교섭단체를 구성한 정당과 협의하여 결정하여야 한다. | 2013년 7급 |

해설

01. (공직선거법 제278조 제4항)

정답 01 ○

MEMO

채한태
명품공직선거법
기출·예상 OX문제집

4판 1쇄	2025년 2월 6일
편저자	채한태
발행인	윤훈희
발행처	(주)넥스트스터디
디자인	메가스터디DES
주소	서울시 강남구 강남대로120길 11, 4층 461호
전화	02-3498-4202
팩스	02-3498-4344
등록	제 2024-365 호
ISBN	979-11-7360-009-8 13360
정가	19,000원

이 책에 실린 모든 내용에 대한 저작권은 (주)넥스트스터디에 있으므로 무단으로 전재하거나 복제, 배포할 수 없습니다.
파본이나 잘못된 책은 구입처에서 바꾸어 드립니다.

채한태
명품공직선거법